REIHE PSYCHOSOZIALE MEDIZIN
Leben mit einem psychisch Kranken

REIHE PSYCHOSOZIALE MEDIZIN

Herausgegeben von
Prof. Dr. Elmar Brähler und Prof. Dr. Erdmuthe Fikentscher

BAND 4

Leben mit einem psychisch Kranken

von
Dr. Thomas Richter

Verlag für Angewandte Psychologie
Göttingen

Leben mit einem psychisch Kranken

Formen des Umgangs und der Bewältigung

von
Thomas Richter

Verlag für Angewandte Psychologie
Göttingen

Dr. Thomas Richter, geb. 1954. Studium der Germanistik, Politikwissenschaften und Pädagogik in Göttingen, 1. Staatsexamen. 1985-1989 Studium der Philosophie und Volkskunde. 1989 Doktorand an der Abteilung für Medizinische Soziologie sowie Begleitung einer Angehörigengruppe von psychisch Kranken in Göttingen. 1995 Promotion. Seit 1996 freiberufliche Tätigkeit als Angehörigenberater.

© Hogrefe-Verlag, Göttingen · Bern · Toronto · Seattle 1997
Rohnsweg 25, D-37085 Göttingen

Umschlaggraphik: Theo Köppen, Göttingen
Druck und buchbinderische Verarbeitung: Dieterichsche Universitätsbuchdruckerei
W. Fr. Kaestner GmbH & Co. KG, D-37124 Göttingen/Rosdorf
Printed in Germany
Auf säurefreiem Papier gedruckt

ISBN 3-8017-1031-9

Vorwort

In der Publikationsreihe „Psychosoziale Medizin" wird mit der manisch-depressiven Erkrankung erneut ein Krankheitsbild aufgegriffen, das nicht nur für Betroffene und ihre Therapeuten hinsichtlich Behandlung und weiterer Lebensgestaltung eine langwierige Aufgabe bedeutet, sondern auch eine erhebliche Umstellung und Belastung für das familiäre, berufliche und sonstige soziale Umfeld darstellt. Dabei ranken sich vor allem bei Laienhelfern und Familienangehörigen, aber auch bei vielen nichtpsychiatrischen Ärzten und Mitarbeitern helfender Berufe allerhand Halbwissen über Ursachen und Behandlungsmöglichkeiten sowie Folgen dieser Störungsbilder um die Frage, wie soll mit diesen psychisch Kranken umgegangen werden. Die belastenden Symptome und ihre Alltagsauswirkungen beim Patienten werden leicht fehleingeschätzt. Die Erwartungen an die Hilfe durch den Psychiater und helfende Institutionen sind oft nicht adäquat.

Mit THOMAS RICHTER konnte ein Autor gewonnen werden, der auf der Grundlage einer empirischen Analyse von betroffenen Familien und der Auswertung vielfältiger Fachliteratur einen anschaulichen und umfassenden Einblick sowohl in das Kranksein bei affektiven Psychosen als auch in die familiären und sozialen Auswirkungen vorlegt. Der Autor bringt durch seine umfassenden Studien in Germanistik, Pädagogik und Medizinischer Soziologie sowie durch seine Tätigkeit in einer psychiatrischen Universitätsklinik mit langjähriger Angehörigengruppenarbeit und Angehörigenberatung eine multiprofessionelle Kompetenz ein, die ihn befähigt, den Umgang mit einem psychisch Kranken verstehbar und hilfreich interessierten Fachwissenschaftlern ebenso wie Angehörigen und anderen Laien nahezubringen. Dabei können Familien, die einen Angehörigen mit anderer psychischer Krankheit betreuen, ebenso von den gewonnenen Erkenntnissen einen Gewinn ziehen.

Der Aufbau des Buches ist so gestaltet, daß zunächst der geschichtliche Hintergrund auf der Basis eines differenzierten historischen Rückblicks zum Umgang mit „Wahnsinn" und zur Behandlung von „Irren" – insbesondere in Europa vom Mittelalter bis zur Gegenwart – verstehbar macht, weshalb es in der Bevölkerung zu Stigmatisierung und ausgrenzender Bewertung von psychisch Erkrankten und ihren Familien kommt, die sich häufig mit dem Problem alleingelassen fühlen. Es schließt sich die Darstellung der psychiatrischen Institutionen, ihrer diagnostischen und therapeutischen Möglichkeiten sowie das vielschichtige Verhältnis zwischen Arzt und Patient mit den wechselseitigen Erwartungen an. Der Behandlungsrahmen für psychisch Kranke wird kritisch dargestellt und hinterfragt, auch hinsichtlich möglicher einseitiger psychopharmakotherapeutischer Bemühungen. Durch Hinweis und kurze Darstellung des Soteria-Projektes wird auf solche Alternativen der Behandlung psychotisch Erkrankter aufmerksam gemacht, die ein Zusammenleben im Rahmen multiprofessioneller Betreuung und Wege eines alternativen Umganges mit psychotischen Patienten aufzeigen.

Die Ausführungen zu familientheoretischen Forschungen mit der Darstellung verschiedener Familientypen und Kommunikationsstrukturen, den Forschungsergebnissen zum emotionalen Ausdrucksverhalten in Familien sowie der Zusammenhänge zwischen besonders belastenden, lebensverändernden Ereignissen und dem Ausbruch einer psychischen Krankheit erweitern die medizinische Sicht um sehr wesentliche psychosoziale Gesichtspunkte. Anregend und hilfreich ist ebenso die Auseinandersetzung mit der Frage von Gesundheit und Krankheit im Kontext der Krankheitsbewältigungsversuche in den Familien. Durch die aufschlußreichen Familienberichte, die auch die sozialen Erkrankungsphasen mit spezifischen Belastungen für die Angehörigen wiedergeben, wird die Sensibilität gegenüber leichteren Krankheitszeichen bei Ausbruch der Krankheit und möglichen Bewältigungsversuchen ebenso ehöht wie das Verständnis für Behandlungsmaßnahmen und den Wert stützenden Eingreifens im Umfeld des Patienten.

Wie wichtig die Zusammenarbeit zwischen psychiatrischer Klinik und den multiprofessionellen Mitarbeitern, Patienten und Angehörigen ist, weist ein umfassendes Kapitel aus. Einzelne Familienbeispiele veranschaulichen auf differenzierte Weise den individuellen Weg des Patienten und seiner Familie sowie die Herausforderungen an Behandler und Umfeld. Die Erwartungen der Patienteneltern an die Klinik und Ärzte stellen sich häufig als unrealistisch heraus, als Ursache kann häufig die mangelnde Kommunikation zwischen Mitarbeitern der Klinik und der Familie festgestellt werden. Daß ein geplanter und gut vorbereiteter Übergang von der Klinik in die ambulante Betreuung die Überforderung von Patientenfamilien vermeidet, wenn Eltern oder andere Angehörige auch einbezogen sind in die Abstimmung mit dem Patienten, wird nachhaltig deutlich.

Zum Abschluß des Buches wird vom Autor mit hoher Kenntnis und empathischem Verständnis auf Grund seiner langjährigen Gruppenarbeit mit Angehörigen psychisch Kranker die Situation im häuslichen Umfeld dargestellt – zunächst nach der Einweisung, wenn die Familie durch die stationäre Aufnahme des kranken Familienmitglieds entlastet ist, dann die Auseinandersetzung in der Familie mit dem Vorliegen einer psychischen Erkrankung und der Einfluß auf das Umfeld. Das Schicksal der einzelnen Familien mit charakteristischer Typenbildung, ihre internen Bedingungen und Auswirkungen sowie notwendige unterstützende Maßnahmen lassen sich gut nachvollziehen. Es wird deutlich, daß es zahlreiche Problemfelder und einen hohen Beratungs- und Unterstützungsbedarf gibt. Der Leser wird aber mit diesen Erkenntnissen nicht alleingelassen, sondern es folgen differenzierte Vorschläge zur Konzeption, wie Angehörige psychisch Kranker individuell und praktisch in einer Beratungsstelle unterstützt werden können. Das neue Berufsbild eines Angehörigenberaters, der die persönlichen Erwartungen und Zielvorstellungen der ratsuchenden Familie unter Berücksichtigung der ihnen jeweils zur Verfügung stehenden Möglichkeiten herausarbeitet, kann zur realitätsbezogenen Umsetzung beitragen und damit der defizitären Beratungs- und Versorgungssituation von Familien mit psychisch Kranken Abhilfe verschaffen.

Das mit großem Verständnis vielfältiges Wissen auf fundierte und zugleich anschauliche Weise zur Verfügung stellende Buch wird der hohen sozialpolitischen Bedeutung psychischen Krankseins ebenso gerecht, wie es einem breiten Leserkreis nicht nur von interessierten Fachwissenschaftlern, sondern vor allem von interessierten Laien, Angehörigen und sozial Engagierten ein neues Verständnis im Umgang mit diesen Kranken, aber auch generell im Verhältnis von Gesundheit und Kranksein eröffnet.

Erdmuthe Fikentscher   Elmar Brähler

Inhalt

Einleitung

Jeder vierte Erwachsene durchlebt einmal im Leben eine psychische Störung, leidet entweder an manischen, depressiven oder schizophrenen Zuständen. Nahezu 1% der Bevölkerung ist chronisch psychisch krank. Das sind ca. 800.000 Menschen in der Bundesrepublik. Hinzu kommen noch deren Familien, Verwandte und Freunde, so daß von einer weit größeren Zahl derer ausgegangen werden muß, die von einer psychischen Krankheit betroffen sind. Der überwiegende Anteil psychisch Kranker (ca. 500.000) lebt allein und ist auf die Betreuung und Hilfe seiner Kernfamilien angewiesen. Sie tragen die Hauptlast der Versorgung. Daraus ergeben sich große psychosoziale und finanzielle Belastungen.

Schätzungen zufolge belaufen sich die jährlichen materiellen Aufwendungen der Familien psychisch Kranker auf ca. 2 Mrd. DM. Darüber hinaus unterliegen diese Familien vielfach großen emotionalen Spannungen, die zum Teil auch von Freunden und Verwandten begünstigt werden. Selbst professionelle Fachkräfte interessieren sich gewöhnlich nicht für die Sorgen und Probleme der Patientenfamilien. Alleingelassen mit ihren Schwierigkeiten, bleibt den mehr oder weniger offen ausgegrenzten Familien oftmals nur der Rückzug ins Private. Scham und das unbestimmte Gefühl von Schuld fördern ihre gesellschaftliche Isolation. Das vermeintlich dichte „soziale Netz" weist hinsichtlich der Betreuung, Beratung und Unterstützung dieser Familien große Löcher auf.

Da sich um die meisten Patienten ein Beziehungsnetz von Angehörigen und anderen Bezugspersonen rankt, die ihrerseits Reaktionen der Krankheit entgegenbringen und dadurch auch Einfluß auf den Genesungsprozeß des Patienten ausüben können, empfiehlt es sich, deren Maßnahmen und Ressourcen zur Stabilisierung des erkrankten Familienmitglieds zu eruieren. Denn nur das Interesse auf die psychisch Kranken zu richten hieße, sie künstlich von ihren sozialen Bezügen zu trennen, insbesondere wenn davon ausgegangen werden kann, daß die Patienten nach ihrer Entlassung aus der Klinik vielfach in das familiale Umfeld zurückkehren. Erst die Kenntnisse über die von den Familien eingeleiteten Schritte und Vorgehensweisen können dazu verhelfen, die bisherigen Defizite familialer Bedürfnisse aufzudecken und die Ressourcen und Kompetenzen der Familien darzulegen, um somit ergänzende und adäquate Unterstützungsofferten zu entwickeln. Durch die Miteinbeziehung der Familien in die therapeutische Konzeption, unter besonderer Berücksichtigung ihrer individuellen Fähigkeiten und Möglichkeiten, ließen sich nicht nur der Umgang und die Bewältigungsbemühungen der Patientenfamilien verbessern, sondern möglicherweise auch die Rückfallquote der kranken Angehörigen verringern. Indem die Angehörigen frühzeitig für die auftretenden Symptome sensibilisiert würden, könnten durch geeignete und zielgerichtete Maßnahmen sowohl verkürzte Klinikaufenthalte herbeigeführt als auch Behandlungskosten gesenkt werden.

Anhand einer empirischen Untersuchung über die Bewältigungsbemühungen (Coping) von 16 Patientenfamilien mit einem manisch-depressiv erkrankten Kind soll in diesem Buch der Prozeß aufgezeigt werden, der mit der Registrierung erster Auffälligkeiten, deren Bewältigungsversuchen bis hin zur Überweisung an medizinische Einrichtungen wie der Psychiatrie verbunden ist. Dabei ist es für das bessere Gesamtverständnis unerläßlich – mit Blick auf die Geschichte –, einen Teil der europäisch-gesellschaftlichen Entwicklung und die damit verbundenen administeriellen und medizinischen Praktiken im Umgang mit psychisch Kranken (Kapitel 1) darzustellen. Wiederholt wird dabei auf den Begriff und die Krankheit der Schizophrenie eingegangen werden müssen, weil sich hieran am deutlichsten die theoretischen Ansichten über psychisch Kranke widerspiegeln.

Deutlich wird hierbei, daß psychisch auffällige Personen erst relativ spät Gegenstand medizinischen Interesses geworden sind. Die damit einhergehenden Aufgaben und Kompetenzen der medizinischen Institution (Kapitel 2) mit ihren psychiatrisch ausgebildeten Fachkräften beinhalten sowohl theoretische Problemstellungen wie auch praktische Folgen für die Patienten und ihre Familien (Kapitel 3). In diesem Zusammenhang werden auch einige familientheoretische Forschungsergebnisse zu betrachten und kritisch zu reflektieren sein (Kapitel 4).

Danach (Kapitel 5) werden die Schwierigkeiten bei der objektiven Bestimmung dessen, was als psychisch gesund bzw. psychisch krank zu gelten hat, beschrieben. Zugleich wird dabei auf die kulturellen Hintergründe, die darin vorherrschenden Normen und Werte einer Gesellschaft verwiesen. Dieser kulturell-tradierte Rahmen offenbart, daß die Auseinandersetzung mit einer psychischen Krankheit nicht beliebig, sondern zu gewissen Teilen vorgegeben ist und sich dadurch notwendige Handlungsrepertoires anbieten. Die Zielsetzung und erkenntnisleitenden Fragestellungen (Kapitel 6) leiten dann zum empirischen Teil der Arbeit über.

Darin werden vorab (in Kapitel 7) die ersten von den Patienteneltern erinnerlichen Verhaltensauffälligkeiten ihres Kindes eruiert, nebst den sich daran anschließenden Copingmaßnahmen. Die ersten Ursachenerklärungen der als störend empfundenen Auffälligkeiten (Kapitel 8) wie auch der Kontakt mit der Psychiatrie (Kapitel 9) stellen neue Erfahrungen für die Familien mit psychisch Kranken dar, die nach deren Entlassung aus der Klinik (Kapitel 10) weitreichende Konsequenzen für die Familien beinhalten. Dabei wird aufzuzeigen sein (Kapitel 11), inwieweit in der Auseinandersetzung mit dem erkrankten Angehörigen unterscheidende Merkmale in den Familien beobachtet werden können und ob dies auf die in den Patientenfamilien unterschiedlich zur Verfügung stehenden Ressourcen zurückzuführen ist. Erst danach wird der Versuch unternommen, eine Typisierung der Patientenfamilien mit ihren charakteristischen Merkmalen vorzunehmen, um auf dieser Grundlage Vorschläge (Kapitel 12) für eine erweiterte therapeutische Konzeption zu unterbreiten, die allen Beteiligten die Gelegenheit bieten soll, eine Erleichterung im Umgang mit einer psychischen Krankheit und deren Bewältigung im Alltag zu ermöglichen.

Das vorliegende Buch richtet sich sowohl an Fachleute als auch an interessierte Laien, speziell aber an Angehörige von psychisch Kranken. Für letztere ist es nicht unbedingt notwendig, sich mit den ersten Kapiteln, die zumeist theoretische Problemstellungen zum Inhalt haben, detaillierter auseinanderzusetzen. Diese Leser dürfte vielmehr der empirische Teil (ab Kapitel 7) interessieren, da in ihm sie selbst, die „Experten des Alltags", mit ihren typischen Sorgen und Problemen im Umgang mit dem Erkrankten zu Worte kommen.

An dieser Stelle sei es mir gestattet, einigen Personen meinen Dank auszusprechen. Zu nennen sind hierbei vor allem besonders Dr. Gerd Ziegeler, Hanno Reis und Dr. Stefan J. Schierholz. Sie waren für mich immerwährende Ansprechpartner bei Problemstellungen und durch ihre konstruktiv-kritischen Anmerkungen überaus wichtige Wegbegleiter. Den Professoren Hannes Friedrich, Wolfgang Poser und Eckart Rüther sei gedankt, da erst sie es mir ermöglicht haben, mein Vorhaben zu realisieren. Margret Greschner ist hier ebenfalls zu nennen sowie Hendrik Heydecke, Frank Merten, mein Bruder Lutz W. Richter, Karlheinz Weidinger und Erwin Wobbe. Ihnen allen bin ich zu Dank verpflichtet. Der Angehörigengruppe psychisch Kranker Göttingen e.V., die ich seit 1988 begleite, gilt meine Sympathie und Anteilnahme. Erst durch sie konnte ich hautnah und emotionsreich erfahren, was es bedeutet, mit einem psychisch kranken Angehörigen täglich konfrontiert zu sein, und welche Belastungen dadurch für die Familien entstehen. Zum Schluß möchte ich die fröhlichen Freunde der „VINVM-Runde" nicht vergessen, da es ihnen in ihrer netten Art immer wieder gelang, mich aus meiner – wahrscheinlich oftmals abstrus erscheinenden – Gedankenwelt herauszuholen.

1 Der Umgang mit dem Wahnsinn – Rückschau auf einige Stationen der europäischen Geschichte

Der nachfolgende historische Überblick macht deutlich, welchen unterschiedlichsten gesellschaftlichen Verhältnissen und administrativen Maßnahmen sich die Irren gegenüber sahen, bevor sie in das medizinische Blickfeld gelangten.

1.1 Vom Mittelalter bis zur Klassik

Viele schwere Krankheiten wie Pest und Lepra sind von den Menschen im Laufe der Zeit bezwungen wurden, von einer Überwindung des Wahnsinns kann jedoch nicht gesprochen werden. Und da der Wahnsinn dem Menschen potentiell innewohnend zu sein scheint, kann man „kaum sagen, daß wir vom Wahnsinn fernwaren, sondern daß wir uns vom Wahnsinn fernhielten" (Foucault, 1965, S. 3). Dies mag daran gelegen haben, daß man im Mittelalter und auch noch in der Renaissance den Wahnsinn mit dem Bösen in Verbindung brachte (Foucault, 1981).

Das Leben der Irren war bis ins 15. Jahrhundert durch ruheloses Wandern gekennzeichnet. Sie wurden entweder vorüberziehenden Reisenden anvertraut oder auf Schiffe verfrachtet. Diese „Narrenschiffe" besaßen die Aufgabe, ihre Fracht in entfernte Städte bzw. Länder zu transportieren, um sie dort an Land zu setzen und ihrem Schicksal zu überlassen. Die Ausweisung aus den Städten betraf jedoch nicht alle Geisteskranken. Es kam vor, daß man sich in Hospitälern um sie kümmerte, obwohl Krankenhäuser speziell für Geisteskranke zumindest in Europa nicht existierten (Terzioglu, 1968). Insgesamt kann ein einheitliches Vorgehen in der Behandlung Geisteskranker zur Zeit des Mittelalters nicht konstatiert werden. Die Tatsache, daß die Vertreibung der Irren aus den Städten manchmal in Form eines Spiels vor sich ging, läßt vermuten, daß nicht nur eine „Säuberung" der Städte von den Irren geplant war, sondern gleichsam ein ritueller Akt vollzogen wurde (Foucault, 1981). Der Geisteskranke im Mittelalter war unterschiedlichen Verhaltensweisen seiner Mitmenschen ausgesetzt: Einerseits vertrieben sie ihn und stießen ihn aus der Gemeinde aus, andererseits pflegten sie ihn und zeigten Interesse für seine Person.

Die Behandlung der Irren während der Renaissance unterschied sich nur unwesentlich von der im Mittelalter. In der Zeit der Renaissance befand sich der Geisteskranke im Bewußtsein der Gesellschaft. Es fand eine Auseinandersetzung mit ihm statt, und er war, wie Foucault (1981) schreibt, „im Denken der Renaissance die nahe und gefährliche Gegenwart einer allzu innerlichen Ähnlichkeit im Herzen der Vernunft" (S. 177). Dem Irren wurde in dieser Zeit kein genau definierter medizinischer

Status zugewiesen, und er wurde demzufolge noch nicht zu einem Objekt wissenschaftlicher Erkenntnis. In der Geisteskrankheit, durch die der Irre in seinem Verhalten aus der Masse hervorstach, sahen die Menschen Gottes Wirken, das je nach Auslegung Heil oder Unheil für den Betroffenen bedeuten konnte (Blasius, 1980). Die Rätselhaftigkeit des Wahnsinns wirkte auf die Mitmenschen sowohl furchterregend und erschreckend als auch faszinierend (Jaccard, 1983). Kennzeichnend waren Doppeldeutigkeit und Ambivalenz hinsichtlich des Verhaltens gegenüber den Irren. Erst Mitte des 17. Jahrhunderts veränderte sich die gesellschaftliche Haltung gegenüber den Geisteskranken und führte zu einer Isolierung des Individuums von der Gemeinschaft.

Überall in Europa entstanden Internierungs- und Zuchthäuser, die die verschiedensten Individuen aufzunehmen hatten. Sowohl Kranke und Gebrechliche als auch Bettler, Irre und Kriminelle wurden gemeinsam hospitalisiert. Die Gründe für die Internierung waren sozialer, politischer und wirtschaftlicher Art. Es sollte mit dieser Maßnahme der zunehmend öffentlich sichtbaren Pauperisierung entgegengewirkt werden. Indem die gemeinsame Unterbringung und Kasernierung der verschiedensten Individuen in großen Anstalten betrieben wurden, sollten zugleich die Kosten minimiert werden.

In den Zucht- und Arbeitshäusern besaß der Zwang zur Tätigkeit einen doppelten Aspekt. Während einerseits in der Zwangsarbeit eine „Möglichkeit der Erlösung" von der selbstverschuldeten Verdammnis gesehen wurde (S. 89), kennzeichnete andererseits die Arbeitsverpflichtung das Bemühen, die produzierten Waren zu verkaufen, um sich selbst und damit auch das Spital zu finanzieren (Foucault, 1977). Nicht so sehr die Ausbeutung stand dabei im Vordergrund, sondern vielmehr das Bewußtsein ethischer und moralischer Verantwortung gegenüber Gott.

Im Frankreich des 18. Jahrhunderts gab es die Möglichkeit der Festsetzung eines unliebsamen oder unbequemen Familienmitglieds mit Hilfe der „Lettres de cachet". Dazu bedurfte es einer detaillierten Darstellung der Gründe, die dann, in einer Bittschrift dargelegt, an den König oder die zuständige Kommandantur geschickt wurden.

Mit dieser Möglichkeit der Arretierung und des Ausschlusses einer Person aus der Familiengemeinschaft war die Gelegenheit zum Mißbrauch besonders groß, und die Eliminierung aus der Gemeinschaft betraf keineswegs nur Personen, bei denen eine krankhafte Störung vermutet wurde. Schließlich führten diese Zustände dazu, daß selbst banale familiäre Angelegenheiten und Konflikte zwischen den Ehepartnern wie auch ihren Kindern nicht mehr unter den Familienangehörigen selbst ausgetragen wurden, sondern zur Kenntnis des Königs oder dessen Stellvertreter gebracht wurden. Diese erste staatliche Zwangsinternierung, basierend zum Teil auf diffamierenden Äußerungen, die immer mehr eigennützig gehandhabt wurden und zur persönlichen Vorteilnahme verkamen, bedurfte einer beschränkenden Reglementierung. Letztlich konnten die „Lettres de cachet" aufgrund bürokratischen Aufwands nicht mehr aufrecht erhalten bleiben, da „der zweiunddreißigjährige Sohn, eingesperrt wegen Herumtreiberei, (...) zuviel Zeit und Platz im Leben der Inspektoren, Kommissare und Polizeileutnants in Anspruch [nahm]" (Farge & Foucault, 1989, S. 284).

16

Erst nach der Französischen Revolution 1789 änderte sich die Lage der Geisteskranken. Vom Mittelalter bis ins frühe 19. Jahrhundert hinein sah sich der Geisteskranke den unterschiedlichsten an ihm praktizierten Maßnahmen gegenüber. Einerseits wurde er aus der Gemeinschaft verbannt oder zusammen mit Kriminellen interniert, andererseits aber auch mittels eines rituellen Spiels zum Gegenstand des öffentlichen Gespötts gemacht. Selbst bis in das frühe 19. Jahrhundert war es üblich, daß Familien auf ihren sonntäglichen Spaziergängen sich in das Hotel Dieu begaben, um die kasernierten Irren zu besichtigen. So gesehen war der Irre durchaus im öffentlichen Bewußtsein vorhanden.

Tatsächlich sollte sich das Verhältnis im Umgang mit dem Irren erst im Laufe des kommenden Jahrhunderts ändern.

1.2   Die Behandlung der Irren im 19. Jahrhundert

Foucault (1981) stellt fest, daß das, „was das 19. Jahrhundert mit großem Aufsehen und allen Quellen seines Pathos formuliert [hat]" (S. 409), nämlich die Trennung der Irren von den Strafgefangenen, schon im 18. Jahrhundert in wiederholtem Maße gefordert worden ist. Allerdings realisierte sich diese Forderung erst mit Beginn des 19. Jahrhunderts. Der Irre „sollte in besonderen Anstalten untergebracht und dort, soweit wie möglich, nicht in seiner Freiheit beschränkt werden" (Blasius, 1980, S. 22). Bis in die zwanziger Jahre des vorigen Jahrhunderts wurden die Irren vorwiegend in Familien oder in fern von Städten gelegenen Privatanstalten gepflegt, da sich die Städte und Gemeinden weigerten, die Kranken in ihre Obhut zu nehmen. Die Bürger wollten nicht direkt mit der Irrenproblematik konfrontiert werden, vielmehr fühlten sie sich von diesem Personenkreis belästigt und drangen daher auf eine auswärtige Unterbringung. Ebenfalls wurden die Geisteskranken zusammen mit den Straftätern in Gefängnisse gesperrt, wobei die tobsüchtigen Irren noch zusätzlich angekettet wurden.

Erst mit der Befreiung der Geisteskranken von ihren physischen Ketten in Frankreich im Jahre 1794 durch Pinel trat eine Besserung der äußeren Situation ein (Dörner, 1969; Jetter, 1971). Gleichwohl wurden die psychischen Fesseln der Irren noch enger gezogen, indem sie sich den Moralvorstellungen der damaligen Zeit mit ihren Implikationen ausgesetzt sahen. Gleiches ist für Deutschland zu konstatieren. Hier datiert man die Befreiung der Irren auf das Jahr 1805 mit der Eröffnung der Psychiatrischen Heilanstalt für Geisteskranke in Bayreuth (Jetter, 1971, S. 119 ff.). Der Doppelcharakter des Zwangs, bedingt einerseits durch die Krankheit selbst und andererseits durch die Vorstellung, wie sich der Irre in der Familie und in der Anstalt zu benehmen habe, nämlich dankbar, devot und angepaßt, trug nicht zur wirklichen Verbesserung seiner Lage bei. Tatsächlich verlagerte sich die vormals offensichtliche Gefangenschaft der Kranken in eine subtile Unterdrückungsform.

In Frankreich trat 1838 mit dem „Recht auf Fürsorge und Pflege" der gesellschaftlich Ausgestoßenen und damit auch der Irren die erste größere gesetzgeberische Maßnahme in Kraft. Sieben Jahre später wurde in England per Gesetz der „Typ des öffentlichen Hospitals für arme Irre [institutionalisiert] und bedingt[e] somit erst einen Wandel im Sozialprofil der Privatanstalten" (Blasius, 1980, S. 24). Die Sensibilität für das Irrenproblem, die schon zu Beginn des 19. Jahrhunderts vorhanden war und sich im Laufe der Jahrzehnte noch verstärkte, war „Ausdruck eines Lebensgefühls, das von der Überzeugung gesellschaftlichen, ökonomischen und wissenschaftlichen Fortschritts getragen wurde" (S. 36).

Auch die Errichtung der psychiatrischen Lehrstühle an den Universitäten in Berlin (1864), Göttingen (1866) und Heidelberg (1871) kann als ein Zeichen für das erweiterte medizinische Interesse an der Geisteskrankheit gewertet werden. Jedoch muß zwischen Universitätspsychiatrie und Anstaltspsychiatrie unterschieden werden. Während die Universitätspsychiater ihren Arbeitsschwerpunkt in der somatogenen Behandlung sahen, stand bei den in der Anstalt tätigen Psychiatern der therapeutische Aspekt im Vordergrund. Beide Gruppen gemeinsam suchten „eine Erklärung für Verhaltens-, Affekt- und Denkstörungen letztendlich in solchen physischen Ursachen wie Schädigungen oder Änderungen der Gehirnmaterie" (Jaccard, 1983, S. 19). Dies hat Jaccard dazu veranlaßt, das 19. Jahrhundert als „das Goldene Zeitalter der irrenärztlichen Entfremdung" zu bezeichnen.

Die Ausweitung des medizinischen Interesses für psychisch Kranke geht mit dem Bemühen einher, Bezeichnungen für Krankheitsentitäten einzuführen, die häufig mit weitreichenden Implikationen verbunden sind, welche nicht nur den zukünftigen Status des Patienten determinieren, sondern auch die weitere Beziehung seiner Angehörigen zu ihm beeinflussen. Deshalb orientiert sich die folgende Darstellung an dem bis heute schillernden Begriff der Schizophrenie, um danach gleichfalls den entwicklungsgeschichtlichen Werdegang der Psychiatrie im 20. Jahrhundert zu skizzieren. Dabei werden die verschiedenartigen Anschauungen, die teilweise unvereinbaren Theorien und die daraus resultierenden Behandlungsweisen deutlich, zudem die bestehende Gemeinsamkeit, Familien psychisch Kranker entweder aus politisch-ideologischem Blickwinkel zu betrachten oder aber sie als pathologisierende Einheit auszumachen und somit therapeutisch zu fixieren.

1.3 Die Entwicklung der Psychiatrie im 20. Jahrhundert – exemplarisch dargestellt am Schizophreniebegriff

Gegen Ende des 19. Jahrhunderts wurden durch Kraepelin die bisher nebeneinander und als selbständig betrachteten Krankheitseinheiten wie „Primäre Verrücktheit", „Hebephrenie", „Monomanie", „Katatonie" zu dem Begriff „Dementia praecox" zusammengefaßt (Scharfetter, 1986a). Der irreführende Kraepelinsche Begriff der „Dementia praecox", irreführend insofern, als die Krankheit nicht praecogiter verlaufen muß (Watzlawick, 1985), wurde von Bleuler keine zwei Jahrzehnte später (1911) in „Schizophrenie", besser gesagt in die „Gruppe der Schizophrenien" umgetauft (E. Bleuler, 1983, S. 407). Dieser von Bleuler kreierte Terminus der „Schizophrenie" hat im Laufe seines über achtzigjährigen Bestehens unterschiedlichste Auslegungen erfahren. Während Psychiater wie Griesinger und Kraepelin noch von der Annahme ausgingen, die Ursache der Geisteskrankheit sei somatogen bedingt, ihr liege eine Gehirn- oder Stoffwechselkrankheit zugrunde, behauptete Bleuler ebenfalls, daß die Schizophrenie „Folge eines körperlichen Krankheitsprozesses" (zitiert nach Peters, 1980, S. 384) sei, schränkte jedoch ein, daß es dafür keine Beweise gebe.

Erst mit Freud (1973, 1975c) wurde eine neue, die psychoanalytische Vorgehensweise begründet. Er verstand unter Schizophrenie, einem Terminus, den er lieber durch Paraphrenie ersetzt sah, einen Rückzug der Libido von den Objektbeziehungen. Die Abwendung des Schizophrenen von der Außenwelt mache es (nach Freud, 1975c) dem Analytiker unmöglich, den Schizophrenen mit herkömmlichen Mitteln der Psychoanalyse zu heilen. Freuds Verdienst bestand darin, erstmalig eine Entmystifizierung dieses Personenkreises insofern vorzunehmen, als seine psychoanalytische Vorgehensweise eine Verschiebung des bisherigen Verständnisrahmens bewirkte.

Während psychoanalytisch orientierte Therapeuten das Individuum in den Mittelpunkt ihrer Therapie stellen, verfährt eine andere Gruppe, die sogenannte Palo-Alto-Schule (Bateson, Watzlawick u. a.) mit anderen Methoden. Von ihnen wird die Geisteskrankheit als Folge pathogener Familien- und der darin vorherrschenden krankmachenden Kommunikationsstrukturen angesehen. Von daher werden die Familienmitglieder von ihnen mit in das Theorie- und Therapiekonzept miteinbezogen, wobei hierbei nicht nur die engere Familie oder Kernfamilie (Eltern, Geschwister), sondern auch der entferntere Verwandtenkreis (Großeltern, Onkel, Tanten etc.) gemeint ist. Im Vordergrund des Interesses dieser Therapeuten steht die kommunikative Interaktion des Schizophrenen mit seiner Familie (Bateson et al. 1984a; Bateson, 1985; Watzlawick et al., 1980).

Eine über die familienzentrierte hinausführende Betrachtungsweise ist bei den sogenannten „Antipsychiatern" vorzufinden. Die Mitte der sechziger Jahre auftretende Bewegung „erwuchs [aus] einem weitverbreiteten Unbehagen an der Psychiatrie" (Glatzel, 1980, S. 1104). Psychiater wie Laing (1973) oder Cooper (1980) weisen darauf hin, daß nicht der Schizophrene verrückt sei, sondern die Gesellschaft. Ihrer Ansicht nach wirkt sowohl die Familie als auch die bestehende kapitalistische Gesellschaft mit Unterstützung von Psychiatern daran mit, unliebsame und störende Personen mittels der pseudowissenschaftlichen Diagnose „schizophren" auszugrenzen. Laing warnt vor der Extrapolation des Individuums aus dem sozialen System und damit aus dem gesellschaftlichen Kontext und plädiert dafür, weniger den Patienten zu fokussieren und in ihm die Unordnung zu suchen, als vielmehr den familialen Rahmen mit einzubeziehen (vgl. S. 104 f.). Und eine dezidiert politische Färbung enthält der Standpunkt Coopers, der explizit behauptet, „daß [die] Schizophrenie nicht existiert", und dies damit begründet, „daß keine Krankheitsentität im medizinisch-nosologischen Sinn festgestellt [werden kann]" (S. 135). Allerdings bestreitet er nicht die semantische Realität des Wortes „Schizophrenie".

Szasz (1982) hingegen versteht sich nicht als Antipsychiater, da er diesen Terminus als zu „unpräzise, irreführend und auf billige Weise selbstverherrlichend" (S. 30) empfindet. Er lehnt eine Beziehung zwischen Psychiater und Patient nicht ab, solange sie auf Freiwilligkeit beruht (vgl. dazu auch Kapitel 2.1). Allerdings sieht er im bisher üblichen ärztlichen Umgang mit dem psychiatrischen Patienten Ähnlichkeiten mit der zur Zeit der Inquisition betriebenen Hexenverfolgung. An Stelle der Inquisition trete heute die Psychiatrie, die von der Gesellschaft beauftragt und legitimiert sei, Abweichler einzusperren bzw. zu hospitalisieren. Die Perfidie des *Helfers* gehe sogar so weit, die von ihm selbst als schizophren Etikettierten heilen zu wollen und somit eine Begründung für die Zuständigkeit und Kompetenz solcher Institutionen wie der Heilanstalten zu geben.

Eine Renaissance und Weiterentwicklung dieser Gedankengänge vollzieht sich durch die radikale Antipsychiatrie neuester Ausprägung (Kempker & Lehmann, 1993). Sie rekrutiert sich nicht mehr aus Fachleuten, sondern aus ehemaligen Patienten, sogenannten Psychiatriebetroffenen, Psychiatrieflüchtlingen, Psychiatriebedrohten oder Psychiatrieerfahrenen. Vorrangig für sie ist die Erlangung des Rechts auf Unterstützung beim Ausleben von krisenhaften Ausnahmezuständen und die rechtliche Gleichstellung mit gesunden oder kranken Normalen. Verrücktheit verstehen sie nicht als Krankheit, vielmehr als einen tiefgehenden psychischen Konflikt. Radikal sind sie, weil sie die bestehende Psychiatrie nicht durch Reformen zu verändern trachten, sondern eine generelle Entpsychiatrisierung und damit die totale Abschaffung der psychiatrischen Institution anstreben.

Die unterschiedliche und oftmals diametrale Gewichtung von der somatogenen Behandlung bis hin zu der Negierung der Schizophrenie veranschaulicht deutlich die Heterogenität der Anschauungen und führte schließlich zu der Feststellung, daß „eine reine Psychogenese der Schizophrenie (...) ebenso undenkbar [ist] wie eine reine Erbbedingtheit und ausschließliche Somatogenese" (Huber, 1980, S. 416). Diese multifaktoriellen Theorien bezüglich der Ätiologie von Schizophrenien und affektiven Psychosen wie der der manisch-depressiven Erkrankungen sollen nicht dazu verführen, ein Ruhekissen („oreiller de paresse") darzustellen (Müller, 1980, S.11), das den Kliniker von seiner Verantwortung entbindet, sondern eher dazu anregen, über das bisher immer noch unzulängliche Wissen der Zusammenhänge psychotischer Erkrankungen weitere Kenntnisse zu entwickeln.

Doch die Theorienvielfalt der Schizophrenieforschung ist selbst für den Fachmann kaum noch zu überblicken und hat nicht zur Entwirrung des Rätsels dieser Krankheit beigetragen.

Allein in den 10 Jahren zwischen 1946 und 1956 weist Bellak (vgl. Redlich & Freedman, 1976, S. 666) in seinem Nachschlagewerk über 4000 Artikel und Bücher auf, die sich mit dem Thema Schizophrenie beschäftigen. M. Bleuler (1979) erwähnt 12000 Arbeiten, die zwischen 1941 und Anfang der 70er Jahre zum Thema „Schizophrenie" publiziert worden sind.

Im Gegenteil: Das Ausbleiben von grundlegenden Erfolgen in der Behandlung verschiedenster psychischer Erkrankungen – insbesondere derer aus dem schizophrenen Formenkreis – kann als *ein* Merkmal dafür angesehen werden, daß nur deshalb immer neue Therapieformen hauptsächlich in Form von neuen Medikamenten entworfen und angeboten werden, weil bisher immer noch weitestgehend Hilf- und Ratlosigkeit gegenüber diesen Krankheiten besteht. Oder anders ausgedrückt: Die permanente Suche nach *dem* Pharmakon, das den Schizophrenen zu heilen verspricht, sowie die medizinisch gestützte, industriell geförderte und administrativ begünstigte Hoffnung auf die Entdeckung einer somatisch begründeten Ursache, möglicherweise die Ortung eines verantwortlich zu machenden Schizophreniegens, erschwert das Engagement, gleichzeitig nach Alternativen im Umgang mit dem Patienten und seinen Angehörigen Ausschau zu halten, die eventuell dazu beitragen könnten, neue Perspektiven in das Verständnis von psychisch Kranken miteinfließen zu lassen. Zugleich wirft die Auseinandersetzung mit diesen psychischen Krankheiten und den davon Betroffenen ein deutliches Licht auf die gesellschaftlichen, zum Teil sehr einseitig biomedizinisch-fixierten Verhältnisse unserer Tage.

Die Beschäftigung und die Auseinandersetzung mit dem Patienten in den dafür vorgesehenen Institutionen, den psychiatrischen Kliniken, spiegeln allerdings nur die eine Seite der Realität im Umgang mit ihm wider. Die andere Seite, und sie beinhaltet den weitaus größten Anteil der Auseinandersetzung, offenbart die Reaktionsweisen und die Umgangsformen der Familien mit ihren devianten Angehörigen. Während die heutigen klinisch-psychiatrischen Einrichtungen mit ihren professionellen Kräften es als ihre vordringlichste Aufgabe ansehen, Maßnahmen zur Aufhebung oder Minderung der Krankheitssymptome des Patienten zu entwickeln, um seine baldige Entlassung zu bewirken, bestehen bei den Familien dieser Krankengruppe darüber hinaus Erklärungsbedürfnisse und Wünsche. Sie gründen sich auf die von den Familien schon im Vorfeld klinischer Präsenz gemachten Erfahrungen mit ihren auffälligen Angehörigen und leiten sich aus ihren bisher gescheiterten Bemühungen ab, mit Hilfe eigener Bewältigungsmaßnahmen (Coping) Einfluß auf den Verlauf der Störung zu nehmen.

Bevor dazu übergegangen werden soll, diese ersten Copingmechanismen der Familien im einzelnen darzustellen, gilt es zuvor – aufgrund des besseren Gesamtverständnisses – die allgemein konsensuellen Anschauungen der psychiatrischen Institution im Hinblick auf ihr Selbstverständnis im Umgang mit dem Patienten zu verdeutlichen.

2 Die psychiatrische Institution

In den folgenden Kapiteln wird dargelegt, welche Vorstellungen über Aufgaben und Kompetenzen der Psychiatrie seitens ihrer Vertreter existieren und welche Folgen sich bei der Übertragung des klassisch-medizinischen Modells ergeben. Anschließend werden die Schwierigkeiten aufgezeigt, die bei der Erstellung der Diagnose einer psychischen Krankheit auftreten können; danach wird das Verhältnis der Institution Psychiatrie und das ihrer Mitarbeiter zu den Patienten analysiert.

2.1 Aufgaben und Kompetenzen der Psychiatrie

Für die heutigen Psychiater besteht weitestgehend Übereinkunft darin, daß die Psychiatrie eine „interdisziplinäre Wissenschaft" (Häfner, 1983) ist, die aus einem „Konglomerat mehrerer Einzelwissenschaften" (Grinker, 1985) besteht. Es sei daher notwendig, mit anderen Disziplinen wie der Biologie, der Psychologie, der Soziologie wie überhaupt den Sozialwissenschaften enger zusammenzuarbeiten (vgl. Lambo, 1985; Romano, 1985; Strotzka, 1985).

Jablensky (1985) betont den „stimulierenden Effekt", den andere Disziplinen, in diesem Fall die Anthropologie, auf die Psychiatrie haben können. Für Castel (1983) ist die Psychiatrie eine eindeutige politische Wissenschaft, da es erst ihr gelungen sei, den Wahnsinn zu verwalten. Einen extremeren, radikal-politischen Standpunkt nimmt Cooper (1980) ein, indem er die moderne Psychiatrie als „eines der wichtigsten Repressionsmittel der bourgeoisen Ordnung" (S. 103) apostrophiert, für deren Abschaffung er plädiert, da sie nur ein Instrument zur Unterdrückung von Minderheiten darstelle. Seiner Meinung nach bedarf es einer unbedingten Veränderung der kapitalistischen Gesellschaft, um eine Nicht-Existenz der Psychiatrie zu bewirken. Diese Sichtweise mag zwar das Problem entindividualisieren, verlagert es sozusagen auf eine höhere gesellschaftliche Stufe, vermag aber, bedingt durch den eigenen ideologisch vorfixierten Standpunkt, nicht dazu beizutragen, über utopistisch visionäre und nichts belegbare Gedankeninhalte hinauszuführen. Elias (1972) weist in diesem Zusammenhang darauf hin, daß

„(...) man Begriffe wie 'Gruppe' oder 'Gesellschaft' weitgehend so [gebraucht], als ob sie sich auf etwas außerhalb des Menschen bezögen, auf etwas, das den Menschen umgibt oder 'umschließt'. Das durch derartige Sprach- und Denkkonventionen heraufbeschworene Bild ist das einer hohen Mauer um ein einzelnes Individuum herum, von der herab geheimnisvolle Zwerge – die 'Umwelteinflüsse' – kleine Gummibälle nach dem Betreffenden werfen, die bei ihm 'Eindrücke' hinterlassen. Ausdrücke wie 'soziale Faktoren' und dergleichen werden gemeinhin in diesem Sinn gebraucht. Es ist dies, wie man sieht, die Perspektive eines Menschen, der sich selbst als den Mittelpunkt aller Dinge begreift, während alles andere, durch eine unsichtbare Mauer von ihm getrennt, außerhalb liegt" (S. 18).

Die Äußerungen einiger Psychiater zu der interdisziplinären Relevanz von Erkenntnissen und deren Bedeutung für die Psychiatrie haben bislang im praktischen Anstaltsalltag wenig Anklang gefunden. Noch immer unterliegt die Psychiatrie vorwiegend der rein medizinischen Domäne und damit, wie E. Bleuler (1975) anmerkt, dem „autistisch-undisziplinierte[n] Denken". Daß dabei ausgerechnet M. Bleuler (1985), der Sohn, gleichfalls ein renommierter Psychiater, hinter die kritischen Äußerungen seines Vaters zurückfällt, ist nur von untergeordneter Bedeutung. Denn er reklamiert für seine Profession den alleinigen Anspruch in der Zuständigkeit und Behandlung von Psychotikern. Bedenken wie auch Befürchtungen werden von ihm darüber vorgebracht, womöglich den seelischen Einfluß auf den Patienten zu verlieren, falls sich andere Berufszweige für Psychotiker zuständig fühlten.

„Die beginnende Verblassung des traditionellen Bildes des Arztes gefährdet die Psychiatrie und den Psychiater. Sein therapeutisches Wirken ist ja dadurch mitgeprägt, daß ihn der Kranke als Arzt im traditionellen Sinn auffaßt. Diese Auffassung des Kranken vom Psychiater als einem traditionellen Arzt ist eine gute Grundlage für eine psychotherapeutische Beziehung. Und zudem: Niemand wie der Psychiater, der Arzt ist, kann psychische *und* körperliche Störungen sowohl im Einzelnen wie in ihrem Zusammenwirken und als Einheit verstehen" (S. 23).

Einerseits könnten solche Äußerungen als obsolet gelten, da sie durch Alternativprojekte (vgl. Kap. 3.5) längst falsifiziert worden sind. Andererseits spiegeln Bemerkungen dieser Art treffend das Selbstverständnis derjenigen Psychiatergeneration wider, die sich über Jahrzehnte hinweg um die Verbesserung der Lage psychisch Kranker bemüht hat, und brüskieren zugleich jene Fachkollegen, die für die Interdisziplinarität plädieren (vgl. Jablensky, 1985; Lambo, 1985; Romano, 1985; Strotzka, 1985). Selbst letztere müssen sich vor die Frage gestellt sehen, wo sich dieses Zusammenarbeiten verschiedener Disziplinen außerhalb der klinischen Praxis tatsächlich etablieren konnte. Denn neben den Anstrengungen um die Verbesserung der Lage psychisch Kranker sind mehr oder weniger latente Kompetenzstreitigkeiten und Abgrenzungskämpfe unter den Disziplinen zu verzeichnen. Die Spannungen nehmen zu, je mehr eine Fachrichtung für sich allein die Zuständigkeit für den Patienten beansprucht. Dieses Fach, und das ist zweifellos immer noch die Psychiatrie, sieht sich heute mehr denn je dem Problem gegenüber, inwieweit von ihr eingeleitete Maßnahmen zur Restabilisierung des Patienten greifen und ob nicht mit anderen Behandlungsmethoden, innerhalb eines veränderten Behandlungsrahmens, Fortschritte erzielt werden könnten.

Der Gedanke, aber nicht unbedingt die Realisierung des Zusammenwirkens verschiedener Disziplinen mit der Psychiatrie konnte sich erst dann entwickeln, nachdem die alleinige Kompetenz der Psychiatrie mit ihrem Fachwissen nicht gewährleistete, eine vollständige Wiederherstellung des Gesundheitszustandes des Patienten zu garantieren. Verschiedene Vertreter unterschiedlicher Fachbereiche begannen nun ihrerseits, einen Beitrag zum Verständnis des Aufkommens einiger typischer psychischer Krankheiten – speziell der Schizophrenie – zu liefern und damit die Psychiatrie in ihrer therapeutischen Konzeption zu beeinflussen. Die damit einhergehende und nach wie vor anhaltende Theorienvielfalt mag neue Methoden zur Erkennung von krankmachenden Bedingungen und erweiterte Erkenntnisse über die Genese von psychischen Krankheiten bewirkt haben, gleichwohl hat sich für die Situation der psychisch Kranken und ihrer Angehörigen kaum etwas geändert.

Der Konkurrenzdruck der verschiedenen Disziplinen untereinander hat bewirkt, daß nicht mehr nur allein der Patient, sondern auch seine Familie, die Verwandtschaft, das Umfeld und das Beziehungsgeflecht der interagierenden Personen die Aufmerksamkeit der verschiedenen Fachdisziplinen auf sich gezogen haben. Aus sozialwissenschaftlicher Sicht genügt es nicht mehr nur allein, den Patienten mit seiner aus ihm sprechenden psychischen Krankheit zu betrachten und verstehen zu wollen, da dieser Blick die Problemeinsicht reduktionistisch individualisiert. Jedoch kann allein die Erweiterung der Sichtweise auf mögliche pathogene Zusammenhänge im dichotomen Verhältnis Patient-Mutter, Patient-Familie, Patient-Umwelt nicht darüber hinwegtäuschen, daß sich in den letzten vierzig Jahren, abgesehen von der Einführung der Psychopharmaka, nur wenig wirklich Entscheidendes in der praktischen Behandlung psychiatrischer Patienten verändert hat. Es geht eben nicht um eine Ausdehnung der Pathogenese, sondern vielmehr um ein In-Beziehung-Setzen mit der Tatsache, daß der Mensch als soziales Wesen in „spezifische Figurationen" (Elias, 1972, S. 21) eingebunden lebt. Von daher sind die Forderungen an Psychiater zu verstehen, „interdisziplinäre Kooperationen" mit anderen Fachdisziplinen einzugehen, da erst mit Kenntnis der „Struktur und Geschichte der Gemeinden" wie auch der sozialen Wertvorstellungen ihrer Bewohner und der sich daraus rekrutierenden zukünftigen Patienten eine genauere Diagnose gestellt und eine wirksame Behandlung vorgenommen werden kann (Hollingsread & Redlich, 1975).

Nach Jervis et al. (1981) lassen sich in den letzten 150 Jahren nur geringfügige Fortschritte in der Anstaltspsychiatrie konstatieren, wobei von den Autoren eingeräumt wird, daß neben dieser akademischen noch eine andere Psychiatrie existiert, eine für sie wichtigere, die sich mit der „wirkliche[n] Geschichte der Beziehung zwischen Psychiater und den Geisteskranken" (S. 159) und ihrer institutionellen Organisationsform befaßt. Diese neue Psychiatrie, die von dem italienischen Psychiater Basaglia ins Leben gerufen wurde, ist eng mit dem italienischen Gesetz Nr. 180 verknüpft (vgl. Tranchina & Serra, 1985; einige Auszüge aus dem Gesetz finden sich auch in Bertram, 1986, S. 179-183). Dort wird die Forderung nach der Aufhebung psychiatrischer Großkrankenhäuser und die möglichst schnelle Wiedereingliederung des Patienten in den Familienbereich erhoben. Hierbei werden Parallelen zu der Behandlung psychisch Kranker durch den irischen Arzt Conolly (1794-1866) offenkundig (vgl. Scull, 1985). Das Conollysche „open-door" und „non-restraint" der ersten Hälfte des 19. Jahrhunderts ist vergleichbar mit dem Basagliaschen Konzept und der

Errichtung neuer Anstaltsstrukturen in der zweiten Hälfte des 20. Jahrhunderts (vgl. Basaglia, 1981, S.10 ff.). Nach Basaglia (vgl. 1981, S. 22) eröffnet die von Johnes (1952) begründete Therapiegemeinschaft die Möglichkeit einer Verbesserung des Umgangs und der Interaktion zwischen Patient, Arzt und Pflegepersonal.

„Sie [die Therapiegemeinschaft] ist ein Ort, der alle Komponenten (...) – Kranke, Pflegepersonal und Ärzte – in einem vollständigen Engagement vereinigt, in dem die Widersprüche der Wirklichkeit den fruchtbaren Boden für die wechselseitige therapeutische Arbeit bilden. Es ist gerade das Spiel der Widersprüche – auch unter den Ärzten, zwischen den Ärzten und dem Pflegepersonal, zwischen dem Pflegepersonal und den Kranken, zwischen den Kranken und den Ärzten –, das immer wieder eine Situation zerstört, die sonst leicht zu einer Erstarrung der Rollen führen könnte" (S. 24).

Damit steht die permanente Auseinandersetzung mit gegenwärtigen und immer wieder neu hinzukommenden Alltagssituationen im Vordergrund, die eine Rollenerstarrung unter den Beteiligten erst gar nicht aufkommen lassen will. Die Aufhebung der Großkrankenhäuser in Italien und ihre Umwandlung in kleinere therapeutische Einheiten, die Reflexion und Veränderung bisher betriebener Aktions- und Verhaltensweisen der Beteiligten untereinander und die Herauslösung der passiven Patienten und ihrer Familien aus ihrer komatösen Situation kann nicht das Ziel psychiatrisch Tätiger ohne Bezugnahme auf den gesellschaftlichen Kontext sein.

Am Beispiel der italienischen Psychiatriereform (1978) und ihres Scheiterns wird besonders deutlich, daß eine Neugestaltung des Umgangs mit dem Patienten ohne Einbeziehung der betroffenen Familien und der Eruierung ihrer Bedürfnislage zwangsläufig mißlingen muß.

Es wäre nicht nur illusionär, anzunehmen, daß dieser Prozeß der Veränderung losgelöst von dem Hintergrund gesellschaftlichen, das heißt politisch-ökonomischen und sozialen Einflusses vonstatten ginge, sondern auch unvorteilhaft, da einer Neukonzeptualisierung im Umgang mit psychisch Kranken nur dann Erfolg beschieden sein kann, wenn die Einbindung der Betroffenen selbst – und das sind neben den Patienten insbesondere deren Familienangehörige – gewährleistet ist. Denn erst die Berücksichtigung der Beobachtungen, Anschauungen und Interessenslage wie auch der sozioökonomischen Bedingungen der gesamten Familie ergeben einen Informationshintergrund, vor dem der Patient in seiner sozialen Vernetzung deutlicher hervorscheint. Die Aufhellung des Familienhintergrundes verdeutlicht dabei zugleich den Anspruch und die Erwartungen der Patienteneltern an ihr erkranktes Kind. Die Legitimität eines solchen Begehrens ist bislang in der ärztlichen Interaktion mit dem Patienten weitestgehend unberücksichtigt geblieben, so daß sich hartnäckige Vorurteile (schizophrenogene Mutter), Inkompetenz und Desinteresse hinsichtlich der Patientenfamilien ausbilden konnten. Erst eine Perspektivverschiebung, die nicht mehr nur den Erkrankten fokussiert, sondern dessen Umfeld miteinschließt, offenbart die Probleme und Schwierigkeiten, die mit einer psychischen Krankheit für alle Beteiligten verbunden sind. Denn schließlich sind vor dem Eintritt des Patienten in den klinisch-psychiatrischen

Bereich Erfahrungen von den Angehörigen mit ersten Krankheitsanzeichen gemacht worden, und es sind dabei Reaktionen erfolgt, die Aufschlüsse über die zur Anwendung gebrachten Formen der Bewältigungsvorgänge geben können. Zudem verweisen diese im Vorfeld klinischer Erfahrung angewandten Maßnahmen auf familiale Ressourcen, denen bei der zukünftigen Bewältigung der Krankheit große Bedeutung zukommt. An diesen Kenntnissen zu partizipieren erscheint sinnvoll, weil der Patient nicht selten nach seiner Entlassung aus der Klinik in das angestammte Milieu seiner Familie zurückkehrt. Dieser Komplex, nämlich der zunächst vorherrschende nicht-medizinisch beeinflußte Umgang der Familie mit ihrem Angehörigen, ist bisher auch von den Psychiatriehäretikern, den sogenannten „Antipsychiatern", und ihrer Kritik an bestehenden Behandlungsweisen unberücksichtigt geblieben.

Der Psychiater Szasz (1982) folgert, daß die Schizophrenie verschwände, wenn es keine Psychiatrie gäbe. Gleichwohl bestreitet er nicht die Existenz von Menschen, die sich ungewöhnlich und seltsam verhalten und „ihre 'wirklichen' Rollen ablehnen oder ihre Mitmenschen auf andere Weise stören" (S. 127 f.). Er proklamiert zwar die Freiheit des Schizophrenen von der Psychiatrie und damit von dem Psychiater, schließt die Behandlung der kranken Person aber nicht aus, solange die Therapie auf freiwilliger Basis geschieht (vgl. S. 104). Die sich aus seinen Forderungen ergebenden Konsequenzen läßt er allerdings unerörtert. Er bleibt damit in seinem Denken auf halbem Wege stehen, so daß Fragen, die sich aus seinen Forderungen ergeben, offen bleiben. Insbesondere: Was geschieht mit den Psychotikern, die sich nicht freiwillig einer Behandlung unterziehen? – Was heißt Freiwilligkeit? – Ist sie in dem Zustand, in dem sich der Betroffene gerade befindet, leistbar? – Wer gewährt den Psychotikern Schutz und/oder den Freiraum, um sich zu restabilisieren bzw. mit ihrer Krankheit weiterhin zu leben? – Wer kümmert sich um die Störauffälligen? – Was geschieht mit den Familien, die unter den Verhaltensweisen ihrer kranken Angehörigen leiden, sich bedroht fühlen und nicht mehr zu helfen wissen?

Die Sorge der Eltern um die Zukunft und damit die Versorgung ihrer Kinder ist ebenfalls virulent, wird aber selbst von den ihrer eigenen Profession noch so kritisch gegenüberstehenden Psychiatern nicht weiter verfolgt. Aus der Sicht der Patienten und ihrer Familien erwächst aus diesen alltagsfernen Stellungnahmen kaum Nutzen. Ausschlaggebend für die Familien und die Patienten scheinen vielmehr die psychiatrischen Diagnosen zu sein, die erstellt werden, und die von Psychiatern festgesetzte Zeitdauer der Behandlung, wie der tägliche Umgang mit der Krankheit, die daraus resultierenden Sorgen, Ängste und Konsequenzen bezüglich zukünftig angemessener Verhaltensweisen. Es ist daher wenig hilfreich, wenn kritische Psychiater allein darauf verweisen, daß die Psychiatrie mit ihren Trägern und ihrem bisherigen Behandlungsstil überholten Mustern unterliegt, die es zu verändern gilt; sondern es gilt darüber hinaus zu eruieren, welche Konsequenzen durch solche Forderungen für den einzelnen, die Kranken, die Familien und die Psychiatrie mit ihren Mitarbeitern erwachsen. Dazu müssen zunächst einmal die Bedürfnisse, die Hoffnungen, Wünsche und die Kritik am Bisherigen seitens der Betroffenen konkret an Familien, die mit psychisch Kranken leben, ermittelt werden.

Bevor dies anhand eines eigenen empirischen Datenmaterials geschieht, sollen zuvor die institutionellen Rahmenbedingungen mit ihren typischen Strukturen dargestellt werden, damit die später dargelegten empirischen Befunde in einem größeren Zusammenhang interpretiert werden können.

2.2 Implikationen bei der Übertragung des klassisch-medizinischen Modells auf die Psychiatrie

Das naturwissenschaftlich-medizinische Krankheitsmodell geht bei der Krankheitsannahme implizit von drei Voraussetzungen aus:

1. Eine Krankheit führt immer zu Veränderungen im Organismus.
2. Äußerliche Merkmale (Symptome) der Krankheit verweisen auf dysregulative intraphysische Vorgänge.
3. Diese Vorgänge lassen sich objektiv meßbar nachweisen.

Ausgangspunkt und alleiniger Beobachtungsgegenstand ist das Individuum und die in ihm ablaufenden Prozesse. Eine darüber hinausgehende Betrachtung ist aus klassisch-medizinischer Sicht nicht intendiert. Auch der Psychiater, der Mediziner ist und demzufolge nach diesem klassisch-medizinischen Krankheitsmodell ausgebildet wurde, verfährt in ähnlicher Weise. Er wendet sich nahezu ausschließlich dem Patienten und der Zuordnung und Ermittlung von Symptomen zu, die er durch Beobachtung an dem Patienten gewinnt. Hinzu kommen die körperlichen Untersuchungen und die Anwendung von objektiven Meßtechniken durch Labor- und Röntgenanalysen. Der Blick des Psychiaters richtet sich damit ebenfalls vornehmlich auf den Patienten und gilt dem Bemühen, die dysregulativen Prozesse auszumachen und abzuschwächen. Auf die Schwierigkeiten einer vollständigen Übertragung des klassisch-medizischen Modells auf die Psychiatrie machen Thom und Weise (1979) aufmerksam, da

„(...) es erstens nicht gelang, eindeutige biologische Ursachen für einen großen Kreis von psychischen Störungen (...) aufzudecken, und zweitens bei der Mehrzahl der psychopathologischen Erscheinungen im Verlauf bekannter körperlicher Grundkrankheiten und der hierdurch bedingten Störungen der Hirntätigkeit keine gesetzmäßigen Abhängigkeiten von diesen somatischen Prozessen faßbar wurden" (S. 48).

Trotz der Erkenntnis, daß oftmals vielfältige Ursachen für das Ausbrechen von seelischen Störungen verantwortlich gemacht werden können, überwiegt die organische Orientierung der Psychiatrie. Das heißt, psychische Störungen werden hauptsächlich als organische Fehlfunktionen dargestellt und dementsprechend zu behandeln versucht. Die einseitige Fixierung auf das klassisch-medizinische oder biomedizinische Modell weist bei all seinen zweifellos vorhandenen Erfolgen in der Behandlung psychischer Krankheiten Schwächen dahingehend auf, daß es den Menschen isoliert. Der

Mensch wird von seinen sozialen Bezügen getrennt betrachtet und unterliegt damit einer artifiziell mechanistischen Sichtweise. Noch heute ist sowohl in der Schulmedizin als auch in der traditionellen Psychiatrie die dichotome Aufsplitterung des Patienten in eine jeweils Leib- und Seele-Einheit zu verzeichnen. Diese Sichtweise begründet sich aus dem Leib-Seele-Dualismus cartesianischer Prägung, der die Natur als Summe beobachtbarer physikalischer Vorgänge und den Menschen nur als ein in seine Einzelfunktionen zerlegbares Objekt wahrnimmt. Je nach fachspezifisch medizinischer Ausrichtung werden Schwerpunkte entweder auf Soma oder Psyche gelegt. Mit zunehmender Spezialisierung der Fachärzte und der ihnen zugeschriebenen Kompetenz für Begutachtung und Diagnosestellung einzelner Objektbereiche verschwindet der Patient in seiner psychophysischen wie auch sozialen Totalität. Mechanistisch ist diese artifizielle Objektparzellierung insofern, als sie nicht erkennt, daß der Mensch mehr als die Summe seiner psychophysischen Teilaspekte darstellt.

Nach Sarbin (1979) ist die Übertragung des Wortes Krankheit auf den Geist – wie im Wort „Geisteskrankheit" erkennbar – oder die Verbindung Psyche und Krankheit durch „psychische Krankheit" unzulässig. Mit einem Rekurs auf die Geschichte stellt er heraus, daß die Übernahme des Wortes „Krankheit" auf Verhaltensstörungen durch die medizinische Profession zuerst als Metapher gemeint war. Und da „jede Metapher (...) potentiell eine Fülle von Konnotationen" besitzt, jede Konnotation wiederum „eine Fülle von Implikationen" und diese Implikationen eine „Anweisung zum Handeln" darstellen, hat sich mit zunehmendem Gebrauch dieser Wortkombinationen deren eigentlicher Sinn verschoben (vgl. S. 25).

„Im Umgang mit metaphorischen Ausdrücken neigt der Mensch dazu, das qualifizierende 'als ob' wegfallen zu lassen. Das heißt, die Metapher wird benutzt ohne das Etikett, das sie als bildlich statt konkret ausweist. In diesem Fall, wo die Metapher 'Krankheit' Bedingungen bezeichnete, die den üblichen Kriterien für Krankheit nicht entsprachen, war der Wegfall des 'als ob' durch die praktizierenden Anhänger der 'Physik' (Vorläufer der Ärzte) begünstigt. Es war ihnen nämlich lästig, über zwei Arten von Krankheiten sprechen zu müssen: 'echte' Krankheit und 'Quasi-Krankheit'. Das Wort 'als ob' wurde vermieden. (...)

Die störenden Verhaltensweisen konnten behandelt werden, als ob sie Symptome wären, gleichwertig mit somatischen Symptomen. Durch Weglassen des 'als ob' wurde beobachtetes Verhalten als symptomatisch für eine zugrundeliegende interne Pathologie angenommen" (S. 27 u. S. 30).

Dörner (1971) stellt die Frage, inwieweit

„(...) wir mit dem Begriff des Kranken nicht auch die fatalen Implikationen dieses Begriffs in unsere wohlmeinenden, fortschrittlichen Überlegungen übernehmen: die falschen Analogien aus der Körpermedizin, die falsche Reduktion auf ein intra-individuelles Problem, die Ausblendung der Bedürfnisse und des Leidens aus einem 'Krankheitsfall', die wissenschaftliche und gesellschaftliche Verobjektivierung?" (S. 18).

Klerman (1977) versteht das Modell der „psychischen Krankheit" als „soziales Konstrukt", wobei seines Erachtens der gesamte Ablauf des psychiatrischen Procedere wie Diagnose, Behandlung und Prävention sowohl zwischen den Gesundheitsprofessionen untereinander als auch zwischen ihnen und der Gesellschaft auf einem sozialen Konsensus beruht (vgl. S. 221). Und E. Bleuler (1975), der Nestor der Psychiatrie des 20. Jahrhunderts, stellt selbstkritisch in einer seiner selten zitierten Frühschriften fest:

„Ebenso charakteristisch wie komisch ist es, daß nicht einmal der Begriff, mit dem wir alle in erster Linie operieren müssen, der der Krankheit, von uns anders als im vulgärsten und ungenauesten Sinne verwendet wird und überhaupt noch nie klargestellt worden ist" (S. 57).

Eingedenk dieser gravierenden Hinweise, Vorsicht bei der unkritischen Übertragung des biomedizinischen Krankheitsbegriffs und seiner Terminologie zur Beschreibung von Krankheit auf die Psychiatrie walten zu lassen, und trotz der Vorschläge, psychische Krankheit durch angeblich neutralere Begriffe wie „psychische Störung" (vgl. Hohl, 1983, S. 7) oder „Verhaltensstörung" (vgl. Redlich & Freedman, 1976, S. 14 f.) zu ersetzen, soll im folgenden nicht generell auf den Begriff der „psychischen Krankheit" verzichtet werden, da er von den Familienangehörigen zum Teil selbst gebraucht wird.

Eng verbunden damit und ähnlich problematisch wie die Übertragung des medizinischen Modells auf psychische Störungen stellt sich die diagnostische Zuordnung des Patienten dar. Sie ist – wie im folgenden verdeutlicht werden soll – gleichfalls mit Implikationen verknüpft, die sich aus der Validität und Reliabilität ihres Zustandekommens herleiten und weitreichende Konsequenzen für die Patientenfamilien beinhalten.

2.3   Probleme bei der Diagnostik von psychischen Krankheiten

Behauptet ein Psychiater, daß eine Person manisch und/oder depressiv sei, so gründet sich diese Behauptung auf eine Reihe von Beobachtungen, die er vor der Diagnose angestellt hat. Das Resultat seiner Beobachtungen wird in der Diagnose zusammengefaßt. Angenommen, es verhält sich eine Person gereizt, redselig, uneinsichtig, hyperaktiv, unkonzentriert und spricht von akustischen Wahrnehmungen, ist ferner – laut Auskunft ihrer Angehörigen – seit Tagen damit beschäftigt, große Geldbeträge für verschiedene unverständlich erscheinende Unternehmungen auszugeben, die, sollten sie andauern, sie ruinieren würde, dann besteht eine große Chance für diese Person, von einem Psychiater als Maniker diagnostiziert zu werden.

Wörter wie manisch, depressiv, schizophren, die Personen infolge bestimmter Beobachtungen und Feststellungen von anderen zugedacht werden, stellen allerdings nach Szasz (1982) nur Konstruktionen bzw. Abstraktionen zum Zweck der Übereinkunft dar, mit anderen Worten, sie sind Erfindungen. Daß diese Erfindungen aber auch auf den Benutzer zurückwirken und die geschaffene Symbolik ihrerseits Realitäten erzeugt, wird kaum problematisiert. Dieser Sachverhalt scheint sich im Laufe der Jahrzehnte – aufgrund der in dieser Zeit hervorgebrachten Theorien über die Ätiologie dieser Krankheiten – verwischt zu haben, so daß heute der Eindruck entstehen kann, es habe schon immer Manien oder Schizophrenien gegeben und wir seien erst durch die Forschung dazu gekommen, sie zu entdecken. Dieser „Fortschritt" ist ein Schritt fort vom eigentlichen Problem, nämlich dem des allgemeinen und einzelnen Umgangs mit diesen so sonderbar anmutenden Phänomenen.

„Diese Kategorien, Diagnosen oder Definitionen erscheinen unserem Alltagsverstand als fixe Größen; sie existieren und bezeichnen unproblematisch gegebene Einheiten. Wir verwenden sie (scheinbar) ebenso, als wenn wir sagen würden 'Autos' oder 'Klavier'. An der Identität von Autos oder Klavieren besteht in der Regel kein Zweifel. Sie werden als diese Dinge produziert und bleiben Autos und Klaviere [sic!] bis sie irgendwann auf dem Schrottplatz oder Sperrmüll landen. Die Frage ist, ob psychische Störungen oder delinquentes Verhalten in einem solchen Sinne Tatbestände sind" (Keupp, 1990b, S. 77).

Beispielhaft, zumindest für die Historizität psychiatrischer Termini und damit auch des Behandlungsgangs, sei in diesem Zusammenhang auf die noch vor einem Jahrhundert gängige Diagnose der Hysterie verwiesen. Während sie von dem seinerzeit bedeutenden Psychiater Charcot häufig an Frauen in der Salpêtrière gestellt wurde, wird sie heute kaum noch diagnostiziert und nicht mehr unter ihrem ursprünglichen Begriff in den Diagnosehandbüchern geführt. Insofern hat der damalige Begriff der Hysterie auf dem terminologischen „Schrottplatz" der Geschichte Eingang gefunden und ist durch den neuen Begriff Konversionssyndrom ersetzt worden. Mit diesem aktuellen Terminus geht allerdings eine subtile Veränderung des therapeutischen Begegnens mit solchen Symptomen einher und macht deutlich, daß der Ausspruch Charcots „la théorie, c'est bon, mais ça n'empêche pas d'exister" („die Theorie ist gut, aber das hindert die Dinge nicht zu existieren"; vgl. Sulloway, 1982, S. 67) dahingehend ergänzt und modifiziert werden muß, daß gerade Theorien mitwirken, Dinge – qua Kopfgeburt – in die Welt zu setzen, die vorher noch nicht existent waren, und dazu beitragen, Handlungsweisen zu legitimieren. Mit der Entwicklung neuer Begriffe (manisch, depressiv, schizophren) erwachsen somit neue Krankheiten. Damit ist das Konstrukt, das im ursprünglichen Sinn als Hilfsmittel und Oberbegriff bestimmter Merkmale gedacht war, selbst zu etwas Eigenständigem avanciert. Die Verselbständigung, in diesem Fall die unkritische Übernahme der Begrifflichkeit der Schizophrenie, stellt die Geburt einer neuen Krankheit dar, die es vorher in diesem Sinn noch nicht gab.

Nach Ansicht Wulffs (1990) ist es konsequent, wenn „Tobie Nathan (...) psychiatrische Krankheitssymptome (...) [als] 'flottierende Signifikanten'" bezeichnet. In diesem Sinn sind psychische Krankheiten nicht für alle Zeit durch psychiatrische Krankheitsetikettierungen determiniert. Darüber hinaus gibt auch Häfner (1971) zu bedenken: „Wir müssen uns am Ende eingestehen, daß die Theorie unseres Faches mehr aus Erfahrungen und Meinungen denn aus verifizierten Hypothesen aufgebaut ist und erweitert wird" (S. 567). Diagnosen sind keine objektiven Größen, sondern immer Werturteile, die Menschen über Menschen fällen, und wer die Möglichkeit besitzt, umfassend Begrifflichkeiten zu prägen, besetzt Köpfe.

Die Häufigkeit bestimmter psychiatrischer Diagnosen unterscheidet sich nicht nur von Land zu Land (vgl. Grinker, 1985), sondern auch innerhalb eines Landes, unter bestimmten Voraussetzungen sogar innerhalb einer Klinik (vgl. Wöller et al., 1980). Objektive und einheitliche Kriterien fehlen, so daß psychiatrische Diagnosen fragwürdig und kontextabhängig sind (vgl. Bastide, 1973, S. 48 f. u. S. 189; Gleiss et al., 1973, S. 36).

Das diagnostische Vorgehen kann in drei Schritte unterteilt und nach folgenden Kriterien systematisiert werden:

1. Nach dem ersten Eindruck wird, einer Annahme folgend, eine sogenannte Verdachtsdiagnose gestellt.

2. Danach wird durch Abfragen sowohl nach Kriterien hinsichtlich bestimmter Krankheitsbilder wie auch nach deren Ausschluß gesucht, um die Verdachtsdiagnose zu untermauern oder zu verwerfen.

3. Schließlich folgt nach sukzessiver Verdichtung „über eine 'Zustandsdiagnose' eine 'Syndromdiagnose', d. h. die Einordnung des aktuellen klinischen Bildes in ein typisches Zustandsbild" (Zerssen, 1986, S. 196).

Vor dem Hintergrund weiterer klinischer Merkmale und Angaben des Patienten wird dann „unter den bekannten Krankheitsbildern dasjenige herausgesucht, mit dem ein möglichst hoher Grad an Übereinstimmung besteht" (S. 196). Allerdings bleibt die Auswahl eines für passend empfundenen Begriffs dem Diagnostiker überlassen (S. 197), das heißt, „sowohl die einzelnen Diagnosen als auch die verschiedenen nosologischen Systeme [sind] keine natürlich vorgegebenen Systeme, sondern hängen von einer Vielzahl verschiedenster theoretischer Prämissen ab" (Redlich & Freedman, 1976, S.369).

Arieti (vgl. 1985, S. 53) stellt fest, daß es keine eindeutigen Anzeichen oder Tests seitens der Psychiatrie gibt, die eine vorhandene oder bevorstehende Schizophrenie feststellen könnten. Redlich und Freedman (1976) weisen auf den „geringeren Grad von Validität und Verläßlichkeit" (S. 384) psychiatrischer Termini wie Schizophrenie und Depression hin. Und Watzlawick (1985) bemerkt, daß „der Psychiater gelernt [habe], die Problematik seiner Patienten mit Hilfe seiner Kenntnis der Psychopathologie anzugehen. Er versucht die *Ursachen* der Störung zu erhellen" (S. 252). Daß sich der Psychiater hierbei auf „eine Ansammlung von Hypothesen und Techniken" stützt, die keineswegs „einen Anspruch auf Wissenschaftlichkeit erheben" (Mannoni, 1983, S. 173) können, ist ihm nur spärlich bewußt. „Was der Arzt sagt, wird für gewöhnlich in einer mythischen Glaubenshaltung aufgenommen. (...) Der Arzt selbst ist nicht frei von solchen allgemeinen Mythen" (S. 173).

Von daher neigt der Psychiater eher dazu, seinen Blick auf den Patienten und vielleicht auch auf dessen familiales Umfeld als auf sich selbst und die Institution Psychiatrie zu lenken. Für ihn ist und wird der Patient aufgrund seiner Persönlichkeitsstruktur, seiner Labilität, seiner Umwelt, seiner Sozialisation, seiner psychischen und biologischen Konstitution und anderer sogenannter multifaktorieller Faktoren (prä)formiert, kann daher ohne eine grundsätzliche Milieuveränderung und eine zusätzliche therapeutische Begleitung nicht oder nur schwerlich gesunden. Da jedoch die Klinik mit ihren beschränkten Möglichkeiten dies nicht zu leisten vermag und auch die Patientenfamilie für die auf sie zukommenden Aufgaben nicht vorbereitet ist, ist es verständlich und plausibel, daß nach der Entlassung eine baldige Rückkehr des Patienten in den klinischen Bereich zu erwarten ist. Mit dem Begriff der Drehtürpsychiatrie wird diesem Sachverhalt bildhaft Ausdruck verliehen.

Allerdings wirkt der Arzt durch seine gestellte Diagnose daran mit, den Patienten auf seine zukünftige „Karriere" (vgl. Fabrega & Manning, 1979) festzulegen. Anstatt in ihr mit einen Grund für eine erneute Einweisung des Patienten in die Klinik anzusehen, leitet er aus der Wiederkehr des Patienten eine Bestätigung seiner Diagnose ab. Während psychisch Kranke vor ihrer Einweisung Menschen waren, „die in der Außenwelt irgendwelche Schwierigkeiten verursacht haben, so daß jemand, der ihnen physisch oder sozial nahestand, zu einer psychiatrischen Aktion gegen sie veranlaßt wurde" (Goffman, 1973, S. 291), sind sie nunmehr, nachdem sie von psychiatrischen Spezialisten behandelt wurden, mit einem Krankheitsetikett behaftet.

Der Rechtsprofessor und Psychologe Rosenhan (1979) beschreibt anhand eines Versuchs, wie acht Scheinpatienten in den USA aufgrund eines einzelnen simulierten Symptoms – der akustischen Halluzination – die Aufnahme in psychiatrische Krankenhäuser erlangten und darüber hinaus die Diagnose Schizophrenie bzw. in einem Fall die Diagnose manisch-depressiv erhielten. Er sieht in der psychiatrischen Diagnose eine sich selbsterfüllende Prophezeiung. Seiner Meinung nach definieren die Diagnosen nicht einen krankhaften Zustand, sondern sie erschaffen ihn erst (vgl. Rosenhan, 1988; vgl. gleichfalls die Metakritik an Rosenhans Beitrag von Spitzer, 1979). Mit der Erstellung einer Diagnose ist zugleich eine Institution erforderlich, die sich anbietet, den diagnostizierten Zustand zu behandeln. Das Milieu dieser Institution trägt dazu bei, den aufgenommenen Patienten zu infantilisieren. Indem die klinische Anstalt „eben jene Hilflosigkeit und Depersonalisation des 'Patienten' [erzeugt]", wird im nachhinein – rückbezüglich – die Diagnose in ihrer Richtigkeit bestätigt (Watzlawick, 1988, S. 65).

Der Ethnopsychiater Devereux (1982) stellt die Schizophrenie als eine „*typische ethnische Psychose komplexer zivilisierter Gesellschaften* [dar], (...) *die am weitesten verbreitet ist*" (S. 222). Das „kulturelle Milieu" bietet dem Erkrankten gewissermaßen „Modelle des Fehlverhaltens" an, innerhalb dieser sich der Erkrankte darzustellen hat. Wie in westlichen europäischen Zivilisationen unserer Tage der Handlungsspielraum, Amok zu laufen, selten gegeben ist, so ist in wirklich primitiven Gesellschaften, die keiner „brutalen Akkulturation" ausgesetzt waren, die Schizophrenie kaum existent (vgl. S. 175 f. u. S. 223). Diese Feststellungen führen Devereux zu folgender Aussage:

„Kurz, der Patient, der sich mit der Maske der Schizophrenie aufputzt, statt sich damit zu begnügen, ein kulturell 'exzentrischer' Hysteriker oder Manisch-Depressiver zu sein, erweist sich als Konformist, denn schizophren sein ist in unserer Gesellschaft die 'schickliche' Art, verrückt zu sein. Es versteht sich von selbst, daß diese Anpassung an das schizophrene Modell, wie wir sagten, weitgehend durch die fundamental schizoide Struktur der ethnischen Persönlichkeit des modernen Menschen begünstigt wird" (S. 228).

Unter der Überschrift „Wirres Gestammel" beschreibt „Der Spiegel" (5. Juli 1993) das von den Ärzten der psychiatrischen Klinik Kfar Schaul (Israel) so bezeichnete „Jerusalem-Syndrom". Es handelt sich dabei um ein jährlich immer wieder zu verzeichnendes Phänomen bei einigen Touristen, die beim Besuch der Heiligen Stätten auffällig werden. „Dabei orientieren sich die gottesfürchtigen Narren meist an der eigenen Religion. Juden sehen sich als Abraham, König David oder Messias und bevorzugen für ihre Erscheinungen den Ölberg oder die Klagemauer. Christen hingegen haben ihre Eingebungen an den Stationen der Via Dolorosa oder im Garten Gethsemane."

Die in der heutigen Zeit „schickliche Art, verrückt zu sein", ist allerdings nicht allein auf die Schizophrenien zu beschränken. Ein Blick in die Diagnosehandbücher (ICD 9, DSM III, 1986, darin ist in Anhang B die ICD-9 Klassifikation psychischer Störungen enthalten) offenbart, daß es innerhalb unseres kulturellen Milieus gleichermaßen verschiedene Möglichkeiten des Handlungsspielraums und damit des Ausagierens von „Verrücktheiten" gibt .

Subtile Diagnoseschemata und zur Kennung gebrachte Auffälligkeiten erweitern – folgt man Devereuxs (1982) Anschauung – den Krankheitskanon und offerieren unterschiedliche Möglichkeiten der Darstellungsform für den Erkrankten.

„Es ist ganz so, als sagte die Gesellschaft zum potentiellen Neurotiker und Psychotiker: 'Sei nicht verrückt, aber wenn du es sein mußt, dann zeige deine Verrücktheit in dieser oder jener Weise (...) und nicht anders. Wenn du von diesem Verhalten abweichst, dann wird man dich nicht für einen Verrückten, sondern für einen Kriminellen, Zauberer oder Ketzer halten'" (S. 222).

Diese Wahl einer Person für diese oder gegen jene Krankheitsform und deren symptomatisches Ausagieren ist damit keine freiwillige, bewußt herbeigeführte Tätigkeit, sondern eine kulturell eingegrenzte und sozialisatorisch vorgegebene Möglichkeit der Wiedergabe.

„Tatsächlich sind viele Patienten, die sich anscheinend als Schizophrene geben, im Grunde *keine* solchen; häufig handelt es sich einfach um gestörte Menschen, die bereitwillig [sic!] aber unbewußt die Maske des Schizophrenen annehmen, weil dieser Zustand derjenige ist, der am besten ihrem eher ethnischen als idiosynkratischen Konflikt entspricht, und weil es gerade dies ist, was wir von ihnen auf sozialer wie auf psychiatrischer Ebene erwarten.

Diese Hypothese erklärt das Scheitern von Versuchen, *die* organische Basis der Schizophrenie zu entdecken – Versuche, die nicht gelingen könnten, selbst wenn die Schizophrenie tatsächlich eine organische Krankheit wäre, denn viele als solche diagnostizierte Kranke sind nicht authentische Schizophrene, sondern lediglich Menschen mit schizophrenem *Verhalten*" (S. 225).

Ähnliches konstatiert Conrad (1979), wenn er bemerkt, daß die beschriebene Falldarstellung Sechehayes (1972) mit der Protagonistin René „kein einziges sicheres Merkmal für schizophrenes Erleben", sondern vielmehr einen schweren Fall maligner Hysterie darstelle (S. 148.).

Darüber hinaus stellt sich hier die Frage, wer die Diagnose vornimmt und vor allem, vor welchem kulturellen Hintergrund er dies tut. Den in westlichen Zivilisationen aufgewachsenen und sozialisierten wie auch geschulten Psychiatern erschließen sich die ihnen entgegengebrachten Symptomphänomene nur aus ihrem bisherigen Erfahrungshorizont. Wahrnehmung, Ein- und Zuordnung wie auch Bewertungen von Symptomen werden immer vor dem Hintergrund des eigenen kulturellen Sinnverstehens gemacht. Damit tritt das dem diagnostizierenden Psychiater eigene, gesellschaftlich vorgegebene und in seinem (europäischen, nordamerikanischen etc.) Kulturkreis bisher bewährte Instrumentarium erst dann in den Vordergrund der Betrachtung, wenn er mit anderen – ihm fremden – kulturellen Zusammenhängen konfrontiert wird.

Selbst der Tod der Mutter oder des Vaters, sogenannte harte Daten, wie überhaupt die intervenierenden Variablen, die in und an fremden Kulturkreisen gewonnen werden, lassen sich nicht ohne weiteres auf unsere Bezugs- und Einordnungssysteme übertragen; sie „'bedeuten' inhaltlich – was die realen Beziehungsmuster angeht – (...) ganz unterschiedliche Sachverhalte" (Wulff, 1990, S. 98). Solange wir diese im einzelnen zu eruierenden Elemente wie die Beziehungsmuster und die ihnen zugrundeliegenden Bedeutungszusammenhänge nicht (er)kennen, beinhalten die undifferenzierten Übertragungen unserer nosologischen Klassifikationsschemata auf andere Kulturkreise ethnozentristische Gefahren des Unverständnisses und der falschen Zuordnung. Es handelt sich hierbei nach Wulff nicht um den Versuch empirischer Forschung, sondern um eine „normierende Legifizierung", um Verordnungen (die damit einen „imperialen Charakter" aufweisen), was als Krankheit zu gelten hat und was nicht (vgl. S. 102).

Nach Scheff (1980) besteht die Tendenz der Mediziner darin, „im Zweifelsfall eher Krankheit und nicht Gesundheit zu diagnostizieren" (S. 22), sozusagen in dubio contra reum, da sie in ihrer Ausbildung lernten, „daß es weit schuldhafter sei, einen kranken Patienten zu entlassen (...) als einen Gesunden zurückzuhalten" (S. 93). Und im Hinblick auf den Psychiater führt Scheff weiter aus:

„Es gibt gute Gründe dafür, daß in der Psychiatrie ein Irrtum nach Typ 2 (Beurteilung einer gesunden Person als krank) ebensosehr zu vermeiden sei wie ein Irrtum des Typs 1 (eine kranke Person als gesund zu beurteilen). Da aber der Psychiater zuerst und vor allem Arzt ist, wird auch seine moralische Orientierung eher von der medizinischen als von der rechtlichen Entscheidungsregel bestimmt werden. So wird der Psychiater auch weiterhin eher dazu neigen, sich in der hergebrachten Weise zu irren, das heißt, Krankheit zu diagnostizieren, wenn die Person gesund ist, obwohl man nicht mehr mit Sicherheit weiß, ob dieser Irrtum wünschenswerter ist als sein Gegenteil" (S. 97).

Geistige Implantate wie Schizophrenie, Manie, Depression, die seit vielen Jahrzehnten und Generationen in den Köpfen von Psychiatern verankert wurden, verschwinden nicht per psychiatrisches Dekret oder gesetzgeberisches Diktum, auch nicht aus dem Bewußtsein der Gesellschaft und damit der Angehörigen, sondern haben kognitive Spuren hinterlassen, die alle Beteiligten in ihrem Umgang mit dem psychisch Kranken determinieren. Insofern darf festgestellt werden, daß diejenigen, die mit diesen Termini operieren, im eigentlichen Sinn nicht Krankheiten meinen, sondern es mit einer mehr oder weniger nebulösen Anzahl von Symptomen zu tun haben, die zu Oberbegriffen wie Schizophrenie, Manie, Depression etc. zusammengefaßt worden sind und, zusammengestellt in Handbüchern (ICD/DSM) für Psychiater, Stichwörter darstellen, unter denen bei Bedarf nähere „Kriterien zur Verbesserung der Zuverlässigkeit diagnostischer Urteile" (Diagnostische Kriterien (...), 1986, Einleitung) zu finden sind.

Der nicht nur für Laien pejorative Begriff der Schizophrenie, der mit negativen Konnotationen befrachtet ist (vgl. Müller, 1985; Stumme, 1975), kann der Grund für eine Reihe von Reaktionen sein, die allein schon dann hätten vermieden werden können, wenn der Begriff nicht gebraucht worden wäre. Somit lassen sich der ursprünglich für körperliche Beschwerden gedachte und auf biomedizinischer Grundlage erwachsene Krankheitsbegriff wie auch der diagnostische Vorgang nicht ohne Bedenken auf seelische Krankheiten übertragen.

2.4   Der Kranke und die Institution Psychiatrie

Bastide (1973) spricht von den Kranken als einer Gruppe, denen nicht die Möglichkeit gegeben ist, „eine solidarische Kollektivität zu bilden" (S. 215). Indem der Kranke „an eine Gruppe Nichtkranker, an seine Freundes- und Familienkreise (...) und vor allem an seinen Arzt" gebunden ist, ist es für ihn unmöglich, mit anderen Kranken eine Solidargemeinschaft bzw., wie Bastide sich ausdrückt, „mit diesen eine 'Untergruppe' oder eine 'Subkultur' [zu] bilden" (S. 215).

Zu kurz kommt hierbei der Umstand, daß der psychisch Kranke aufgrund der Spezifik seiner Erkrankung kaum in der Lage ist, eine Solidargemeinschaft mit anderen Patienten einzugehen. Illusionär ist der Glaube, der Depressive oder der Maniker könne, zumindest zu Beginn seiner Krankheitsphase, ein Gemeinschaftsgefühl entwickeln, das ihn und seine Mitpatienten zu Kombattanten werden lassen könnte. Gerade der beim Maniker auffällig übersteigerte Egozentrismus läßt es nicht zu, sich anderen konstruktiv widmen zu können, während andererseits der Depressive sich gerade dadurch auszeichnet, daß er sich zurückzieht und jeden Kontakt meidet. Auch geht, vom Maniker einmal abgesehen, „in der Krankheit (...) das Bewußtsein des Protests verloren" (Spazier & Bopp, 1973, S. 15), so daß unter gegenwärtigen Umständen von dieser Seite kaum eine Solidarität unter den Patienten erwartet werden kann. Hinzu kommen noch die sedativen Wirkungen der applizierten Medikamente, so daß in diesem Zustand gar nicht der Wunsch, „eine solidarische Kollektivität zu bilden", vorhanden sein dürfte. Allerdings wissen wir nicht viel über die Erlebniswelt des Kranken, sondern verfügen nur über vage Mutmaßungen, die wir darüber anstellen können, wie er sich fühlt, was er denkt und welche Erlebniszustände sich ihm auftun. Daran haben Versuche, sich mittels Meskalin und anderer Drogen künstlich in die Welt des Psychotikers zu versetzen, um ihn so besser verstehen zu können, nichts geändert (vgl. Bürger-Prinz, 1973). Auch die Übereignung an eine psychiatrische Institution mit ihrem erfahrenen Fachpersonal stellt noch keine Garantie für ein erweitertes Verständnis für die individuellen Belange psychisch Kranker dar.

Ähnlich verhält es sich mit dem Bemühen um Verbesserung des Zustandes psychisch Kranker. Selbst hierbei kann nicht gewährleistet werden, daß mit ihrem Eintritt in die Institution Psychiatrie wie selbstverständlich eine Besserung ihres Zustandes erfolgt. Vorzugsweise psychiatrische Krankenhäuser weisen spezifische (iatrogene) Merkmale auf, die für eine Gesundung des Individuums hinderlich sein können.

Nach Goffman (1973) ist eine Institution dadurch gekennzeichnet, daß sie „tendenziell allumfassend" und „total" ist (S. 15). Eine solche stellt die psychiatrische Klinik dar (vgl. S. 198). Insassen, das heißt die Patienten dieser „totalen Institution", unterliegen folgenden Merkmalen:

„1. Alle Angelegenheiten des Lebens finden an ein und derselben Stelle statt.

2. Die Mitglieder der Institution führen alle Phasen ihrer täglichen Arbeit in unmittelbarer Gesellschaft einer großen Gruppe von Schicksalsgenossen aus. (...)

3. Alle Phasen des Arbeitstages sind exakt geplant, (...) und die ganze Folge der Tätigkeiten wird von oben durch ein System expliziter formaler Regeln und durch einen Stab von Funktionären vorgeschrieben.

4. Die verschiedenen erzwungenen Tätigkeiten werden in einem einzigen rationalen Plan vereinigt, der angeblich dazu dient, die offiziellen Ziele der Institution zu erreichen" (S. 17).

Charakteristisch sind hierbei die ubiquitären Eigenschaften, die den Rhythmus des Tagesablaufs eines jeden Insassen bis ins Detail umfassen. (Eine eindrucksvolle Anschauung über das Anstaltsleben seiner Zeit gibt Tucholsky, 1975, Bd. 7, S. 258-266). Gelangt das erkrankte Individuum in die Obhut einer psychiatrischen Klinik, treten subtile institutionelle Mechanismen wie Hierarchisierung, Anstaltsordnung und damit einhergehend die Unterordnung des Patienten unter dieselbe in Kraft. Durch die Institution werden sowohl die sozialen Beziehungen als auch das Denken und das Verhalten der in ihr lebenden Mitglieder schematisiert (vgl. Hohl, 1981).

Wenn Cooper (1980) darauf hinweist, daß Institution „an den richtigen Platz stellen" (S. 153) heißt, ist es nur folgerichtig, nach dem „für wen" zu fragen.

Berger und Luckmann (1987) nennen die Institutionen „objektive Faktizitäten", die dem Individuum „unabweisbar gegenüber[stehen]. Sie sind *da*, außerhalb der Person, und beharren in ihrer Wirklichkeit, ob wir sie leiden können oder nicht" (S. 64).

Durch die Institution Psychiatrie werden die Individuen entindividualisiert, zu einer inhomogenen Gruppe, nämlich der der Patienten geformt und damit auf einen nivellierten Status gebracht, der dem eines rechtlosen Bittstellers gleichkommt (vgl. Goffman, 1973). Deutlich wird dies schon aufgrund äußerlicher Statussymbole wie Kittel und Schlüssel, die den Besitzern (Ärzte, Pflegepersonal etc.) dieser „Insignien der Macht" (Hohl, 1981) erlauben, sich frei zu bewegen, während die Patienten um Erlaubnis nachsuchen müssen, ob ihnen Ausgang oder der Zugang zu ihren persönlichen Habseligkeiten gewährt wird. Hohl weist ebenfalls darauf hin, daß der Arztkittel in seiner ursprünglichen Funktion, nämlich vor Beschmutzung zu schützen, in der Psychiatrie überflüssig geworden ist und mehr der Funktion der Abgrenzung und der Aufrechterhaltung der hierarchischen Struktur innerhalb der Institution Psychiatrie dient (S. 52).

Spezielle fachliche wie arbeitsmäßige Interessen können nur mittels ergotherapeutischer Maßnahmen halbwegs aufgefangen werden; und auch eine individuelle Freizeitgestaltung ist im Rahmen herkömmlicher psychiatrischer Anstalten kaum möglich. Das Bedürfnis nach Privatheit ist in einem Mehrbettzimmer oder Wachsaal nahezu ausgeschlossen, wobei sowohl die Tabuisierung als auch die Nichtauslebbarkeit sexueller Bedürfnisse erschwerend hinzukommen. Doppel- und Dreifachtüren hemmen den Zugang und damit die Kontaktaufnahme mit dem jeweils zuständigen Arzt. Übersehen werden nach wie vor die vielfach subtilen und strukturellen Mechanismen, denen der Patient durch diese Vorrichtungen ausgesetzt ist. Die Psychiatrie trägt nach Hohl (1981) somit mittels ihrer strukturellen Gewalt zu einer „Infantilisierung" der Patienten bei und muß sich Fragen nach der Effizienz ihrer Leistung hinsichtlich der Behandlung gefallen lassen. Die Entpersonalisierung des Patienten wird augenscheinlich, wenn man sich die folgenden – zum Teil sich täglich wiederholenden Rituale – bei der Arztvisite vergegenwärtigt:

„Man versammelt sich um das leere Bett genauso wie um das belegte, der behandelnde Arzt läßt sich die Kurve reichen, man diskutiert die Medikation, kommentiert das Befinden des abwesenden Patienten. Nachdenkliche Blicke treffen das leere Bett. Und keinem kommt es komisch vor, daß ein Dutzend erwachsener Menschen um ein leeres, ordentlich gemachtes Bett herumsteht und über einen imaginären Patienten diskutiert. (...) visitiert wird das Bett, (...) wichtig ist die Kurve, nicht der Mensch. Insofern sagt gerade der Teil des Rituals, in dem der Patient gar nicht mehr vorkommt, etwas aus über dessen Bedeutung in der Psychiatrie" (S. 64).

Nach Mannoni (1983) ist den in der Institution Psychiatrie praktizierenden Personen die vorgenommene legalisierte Entrechtung der Patienten durchaus bewußt, doch können sie aufgrund des Paradoxons, selbst ein integrierter Bestandteil der Institution und der ihr innewohnenden Struktur zu sein, nicht an der Aufhebung derselben mitwirken, ohne damit das eigene Tun zu gefährden (vgl. Hohl, 1981).

Die bisher vorwiegend makroskopische Betrachtung des institutionellen Aktionsfeldes und die dabei zutage kommenden routinisierten Handlungsabläufe des klinischen Personals sollen nachfolgend durch die nähere Darstellung der Beziehungsstruktur des Arzt-Patient-Verhältnisses ergänzt werden. Gleichfalls soll anschaulich gemacht werden, daß die Begegnung des designierten Patienten mit dem Psychiater selbsttätigen Mechanismen unterliegt, deren Verdeutlichung zum Verständnis der später dargelegten eigenen empirischen Befunde hilfreich ist.

2.5   Das Arzt-Patient-Verhältnis

Grundsätzlich ist die Situation des Arztes gegenüber seinem Patienten durch Fürsorge gekennzeichnet. Aufgrund seines Wissens und seiner Kompetenz ist der Arzt dem Patienten überlegen, was jedoch nicht ausschließt, daß auch der Patient Einfluß auf den Arzt ausüben kann (vgl. Schloß, 1985). Doch zunächst stellt sich die Situation so dar, daß vor allem die Angehörigen vom Kliniker erwarten, daß dieser ihnen bei der Lösung des Problems und der Wiederherstellung der eingewiesenen Person behilflich ist.

Erschwert wird die Beziehung zwischen beiden, wenn der Patient sich nicht freiwillig und aus persönlichen Motiven heraus an den Arzt gewandt hat, sondern von anderen (Verwandten, Ordnungshütern) geschickt oder gebracht worden ist. Da der Patient besonders in der manischen Phase subjektiv meist kein Krankheitsempfinden aufweist und dementsprechend zur Mitarbeit am Therapieprozeß (noch) nicht bereit ist, wird der Arzt zunächst darum bemüht sein, ihn sowohl dazu zu bewegen, Einsicht in die Notwendigkeit einer Behandlung zu entwickeln, als auch ein vertrauensvolles Verhältnis zu ihm herzustellen, da dieses für eine schnellere Gesundung unerläßlich sei. Von daher sind Persönlichkeitsmerkmale wie „Aufrichtigkeit", „Ausdauer", „Erwartungslosigkeit" (Cancro, 1985), eine „emotional-empathische (...) Einfühlung" (Müller, 1982), „Sensibilität", „Frustrationstoleranz und narzißtische Stabilität" (Matussek, 1985) unverzichtbare Eigenschaften, die vom Arzt erwartet werden.

In diesem Zusammenhang sei darauf hingewiesen, daß die vom Arzt so dringlich empfohlene „Compliance" (vgl. Linden, 1982) des Patienten – was nichts anderes als die Zustimmung und Mitarbeit im Behandlungsgang bedeutet – eine Art „Doublebind" (vgl. Kap. 4.1.3) darstellt. Der psychiatrische Patient hat seine Zustimmung dafür zu erteilen, daß ihn der Arzt als Kranken behandeln darf. Willigt der Patient allerdings nicht ein, lehnt er sich dagegen auf und verschließt sich der so notwendig geforderten Einsicht, ihn als Kranken zu behandeln, dann wird ihm dies seitens der psychiatrisch geschulten Ärzteschaft meist als typisch krankes Verhalten angelastet, besonders dann, wenn der Psychiater von der Annahme geleitet wird, daß es sich um eine manische Person handelt. In dieser Situation befindet sich der Patient, wie auch immer er sich verhalten mag, in einer ausweglosen Lage. Denn er wird, ob er sich *compliant* oder *non-compliant* verhält, als ein Kranker angesehen, der der Hilfe und Zuwendung bedarf. Daß möglicherweise aus seinen Einwendungen, Kritiken und Befürchtungen wertvolle Hinweise zur Modifikation der Therapie abgeleitet werden könnten oder darin eine für ihn notwendige Form des Ausagierens seiner wie auch immer gelagerten Persönlichkeit zum Ausdruck kommt, wird kaum berücksichtigt.

(Neuere Untersuchungen weisen darauf hin, die Wünsche schizophrener Patienten hinsichtlich einer Mitbestimmung bei der Medikamentendosierung – insbesondere bei der ambulanten Behandlung – zu berücksichtigen; vgl. Hornung et al., 1993).

Allein die Annahme einer vorliegenden psychischen Krankheit bewirkt ein ungleiches Verhältnis zwischen Arzt und Patient und kann für das Vertrauensverhältnis beider zueinander weitreichende Konsequenzen nach sich ziehen.

Die Infantilisierung des Patienten beginnt mit seiner Kategorisierung, mit der vom Arzt vorgenommenen Zuweisung eines bestimmten Krankheitstyps. Dadurch verschwindet das Subjekt, und übrig bleibt das Objekt (vgl. Mannoni, 1983). Nach Spazier und Bopp (1973) wird die therapeutische Beziehung „wie eine Ware gehandelt [,und] die Affekte des Therapeuten (...) sind käufliche Waren auf dem Markt käuflicher menschlicher Beziehungen" (S. 63). Damit stellt das Verhältnis zwischen beiden, dem Arzt und dem Patienten, keinen „Kontrakt zwischen Gleichen" (S. 64) dar. Dem Patienten wird ein Mitbestimmungsrecht nur eingeräumt, solange er nicht die an ihm praktizierte Behandlungsweise in Frage stellt oder gar kritisiert.

Die „asymmetrische Struktur" (Schloß, 1985) des Verhältnisses zwischen Arzt und Patient ist offensichtlich und wird durch organisatorische klinische Alltagsabläufe zusätzlich begünstigt. Schon allein aufgrund der ständigen Ärztefluktuation kann sich ein Vertrauensverhältnis zwischen Ärzten und Patienten weder entfalten noch stabilisieren. Helmchen et al. (1982) sprechen von dem „partialisierten Arzt" (S. 5). Mit zunehmender Spezialisierung ist nicht mehr nur ein einzelner Arzt für den Patienten zuständig; von daher geraten sich Arzt und Patient gegenseitig als Einzelpersonen weitestgehend aus dem Blick.

Ein weiterer Grund für das problematische Arzt-Patient-Verhältnis wird in der breit angelegten Studie von Hollingshead und Redlich (1975) thematisiert. Darin wird zum Ausdruck gebracht, daß Herkunft und soziale Lage des Patienten das Verhältnis des Psychiaters zu ihm beeinflussen. In der Diskrepanz der unterschiedlichen Schichtzugehörigkeit von Psychiatern und eines Teils der Patienten wird mit ein Grund für das schnellere Abbrechen der Behandlung angesehen. Nach Hollingshead und Redlich stellen optimale Bedingungen für ein produktives Zusammenarbeiten zwischen Patient und Arzt deren Zugehörigkeit zur gleichen sozialen Schicht dar.

Einem Bonmot zufolge stellt nur der „Yarvis-Patient" optimale Voraussetzungen für eine baldige Gesundung dar, wobei das Akronym „yarvis" für y = young, a = attractive, r = rich, v = verbal, i = intelligent, s = sophisticated steht.

Doch die asymmetrische Struktur im Arzt-Patient-Verhältnis resultiert nicht nur aus ihrer verschiedenen Schichtzugehörigkeit oder aus dem Gebrauch wertungsbeladener psychiatrischer Fachtermini (vgl. Wöller et al., 1980), sondern erwächst gleichfalls aus der hierarchisch konstruierten Struktur bisheriger Anstaltsinstitutionen und der ihr innewohnenden paternalistisch-autoritären Formation, die ein intramurales Abbild gesellschaftlicher Verhältnisse darstellt (vgl. Basaglia, 1981; Rohde, 1962).

Es ist wichtig, vielleicht entscheidend für den Platz, den der Wahnsinn in der modernen Zivilisation einnehmen soll, daß der *homo medicus* nicht von der Welt der Internierung als *Schiedsrichter* hinzugezogen worden ist, um die Trennung zwischen Verbrechen und Wahnsinn, zwischen Übel und Krankheit vorzunehmen, sondern eher als *Wächter*, um die anderen vor der konfusen Gefahr zu schützen, die durch die Mauern der Internierung schwitzte" (Foucault, 1981, S. 363).

Fabrega et al. (1979) stellen die Unmöglichkeit der Bewältigung der dem Psychiater zufallenden Aufgaben heraus. Spazier (1982) sieht sowohl den Psychiater als auch den Patienten in der Rolle des Opfers; „mögen die ersteren auch wie die Herren, die letzteren wie die Knechte erscheinen, sich gar selber so vorkommen" (S. 31). Beide sind wechselseitig aufeinander angewiesen und entsprechen damit der Funktion, die ihnen seitens der Gesellschaft zugewiesen wird. Für Mannoni (1983) ist „der Arzt keineswegs frei: er ist Opfer einer kollektiven Vorstellung von der Gefährlichkeit der Irren" (S. 58). Und für Szasz (1982) sind Patienten und Psychiater nur die Protagonisten im Netzwerk der Verhältnisse. Der Arzt ist nicht unabhängig und besitzt nicht alleinige Verfügungsgewalt über den Patienten. Indem er ihn hospitalisiert, diagnostiziert und therapiert, reiht er sich in die Phalanx derer ein, die, aus welchen Gründen auch immer, schon vorher eine Ausgrenzung der auffälligen Person vorgenommen haben, indem sie sie einem psychiatrischen Spezialisten übereignet haben.

Der Auftrag an den Arzt, dem Patienten zur Gesundung zu verhelfen, wird mit jeder zusätzlich sich wiederholenden Aufnahme des Patienten in die Klinik von neuem erteilt; doch eine Gesundung oder Restabilisierung des psychisch Kranken kann vom Arzt allein nicht gewährleistet werden.

„Nicht die Krankheit ist also das eigentliche Problem, sondern die Beziehung des Arztes zu ihr und die Verurteilung durch die Gesellschaft. Es geht nicht um die Frage, ob die Geisteskrankheit als solche überhaupt existiert, sondern darum, daß sich ihre Erscheinung durch eine bestimmte Form der Annäherung an sie verändert" (Mannoni, 1983, S. 59).

Ähnliches meint Bowen (1984), wenn er behauptet:

„(...) daß mehr Fortschritte erzielt werden können, wenn man begreift, warum der Mensch so über Schizophrenie denkt, wie er das tut, als wenn man zu begreifen trachtet, warum der schizophrene Patient so denkt, wie er denkt" (S. 183).

Die Anforderung, die an den Psychiater gestellt wird und der er sich selbst aussetzt, nämlich eine klare und möglichst genaue Diagnose über den Patienten zu erstellen, um eine wirkungsvolle Therapie einleiten zu können, stellt den Beginn eines Beziehungskreislaufes zwischen beiden dar, aus dem für sie kein Entrinnen möglich erscheint. Die einmal erteilte Markierung des Patienten als schizophren, manisch-depressiv oder allgemein als psychotisch leitet eine Vorgehensweise ein, die den Patienten vorwiegend zur Passivität und den Arzt zur Aktivität drängt. Die damit verbundene Rollenzuweisung beinhaltet eine hierarchische Struktur. Der Arzt weiß, was dem Patienten fehlt, er ordnet an, wie ihm zu helfen ist, und dieser Anordnung haben Patient, Angehörige und Pflegepersonal Folge zu leisten. Scheitert allerdings die Behandlung, spricht der Patient nicht auf sie an oder steht an ihrem Ende nicht die Besserung des Zustandes des Patienten, bedarf es entweder einer neuen Klassifikation und einer anderen Behandlungsform, die insgeheim dem Eingeständnis einer Fehldiagnose gleichkäme, oder aber der Feststellung, daß es an dem *non-compliant* Verhalten des Patients liege.

Da eine restitutio ad integrum nicht unbedingt am Ende der Entlassung steht, sondern vielmehr weitere begleitende Maßnahmen vonnöten sind, sehen sich die Familie wie auch der Patient allein der Aufgabe gegenübergestellt, der Bewältigung dieses Sachverhalts entgegenzutreten. Die Instrumentarien der Psychiatrie reichen nicht aus, eine über den klinischen Bereich hinausgehende Stabilisierung des Patients zu gewährleisten. Vielmehr scheinen Überlegungen angebracht, die bisherigen Therapiekonzeptionen dahingehend zu erweitern, daß nach der Entlassung aus der Klinik die Zuständigkeit nicht nur auf die Familie und den Patienten übertragen wird. Es mangelt an begleitenden Entwürfen, die die Familie mit ihrem erkrankten Angehörigen in die Lage versetzen, sich mit dieser für sie neuen Situation und den sich daraus ergebenden Fragen auseinander- und in Beziehung zu setzen.

Bisher sind die in der Vergangenheit unterschiedlich geführten gesellschaftlichen, staatlichen wie auch die heutigen psychiatrisch institutionell gängigen Formen des Umgangs und der Auseinandersetzung mit psychisch Kranken aufgezeigt worden. Es wurde gleichzeitig näher auf das vielschichtige Verhältnis zwischen Arzt und Patient eingegangen. Die Bedeutsamkeit des ambivalenten Beziehungsgeflechts ist darin zu erkennen, daß sowohl der persönliche Zustand des Erkrankten, verbunden mit den Bedürfnissen und Forderungen, die in Gestalt der Angehörigen an den behandelnden Arzt herangetragen werden, als auch der vorgegebene Aktionsrahmen des Klinikers dazu beitragen, ein von vornherein reibungsloses und konfliktfreies Zusammentreffen auszuschließen. Nachdem der Kranke mit Aufnahme in die Klinik in den ärztlichen Zuständigkeitsbereich gelangt ist, beginnt zwar eine zum Teil fachlich mehrdimensionale Betrachtung seiner Person und Krankheit seitens der verschiedensten sich um ihn kümmernden Personen (Therapeut, Psychologe, Arzt); allerdings fokussiert diese mehrdimensionale Schau weitestgehend den aus seinem systemisch Ganzen isolierten Patienten mitsamt seiner Krankheit, parzelliert ihn und setzt die diagnostischen Schwerpunkte, je nach Ausrichtung der fachwissenschaftlichen Betrachtung. Ignoriert wird und fast vollständig in den Hintergrund tritt dabei der Patient mit dem ihn umgebenden Beziehungsgeflecht. Obgleich vielfach übereinstimmend aus psychiatrischer Sicht eine interdisziplinäre Zusammenarbeit mit anderen wissenschaftlichen Fachrichtungen als hilfreich und unerläßlich angesehen wird, bedürfen diese Ansprüche noch einer verbesserten Umsetzung in den klinischen Alltag.

Mit der Diagnose einer psychischen Krankheit werden erstmals die Voraussetzungen des Sich-krank-Verhaltens überhaupt geschaffen und im nachhinein für die Angehörigen des Patienten Verständnismöglichkeiten für dessen Verhalten geebnet. Inwieweit die Diagnose und die hierdurch verbundene Begrifflichkeit seitens der Eltern des Erkrankten mitübernommen werden, ist allerdings bisher offen geblieben.

Gezeigt werden konnte hingegen, daß psychiatrische Diagnosen und die zugrundeliegende Festlegung eines Patienten auf einen bestimmten Krankheitstyp objektive und zuverlässige Kriterien vermissen lassen.

Die sich anschließende Darstellung der charakteristischen Merkmale affektiver Psychosen trägt dazu bei, die von den Patientenfamilien geäußerten und später beschriebenen ersten Wahrnehmungen und Auffälligkeiten hinsichtlich ihres Familienmitglieds einfacher dem jeweiligen Krankheitstyp zuordnen zu können.

3 Das Krankheitsbild affektiver Psychosen

Nachfolgend werden die manisch-depressive Erkrankung mit ihren Symptomatologien, ihren unterschiedlichen Ausdrucks- und Darstellungsformen sowie die bisher hypothetischen Anschauungen ihrer Entstehung und Verbreitung zu betrachten sein. Gleichzeitig gilt es, die eingeleiteten medikamentösen Behandlungsschritte zur Reduzierung der Symptomatik kritisch zu reflektieren und anhand eines alternativen Projektes erweiterte Umgangsformen mit psychotischen Personen aufzuzeigen.

3.1 Die Symptomatologie der Manie

Die Beschreibungen der Symptome der Manie in den medizinischen Lehrbüchern unterscheiden sich nicht wesentlich voneinander (vgl. Huber, 1981; E. Bleuler, 1983; Dörner & Plog, 1984). Kennzeichen der Manie sind unter anderem

„(...) *grundlose Heiterkeit, eine pathologisch gehobene, übermütig, strahlend und optimistisch anmutende und dabei oft natürlich und ansteckend wirkende Stimmungslage mit Selbstüberschätzung und Fehlen jeder Lebensangst"* (Huber, 1981, S. 136 f.).

Maniker erscheinen ruhelos, hyperaktiv, euphorisch und nahezu omnipotent. Auffällig ist ihre Unkonzentriertheit, ihre sprunghafte Unstetigkeit im Gespräch und eine damit verbundene Denkinkohärenz. Es gibt für sie keine Grenzen mehr, alles scheint machbar und erreichbar. Trotz dieser im Grunde positiven Symptome sprechen Psychiater von einer „manischen Verstimmung" (Huber, 1981; S. 16 f.; E. Bleuler, 1983, S. 467) und deuten damit an, daß sie den Verhaltensweisen der Maniker Pathologisches unterstellen. Der Maniker wird als Kranker bezeichnet, der sich selbst allerdings für „besonders gesund" (S. 468) hält. Maniker beanspruchen für sich jede Art des ungezwungenen Verhaltens, das bedeutet, sie nehmen sich das Recht, sich über alles und jeden kritisch zu äußern, ohne Rücksicht auf die Gefühle der betreffenden Person. Ein selbstkritisches Hinterfragen ist beim Maniker nicht vorhanden. Die Wechselhaftigkeit und Sprunghaftigkeit des Benehmens, das plötzliche Umschlagen der Stimmungslage, der gesteigerte Rededrang und die Betriebsamkeit scheinen typisch für den Maniker zu sein. Kraus (1980) wirft die Frage auf, ob nicht heute statt der gehobenen die sogenannte „gereizte Verstimmung" bei Manikern eher zu konstatieren sei und fügt damit der bisherigen „Trias: Beschäftigungsdrang, Ideenflucht und gehobene Stimmung" (S. 451) eine weitere Symptomatik hinzu. Maniker sind

„(...) nicht immer spielerisch und gut gelaunt, von einer mitreißenden Heiterkeit und oft rücksichtslosen Ausgelassenheit getragen, sondern häufig auch anhaltend gereizt und ärgerlich, mit einer Neigung, sich arrogant, hochmütig, querulatorisch und streitsüchtig mit jedermann anzulegen" (S. 452).

Bei alledem gilt der Hinweis, daß es „kein spezifisches psychopathologisches Symptom [gibt], das als solches bereits die Diagnose einer Manie stellen ließe" (S. 451).

3.2 Die Symptomatologie der Depression

Wie schon bei der Manie, so unterscheiden sich die Darstellungen der Symptomatologie der Depression in den verschiedenen Lehrbüchern nicht wesentlich (vgl. Redlich & Freedman, 1976; Huber, 1981; E. Bleuler, 1983; Dörner & Plog, 1984). Der depressive Zustand wird allgemein als „leer, tot, ausgebrannt, gleichgültig, hoffnungslos" (Dörner & Plog, 1984, S. 200) beschrieben. Der depressive Kranke kommt sich „klein, häßlich, sündig, minderwertig, hilflos und befleckt vor" (E. Bleuler, 1983, S. 472). Der eigene Zustand erscheint aussichtslos, die Zukunft hoffnungslos, grau, das Leben selbst ist sinnlos, und der Suizid erscheint dem depressiven Menschen häufig als einzig gangbarer Ausweg (vgl. Huber, 1981, S. 123). Tatsächlich ist bei endogenen Depressionen die Suizidhäufigkeit mit ca. 10% relativ hoch, und von daher ist es gerechtfertigt, es als vordringlichste Aufgabe anzusehen, die Selbsttötung zu verhüten.

In der Depression kann der Betroffene nicht mehr ungezwungen fröhlich sein; in diesem Zustand ist der Kranke initiativ-, freud- und antriebslos. Selbst sein Unglück kann er – im Gegensatz zum Trauernden – nicht zum Ausdruck bringen. Es findet in dieser Phase keine „Trauerarbeit" statt (Freud, 1975). Oft ist der Gesichtsausdruck Depressiver starr und ausdruckslos, ihre Sprache „monosyllabisch" (Kraus, 1980; Huber, 1981). Andere wiederum „weinen, ohne Tränen zu vergießen" (Redlich & Freedman, 1976, S. 768). Die Tendenz zum Grübeln, diese Persistenz, an immer gleichen Ideen festzuhalten (Monideismus), ist typisch für den Depressiven. Bei beiden Geschlechtern ist die Libido reduziert, was dazu führen kann, daß sich ein noch tiefgreifenderes Inferioritätsgefühl ausbreitet. Ebenfalls zu konstatieren sind tageszeitliche, biorhythmische Schwankungen in der Befindlichkeit des Betroffenen. Das Morgentief bei endogenen Depressionen ist offensichtlich und wird bei näherer Befragung bestätigt. Erst gegen Abend stellt sich eine leichte Besserung ein.

Auf die diagnostischen Unsicherheiten und Schwierigkeiten, die sich bei der Erstellung der Diagnose der Depression ergeben, soll hier im einzelnen nicht weiter eingegangen werden. Vergleiche hierzu die zum Teil erheblich voneinander abweichenden Zahlen bezüglich der Erkrankungswahrscheinlichkeit (Morbidität) in den verschiedenen Lehrbüchern (Huber, 1981; E. Bleuler, 1983; Dörner & Plog, 1984). Nach Widlöcher (1986) wird von einer weltweiten Prävalenz von 10 bis 20% ausgegangen, was bedeuten würde, daß auf der Erde zu einem bestimmten Zeitraum ca. „hundert Millionen Menschen unter einer klinisch erkennbaren Depression leiden würden" (S. 112). Daß diese

Zahlenschätzung eher zu niedrig veranschlagt ist, wird damit begründet, daß leichte Depressionen nicht mit berücksichtigt worden sind, weil sie nicht mit in die Krankenhausstatistik einfließen.

Bedeutender für die spätere Darlegung und Auswertung der eigenen empirischen Untersuchung ist, wie der Depressive mit seinen bisher geschilderten Symptomen auf seine Herkunftsfamilie wirkt, was er bei ihr auslöst und wie die Familie auf seinen Zustand reagiert. Dörner und Plog (1984) bringen es auf einen Nenner, wenn sie das Problem ansprechen, was die Angehörigen zwischen „'wir trösten, schonen und entlasten Dich' bis 'wir können nicht mehr, wir haben die Nase voll von Dir'" (S. 208) alles durchlitten haben.

Bevor diese familialen Problemstellungen und die damit einhergehenden Anforderungen im einzelnen dargestellt werden, soll der Hintergrund der theoretischen Erkenntnisse und der praktischen Vorgehensweise bezüglich schizophrener und affektiver Psychosen vertiefend ausgeleuchtet werden. Erst dadurch werden die später herausgearbeiteten unterschiedlichen Interessenlagen der professionellen Helfer und die der Familien mit psychisch Kranken verständlich.

3.3   Ätiologie und Epidemiologie der Zyklothymien

Die Manie und die Depression stellen Krankheiten dar, deren Ätiologie letztlich eindeutig nicht bekannt ist. Treten sie phasenhaft auf, sprechen Kliniker von „manisch-depressiven Erkrankungen", „bipolar affektiven Psychosen" oder von „Zyklothymien" (vgl. Huber, 1981; E. Bleuler 1983;.Dörner & Plog, 1984). Diese Zyklothymien sind bei ca. 0,4 bis 1% in der Bevölkerung Europas konstatierbar, wobei diese Zahlen von den „Wahrnehmungsgewohnheiten der psychiatrischen Forscher" (Dörner & Plog, 1984, S. 236) abhängen. Genetische Untersuchungen (vgl. Egeland & Hostetter, 1983; Egeland et al. 1983; Hostetter et al., 1983) legen zwar den Schluß nahe, von einer Vererbung ausgehen zu dürfen, wie die Untersuchungen an Mitgliedern der Amish-Gemeinde in Lancaster/Pennsylvanien bestätigen; gleichwohl lassen sich bisher eindeutig bestimmbare Faktoren für eine genetische Vererbung nicht konstatieren. Die Erkrankungswahrscheinlichkeit für ein Kind, das in einem Familienhaushalt mit einem zyklothymen Elternteil lebt, ist um ca. 10-15% höher als für dasjenige, das in einer Durchschnittsfamilie lebt (vgl. Dörner & Plog, 1984). Die Prozentzahl kann bis auf ca. 30 und 40% ansteigen, wenn beide Elternteile manisch-depressiv sind. Die Morbiditätsrate steigt bei zweieiigen Zwillingen um ca. 20% und bei monozygoten Zwillingen um ca. 50-80%.

Strömgren (1986) verweist darauf, daß bei Zwillingsuntersuchungen ca. 70-80% Konkordanz vorliegt. „Ob es sich aber um eine oder viele Krankheiten handelt, die sich hinter dem Namen manisch-depressive Psychose oder affektive Psychose verbergen, ist bis vor kurzem unklar geblieben. Hier wie auch bei der Schizophrenie stoßen wir auf die Schwierigkeit einer sicheren Diagnose" (S. 87).

Ferner verhält sich die Geschlechterverteilung beim Depressiv-Sein bei Frauen zu Männern 7:3 und beim Manisch-Sein 1:1 (Dörner & Plog, 1984).

Die Zyklothymien werden durch drei Verlaufsformen unterschieden:

1. Als „monopolare Verläufe mit ausschließlich depressiven Phasen", die etwa 66% ausmachen,
2. als „bipolare Verläufe mit ausschließlich depressiven und manischen Phasen", die etwa 28% darstellen, und
3. als „monopolare Verläufe mit ausschließlich manischen Phasen", die mit ca. 3-6% zu veranschlagen sind (Huber, 1981, S. 119).

Mit den manisch-depressiven Kranken wird von den Angehörigen sehr unterschiedlich umgegangen. Während nämlich in der depressiven Phase der Arzt konsultiert oder der Kranke von einem Angehörigen dorthin begleitet wird, sind im manischen Zustand die Kranken kaum bereit, sich in klinische Obhut zu begeben (vgl. Störring, 1969). Die „manischen Elemente" werden von den Angehörigen nicht als krankhaft angesehen, und das „Wohlbefinden", das plötzlich auftretende Merkmal der Hyperaktivität, wird von den Ärzten selten als krankhaftes Zeichen gewertet (S. 72).

Daß die Krankheit nicht nur Auswirkungen auf den Betroffenen selbst hat, sondern sich ebenfalls auf die Angehörigen auswirkt und deren Verhalten gegenüber dem Kranken beeinflußt, zeigt die Studie von Bondestam (1985) über 15 Fälle manisch-depressiv Erkrankter. Dort heißt es:

„Während der depressiven Krankheitsphase unterstützten die Ehepartner gewöhnlich die Patienten. Sie betrachteten Depression als einen Zustand, den der Patient nicht imstande war zu kontrollieren und für den er nicht verantwortlich gemacht werden konnte. (...) Während der manischen Phase veränderte sich die Art und Weise, in der die Ehepartner sich zueinander in Beziehung setzten, dramatisch. Die Manie wurde als wohlüberlegte, vorsätzliche schlimme Tat betrachtet. Auch wenn die Ehepartner bisweilen anderes behaupteten, hatten sie immer eine Art geistigen Vorbehalt, daß der Patient imstande war, seine Handlungen unter Kontrolle zu halten, und daß er dies aus schierer Bösartigkeit nicht tat. Weil der Patient zeitweilig fähig war, Verabredungen zu treffen und zu versprechen, sein Verhalten zu bessern, wurden solche Ansichten bestärkt. Die Partner wollten den Versprechungen Glauben schenken und waren tief enttäuscht, wenn der manische Patient, ohne sich im geringsten zu bemühen, alle Vereinbarungen brach." (S. 40, Übers. Th. R.)

Bemerkenswert erscheint die Tatsache, daß der Partner eines in der manischen Phase befindlichen Kranken eher frustriert über das Krankheitsverhalten seines Angehörigen ist, als es in der depressiven Phase der Fall ist. Möglicherweise ist die gesamte Familie in ihrer Vorstellung von Krankheit und wie sich der Patient zu verhalten hat, präformiert. Kommt der Kranke dieser Erwartungshaltung nicht nach, entspricht er in seinem Verhalten nicht dem antizipierten Verständnis von Krankheit und der Form ihres Auftretens und Auslebens, reagiert der Angehörige und Partner mit Ablehnung und Frustration.

Besonders das Verhalten des Zyklothymen während seiner manischen Phase läßt eine Krankheitseinsicht nicht erkennen (vgl. Kap. 3.1). Vielmehr benimmt er sich ausgelassen und geradezu übermütig, läßt jegliche Mangelerscheinung vermissen, was dazu führen kann, daß seine Familie und Verwandten sich von ihren Verpflichtungen, ihm stützend zur Seite zu stehen, entledigen und ihm selbst die Verantwortlichkeit für sein Tun und Handeln zuschreiben. Ähnliches ist bei der Depression vorstellbar, dann nämlich, wenn nach gewissem Zeitraum der Hilfestellung von den Patientenfamilien festgestellt werden muß, daß keine schnelle Hilfe möglich ist, und dadurch aggressive Tendenzen gegenüber dem Kranken seitens seiner Angehörigen ausgelöst werden können. Dabei spielen gleichfalls die Medikamente, die zur Linderung und Abschwächung der Phasen wie auch zur Prävention verabreicht werden, eine beachtliche Rolle innerhalb des Bewältigungsvorganges.

3.4   Stellungnahmen zur medikamentösen Behandlungsform von schizophrenen und manisch-depressiven Patienten

Nach wie vor ist die Applikation von Psychopharmaka ein Reizthema in der Psychiatrie, wobei die Ärztegruppe der Allgemeinmediziner und die der Internisten die meisten Psychopharmaka (ca. 36 Millionen im Jahr) verschreiben (vgl. Zielke, 1989).

Die einen verstehen sie als „chemische Zwangsjacke" (vgl. Cooper, 1971a; Lehmann, 1990) oder als Hilfsmittel des Arztes, der mittels Vergabe von Medikamenten seine Inkompetenz in bezug auf den Patienten und dessen Krankheit zu kompensieren versucht und damit „die Auseinandersetzung mit dem 'Warum' eines Vorfalls" (Wolff & Hartung, 1972) vermeidet. Der überwiegende Teil der Psychiater spricht sich vorbehaltlos für die Anwendung von Psychopharmaka in der Behandlung von Psychotikern aus (vgl Huber, 1983; Meyer, 1984; P. Müller, 1984; Cancro, 1985; Matussek, 1985; Scharfetter, 1986a). Ein wesentlicher Vorteil ist darin zu sehen, daß die Butyrophenone wie das Haloperidol (Haldol) in ihrer beruhigenden Wirkung den Patienten nicht vollständig paralysieren und er demzufolge bald an rehabilitativen Aktivitäten teilnehmen kann (Meyer, 1984). Die Medikation kann somit einen supportiven Beitrag leisten, um den für den Patienten momentan bedrohlichen – akut psychotischen – Zustand zu mildern. Jedoch wird die alleinige Verabreichung von Psychopharmaka von psychiatrischer Seite nahezu übereinstimmend als nicht ausreichend für eine erfolgreiche Behandlung betrachtet (Arieti, 1985). Die Behandlung mit Neuroleptika stellt demnach eine conditio sine qua non dar, doch nur, um einen weiteren Einstieg für nachfolgende Therapien zu gewährleisten.

Wie bedeutungsvoll die Einbeziehung der Familie in die therapeutische Konzeption ist, konnte in Studien (vgl. Goldstein et al., 1978; Leff et al., 1982; Falloon et al., 1985; Hogarty et al., 1986) belegt werden. Sie wiesen nach, daß besonders die Kombination von pharmako- und familientherapeutischer Behandlungsweise signifikant bessere Ergebnisse für die Patienten und deren Angehörige erzielte als die ausschließlich medikamentöse Behandlung. Vorteile für die Patienten bestanden darin, daß sie weniger Medikamente benötigten, ihre sozialen Rollen innerhalb der Familien und gegenüber Freunden besser ausfüllten und seltener schwerwiegende und langanhaltende Krankheitsrückfälle erlitten als die Patienten der Kontrollgruppe. Darüber hinaus konnten die therapeutisch miteinbezogenen Familienangehörigen besser mit ihren erkrankten Familienmitgliedern umgehen und fühlten sich durch sie weniger belastet.

Da jedoch innerhalb der gängigen klinisch-psychiatrischen Praxis noch immer die Bedeutung der medikamentösen Therapie – unter weitgehendem Ausschluß der daraus resultierend veränderten Beziehungsverhältnisse der Patienten zu ihren Angehörigen – im Vordergrund der Behandlung schizophrener und manisch-depressiv Erkrankter steht, sollen die individuell erlebten Schwierigkeiten bzw. Nebenwirkungen, die mit der Einnahme von Medikamenten verbunden sind, nicht unerwähnt bleiben.

3.4.1 Nebenwirkungen

Obgleich die meisten Psychiater die Vergabe von Neuroleptika bei manisch-depressiven und schizophrenen Erkrankungen für notwendig und sinnvoll erachten, deckt sich diese Erkenntnis nicht unbedingt mit der Erfahrung der Patienten. Diese klagen oftmals über eine Reihe von nicht erwünschten Wirkungen, die von den Neuroleptika ausgehen und die Befindlichkeit der Patienten dermaßen beeinträchtigen, daß die Behandlung von ihnen abgebrochen wird. Frühdyskinesien wie Zungen-, Schlundoder Blickkrämpfe (vgl. Dose & Emrich, 1993), das Parkinson-Syndrom mit „Einengung der gesamten Beweglichkeit (...), kleinschrittige[m] Gang, (...) Tremor, Salbengesicht und Speichelfluß" (Dörner & Plog, 1984, S. 524) und die Akathisie, „eine allgemeine Bewegungsunruhe" (Huber, 1981, S. 375; E. Bleuler, 1983, S. 175), die die Ausführung von ruhigen, koordinierten Bewegungsabläufen des Patienten unmöglich werden läßt, sind in ihrer Bedeutung nicht zu unterschätzen. Aufgrund solcher extrapyramidal-motorischer Nebenwirkungen ist es nicht verwunderlich, wenn Patienten es vorziehen, eher ihre eigenen krankheitsbedingten Symptome ohne pharmakologische Gegenmaßnahmen zu durchleben, als daß sie sich den Pharmaka und den von ihnen ausgehenden unerwünschten Wirkungen aussetzen. Hierdurch kann leicht ein Spannungsfeld zwischen den Ärzten und den Patienten entstehen.

Der zum Teil heftige Widerstand und die ablehnende Haltung mancher Patienten gegenüber Neuroleptika zielen nicht so sehr darauf ab, den gesamten psychiatrischen Behandlungsgang zu diskreditieren, als vielmehr deutlich zu machen, daß die Medikamente mit ihren teilweise äußerst hinderlichen Nebenwirkungen die gesamte Lebensqualität des Betroffenen dermaßen einschränken, daß eine eigenmächtige Absetzung der Medikamente regelrecht folgerichtig erscheint. Die Situation der Angehörigen ist gleichfalls angespannt, da sie, zu Hause auf sich gestellt, einerseits den klinischen Anordnungen Folge leisten wollen, aber andererseits die Nebenwirkungen der Medikamente an ihrem erkrankten Familienmitglied beobachten. Die Familien sehen sich dem rational-emotionalem Dilemma gegenüber, anerkennen zu müssen, daß zwar die Medikamente dazu beitragen, aktuelle Krankheitsphasen in ihrem Verlauf abzuschwächen, daß sie aber auch zugleich sehr viele persönlichkeitsverändernde und belastende Merkmale auslösen, so daß der bisherige Glaube an die Wirksamkeit der Medikamente ins Wanken gerät.

Das Argument gegenüber den Patienten und deren Familien, die Medikamenteneinnahmetreue allein deswegen unbedingt beizubehalten, um einem Rezidiv vorzubeugen, operiert mehr oder weniger latent mit einer Drohung, als daß es tatsächlich die realen Bedürfnisse des Patienten befriedigt. Psychologisch gesehen, hat dieses Vorgehen die Bedeutung einer Bestrafung, die – nach dieser Logik – deshalb den Patienten folgerichtig treffen muß, weil er sich nicht an die Vorgabe gehalten hat (vgl. Becker, 1985; Heszen-Klemens, 1987). Dadurch wird die Wahrscheinlichkeit der Behandlungstreue eher minimiert, als daß sie sich erhöht.

3.4.2 Lithium

Für die medizinische Behandlung manisch-depressiv (bipolar) und manisch (monopolar) Erkrankter, bei letzteren in Verbindung mit Neuroleptika, hat sich bisher die Vergabe von Lithium bewährt (vgl. Helmchen & Linden, 1980; Tölle, 1980; Schou, 1980, Möller et al., 1989). Dabei wird neben seiner „prophylaktischen Wirkung" auch die „kurative Wirkung" hervorgehoben (Helmchen & Linden, 1980, S. 502). Wie Lithium, das zur Gruppe der Alkalimetalle gehört, im einzelnen wirkt, ist unbekannt (E. Bleuler, 1983, S. 487).

Das Carbamazepin hat sich mittlerweile als Alternative bewährt. Die Anwendung des Carbamazepins in der Behandlung manisch-depressiver Psychosen ist mit guten Resultaten verbunden, wobei besonders die antimanische Wirkung des Präparats hervorgehoben wird. Gleichwohl bleibt Lithium immer noch die erste Wahl bei der Rezidivprophylaxe affektiver Psychosen (vgl. Finzen, 1991).

„Von den Patienten, die die Therapie durchhalten, treten bei etwa 70% Phasen nicht mehr auf, werden abgeschwächt oder haben längere Intervalle" (Dörner & Plog, 1984, S. 533). Während schon Anfang der fünfziger Jahre in Australien und Skandinavien die Effektivität von Lithium in der Behandlung von manisch-depressiv Erkrankten publiziert wurde und in Europa Lithium in den sechziger Jahren seine Anwendung fand, durfte es erst Mitte der siebziger Jahre in den USA verabreicht werden.

„Diese Verzögerung von zehn Jahren oder mehr wird gewöhnlich der Sorge über Vergiftungsunfälle zugeschrieben, die in den U.S.A. während der vierziger Jahre aus der Verwendung von Lithiumchlorid als Salzsubstitut für Herzpatienten resultierten. Lithium wurde vom Markt genommen, bis die amerikanische Nahrungs- und Arzneimittelbehörde in den siebziger Jahren die Genehmigung für seine Verwendung in der Manie-Behandlung gab" (Warner, 1985, S. 19; Übers. Th. R.).

Bis Mitte der siebziger Jahre wurden in den USA keine differentialdiagnostischen Unterscheidungen zwischen Schizophrenen und manisch-depressiv Erkrankten gemacht. Auf diese Weise war der Anteil „schizophrener" Patienten in den USA deutlich höher als der in Europa. Das hatte zur Folge, daß viele Patienten, die in den USA als schizophren diagnostiziert wurden, in Europa möglicherweise anders klassifiziert und damit entsprechend anders medikamentös behandelt worden wären.

3.4.2.1 Nebenwirkung und Kontraindikation

Die durch die Krankheit notwendig gewordene Medikation zur Linderung und damit zur Restabilisierung wie auch die Langzeitbehandlung zur Prophylaxe durch Lithiumsalze sind ebenfalls durch Nebenwirkungen gekennzeichnet. Anfänglich zu beobachtende Erscheinungsmerkmale bei der Vergabe von Lithium-Präparaten sind: Übelkeit, Tremor, Diarrhö, Appetitlosigkeit und Muskelschwäche. Spätere Begleiterscheinungen sind: Gewichtszunahme, Gesichts- und Knöchelödeme, Störung der Schilddrüsentätigkeit, Mundtrockenheit und vermehrter Harndrang. Da Veränderungen der Schilddrüse (Vergrößerung, Unterfunktion) wie auch eine Veränderung der Herz- und Nierenfunktionen unter Lithiumgabe auftreten können, ist eine Überwachung und Kontrolle durch einen Arzt angezeigt. Mit Kontrollen des Lithium-Serumspiegels ist der therapeutisch wirksame Bereich zu ermitteln. Kontraindiziert hingegen ist die Vergabe von Lithium „bei Nieren- und Harnleiden und anderen Erkrankungen, die eine kochsalzarme Diät erfordern" (Huber, 1981, S. 135). Lithium ist gleichfalls vor einer zu erwartenden Schwangerschaft abzusetzen. Wenn eine Wiederaufnahme der Medikation nach der Schwangerschaft erfolgt, ist von einem Stillen des Kindes abzusehen, da das Lithium in die Muttermilch übergeht (vgl. E. Bleuler, 1983).

Diese Begleiterscheinungen, die den Patienten in seiner alltäglichen Routine treffen, können als psychisch quälend und belastend empfunden werden. Die Zuverlässigkeit des Patienten in der Einnahme von Lithium-Medikamenten ist davon abhängig, inwieweit im Vorfeld das klinische Personal daran mitwirkt, sowohl das Umfeld (Familie, Eltern, Partner) des Patienten wie auch ihn selbst über die Vorzüge der Medikamente und deren Nachteile (Nebenwirkungen) in Kenntnis zu setzen. Indem eine Einbindung des Bezugsfeldes des Patienten stattfindet, erweitert sich der Rahmen derer, die an der Stabilisierung des Patienten mitwirken, und damit werden darüber hinaus verantwortliche Allianzen geschaffen, die ihre Aufgabe darin sehen, gemeinsam mit dem Patienten an dessen Stützung mitzuwirken. Gleichzeitig findet hierbei eine Entindividualisierung von Krankheit statt, indem der Patient als Symptomträger seine alleinige Bedeutung verliert. Somit hat das soziale Umfeld einen wesentlichen Anteil an der Einnahmetreue der Medikamente.

Helmchen und Linden (1980) machen deutlich, daß Patienten, die in intakten Familien leben, im Gegensatz zu alleinlebenden Patienten eine größere Behandlungstreue aufweisen. Besonders relevant erscheint hierbei der Umstand, daß manche Patienten „den Mischzustand zwischen 'gesund' und 'krank' so unangenehm [empfinden], daß sie das Durchleben der Phasen vorziehen" (Dörner & Plog, 1984, S. 533). Erkennbar wird hierbei die Bedeutung, die Angehörigen der Patienten über Wirkung und Nebenwirkung der Medikamente genauestens aufzuklären und zu informieren, damit sie unterstützend und verständnisvoll auf den sich in einer ambivalenten Situation befindlichen Patienten reagieren können.

3.4.3 Kritik

Die bisher aufgezeigten Befunde zur medikamentösen Behandlung von affektiven Psychosen offenbaren einerseits die unstreitig hervorzuhebenden guten Möglichkeiten zur Dämpfung und Reduzierung der Symptome wie auch der Rezidivprophylaxe und andererseits die nicht zu unterschätzenden unerwünschten Wirkungen.

Auf die hierbei allgegenwärtige Präsenz der Pharmaindustrie soll in diesem Zusammenhang verwiesen werden und auf die Tatsache, daß ihr sehr daran gelegen sein muß, Krankheiten aus dem schizophrenen Formenkreis auch künftig als eine vornehmlich physische Krankheit erscheinen zu lassen, um ihren Produkten auch weiterhin einen Absatzmarkt zu garantieren. Immerhin handelt es sich hierbei um ca. zwei Milliarden DM, die jährlich – bezogen allein auf die westdeutschen Krankenkassen – für Psychopharmaka bezahlt wurden (vgl. Zehentbauer, 1990).

Ein neues Medikament zu entwickeln bedeutet gleichzeitig für die Pharmaindustrie, über einen gewissen Zeitraum hinweg (in Großbritannien 20 Jahre) das alleinige Herstellungs- und Verkaufsrecht zu besitzen (vgl. Johnstone, 1989), was von einer nicht unerheblichen finanziellen Bedeutung ist, da das Präparat gewissermaßen konkurrenzlos und damit preisbestimmend von dem Hersteller vertrieben werden kann.

Anders verhält es sich bei Lithium-Carbonat. Diese chemisch dem Natrium-Carbonat ähnliche Substanz untersteht keinem Patent; demzufolge ist der Gewinn für die Hersteller nicht sehr hoch.

Warner (1985) kommt zu dem Ergebnis, daß die häufige Vergabe von Neuroleptika an Schizophrene überflüssig und schädlich sei. Ferner macht er deutlich, daß der neuroleptische Effekt sich mit zunehmender Zeit verringert und eine Höherdosierung erforderlich wird, um den gleichen Erfolg zu erzielen. Er wendet sich gegen eine vorbehaltlose Vergabe von Neuroleptika.

Daß selbst Schizophrene gelegentlich ganz ohne Medikation erfolgreich behandelt werden können, ist nicht neu und wird von E. Bleuler (1983) folgendermaßen beschrieben:

„Viele Schizophrenien heilen ohne medikamentöse Therapie. Die Diagnose Schizophrenie an sich ist noch keine Anzeige für eine medikamentöse Behandlung. Jede medikamentöse Behandlung hat Nachteile: Die Kranken verlieren an innerer Lebendigkeit und Spontaneität und sind unter Medikamenten manchmal der sozialmedizinischen Beeinflussung, der Arbeits- und Gemeinschaftstherapie und der Psychotherapie weniger zugänglich. Außerdem gefährdet die Medikation die Kranken mit Nebenwirkungen, besonders langdauernde und hoch dosierte Medikation. (...) Bei der Behandlung eines Schizophrenen einmal ohne Medikamente auszukommen, [sic!] ist eine besondere Kunst – aber auch oft ein Vorteil für den Kranken" (S. 462).

Deutlich geworden ist aus dieser kurzen Übersicht, daß die Vergabe von Medikamenten nicht in jedem Fall nützlich und sinnvoll ist und daß es grundsätzlich einer kritischen Distanz bedarf, wenn von einer generell indizierten langzeitlichen Applikation von Psychopharmaka bei Psychotikern die Rede ist. Von daher stellt sich die Frage, ob sich nicht andere Formen außer der medikamentösen Behandlung anbieten und wenn ja, warum sich diese Behandlungsmethoden kaum oder nur für einen bestimmten Zeitraum etablieren konnten. Diesen Fragen soll anhand einer kursorischen Darstellung eines Alternativ-Projekts nachgegangen werden.

3.5   Das Soteria-Projekt

Die kurze Darstellung des Soteria-Projektes zeigt, daß Alternativen in der Behandlung schizophrener Personen möglich sind, wenn herkömmliche Vorstellungen über Psychotiker verlassen werden und neue, dafür notwendige Bedingungen und Strukturen geschaffen werden.

3.5.1   Annahmen und Vorüberlegungen

1971 wurde von Mosher und Menn (1985) in den USA das Soteria-Projekt ins Leben gerufen und vom National Institute of Mental Health (NIMH) finanziert. Anstoß zu diesem Plan von Mosher und Menn gaben deren Erfahrungen und Überzeugungen, daß in psychiatrischen Krankenhäusern „aufgrund ihres institutionellen Charakters (...) eine heilungsfördernde Beziehung zwischen den Patienten und ihren Therapeuten" (S. 106) nur selten gewährleistet werde. Die Überlegung bestand darin, gemeinsam mit Schizophrenen und ohne professionelle Helfer eine überschaubare Wohngemeinschaft zu gründen, damit von den herkömmlichen psychiatrischen Krankenhäusern und ihrer großen Bettenzahl wegzukommen und dadurch bessere Ergebnisse in der Behandlung Schizophrener zu erreichen. Da die „meisten psychiatrischen Kliniken auf der Grundlage eines medizinischen Krankheitsmodells" arbeiten und darin Psychopharmaka „den höchsten therapeutischen Stellenwert" (S. 106) besitzen, sollte eine Alternative zu den bisher existierenden Einrichtungen geschaffen werden. Durch eine andere (phänomenologische) Sicht- und (weniger medikamentöse) Herangehensweise an das Problem der Schizophrenie und durch eine andersartige (kleinere) institutionelle Struktur in Form einer Wohngemeinschaft versprach man sich ein besseres Verständnis für die schizophren Erkrankten entwickeln zu können.

Alle für das Projekt in Frage kommenden Patienten entstammten „einer psychiatrischen Aufnahmestation, die zum gleichen lokalen Mental Health Center gehört[e] wie die Station, auf der unsere Kontrollgruppe behandelt wurde" (S. 108). Insgesamt wurden dort monatlich ca. 600 Personen untersucht; von diesen wiederum wurden ungefähr 250 stationär aufgenommen und behandelt. Die Auswahlkriterien für die Patienten, die an dem Soteria-Projekt teilnehmen konnten, waren:

„1. eindeutig schizophren;
2. ein Klinikaufenthalt ist indiziert;
3. höchstens ein früherer, maximal zweiwöchiger Klinikaufenthalt unter der Diagnose Schizophrenie;
4. Alter 16-30 Jahre, beide Geschlechter;
5. unverheiratet, getrennt lebend, verwitwet oder geschieden" (S. 108 f.).

Grundsätzlich konnte jeder, der diese Kriterien erfüllte und sein Einverständnis erteilte, an dem Programm teilnehmen. Da jedoch die Klientel der Patienten, die diese Kriterien erfüllte, wesentlich größer war, „wurde die verfügbare Bettenzahl zum Hauptselektionsfaktor" (S. 109). Das bedeutete, daß diejenigen Patienten, die keinen Platz im Soteria-Haus fanden, einer Vergleichsgruppe in der Klinik zugeordnet wurden. Alle Patienten, die der Kontrollgruppe angehörten, erhielten – bis auf eine einzige Ausnahme – während ihres gesamten stationären Aufenthaltes Medikamente. Es wurde darauf geachtet, daß die Versuchspersonen der Kontrollgruppe und die direkt in Soteria wohnenden Patienten in den „demographischen" wie auch „psychiatrischen Variablen" weitestgehend miteinander übereinstimmten (S. 113).

3.5.2 Konzeption

Insgesamt besteht ein Team aus sechs Patienten (Mitbewohner genannt), sechs Laienmitarbeitern, wobei zwei immer anwesend sind, einem Teilzeitpsychiater und dem Projektleiter. Während letztere die Rolle des Freundes, Beraters und Supervisors einnehmen, obliegt die sonstige Verantwortung der Haushaltsführung den Mitbewohnern und Mitarbeitern. Auf ein geschultes Personal wurde bewußt verzichtet, da Mosher und Menn (1985) von der Annahme ausgingen, diese Personen seien aufgrund ihrer theoretischen Ausbildung kognitiv überfrachtet, so daß eine ungezwungene Begegnung mit den Schizophrenen nicht gewährleistet sei. Aus welchen Personen sich allerdings die Mitarbeiter rekrutieren, wird nicht näher beschrieben. Es wird nur darauf verwiesen, daß sie bei aller Heterogenität darin übereinstimmen, „eine schizophrene Reaktion als veränderten Bewußtseinszustand eines Menschen, der eine Lebenskrise durchmacht, anzusehen" (S. 111).

Im allgemeinen wurde bei diesem Projekt auf die Vergabe von Medikamenten verzichtet. Nur wenn nach anfänglicher Zeit (sechs Wochen) überhaupt keine Besserung des Zustandes eines Mitbewohners eintrat und er sich bzw. das Projekt zu gefährden drohte, wurden für eine kurze Dauer Medikamente verabreicht, wobei nach einer gewissen Zeit den Mitbewohnern ein Mitspracherecht bei der Dosierung eingeräumt wurde. Die von den Mitbewohnern zeitweilig durchlebten Psychosen, mit allen ihren

Erscheinungsmöglichkeiten, wurden von den Mitarbeitern als ein Teil der Realität angesehen und nicht nur als ein Zeichen der Krankheit.

„Psychotiker werden also nicht als Kranke angesehen, und man verhält sich ihnen gegenüber auch nicht auf eine neutral distanzierte Weise, denn eben das würde eine solche Erfahrung unmöglich machen. Erst wenn der Zerfallsprozeß als wertvoll und in seinem Potential für ein seelisches Wachstum anerkannt wird, wird es auch möglich, den Menschen, der eine schizophrene Reaktion erlebt, zu ertragen, sogar mit ihm zu leben, in Beziehung zu ihm zu stehen und ihn anzuerkennen, ohne ihn zu 'behandeln' oder ihn nur die Erwartung des Personals erfüllen zu lassen" (S. 111).

Diese sehr vagen und theoretisch anmutenden Äußerungen lassen erahnen, daß allgemeingültige Handlungsrezepte und -konzepte nicht intendiert sind und letztlich aufgrund individuell unterschiedlicher Reaktionsweisen auch gar nicht machbar erscheinen. Von daher verbieten sich klar umrissene Handlungsanweisungen, da diese in ihrem starren, rigiden und mechanistischen Ablauf ein flexibles Reagieren unmöglich machen würden. Es wird dem Bewohner aufgrund der Überschaubarkeit der kleinen Institution und ihrer daraus erwachsenen Flexibilität erlaubt, sein anderes und oft seltsam anmutendes Verhalten auszuleben. Dabei soll keineswegs eine romantische Sichtweise des Durchlebens von Psychosen suggeriert werden.

Die Darstellung mancher Erfahrungsberichte über die persönlichen psychotischen Erlebnisse und die psychiatrischen Institutionen, besonders aber deren zum Teil filmische Umsetzung, insinuieren zeitweilig eine verklärt-pathologische Ästhetik und verstärken dadurch zu sehr den voyeuristischen Aspekt, als daß sie instruktiv informativ wirksam wären (vgl. Sechehaye, 1972; Barnes, 1983; Green, 1983; Segonzac, 1988; Millett, 1990 bzw. 1993. Vergleiche ferner Filme wie „Birdy", „Ich habe dir nie einen Rosengarten versprochen" oder Ken Kesey's „Einer flog über das Kuckucksnest".).

Vielmehr scheint hier ein Rahmen abgesteckt worden zu sein, innerhalb dessen zwar nicht der Zugang zur Lösung des Schizophrenieproblems aufgezeigt werden soll, sondern der den gelungenen Versuch darstellt, mit Hilfe einer anderen Perspektive und einer daraus resultierenden veränderten Umgangsform eine andere – alternative – Umgangsweise mit psychotischen Patienten vorzuführen.

3.5.3   Resultate und Bewertung

Die Ergebnisse machen deutlich, daß die Soteria-Patienten in vielerlei Hinsicht besser als die Kontrollgruppe abschneiden; u. a., weil „Soteria-Patienten ca. 20% bessere Chancen hatten, innerhalb von 2 Jahren nach der Entlassung außerhalb einer psychiatrischen Klinik zu leben" (Mosher & Menn, 1985, S. 115), obgleich die Patienten der Vergleichsgruppe

54

„(...) bis 24 Monate nach der Entlassung mit Neuroleptika behandelt wurden, wogegen nur 19% der Soteria-Patienten nach der Entlassung noch Neuroleptika verordnet bekamen und von diesen wiederum nur die Hälfte dauernd auf Medikamente angewiesen war" (S. 115).

Der berufliche Status der Soteria-Gruppe hatte sich ebenfalls gegenüber der Kontrollgruppe verbessert; auch waren die Behandlungskosten etwa gleich. Trotz dieser Resultate sollte das Soteria-Projekt nach zehnjährigem Bestehen nicht fortgeführt werden. Dafür scheinen besonders drei Erklärungen relevant zu sein:

„1. Soteria ist keine Klinik, und das Behandlungsprogramm wird nicht von Ärzten oder Fachkräften durchgeführt, obgleich nur solche Klienten aufgenommen wurden, die auch sonst hospitalisiert worden wären.
2. Die Gabe von Neuroleptika, sonst eine Standardbehandlung der Schizophrenie, erfolgte so selten wie möglich, am besten überhaupt nicht.
3. Die Hauptverantwortung, Entscheidungsbefugnis und Autorität im Behandlungsprozeß wurde auf ein Laienteam übertragen" (S. 118).

Ferner fügen Mosher und Menn (S. 119) an, daß sowohl die „Bürokratisierung der Krankenversicherungen" als auch die zunehmende medizinische Orientierung der traditionellen klinischen Psychiatrie mit ihrer medikamentösen Ausrichtung nicht dazu neigen, Alternativen in der Behandlung von Psychotikern zu fördern. Diese Vermutung scheint sich zu bestätigen, da trotz der wohlmeinenden fachwissenschaftlichen Rezeption und der damit einhergehenden Publizität – bis auf eine Ausnahme (vgl. Ciompi et al., 1991, 1993, Aebi et al., 1993) – keine Maßnahmen ergriffen worden sind, ähnliches weiter zu betreiben.

In jüngster Zeit (1995/96) sind vereinzelte Bestrebungen in den Psychiatrien Hannover und Bremen zu verzeichnen, Soteria ähnliche Neuerungen zu installieren. Auffällig hierbei sind die bürokratisch-administeriellen Schwierigkeiten wie auch die finanziellen Probleme.

Festgestellt werden kann, daß innerhalb einer überschaubaren Gruppe von Patienten mit ihren Laienhelfern (ca. 8-10 Personen) und einer weniger medizinisch-medikamentös orientierten Behandlungsform bessere Ergebnisse für die zukünftige Situation von schizophrenen Menschen erzielt werden, als es herkömmlicherweise in großräumigen Krankenhauskomplexen der Fall ist. Eine Veränderung des Milieus (kleine Wohneinheiten, Laienhelfer), kombiniert mit variablen Behandlungsmethoden – Toleranz, Empathie und nicht sofortige medikamentöse Unterdrückung des psychotischen Schubs –, macht deutlich, daß es weniger darauf ankommt, nach bisher anerkannten Mustern und durch Hinzunahme neuester klinischer Erkenntnisse den schizophrenen Menschen zu behandeln, als vielmehr darauf, ein individuell-tolerables Umfeld zu schaffen, das ein mehr begegnendes wie auch flexibles Reagieren auf den Patienten ermöglicht. Diese keineswegs neue Vorgehensweise hat ihre Vorläufer unter anderem in den Psychiatriehäretikern (Laing, Szasz etc.) wie auch im „moral treatment" des 19. Jahrhunderts, ohne dessen zum Teil bigottes Sendungsbewußtsein zu übernehmen.

3.6 Resümee

Bisher konnte dargestellt werden, daß grundsätzlich Übereinstimmung darin herrscht, Psychotikern während ihrer Hospitalisierung und darüber hinaus eine medikamentöse Behandlung zukommen zu lassen. Die applizierten Pharmaka (Haloperidol) tragen dazu bei, die psychotischen Phasen zu dämpfen und den Patienten für weitere Therapien vorzubereiten. Daneben besitzen die Medikamente eine prophylaktische Wirkung (Lithium), um zukünftig erneute Phasen in ihrer Wirkung zu mildern oder erst gar nicht aufkommen zu lassen. Die dabei auftretenden „side-effects" sind allerdings oftmals so gravierend, daß sie dafür mitverantwortlich gemacht werden, wenn der Patient die Medikamente selbständig absetzt. Daß es außerdem möglich ist, auf nahezu jegliche Psychopharmaka bei schizophrenen Patienten zu verzichten, ist anhand des Soteria-Projektes dargelegt worden. Dazu ist es notwendig, daß der bisher übliche klinische Umgang und die Begegnung mit dem Patienten aufgehoben und gleichzeitig konzeptionell wie strukturell neue therapeutische Vorgehensweisen aufgebaut sowie erweiterte Maßnahmen eingeleitet werden.

Hierbei wird folgendes deutlich: Bisher gibt es in der Behandlung psychisch Kranker keinen Königsweg, von dem behauptet werden könnte, daß er den allein optimalen Behandlungsgang sichern könnte. Zwar bewährt sich die vorherrschende medikamentöse Behandlungsweise, doch nur insoweit, als bisher therapeutisch strukturelle Veränderungen und Alternativen kaum angeboten und bereitgestellt werden. Das Festhalten an herkömmlichen Behandlungsstilen schließt jedoch – wie verdeutlicht werden konnte – alternative Möglichkeiten, die unter weitgehender Auslassung jeglicher Medikation und der Betreuung durch ein Laienpersonal Erfolge im Behandlungsgang mit schizophrenen Patienten aufweisen können, nicht völlig aus. Es stellt sich allerdings die Frage, inwieweit die bestehenden Konzepte tatsächlich Stabilität und Effizienz im Umgang mit den Patienten gewährleisten oder ob sie nicht eher die Umsetzung innovativer Praktiken behindern. Darüber hinaus verursachen alternative Behandlungsweisen nicht zwangsläufig finanzielle Mehrbelastungen. Vielmehr sind es nach wie vor die herkömmlichen Behandlungsroutinen, die – langfristig betrachtet – mit dazu beitragen, höhere Kosten zu verursachen, da sie konzeptionell wie auch strukturell wenig darauf ausgelegt sind, sowohl die individuellen Ressourcen des Patienten als auch die seiner Angehörigen während des Krankheitsprozesses zu aktivieren und Beachtung im bisherigen Setting zu erhalten. Der Ausbau supportiver Hilfsangebote, nicht nur für den Patienten, sondern auch für dessen unmittelbare Bezugspersonen, stellt bisher eine vergleichsweise noch sehr wenig berücksichtigte Größe innerhalb der Therapiekonzeption von psychotisch kranken Menschen dar.

56

Neuere Untersuchungen wollen diesem Mangel Abhilfe verschaffen (vgl. Buchkremer, 1990; Kieserg & Hornung, 1994). Und auch die Süddeutsche Zeitung (26. April 1994) vermerkt unter der Überschrift: „Beste Medizin: Angehörige als Co-Therapeuten" (in einer hier veränderten und verkürzt wiedergegebenen Form), daß der wissenschaftliche Nachweis von Psychiatern des Klinikums Rechts der Isar in München erbracht werden konnte, daß die Einbeziehung der Angehörigen Schizophrener von allgemeiner Bedeutsamkeit ist. 250 Patienten und ihre Familien wurden in acht Gruppentreffen über die Krankheit und über Behandlungs- und Einflußmöglichkeiten informiert. Zudem wurden praktische Hilfen bei der Bewältigung der vielen Probleme angeboten. Patienten, die zusammen mit ihren Angehörigen das Spezialprogramm durchlaufen haben, mußten nur halb so häufig wegen eines Rückfalls ins Krankenhaus wie die normal aufgeklärte Kontrollgruppe. Es konnte beobachtet werden, daß bei den gut informierten Kranken wie auch deren Angehörigen die Bereitschaft zur Prophylaxe und Behandlung größer ist und zudem die einzelnen Krisensituationen besser in den Griff bekommen werden. Nicht nur stationäre Aufenthalte sinken, sondern auch die Rückschläge insgesamt verringerten sich. Durch diesen fünfzigprozentigen Rückgang der erneuten Krankenhausaufenthalte sind dem Klinikum Kosten von 60000, - DM im Jahr erspart worden.

Nach diesen Überlegungen erscheint es daher sinnvoll, ebenfalls die Familie in den Behandlungsgang miteinzubinden und deren Potentiale und Kompetenzen hinsichtlich des weiteren Umgangs mit ihrem erkrankten Familienmitglied begleitend zu unterstützen, um eine intensive Betreuung für den Patienten zu gewährleisten. Allerdings haben die aus der Familienforschung entwickelten Theorieansätze und die daraus resultierenden Forschungsergebnisse mit dazu beigetragen, den Eindruck zu vermitteln, daß den Patientenfamilien nicht nur eine große Verantwortung und Einflußmöglichkeit für die Krankheitsentwicklung zukommt, sondern auch, daß die Patientenfamilien für die Entstehung von Krankheiten verantwortlich zu machen sind. Da diese Theorien teilweise den theoretisch-wissenschaftlichen Hintergrund mancher professionell Tätiger bilden und deren Einstellungen gegenüber Patienten und ihren Angehörigen beeinflussen, ist es für das weitere Verständnis unerläßlich, einige dieser Theorien und Forschungsarbeiten zu skizzieren.

4   Familientheoretische Forschungsergebnisse

Zu Beginn der Familienforschung – Mitte der fünfziger Jahre – galt das Bestreben der Abkehr von der ausschließlich individuellen Betrachtung des Symptomträgers Patient hin zu einer Gesamtschau des sozialen Kontextes, speziell der Familie und der in ihr vorherrschenden krankheitsfördernden Strukturen. Es wurden dabei hauptsächlich Familien Schizophrener untersucht. Während noch anfänglich die Familie als alleiniger Verursacher der Krankheit angesehen wurde, entwickelte sich zunehmend die Erkenntnis, daß nicht monokausal von einer Täter-Opfer-Beziehung ausgegangen werden könne.

Nach Ciompi (1985) läßt sich die Familienforschung in zwei große Gruppen einteilen, die, von verschiedenen Ansätzen ausgehend, zu „erstaunlich kongruenten bzw. komplementären Resultaten gelangen" (S. 61). Es ist dies einmal die Gruppe um Brown, Leff und Vaughn, die nachweisen konnte,

„(...) daß schizophreniegefährdete Menschen bevorzugt in einer familiären Umgebung akute psychotische Rückfälle erleiden, in welcher allgemeine Konfusion und Spannung, feindliche Strebungen und invasorische Tendenzen (...) vorherrschen" (S. 61).

Hier wird herausgestellt, daß die Familie eine Risikogemeinschaft darstellt, innerhalb derer es aufgrund von Transaktionen und Vorstellungen zu einem besonders ungünstigen Klima für die weitere Entwicklung ihres designierten Patienten kommen kann, wobei vorwiegend hyperkritische und emotional überengagierte Angehörige zu einer Erhöhung des Rückfallrisikos des Rekonvaleszenten beitragen.

Zum zweiten ist die Gruppe mit dem familiendynamischen Ansatz zu erwähnen: die psychoanalytisch beeinflußten Forscher (Lidz, Wynne, Singer u. a.), die kommunikationstheoretisch orientierte Palo-Alto Gruppe (Bateson, Weakland, Watzlawick etc.) und schließlich das systemisch ausgerichtete Mailänder Team um Selvini Palazzoli.

Die sich anschließende kursorisch skizzierende Darstellung über die Situationen von Familien und die ihnen zum Teil zugeschriebenen pathognomischen Merkmale verdeutlicht den theoretischen Hintergrund, vor dem viele Fachkräfte ausgebildet, beeinflußt und dadurch mehr oder weniger in ihren Anschauungen gegenüber Angehörigen psychisch Kranker geprägt worden sind.

4.1 Verschiedene Familientypen

Die im folgenden dargestellten verschiedenen Familientypen zeigen die potentielle Verantwortlichkeit der Familie bei der Ausbildung psychischer Störungen und die familientherapeutischen Möglichkeiten zu intervenieren.

4.1.1 Der Begriff der Pseudomutualität

Wynne et al. (1984) gehen von zwei Voraussetzungen aus:

1. Alle Menschen haben das Verlangen, in Beziehungen zu ihren Mitmenschen zu treten, das heißt, sie sind objektbezogen.
2. Jeder Mensch wünscht sich, ein Identitätsgefühl zu entwickeln.

Um diese beiden Bestrebungen (Beziehung, Identität) zu verwirklichen, bedarf es der Gemeinschaft („mutuality"). Es existieren jedoch von ihr verschiedene Gemeinschaftstypen, nämlich die Pseudogemeinschaft („pseudomutuality") und die Nicht-Gemeinschaft („nonmutuality").

Die Pseudogemeinschaft kennzeichnet das unbestimmte, mehr erahnte und eher diffuse Gefühl der Übereinstimmung von gegenseitigen Erwartungen, ohne es explizit zu machen oder in Frage zu stellen. Bestrebungen seitens eines Mitglieds dieser Gemeinschaft, sich auf neue, zwangsläufig sich ergebende Situationen im Umgang mit anderen nicht in der bisher latent kodifizierten Weise zu verhalten, wird von den übrigen Familienmitgliedern – zumeist den Eltern – ängstlich entgegengesteuert. Die Pseudogemeinschaft kann emanzipatorische Bestrebungen eines ihrer Mitglieder nicht tolerieren, da sie darin den Zusammenbruch des gesamten Gemeinschaftssystems zu erkennen glaubt. Das wiederum führt zu einer inflexiblen Rollenfixierung und zu einer Erstarrung der einzelnen Protagonisten, die jede Erweiterung und notwendige Veränderung innerhalb der Beziehungen behindert. Wynne et al. charakterisieren diesen Zustand folgendermaßen: „Divergenz erscheint als Störung der Beziehung und muß deshalb vermieden werden; vermeidet man aber Divergenzen, so ist ein Wachstum der Beziehung nicht möglich" (S. 49).

Kennzeichnend für diesen schizophrenogenen Familientypus ist das Bemühen, sich nach außen hin abzugrenzen und nur diejenigen komplementären Einflüsse zuzulassen, die den Familienmythos der vermeintlichen Harmonie zu unterstützen trachten. Hingegen werden nichtkomplementäre Einwirkungen als bedrohlich empfunden und dementsprechend abgewehrt. Dieser Vorgang der Semipermeabilität hinsichtlich familiengerechter Außeneinflüsse wird von den Autoren bildhaft als „Gummizaun" („rubber fence") beschrieben, der sich je nach familialer Bedürfnislage erweitern und zusammenziehen kann. In einer solchen Familienkonstellation können sich die einzelnen Individuen weder in ihrer Beziehungs- noch in ihrer Identitätsentwicklung entfalten, so daß eine solche Pseudogemeinschaft den Aufbau einer schizophrenen Psychose fördern kann. Daß es nicht in jedem Fall dazu kommen muß, sondern noch andere Faktoren erforderlich sind, wird dabei ausdrücklich von den Autoren expliziert (vgl. S. 51).

Auf eine Darstellung der Nicht-Gemeinschaft („nonmutuality"), in der nur eine Art funktionale Interaktion, ohne echte Beziehung im Sinne der wahren Gemeinschaft, zu konstatieren ist, wie sie sich unter anderem im Verhältnis zwischen Verkäufer und Käufer zeigen kann, soll aufgrund geringerer Bedeutung für den hiesigen Zusammenhang verzichtet werden.

Während die wahre Gemeinschaft die beiden angestrebten Ziele der Entwicklung von Beziehung und Identität fördert, indem sie das Individuum in seinen Vorstellungen, Ansprüchen wie auch in seinem Sicherungs- und Geborgenheitsbedürfnis unterstützt, ohne darin eine Bedrohung für die übrige Gemeinschaft zu sehen, können die beiden anderen Arten der Gemeinschaft („pseudomutuality", „nonmutuality") solche Unterstützungsleistungen nicht voraussetzungslos gewähren und wirken – so die Annahme – eher pathogen auf die Entwicklung der Individuen ein.

4.1.2 Gespaltene und schiefe Familien

Die Forschungsgruppe um Lidz (1959a; vgl. Lidz et al., 1959) stellt in ihren Arbeiten ebenfalls die Betrachtung der Familie in den Vordergrund, aus der heraus sich später Patienten mit einer schizophrenen Psychose entwickelt haben. Es wird sich dabei eingehend sowohl mit einzelnen Familienangehörigen, beispielsweise dem Vater und seiner Stellung innerhalb der Familie, auseinandergesetzt wie auch mit den typischen Eigenarten oder Mechanismen innerhalb der elterlichen Interaktionen und den sich daraus ergebenden Interdependenzen für das Kind.

Lidz et al. (1959) kommen bei ihren Untersuchungen der Familien Schizophrener zu dem Ergebnis, daß es zwei charakteristische Familientypen gibt, nämlich einmal die „gespaltene" („schismatic") und zum anderen die „schiefe („skewed") Familie".

Die Ehepartner einer „gespaltenen Familie" stellen keine einheitliche Gemeinschaft dar, vielmehr ist jeder einzelne damit beschäftigt, ausschließlich seine eigenen Bedürfnisse durchzusetzen. Auf die Interessen des Partners wird dabei keine Rücksicht genommen. Hinzu kommt, daß die Kinder in solchen Familien von den verschiedenen Parteien zur Durchsetzung der eigenen Ziele einbezogen werden. Sie dienen dabei zur Komplettierung der eigenen Lebensvorstellungen und zum Ausgleich der fehlenden partnerschaftlichen Zuwendungen. Sie werden gewissermaßen als menschliche Keile zwischen die rivalisierenden Eheleute getrieben (vgl. Lidz et al., 1984) und tragen damit zur Aufrechterhaltung der Spaltung innerhalb der Familie bei. Das daraus entstehende Konfliktpotential für die Kinder, die sich wechselseitig zwischen Erwartungen und Verpflichtungen der verschiedenen Elternteile eingebunden sehen, kann dazu führen, daß das Kind eine schizophrene Entwicklung nimmt.

Im Gegensatz dazu findet in der „schiefen Familie" zwischen den einzelnen Familienmitgliedern keine narzißtisch rivalisierende Bedürfnisbefriedigung statt; vielmehr wird versucht, selbst die gestörten Vorstellungen und abstrusen Denkinhalte eines

Ehepartners zu unterstützen und aufrechtzuerhalten, ohne sie in irgendeiner Weise korrigierend zu beeinflussen. Auch hier finden Harmonisierungsbestrebungen statt, aber nicht, wie von Wynne et al. (1984) vermerkt, um sich nach außen hin abzugrenzen, sondern um eigene masochistische Tendenzen durch den dominanten Partner gewährleistet zu bekommen. Der familienpathologische Effekt ist darin zu erkennen, daß der dominante Ehepartner, auch wenn seine Anschauungen seltsam anmuten, jederzeit mit Unterstützung seitens des anderen Partners rechnen kann, weil dieser ihn zum Zweck der eigenen Bedürfnisbefriedigung benötigt. Auch hier werden die Kinder in das familienpathologisch „schiefe" Ensemble miteinbezogen, indem offensichtlich erkennbare Fehleinschätzungen des überlegenen Partners geduldet werden, so daß eine eigene, selbständige und freie Entwicklung für das heranwachsende Individuum nicht möglich ist.

4.1.3   Das Double-bind-Theorem

Durch die von dem Anthropologen Bateson et al. (1984) schon 1956 entwickelte „Doppelbindungstheorie" wurde erstmalig von der isolierten Betrachtungsweise schizophrener Personen abgesehen und dafür das soziale Umfeld und die darin vorherrschenden Kommunikationsstrukturen in den Vordergrund gestellt. Diese Theorie, auch „Beziehungsfalle" (Stierlin, 1959/60), „Zwickmühle" (Loch, 1961) oder „Man-kann-nicht-gewinnen-Situation" (Cooper, 1980) genannt, stellt die kommunikativen Verstrickungen dar, in denen sich Familien verfangen können.

Selvini Palazzoli et al. (1981) beschreiben das „Double-bind" wie folgt:

„Auf verbaler Ebene wird ein Befehl gegeben, der auf einer zweiten, meist nonverbalen Ebene negiert (verworfen) wird. Gleichzeitig wird die Botschaft von dem Verbot begleitet, darüber zu sprechen, d. h. über die Inkongruenz der beiden Ebenen zu metakommunizieren" (S. 38).

Dieses „Double-bind" ist in Wirklichkeit ein „Triple-bind", denn erst das dritte Gebot, sich nicht den beiden sich gegenseitig widersprechenden Geboten entziehen zu können, ist ausschlaggebend für eine schizophrenogene Konstellation. Die Paradoxität und Nicht-Aufhebbarkeit zwischen den Inhalts- und Beziehungsaspekten einer Kommunikation kann speziell auf die Entwicklung eines Kindes pathogen wirken. Denn „wenn jemand in einer *double-bind*-Situation gefangen ist, so wird er defensiv in einer Art reagieren, die dem des Schizophrenen ähnelt" (Bateson et al., 1984, S. 19).

Schon bald darauf wurde das Double-bind-Theorem dahingehend modifiziert, die bisher zu einseitig dargestellte „Urheber-Opfer"-(Eltern-Kind)-Beziehung nicht aufrechtzuerhalten, da auch das „Opfer" zunehmend lerne, inkongruente Botschaften auszusenden und damit an der Aufrechterhaltung der allgemeinen „schizophrenogenen" Kommunikation teilhabe (Weakland, 1984). Watzlawick et al. (1980) indessen verdeutlichen, daß diese Doppelbindung keine Schizophrenie verursacht, sondern nur *ein* Spezifikum innerhalb der Beziehungsstruktur jener Familien darstellt, aus denen später der Patient hervorgeht. In diesem Zusammenhang ist auf die Ubiquität einer solchen Kommunikationsform hinzuweisen, die nicht ausschließlich in pathogenen Familien vorzufinden ist. Pathogene Familienstrukturen führen nicht zwingend zu einer bestimmten (schizophrenen) Krankheitsausprägung. Gleichwohl kann eine solche Gebundenheit, kommt sie permanent vor, identitätszerstörend wirken und bei dem Individuum zu einem Rückzug von der Außenwelt führen. Die nicht mehr gegebene Möglichkeit, aus diesem Teufelskreis herauszukommen, kann zu einer Kommunikationsverweigerung führen, das bedeutet, das Individuum kapselt sich ab und verschließt sich autistisch jedem Zugang von außen.

Dieser kommunikationstheoretische Ansatz erfuhr neben vielerlei Kritik (vgl. Wynne, 1976; Lorenzer, 1977; Angermeyer, 1978) auch eine therapeutische Anwendung, dann nämlich, wenn er als Mittel benutzt wurde, eingefahrene familiale Kommunikationsstrukturen aufzubrechen, und mittels paradoxer Verschreibungen dazu verhalf, pathogene Symptome aufzulösen.

4.1.4 Paradoxe Intervention

Eine besondere Bedeutung bei der Verschreibung paradoxer Vorschriften für die Familie kommt der Gruppe um Selvini Palazzoli (1981) zu. Sie versteht Familie als ein System von sich permanent gegenseitig beeinflussenden Verhaltensvorgängen, dem nicht ein lineares Ursache- und Wirkungsverständnis zugrunde liegt, sondern das ein interaktional zirkuläres Beziehungskonglomerat darstellt. Diese systemische Sichtweise von Familie veranlaßt die Therapeuten dazu, weniger den einzelnen Symptomträger (Patienten) in den Mittelpunkt ihrer therapeutischen Intervention zu stellen, sondern die gesamte Kernfamilie. Ihr werden Direktiven aufgetragen, die sie dazu ermuntern und zum Teil mittels strengster Verordnung anhalten, die bisher eingesetzten Strategien zur Beseitigung des Symptoms (etwa Magersucht eines Mitglieds) fortzusetzen. Paradox wirkt diese Verschreibung insofern auf die Familie, als nunmehr selbst die Spezialisten nicht – wie eigentlich erwartet – neue Strategien entwickeln und einsetzen, um so das Symptom des Patienten zu kurieren, sondern die Familie noch zusätzlich darin ermuntern, ihre Verhaltensweisen beizubehalten. Diese positive Unterstützung der Familie unterläuft die prinzipiell vorhandene Abwehr der Familie und erlaubt es den Therapeuten, Zugang zu dem System Familie zu erhalten.

„1. Wir stellen alle Familienmitglieder auf dieselbe Stufe, weil sie alle in einem komplementären Verhältnis zum System stehen. (...)

2. Vermittels der *Bestätigung* seiner homöostatischen Tendenz erhalten wir Zugang zu dem System.

3. Wir werden als Mitglieder mit vollen Rechten in das System aufgenommen, da wir ja offensichtlich von derselben Absicht beseelt sind.

4. Indem wir die homöostatische Tendenz positiv bewerten, initiieren wir paradoxerweise die Fähigkeit zur Veränderung, denn die positive Bewertung öffnet ja den Blick für das Paradoxon, wie es möglich sein kann, daß die Kohäsion der Gruppe (...) nur um den Preis, daß einer zum 'Patienten' wird, erhalten werden kann!" (S. 65 f.).

Wie schon bei Wynne et al. (1984) feststellbar, wird hier die Tendenz der Familie, von Außenstehenden grundsätzlich nur das System stärkende und stützende (komplementäre) Ideen zuzulassen, erkannt und durch paradoxe Anweisungen daran mitgewirkt, daß sie aufgegeben wird. Die Familie wird nun den Versuch unternehmen, die bisher von den Therapeuten getroffene Beziehungsdefinition wie auch die vorgegebenen Verschreibungen, die ursprünglich positiv akzeptiert wurden, aufzugeben, um die neue Sichtweise in das bisher verkrustete Familiensystem einfließen zu lassen. Damit ist der ebenfalls paradoxen Aufforderung der Familie, nämlich ihr helfen zu sollen, ohne jedoch das bisherige System zu verändern, Genüge getan.

4.1.5 Zwischenergebnis

Bisher ist auffällig, daß, wenn Familien psychisch Kranker in das theoretisch-therapeutische Blickfeld gelangten, dies zumeist in pathologisierender Weise geschah. Die hypothetische Grundannahme der vorgestellten Theorien bestand darin, die Familie als eine krankmachende oder zumindest krankheitsfördernde Gemeinschaft anzusehen, die mit ihren Strategien und Handlungen mehr oder weniger absichtsvoll ihr schwächstes Familienmitglied – in der Regel das Kind – in Krisen stürzt. Stillschweigend wurde ihr mit der familialen Lokalisierung von Krankheit die Verantwortlichkeit für das Krankheitsaufkommen angelastet. Die Einbeziehung der Familie in die medizinisch-therapeutische Konzeption unter Ausklammerung der Berücksichtigung ihres erst allmählich erworbenen Zustandes und der damit einhergehenden Überforderung ist aufgrund dieser negativen Vorannahmen ausgeblieben. Zugleich wurden mit der Ausweitung des psychopathologischen Blickwinkels über den Patienten hinaus auf dessen Familie die von ihr vielfältig geleisteten Unterstützungsanteile übersehen. Diese Ausblendung der von Familien geleisteten Maßnahmen zur Restabilisierung krisenhafter Zustände – wie sie die Krankheit eines Familienmitglieds darstellt – und die damit einhergehenden Bemühungen, die oftmals unter Ausnutzung sämtlicher Ressourcen und bis an die Grenze des Belastbaren erbracht werden, ermöglichte es, schiefe und einseitige Vorstellungen von „normalen" und „pathologischen" Familien zu produzieren. Solche tendenziös-eindimensionalen Theorien über Familien könnten mitverantwortlich dafür sein, warum sich psychiatrische Fachkräfte im allgemeinen äußerst distanziert gegenüber Angehörigen psychisch Kranker verhalten.

Anhand der nachfolgend skizzierten Expressed-Emotion- und Life-Event-Forschung werden weitere multiple, streßvolle Bedingungen und deren Auswirkungen auf die Ausbildung und den Verlauf von Krankheitsprozessen erkennbar, ohne dabei implizit den Patientenfamilien eine Verantwortung für das Auftreten weiterer Störpotentiale zukommen zu lassen.

4.2 Expressed-Emotion-Forschung

Kuipers et al. unterscheiden zwei Gruppen von Angehörigen schizophrener Personen: Einmal die Gruppe der Familien, die einen hohen Anteil emotionalen Ausdruckverhaltens – High Expressed-Emotions (H EE) – aufweist, und eine andere Gruppe, die einen niedrigen Anteil des emotionalen Ausdruckverhaltens – Low Expressed-Emotions (L EE) – besitzt. Die Expressed-Emotion-Forschung wurde entwickelt, um das unterschiedliche Verhalten der Angehörigen von schizophrenen Patienten zu eruieren (vgl. Kuipers et al., 1983).

Die beiden Familiengruppen lassen sich in ihren wesentlichen Eigenschaften wie folgt charakterisieren:

L EE-Familien:

- Sie besitzen eigene Interessen, kümmern sich nicht ständig um den Kranken.

- Sie unterstützen realistische Wünsche des Patienten.

- Sie können die Passivität des Patienten ertragen.

- Sie gewähren ihrem schizophrenen Familienmitglied seine Individualität; ferner können sie ihn auch lieben, ohne Ansprüche zu stellen.

- Die eigenen Bedürfnisse der einzelnen Familienmitglieder werden nicht verleugnet oder zurückgedrängt; eigene Wünsche werden akzeptiert.

H EE-Familien:

- Sie besitzen mehr negativ anklagendes verbales Verhalten in der direkten Auseinandersetzung mit dem schizophrenen Familienmitglied.

- Sie gebrauchen eine signifikant höhere Anzahl negativer affektiver Äußerungen in ihrer Interaktion mit ihrem schizophrenen Patienten.

- Sie sind kritischer, mischen sich eher ein und schaffen dadurch eine eher negative (anklagende) Atmosphäre (vgl Miklowitz et al., 1984).

Es konnte nachgewiesen werden (vgl. Brown et al., 1972; Vaughn & Leff, 1976; Leff, 1984; Vaughn & Leff, 1984), daß Familien, die nach dem Camberwell Familieninterview als H EE eingestuft worden sind, für ihre schizophrenen Angehörigen ein höheres Risiko des Rückfalls darstellen als Familien mit einem L EE-Index, besonders dann, wenn der Kontakt zwischen dem kranken Familienmitglied und der übrigen Familie über einen gewissen Stundenzahl (35) innerhalb einer Woche liegt.

Das Camberwell Family Interview stellt ein semistrukturiertes Interview mit Angehörigen dar, innerhalb dessen unter anderem Fragen zur Entstehung, zum Verlauf der Erkrankung und zur familiären Situation gestellt werden. Bei der Auswertung werden die von den Angehörigen gezeigten Emotionen quantitativ gemessen, um so die Einteilung der Familien in die jeweiligen Gruppen (H EE bzw. L EE) zu gewährleisten.

Selbst die Einnahme von Medikamenten kann nicht verhindern, daß die schizophrenen Familienmitglieder, die in einem H EE-Haushalt leben, eine wesentlich höhere Rückfallrate aufweisen als diejenigen schizophrenen Personen, die ohne Medikamente in einem L EE-Haushalt leben.

Das folgende Schaubild (Warner, 1985, S. 129) zeigt die Rückfallrate bei Schizophrenen innerhalb von neun Monaten:

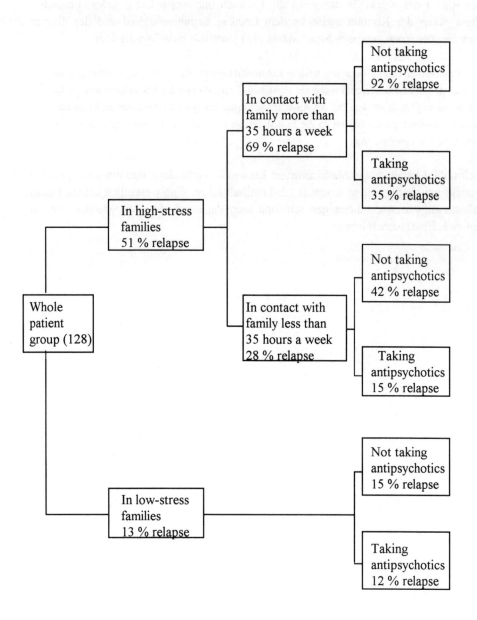

Folgende drei Schutzfaktoren stellen sich unter Berücksichtigung auf bisher vorgenommene Behandlungsweisen für den schizophrenen Menschen als optimal und nützlich heraus:

1. Eine regelmäßige Medikation des Patienten.

2. Die geringe emotionale Intensität, die ihm seitens
   seiner Angehörigen entgegengebracht wird (L EE).

3. Eine Verringerung des Kontaktes zwischen dem Rekonvaleszenten und seiner Familie (vgl. Berkowitz et al., 1984).

Kuipers et al. (1983) und Berkowitz et al. (1984) konnten ihrerseits aufzeigen, wie die als H EE-identifizierten Familientypen mittels eines Interventionsprogramms zu L EE-Familien gemacht werden können. In der Praxis hätte dies zur Folge, daß Eltern schizophrener Patienten, die von Anfang an in das Behandlungskonzept miteinbezogen werden, das Risiko eines späteren Rückfalls des Patienten minimieren würden.

Neuere Studien (vgl. Schulze-Mönking, 1994) haben ergeben, daß Selbsthilfe- respektive Angehörigengruppen eine gute Plattform besonders für sogenannte emotional-expressive Patienteneltern darstellen, um ihre oftmals sehr starken und hyperkritischen Verhaltensweisen gegenüber ihrem Angehörigen abzubauen. Es zeichnet sich die Tendenz ab, daß der psychoedukativen Einbeziehung der Angehörigen psychisch Kranker im stationären Bereich und im alltäglichen Bereich – repräsentiert durch Angehörigengruppen – zukünftig ein großer Stellenwert zukommen wird. Allerdings wird vermutlich auch damit eine universale Prophylaxe einer psychischen Krankheit nicht erreicht werden können.

Mit diesen bisher getroffenen Feststellungen ist keine Stigmatisierung der Eltern dieser Patientenklientel intendiert. Vielmehr soll anhand derartiger Untersuchungen aufgezeigt werden, daß die mit der Krankheit einhergehenden zusätzlichen Belastungen nicht nur den einzelnen unmittelbar Betroffenen, sondern auch seine Familie tangieren. Die Belastungen schlagen sich allgemein auf die interaktionalen Beziehungen nieder. Die daraus resultierenden Reaktionen verweisen wiederum auf die den Familien zur Verfügung stehenden Möglichkeiten, auf die weitere Entwicklung der Krankheit ihres Angehörigen Einfluß zu nehmen. Offen bleibt jedoch hierbei, inwieweit die in den einzelnen Familien vorhandenen Ressourcen bestimmend für den Umgang mit dem Erkrankten und den Verlauf seiner Krankheit sein können. Ferner ist die Unterscheidung der beiden Familientypen und ihre Abgrenzung untereinander wie auch die Methodik ihrer Erfassung äußerst vage und entbehrt nicht einer gewissen Willkür. Überdies wird die Sinnhaftigkeit oder „Sinnbedeutung" (Müller, 1986a) der wie auch immer gelagerten Emotion weder für die einzelnen Familienmitglieder noch für die jeweils unterschiedlich strukturierten Familien insgesamt eruiert.

Es können jedoch nicht nur emotionale Besonderheiten innerhalb der Familie zum Aufbau psychischer Störungen verantwortlich gemacht werden, sondern auch erhöhte

Strapazen und Belastungen, die in Gestalt von unerwarteten Lebensereignissen das Individuum einer gesteigerten Streßsituation aussetzen.

4.3 Zusammenhang zwischen Life-Events und Krankheitsausbruch

Der Begriff „Streß" (vgl. Spielberger, 1980) hat sich in der Umgangssprache eingebürgert und wurde zu einem Modewort, aus dem in seiner unbestimmbaren Verallgemeinerung nicht eindeutig hervorgeht, was darunter zu verstehen ist (vgl. Birkenbihl, 1977; Tanner, 1978). Unter Streß soll deshalb im folgenden global eine als subjektiv belastend empfundene Situation verstanden werden, die auf das Individuum oder eine Gruppe von Individuen (in Form von Reizen) einwirkt und deren Fortbestand baldmöglichst als überwunden erwünscht wird. Überall, wo Menschen sich bemühen, den an sie gestellten schweren Anforderungen nachzukommen, und wo die Bewältigung dieser Situationen Schwierigkeiten bereitet, ist die Möglichkeit länger andauernder Überanstrengung gegeben.

Neben den ganz alltäglichen Belastungen, die auf einzelne durch Beruf, finanzielle Sorgen und Partnerschaftsprobleme einwirken, können noch zusätzlich gravierende Belastungsmomente wie Scheidung, Umzug, der unerwartete Verlust eines engen Freundes oder der plötzliche Tod eines nahen Verwandten hinzukommen. Die mit den jeweiligen Verlusterlebnissen einhergehenden hohen Belastungen stellen für den einzelnen eine Gefährdung seiner physischen, psychischen und/oder sozialen Integrität dar und können zu einem psycho-somatischen Krankheitsausbruch führen.

Ein Ansatz zur Erklärung des Ausbruchs von Psychosen bietet die Life-Event-Forschung (LEF). Sie geht davon aus, daß besonders belastende und lebensverändernde Ereignisse für das Zustandekommen einer psychischen Krankheit mitverantwortlich gemacht werden können. Die LEF versucht daher, den Zeitraum vor dem Krankheitsausbruch näher im Hinblick darauf zu untersuchen, inwieweit (signifikante) Hinweise dafür zu finden sind, daß der designierte Patient speziell erhöhten körperlichen oder psychosozialen Belastungen ausgesetzt war. Unter einschneidenden Erlebnissen („stressful-life-events") verstehen Dohrenwend und Figueiredo (1983) „solche wie die Geburt eines ersten Kindes, arbeitslos zu werden, Scheidung, physische Krankheit oder Verletzung und Tod einer geliebten Person." (S. 91, Übers. Th. R.). Zur Ermittlung dieser „Events" bieten sich die „Social-Readjustment-Rating-Scale" von Holmes und Rahe (1967) wie auch die „Life-Event and Difficulty Schedule" (Katschnig, 1980a) an.

In einer Untersuchung von 600 zyklothymen Personen konnte Kornhuber (1955) aufzeigen, daß der Tod eines nahen Verwandten häufig unmittelbar vor dem Ausbruch der Erkrankung feststellbar war. Daß der Verlust einer nahestehenden Person auch eine manische Phase nach sich ziehen kann (Blankenburg, 1967), macht deutlich, daß weder zwingend mit einer bestimmten (manischen, depressiven, schizophrenen) noch einer sich zwangsläufig einstellenden psychotischen Reaktionsform gerechnet werden kann. In seiner phänomenologischen Arbeit des Sozialverhaltens Manisch-Depressiver kommt Kraus (1977) bei der Beantwortung der Frage nach der Auslösung von Psychosen zu folgenden Feststellungen:

„(...) daß es sich stets um solche Situationen handelt, in denen eine in einer Überidentifikation gleichsam erstarrte (sklerosierte) Identität in Frage gestellt wird oder aufgegeben werden muß. Dabei kann es sich (...) um Folgendes [sic!] handeln: die Beeinträchtigung eines bestimmten idealen Selbstbildes, den Verlust idealer oder materieller Werte, die Gefährdung einer symbiotischen Beziehung durch zu ambivalenten Gefühlsregungen Anlaß gebende Umstände, die Auflösung eines Identifikationszusammenhanges mit Einzelnen [sic!] oder mit Gruppen durch Trennung oder Isolierung, den Verlust von Rollenidentitäten durch das Ausscheiden wichtiger Rollenpartner oder durch eigene Statusänderung, eventuell aber auch nur die (innere) Gefährdung von Rollenidentitäten durch widersprüchliche Normen" (S.165).

Während Hinweise dafür vorhanden sind, daß belastende Lebensereignisse vor dem Ausbruch eines Krankheitsvorfalls vorgelegen haben, kann allerdings wenig darüber ausgesagt werden, wie stark oder hoch die Belastung sein muß, damit es tatsächlich zu einem Krankheitsausbruch kommt. Eine Ursache-Wirkungs-Kausalität kann daher hinsichtlich des Zustandekommens oder des Ausbruchs einer psychischen Krankheit weder postuliert noch konstruiert werden.

In diesem Zusammenhang ist auf die methodischen Probleme innerhalb der LEF zu verweisen (vgl. Katschnig, 1980b), die sich allein schon bei der Feststellung von rückwirkend berichteten (schwerwiegenden) Ereignissen durch die betroffenen Personen, wie auch die gewichtende Zuordnung dieser Erlebnisse, ergeben. Geburt, Tod, Scheidung, Umzug etc. müssen nicht unbedingt als belastend empfunden werden (vgl. Totman, 1982) – und wenn doch, wie ist dann ein Umzug im Verhältnis zu einer Scheidung zu bewerten? –, sondern können vielmehr als Beginn, als belebende Erweiterung und Chance für einen Neuanfang zur Entfaltung sozialer Beziehungen führen. Auch läßt sich die Frage hinsichtlich der Qualität dieser Events mit ihrer Quantität verknüpfen; denn es bleibt nach wie vor offen, ab welchem Schweregrad die Krankheitskrise ausgelöst wird, da die individuellen Verteilungen von Ressourcen (geistigen, körperlichen, materiellen, beruflichen, familialen etc.), ihre Wirkungs- und Unterstützungsqualitäten zum gegebenen Zeitpunkt nicht bekannt sind und erst im nachhinein ermittelt werden. Extern auftretende Überbelastungen und daraus konstruierte Erklärungszusammenhänge für den Krankheitsausbruch beinhalten Elemente der Beruhigung für die Familie und tragen dazu bei, mögliche andere oder weitere Ursächlichkeiten aus dem Blick zu verlieren. Insgesamt kann mit Schnabel (1988) folgendes Resümee gezogen werden:

„Der gegenwärtige Forschungsstand erlaubt es uns also, psychosomato-, neuroto- und schizophrenogene Deformationen des kindlichen Individuationsgeschehens zu rekonstruieren. Er vermag aber keine genaueren Auskünfte darüber zu geben, wie es dermaßen sozialisierten Individuen im weiteren Verlauf ihres lebenslangen Vergesellschaftprozesses tatsächlich ergeht. Viel zu wenig ist auch darüber bekannt, wie sich objektive Belastungssituationen und subjektive Belastungsquanten unter dem Einfluß ungleich verteilter Kompensationschancen und unterschiedlich ausgeprägter kompensatorischer Fähigkeiten über die Zeit tatsächlich zueinander verhalten. Und so gut wie überhaupt nichts wissen wir darüber, unter welchen langfristigen und spontan belastenden Einflußkonstellationen derselbe Mensch im Laufe seines Lebens zu neurotischen, psychotischen und/oder psychosomatischen Lösungen eines ihm anderweitig als unlösbar erscheinenden oder faktisch unlösbaren Problems tendiert" (S. 264).

Damit wird deutlich, daß mittels der LEF keine exakten Messungen und Aussagen über die prozessualen Zusammenhänge zwischen dem Aufkommen einer Krankheit und deren möglicher Entwicklung gemacht werden können.

Im Hinblick auf Lösungen solcher oftmals plötzlich und damit unerwartet hereinbrechenden Krisensituationen mobilisiert allerdings nicht nur der einzelne, sondern auch dessen Familie Kräfte und entwickelt Strategien zur Aufhebung dieses Krisenzustandes. Finzen (1986) stellt hierzu fest:

„Die Krankheit wird zum Teil seiner [des Kranken] Biographie. Sie ist nicht nur lebensveränderndes Ereignis (Life-event). Sie wird durch die Veränderungen, die sie bewirkt hat, durch die Verwundbarkeit, die sie hinterläßt, durch ihre lange Dauer zum integralen Bestandteil seines weiteren sozialen Lebens. Ihre Auswirkungen hängen aber nicht nur von der Betroffenheit des einzelnen durch die Krankheit ab und von der Art und Weise, wie er sie persönlich verarbeitet, sondern auch von den Rückwirkungen auf das soziale Bezugssystem, in dem er lebt" (S. 144).

Und Hansen und Hill (1964) merken an, daß nicht so sehr die Ereignisse selbst es sind, die die Krise auslösen, sondern vielmehr die Interpretationen und die einhergehende Aufmerksamkeit, die diesen Ereignissen von den Betroffenen entgegengebracht werden. Von daher repräsentieren die von den Angehörigen psychisch kranker Personen geäußerten Ansichten und Berichte über ihre Vorgehensweisen, Empfindungen und Bemühungen den Stellenwert, den sie der Krankheit entgegenbringen.

4.4   Zusammenfassung und Kritik

Die Familienforschung dokumentiert, daß die Familie für die Bildung einer gestörten Kommunikation („Double-bind") wie auch für die Gestaltung eines Krankheitsprozesses („Expressed-Emotion") von entscheidender Bedeutung sein kann. Während die Familiengemeinschaft einerseits als Ausgangsstätte von Krankheit angesehen wird („Pseudomutuality"), also als Nährboden für die weitere Entwicklung von krankheitsfördernden Bedingungen in Betracht kommt („schiefer", „gespaltener" Familientyp), ist sie andererseits gleichfalls selbst Opfer ihrer eigenen Verstrickungen, die sie allerdings mit Hilfe therapeutischer Unterstützung („paradoxe Intervention") überwinden kann. Auch lebensbelastende Ereignisse („Life-Events") können, wenn sie gehäuft vorkommen, die Auslösung eines psychotischen Schubs bewirken.

In der Theorienvielfalt der Familienforschung spiegelt sich das Bemühen wider, die in der Familie ausgemachten pathogenen Strukturen aufzuzeigen und den Familienmitgliedern eine spezifische Behandlungsform zukommen zu lassen. Demgegenüber sind weniger die Ursachen und die Hintergründe gefragt, die zur Ausbildung dieser als pathogen eruierten Interdependenzen geführt haben. Der Symptomträger und seine Familie werden zum Gegenstand der Untersuchung und der Behandlung gemacht, wobei die Absicht besteht, zum Teil mit Hilfe von therapeutisch-manipulativen Verschreibungen eine Veränderung innerhalb der pathologischen Familienstruktur und somit eine Symptomveränderung bei dem auffälligen Familienmitglied zu erreichen. Die Familienforschung vertraut darauf, daß allein die Aufdeckung pathogener Familienstrukturen und die sich daran anschließende erzieherisch-therapeutische Intervention zur Heilung oder Beseitigung des Problems der psychischen Krankheit beitragen könne. Indem nicht darauf rekurriert wird, inwieweit auch die chronische Krankheit eines Familienmitglieds ausschlaggebend für weitere Störungen in der Familie sein kann, wird implizit der Familie eine krankheitsursächliche oder zumindest eine krankheitsfördernde Position zugewiesen. Es schleicht sich – gewissermaßen durch die Hintertür – wieder die Frage nach der Schuld für das Auftreten von Krankheiten ein.

Gemeinsam ist diesen Studien, neben ihren methodologischen Schwächen (vgl. Grawe et al., 1994) – fehlende Kontrollgruppen, mangelnde Replikation dargestellter Ergebnisse – und ihrer Psychiatrisierung der Familie, daß sie aus der Standortbestimmung vorhandener Störungen – nämlich in der Familie – ein einseitiges und weniger ein sich gegenseitig bedingendes Ursache-Wirkungsprinzip konstruieren. Dabei werden Fragestellungen nach eventuell günstigen und vorteilhaften Einflüssen der Familie auf den Krankheitsverlauf völlig ausgeklammert. Daß sich erst durch die anhaltende Krankheit und eine damit einhergehende (Über)belastung weitere Beeinträchtigungen im familialen Alltag zementieren, wird genausowenig expliziert wie die mögliche Überforderung der Familien bei dem Versuch der Bewältigung ihrer Problemlage. Genauso unberücksichtigt bleibt, daß die laienhaften und sich von professioneller Tätigkeit unterscheidenden Charakteristika der anfänglich eingeleiteten Bewältigungsmaßnahmen darauf zurückzuführen sind, daß die Familien zu diesem Zeitpunkt nicht von dem Gedanken getragen sind, dem veränderten Zustand ihres Familienmitglieds und späteren Patienten eine psychische Krankheit zu unterstellen. Dementsprechend werden von den Familien oftmals Maßnahmen eingeleitet und zur Anwendung gebracht, die sich erst im nachhinein als kontraproduktiv insoweit erweisen, als sie nicht zum Abbau krisenhafter Zuspitzung beitragen, sondern sie ungewollt fördern. Erst der Kontakt mit psychotherapeutischen bzw. psychiatrischen Fachkräften setzt die Familien überhaupt in Kenntnis darüber, daß es sich bei der Störung ihres Familienmitglieds um eine psychische Krankheit handelt. Da vor der Hospitalisierung allein den Familien die Aufgabe zufällt, die Verantwortung dafür zu übernehmen, wie der Umgang mit dem auffälligen Angehörigen in den familialen Alltag eingepaßt werden soll und wie die damit einhergehenden außergewöhnlichen Phänomene zu verarbeiten sind, ist es auch nicht außergewöhnlich, wenn in Familien, die solchen Belastungen für einen längeren Zeitraum ausgesetzt sind, Störungen konstatiert werden.

5 Gesundheit und Krankheit – Bestimmungs-
faktoren und Gewichtungen

Eine einheitliche, allgemeingültige wie auch umfassende Begriffsdefinition von (seelischer) Krankheit und Gesundheit wird weder angestrebt noch scheint sie leistbar, wobei dieser Umstand weniger auf die Vielfalt von Krankheitsmöglichkeiten zurückzuführen ist als vielmehr auf die jeder Gesellschaft zugrundeliegenden unterschiedlich tradierten wie auch sich verändernden Normen und Werte und die davon abhängigen Krankheitsvorstellungen. Was als krank oder gesund zu gelten hat, ist daher immer vor dem Hintergrund des jeweils Definierenden, seiner Profession, seiner sozialen, kulturellen Situation und des daraus resultierenden Beziehungsgeflechts zu betrachten und zu bewerten. Gleichwohl bestehen Übereinkünfte und Übereinstimmungen über den Krankheitsbegriff innerhalb der Psychiatrie, die über einen rein heuristischen Ansatz hinausgehen und Anhaltspunkte für ein Verständnis von Krankheit und Gesundheit bieten.

Medizinsoziologen und Psychiater vertreten beide die Auffassung, Krankheit als Störung oder Abweichung zu bestimmen, doch resultieren daraus verschiedene Reaktionsweisen. Die in der Psychiatrie tätigen Personen beschäftigen sich sowohl mit den biophysikalischen, psychophysiologischen als auch mit den psychosomatischen Ätiologien von Krankheit und der daraus notwendig werdenden Therapie für den Kranken. Die medizinischen Fachkräfte leiten – gesellschaftlich legitimiert – das Recht ab, psychisch Kranke als solche zu identifizieren, sie zu kategorisieren, zu medikamentieren und therapeutisch zu behandeln (vgl. Freidson, 1979). Hierbei stehen weitgehend die psychophysiologischen Störungen des einzelnen im Vordergrund des psychiatrischen Interesses, die vorwiegend mittels medikamentöser und ergotherapeutischer Intervention beeinflußt werden.

Während schon die genaue diagnostisch umfassende Kategorisierung des psychiatrischen Patienten Schwierigkeiten bereitet, ist eine allgemeine Ausdeutung dessen, was Krankheit ist oder wann sie beginnt, äußerst diffizil. Der Definitionsproblematik versucht die Weltgesundheitsorganisation (WHO) beizukommen, indem sie eine Definition des Oppositionsbegriffs von Krankheit – nämlich Gesundheit – aufstellt und damit indirekt eine Bestimmung von Krankheit herbeiführt. Nach ihr wird Gesundheit definiert als „ein Zustand des vollkommenen körperlichen, seelischen und sozialen Wohlbefindens, nicht allein Abwesenheit von Krankheit und Gebrechen" (Redlich, 1969). Mit dieser Definition von Gesundheit werden jedoch weitere Fragen aufgeworfen:

Ist der Zustand vollkommenen körperlichen, psychischen wie auch sozialen Wohlbefindens überhaupt erreichbar? – Wenn nicht, gilt dann der Mensch a priori schon als nicht mehr gesund und damit als krank? – Oder gibt es Bereiche zwischen diesen beiden terminologischen Antipoden? – Wie hat man sich diesen Zustand vorzustellen, wie benennt und charakterisiert man ihn?

Bedeutsam sind die Anerkennung und die definitorische Gleichstellung der seelischen (sozialen) Wohlbefindlichkeit mit der körperlichen Verfassung. Dieser Doppelcharakter von Gesundheit verweist – über den nur individuellen Rahmen hinausgehend – gleichfalls auf die sozialen Dimensionen. Der Blick der Medizinsoziologie richtet sich weniger auf das Individuum allein und die bei ihm ausgemachten Störungen, sondern setzt die Schwerpunkte auf die sozialen Komponenten, auf das Umfeld insgesamt. Untersucht werden unter anderem die darin vorkommenden bzw. vorherrschenden Meinungen und Ansichten über Krankheit und Gesundheit. Einen Aspekt stellen dabei die Familie und die von ihr ausgehenden Impulse, Maßnahmen des Umgangs, der Auseinandersetzung und der Bewältigung von Krankheit dar. Von Interesse ist, in welchem Umfeld psychische Krankheiten auftauchen (vgl. Hollingshead & Redlich, 1975), welche Erwartungshaltungen und Voraussetzungen mit der Erkrankung eines Individuums einhergehen und welche Forderungen daran geknüpft sind (vgl. Parsons, 1969). Krankheit wird aus medizinsoziologischer Sicht als *eine* Form der sozialen Abweichung angesehen (vgl. Freidson, 1979). Somit bildet die „Erforschung der gesundheitlichen Gegebenheiten (...) erst den Rahmen (...), innerhalb dessen sie soziologisch argumentiert" (Gerhardt, 1989, S. 425). Elias (1976) macht in einem anderen Zusammenhang darauf aufmerksam,

„(...) daß sich Begriffe (...) wie 'Individuum' und 'Gesellschaft' nicht auf zwei getrennt existierende Objekte, sondern auf verschiedene, aber untrennbare Aspekte der gleichen Menschen beziehen. (...) Man kann es mit großer Sicherheit aussprechen, daß die Beziehung dessen, was man begrifflich als 'Individuum' und als 'Gesellschaft' verarbeitet, so lange nicht erfaßbar bleiben wird, als man mit diesen Begriffen in Gedanken eo ipso so hantiert, als ob man es mit zwei getrennt existierenden Körpern zu tun hätte" (XVIII f.).

In Anlehnung daran sollen auch das Individuum und die Familie (vgl. Neidhardt, 1975; Rosenbaum, 1978 u. 1982), da sie eine interaktionale Einheit darstellen, zwar losgelöst in ihren einzeln praktizierten Tätigkeiten betrachtet, jedoch niemals losgelöst voneinander gedacht werden, selbst dann nicht, wenn ein Familienmitglied durch seine unangepaßten Verhaltensweisen deutliche Veränderungen im alltäglichen Zusammenleben provoziert und ihm dadurch besondere Aufmerksamkeit zuteil wird. Die Betrachtung bezieht sich auf die sich um diese Krankheit gruppierenden Prozesse und Veränderungen, die aufgrund der sozialen Einbettung des Individuums zwangsläufig sein Umfeld tangieren, das seinerseits wiederum auf die Person und ihre Krankheit reaktiv Einfluß nimmt.

Eine detaillierte Bestimmung des Krankheitsbegriffs nimmt Schnabel (1988) in Anlehnung an Luft vor:

„Inzwischen kann man Krankheit als Mobilisierungsprozeß körperlicher Bewältigungsmechanismen (pathology), als subjektive Symptomerfahrung (illness), als Eigenerleben und Umweltreaktion mit einbeziehendes Gesamtgeschehen (sickness), als vollständigen oder Teilverlust (disability) behandelt finden, die entstehen, wenn funktionale Behinderung die Erfüllung normaler Alltagsroutinen stört. (...) Alle Aspekte sind eng miteinander verbunden" (S. 46).

Doch auch dieser sozialwissenschaftliche Definitionsversuch von Krankheit streicht lediglich die defizitären Aspekte von Krankheit heraus, ohne nur andeutungsweise die Möglichkeit von Erweiterung und subjektiv als positiv empfundener Erlebnisreaktion anklingen zu lassen. Die Ausschließlichkeit, mit der psychische Krankheiten bisher als Störung und Mangel charakterisiert wurden (vgl. Kap. 2.2), trifft jedoch nicht zwangsläufig auf alle Zustände einer phasisch verlaufenden bipolar affektiven Psychose zu. Eine in der manischen Phase befindliche Person scheint sich – subjektiv – keinesfalls eingeschränkt oder behindert zu fühlen. Auch die diese Person umgebenden Bezugspersonen (Familie, Verwandtschaft, Nachbarn, Freunde, Kollegen etc.) dürften zunächst in dieser „Hochstimmung" kaum eine Ein- oder Beschränkung bemerken. Vielmehr ist auch vorstellbar, daß die betroffene Person durch ihre bestechend offene und zugängliche Art, dank ihrer Spontaneität, ihrer oftmals witzig verkürzt auf den Punkt gebrachten analytischen Sichtweise von Situationen und Mitmenschen, ihrer auffallend hyperaktiven Arbeitstätigkeit eher beifällige Bewunderung und Bestätigung erfährt und darüber hinaus an Attraktivität im Freundes- und Berufskollegenkreis gewinnt. Diesen (ersten) Anzeichen einer sich eventuell ankündigenden Störung dürften infolge ihrer sozialen Akzeptanz kaum Krankheitsmerkmale zugedacht werden, obgleich sie für diesbezüglich sensibilisierte Personen durchaus Krankheitssymptome darstellen können, die auf eine beginnende Krankheitsphase schließen lassen. Die Problematik des Krankheitsbegriffs besteht darin, daß er im kulturellen Kontext der jeweiligen Gesellschaften und der darin vorherrschenden Normen und Werte betrachtet werden muß und deshalb nicht ohne weiteres übertragbar ist. Aus diesen Überlegungen begründet sich auch die Vermutung, daß in den meisten marktwirtschaftlich ausgerichteten Ländern mit dem Krankheitsbegriff (vgl. Kap. 2.3) das konnotative Element des Nachteils und des Mangels assoziiert ist. Wenn jedoch, wie skizziert, eine psychische Krankheit auch mit einem Gewinn verbunden sein kann, empfiehlt es sich nicht, generalisierend von Beschränkung, Defizit, Behinderung oder einer Störung zu sprechen. Dieser Umstand ist bisher in nur unzureichender Weise gewürdigt worden.

Darüber hinaus ist gleichfalls anzunehmen, daß es aufgrund dieses Sachverhalts für medizinische Laien, wie sie die Familien repräsentieren, äußerst problematisch ist, erste submanische Anzeichen als solche zu identifizieren. Erst die anhaltende Fortdauer auffälliger Merkmale und die sich daraus eventuell ergebenden Spannungen mögen erste Zweifel in den Familien aufkommen lassen. Und es sind wahrscheinlich erst die sich daran knüpfenden Bemühungen zur Aufhebung dieser langanhaltenden Auffälligkeitsmerkmale wie auch die Suche nach Entlastung, die die Familien in den Zuständigkeitsbereich medizinischer Arbeitsfelder gelangen lassen. Darin eine Zuschreibung von Krankheit zu sehen oder sogar eine von den Familien betriebene Pathologisierung oder Stigmatisierung ihres Kindes auszumachen (vgl. Lidz, 1959b; Cooper, 1971b; Laing & Esterson, 1975) ist voreilig und gleicht eher einem Konstrukt zur Absicherung des eigenen ideologischen Standpunktes als der vorurteilslosen Wiedergabe von Gegebenheiten.

Der wesentliche Unterschied zwischen Familie und Klinik besteht darin, daß erst die ärztliche Handlungsweise und die von ihr ausgehende Autorität bestimmt, „was Krankheit 'wirklich' ist [und damit] *die sozialen Voraussetzungen für das Sich-krank-Verhalten überhaupt erst schafft*" (Freidson, 1979, S. 172). In Anlehnung an Mechanic (1963) kommt Freidson zu folgender Feststellung:

„Insofern als die diagnostischen Kriterien, Prognosen und Behandlungen empirisch entwickelt wurden, bauen sie sich alle auf der klinischen Erfahrung mit Fällen auf, die sich nun einmal zufällig präsentieren (oder präsentiert werden) und so in den Zuständigkeitsbereich der Profession gelangen. Der Arzt neigt dann zu der Annahme, das, was er persönlich bei Fällen, mit denen er in Berührung kommt, wahrnimmt, existiere auch bei den Menschen im Alltag, außerhalb seines Gesichtskreises. (Tatsächlich *zwängt* er sogar diese seine Sicht der Welt draußen geradezu *auf*.) Er übersieht gern, daß das Hereinkommen bestimmter Fälle durch einen sozialen Prozeß organisiert wird; statt dessen neigt er (...) zu der Annahme, daß die Fälle, die er sieht, sich nicht von denen unterscheiden, die er nicht sieht. Und so entwickelt er Krankheitskonzeptionen, die vielleicht eine unrichtige und künstliche Beziehung zur Welt haben" (S. 223).

Durch diesen Akt wird sowohl der jetzt identifizierte und klassifizierte Patient beeinflußt als auch die übrige Familie. Sie sieht sich genötigt, sich in ihrem Verhalten gegenüber dem Kranken umzustellen. Wie sie sich allerdings auf die veränderten Umstände einzurichten hat, ist ihre alleinige Aufgabe.

Auch bei einer chronisch-somatischen Krankheit stehen die Veränderungen bisheriger Lebensgewohnheiten, deren Neuanpassungen und Umstellungen im Vordergrund, doch während hierbei die einzuleitenden Maßnahmen und ihre Umsetzung nach einer gewissen Zeit prinzipiell festliegen, gilt dies voraussichtlich für manisch-depressiv Erkrankte und ihre Herkunftsfamilien nicht oder nur bedingt. Bei ihnen muß sich die Flexibilität der Anpassung an die gegenwärtige und sich immer wieder verschiedenartig darstellende Situation stets von neuem bewähren. Dieser Krankheit können nur Quasi-Routinen entgegengesetzt werden; eine feste beziehungsweise statische Verhaltensrezeptur gibt es hier nicht. Die Folge dürfte sein, daß sich die Familie nach der Entlassung ihres Angehörigen aus der Klinik einem erhöhten Streßpotential schon allein deshalb ausgesetzt sieht, weil sie nie genau zu erkennen oder anzugeben vermag, ab wann auffällige oder seltsame Verhaltensweisen ihres Familienmitglieds als krank einzustufen sind oder aber übliche Reaktionsweisen auf bestimmte Ereignisse darstellen. Sie lebt damit in einer Situation permanenter Verunsicherung.

Da die situationelle Vielfältigkeit von möglichen Geschehnisabläufen und die daraus resultierenden Verhaltensweisen seitens des erkrankten Angehörigen von der Familie nicht oder nur unvollständig antizipiert werden können, ist es unmöglich, umfassend vorbeugende Maßnahmen zur Verhinderung eines Rückfalls oder eines erneuten Krankheitsausbruchs zu entwickeln. Gleichwohl läßt sich aufgrund der zunehmenden Belastung vermuten, daß Familienmitglieder in irgendeiner Weise Bemühungen erkennen lassen werden, Einfluß auf die Ausgestaltung der später als krankheitstypisch identifizierten Handlungsweisen zu nehmen und sie durch – später prophylaktische – Maßnahmen zu verhindern zu trachten. Hieran schließen sich die Fragen an, ab wann Familien den Zeitpunkt für gekommen halten, Fachleute oder öffentliche Einrichtungen um Hilfe zu konsultieren, und ob sich dies mit ihren familialen Ressourcen in Beziehung setzen läßt. Die Einstellung der Familien gegenüber der Krankheit, deren Zu- und Einordnung, wie auch ihre eigene soziale, verwandtschaftliche Vernetzung und Einbindung in gesellschaftliche Bezugssysteme könnten Einfluß auf die Bewältigung haben. Nicht zuletzt gilt es im Auge zu behalten, ob und inwieweit sich die Einstellung der Familien durch zunehmende Erfahrung mit der Krankheit verändert. Ebenso dürften vielfach die Bedingungen, die dazu Anlaß geben, jemanden aus dem Familienkreis herauszulösen, in unmittelbarem Zusammenhang mit den in einer Gesellschaft vorherrschenden Normenvorstellungen stehen und zudem mit der familialen Bereitschaft, diese Abweichungen zu tolerieren. Aus diesem Grund scheint es geboten, die Vorstellungen darüber, was als psychisch krank, normal, anormal oder deviant zu gelten hat und inwieweit diese Begriffe überwiegend Kennzeichnung einer individuellen Einstellung oder vorwiegend Ausdruck gesellschaftlicher Determination sind, zur Darstellung zu bringen. Denn erst das Wissen über diese Auffassungen eröffnet den Blick auf den tatsächlichen Handlungsspielraum, der dem Betroffenen und seiner Familie hinsichtlich der Bewältigung einer psychischen Krankheit zur Verfügung steht.

5.1   Norm, normal, anormal

Es kann davon ausgegangen werden, daß in jeder Gesellschaft Normen vorzufinden sind, daß diese verschiedene Inhalte haben können sowie Veränderungen und Wandlungen unterliegen. Mittels Normen wird menschliches Verhalten festzulegen oder einzugrenzen versucht, wobei hier nicht näher darauf eingegangen werden soll, welche Normenvorstellungen welcher Gruppen, Klassen oder Schichten bestimmter Gesellschaftsmitglieder die Oberhand haben (vgl. Bahrdt, 1987; Lamnek 1989). Normen schaffen allerdings „Erwartbarkeiten" (Bahrdt, 1987), wie sich Menschen – je nach Situation – angemessen zu verhalten haben. Sie stellen – häufig unausgesprochen und nichtkodifiziert – Richtlinien oder Verhaltensanforderungen zum Zwecke der Orientierung dar, denen (unaufgefordert) nachzukommen erwartet wird. Normen garantieren somit Schutz und Sicherheit für das Individuum in seiner jeweiligen Gesellschaft (vgl. Scharfetter, 1986b). Zudem leiten bei Normverstößen legitimierte Repräsentanten der Gesellschaft Maßnahmen ein, die die Beendigung der Abweichung bewirken sollen. Allerdings werden auch Normen übertreten, ohne daß die Personen, die diese Verstöße begehen, in jedem Fall bestraft werden. Menschen tolerieren untereinander einen gewissen Spielraum an Normverletzungen. Manchmal werden jedoch auch Personen, die Normenverstöße in ähnlichen Kontexten begehen, mit Strafen belegt. Es ist daher äußerst schwierig und von verschiedensten kulturanthropologischen Imponderabilien abhängig, auszumachen, ab wann der Punkt gekommen ist, an dem diejenigen sanktioniert werden, denen die Verfehlungen zugrundegelegt werden.

Noch weniger eindeutig und infolgedessen weniger nachprüfbar ist, von wem Normen persönlich oder gesellschaftlich als verletzt festgestellt werden und ab wann die Normenverletzer schließlich öffentlich gemacht und den dafür zuständigen Professionen oder Institutionen zugewiesen werden. Insbesondere Personen mit devianten Verhaltensweisen laufen häufig Gefahr, als nicht normal angesehen und damit in die Nähe von psychischem Kranksein eingeordnet zu werden. „So kann der Normenbegriff richtend, normativ gebraucht werden und zum Instrument der Intoleranz, der Ausgliederung und Abstempelung gebraucht werden" (S. 473).

Der begriffliche Antipode zur Normalität ist die Anormalität, und diese wird bisweilen von Gesellschaftsmitgliedern und damit auch von Patientenfamilien als typisches Charakteristikum zur Beschreibung von (psychisch) auffälligen Personen gebraucht. Dabei handelt es sich sowohl um eine qualifizierende – im Sinne von brauchbar und nützlich – als auch eine quantifizierende – nicht der Mehrheit entsprechende – Zuschreibung. Was an der Anormalität – die durchaus eine Normalität, allerdings in einem anderen Kontext, darstellt – zu erschrecken und zu verunsichern scheint, ist das Nichtantizipierenkönnen von Handlungsweisen und die damit verbundene Auflösung von Orientierungspunkten. Hierzu ein kurzes Beispiel:

Wenn sich ein Mensch subjektiv verfolgt und bedroht fühlt, ohne daß andere dies nachvollziehen und als begründet ansehen können, und er sich seines Verfolgers zu entledigen trachtet, dann handelt er für sich normal. Für seine Mitmenschen auffällig und erschreckend werden seine Handlungsweisen spätestens dann, wenn er seinen Zustand nur mittels einer Handgreiflichkeit gegenüber dem vermeintlichen Verfolger auszudrücken vermag. Somit geben erst die Kenntnisnahme und Feststellung respektive Festlegung der Inadäquatheit von Handlungsabläufen durch andere Personen Anlaß zu Reaktionen und Gegenmaßnahmen von Menschen und Institutionen. Damit erhalten abweichende Verhaltensweisen ihre Bedeutung erst durch Zuschreibungen. Inwieweit diese allerdings angemessen sind, hängt von den kulturellen Maßstäben der jeweiligen Gesellschaft und der in ihr lebenden Individuen ab und unterliegt mehr oder weniger einer permanenten Diskussion und Wandlung. Es handeln damit beide, die sich verfolgt wähnende Person wie auch die zu Gegenmaßnahmen greifenden Personen, aus dem jeweils ihnen eigenen Bezugsrahmen betrachtet, normal.

Schon die Tatsache, daß jemand sich als Schizophrener geriert, deutet nach Auffassung des Ethnopsychiaters Devereux (1982) darauf hin, daß der Betreffende die ihm von seiner Gesellschaft angebotenen und zur Verfügung gestellten spezifischen pathologischen und damit beschränkten Handlungsarrangements zum Zwecke des Ausagierens seines Konfliktes annimmt bzw. annehmen muß. Wenn zudem davon ausgegangen werden kann, daß es je nach schichten- oder klassenspezifischer Zugehörigkeit Nach- bzw. Vorteile im Zugang zu Abwehrmechanismen gibt und Mitglieder der unteren sozialen Schicht nicht nur größeren Stressoren ausgesetzt sind, sondern gleichzeitig über weniger Mittel zur Bewältigung von Konflikten verfügen, dann liegt es nahe, gleichfalls anzunehmen, daß diese Personen auch über keinen erweiterten psychopathogenen Handlungsspielraum verfügen und deshalb eher immer dieselben vorgegebenen psychotischen Darstellungsformen wählen. Damit besteht gleichsam ein Ungleichgewicht im Zugang zu verschiedenen pathognomischen Merkmalen, die sowohl kulturell als auch schichtspezifisch bestimmt sind.

Ein anderer Ansatzpunkt besagt, daß professionelle Diagnostiker aufgrund ihrer anderen – zumeist höheren – Schichtzugehörigkeit und ihres internalisierten Normensets dazu neigen, speziell bei unteren sozialen Schichten eher Schizophrenien zu diagnostizieren (vgl. Gleiss, 1973; Wilken, 1973; Hollingshead & Redlich, 1975).

Besonderen Einfluß hinsichtlich der näheren Bestimmung von Krankheit haben diejenigen, die sich aufgrund ihres ausgewiesenen Expertstatus einen legitimen Zugang zur Behandlung psychisch Kranker erworben haben. Allerdings muß schon im Vorfeld eine gewisse Auswahl durch die Angehörigen selbst oder andere Personen – etwa durch Exekutivkräfte – stattgefunden haben, was als (psychisch) deviant, auffällig, anormal, aber noch nicht als krank zu gelten hat. Während für die einen abweichendes Verhalten eine statistische Größe beinhaltet, etwas, das sich vom Durchschnitt zu weit entfernt hat, stellt es für andere etwas „dem Wesen nach Pathologisches" (vgl. Becker, 1973) dar.

Abweichendes Verhalten kann ferner als Regelverletzung gegenüber einer Gruppe aufgefaßt werden, wobei es bei einer phänomenologischen Betrachtung irrelevant ist, ob die Regelverletzung bewußt, das heißt aktiv von einem Individuum oder einer Gruppe betrieben worden ist oder sich als zufällig erweist. Da sich abweichendes Verhalten nur „auf die räumlich-zeitlich begrenzt geltenden Normen sozialer Systeme" (Grunt, 1973, S. 261) beziehen läßt, wird deutlich, wie willkürlich bzw. unzureichend eine allgemeingültige Definition von abweichendem Verhalten wäre. Von daher gilt es zunächst mit Becker (1973) festzustellen, „daß abweichendes Verhalten keineswegs etwas Besonderes darstellt, sondern lediglich eine von vielen Arten menschlicher Aktivität" (S. 160).

Die Tatsache der Zuschreibung von abweichendem Verhalten, der „Etikettierung" (vgl. Keupp, 1979 u. 1990b; Scheff, 1980; Rohlfs, 1986), ist sicherlich nicht unbedeutend, doch weit bedeutungsvoller erscheinen die damit verbundenen Handlungsweisen und Aktionen, die sich dadurch zwangsläufig ergeben, wie auch die nachgeschobenen Legitimationen für bestimmte vorgenommene Verhaltens- und Behandlungsweisen. Am Beispiel der psychischen Erkrankung wird dies besonders deutlich.

Der Ausdeutung Wilkens (1973) zufolge ist der psychisch Kranke, „so wie er uns in den Anstalten und Kliniken begegnet, (...) das Ergebnis eines Definitionsprozesses" (S. 283) und damit als „Endprodukt eines komplizierten sozialen Geschehens auszumachen" (S. 276). Dieser interpretativen Festlegung als Endprodukt soll bei der Analyse des eigenen empirischen Materials allerdings nicht entsprochen werden, weil das interaktionale Geschehen nicht dadurch endet, daß einer Person eine Zuschreibung widerfährt. Vielmehr geht die Prozeßhaftigkeit darüber hinaus, da besonders die Beurteilung einer bestehenden psychischen Krankheit die Verhaltensweisen der Familienmitglieder untereinander und gegenüber dem Erkrankten beeinflußt. Inwieweit allerdings Familien in ihr bisheriges Verständnis von Anormalität auch die Diagnose einer manisch-depressiven Krankheit einzufügen vermögen, wird nicht allein davon abhängig sein, über welche medizinisch-psychiatrischen Kenntnisse sie verfügen, sondern vermutlich nicht zuletzt auch davon, wie sie die damit einhergehenden Vorstellungen für sich kognitiv zu integrieren vermögen.

Bisher konnte festgestellt werden, daß Begriffe wie Norm, Normalität und Anormalität in ihrer Bedeutung keine frei flottierenden Größen sind, die allein individuellen Bestimmungskriterien unterliegen. Vielmehr sind sie untrennbar mit den jeweiligen kulturspezifischen, zeitbedingten Anschauungen einer Gesellschaft verknüpft. Sie unterliegen zwar flexiblen, aber zugleich eingegrenzten Rahmenbedingungen, innerhalb derer sie zur Ausgestaltung gelangen. Inwieweit sich die Ansichten der Patienteneltern und damit der Laien von denen der psychiatrischen Experten über psychische Krankheiten unterscheiden oder ihnen ähneln, könnte mitbestimmend für ihr zukünftiges Verhältnis zueinander sein und Auswirkungen auf die Entwicklung des erkrankten Familienmitglieds haben.

5.2   Experten- und Laienurteil über psychische Krankheiten

Bei der näheren Betrachtung der Bezugsgruppen von psychisch Kranken sollen insbesondere drei Gruppen differenziert werden:

1. Die Herkunftsfamilie mit der erweiterten Verwandtschaftsfamilie und die Freunde, die in engem und regelmäßigem Kontakt mit dem Kranken stehen und somit Bezugspersonen darstellen.

2. Die entferntere Verwandtschaft, Nachbarn, Bekannte, Kollegen des Erkrankten, die nur eine lockere und eher oberflächliche Beziehung zu dem Kranken aufrechterhalten.

3. Die Gruppe der Experten, der Ärzte und Psychologen, des klinischen Personals, die eine Therapie und Behandlung des Erkrankten vornehmen.

Jede dieser Gruppen scheint unterschiedliche Bewertungskriterien bei der Zuschreibung von psychischer Krankheit zu besitzen (vgl. Grunt, 1973; Reinhardt-Schnadt, 1973). Festzustellen ist, daß Laien mit der Zuweisung des Etiketts der Geisteskrankheit eher zurückhaltend verfahren, was von dem Ehepaar Cumming (1957) dahingehend interpretiert wird, daß die Bevölkerung toleranter sei als die psychiatrischen Experten. Allerdings verfügen sie nicht über den Kenntnisstand der Experten, so daß sie zu harmloseren, zum Teil beschwichtigenderen und damit zu ungenauen und unvollständigen Zustandsbeschreibungen tendieren. Die Vermeidung des Wortes Geisteskrankheit läßt sich darauf zurückführen, daß Wörter wie *mental patient* besonders negativ konnotiert sind (vgl. Nunnally, 1961). Inwieweit diese seitens der

Laien mit Furcht einhergehenden Assoziationen darauf zurückzuführen sind, daß mit der Festschreibung einer Person als psychisch krank gleichzeitig die Vorstellung der Irreversibilität des Zustandes einhergeht, bleibt offen. Weitere Merkmale für die Beimessung einer psychischen Krankheit hängen mit der Sichtbarkeit des Verhaltens, der Größe der Normverletzungen wie auch mit ihrer zeitlichen Dauer zusammen (vgl. Grunt, 1973). Irrelevant scheint dabei der Ausbildungsstand als Merkmal für die Aufklärung über psychische Krankheiten zu sein, wenn nicht noch andere Faktoren wie Alter, Beruf und Einkommen als weitere Variablen miteinbezogen werden. So verfügen zwar Akademiker wie Lehrer, Juristen, Ärzte und führende Wirtschaftskräfte über relativ ähnliche Ausbildungszeiten, jedoch unterscheiden sie sich bei ihrer Einstellung über Psychiatrie und psychisch Kranke.

„Die Lehrer wurden als diejenigen gefunden, die über die Thematik der Mental Health am aufgeklärtesten urteilten und die positivsten Einstellungen äußerten. Die Juristen halten die psychisch Kranken besonders für eine Gefahr für die übrige Bevölkerung; sie gehörten mit ihren Ansichten bei den meisten Fragekomplexen zu der konservativsten Gruppe. Das Wissen der Führungskräfte in der Wirtschaft war im Vergleich zu allen anderen Berufsgruppen am schlechtesten. Ärzte haben zwar beträchtliches Wissen über psychische Erkrankungen, die Einstellung psychisch Kranken gegenüber ist aber beinahe ebenso negativ wie die der Bevölkerung" (Reinhardt-Schnadt, 1973, S. 343).

Darüber hinaus lassen sich gleichfalls negative Einstellungen und Meinungen über den Begriff *mental illness* auch unter psychisch Kranken wiederfinden (vgl. Giovannoni & Ullman, 1963; Crumpton et al., 1967; Swanson & Spitzer, 1970).

Eine Übertragung dieser nordamerikanischen Untersuchungsergebnisse auf europäische Verhältnisse ist nach Reinhardt-Schnadt (1973) trotz unterschiedlicher konnotativer Bedeutung angelsächsischer Begriffe wie *mentally ill* und deren deutscher Entsprechung statthaft und spiegelt die Ähnlichkeiten der Anschauungen über psychisch Kranke wider.

Der immer wieder vorgetragenen Diskrepanz zwischen Laien- und Expertenurteil stellt Stumme (1971) folgendes lapidar entgegen:

„Bei einem Vergleich der empirisch festgestellten Vorurteile mit der wechselvollen Geschichte der Psychiatrie wird deutlich, daß all das, was man heute mit erhobenem Zeigefinger der Bevölkerung als ein durch nichts gerechtfertigtes Vorurteil immer wieder vorhält, über lange Zeit zum gesicherten Repertoire der Wissenschaft zählte (...)" (S. 47 f.).

Und an einer anderen Stelle (1975) schreibt er, „(...) daß die Differenzen zwischen den Vorstellungen der Laien und Experten fast bedeutungslos werden angesichts der Diskrepanz der Vorstellungen und Handlungsweisen innerhalb der Psychiatrie" (S. 39).

Die Gegenüberstellung von Laien- (1, 2) und Expertenurteilen (3) suggeriert allerdings nur vordergründig Einheitlichkeit innerhalb der Gruppen über die Auffassung von psychischer Krankheit. Es ist vielmehr zu vermuten, daß sich neben den Gemeinsamkeiten auch feine Unterscheidungen hinsichtlich der Anschauungen über psychisch Kranke in den jeweiligen Gruppen aufzeigen lassen.

Nach Becker (1967) gibt es eine „hierarchy of credibility", und weiter führt er aus: „In jedem System von nach Rang geordneten Gruppen nehmen die Teilnehmer es als gegeben hin, daß Mitglieder der höchsten Gruppe das Recht haben, die Art zu definieren, wie Dinge wirklich sind." (S. 241, Übers. Th. R.) Dies dürfte sich auch an dem Verhalten der Patientenfamilien aufzeigen lassen, denn sie wenden sich während des Klinikaufenthalts ihres Kindes hauptsächlich an den Psychiater, um Informationen zu erhalten. Seitens des Arztes erwarten sie Aufklärung über die Krankheit, deren Verlauf und Heilungschance. Von ihm werden dabei teilweise die Krankheitsterminologien übernommen, insbesondere dann, wenn sie bekannt, verständlich und leicht nachvollziehbar erscheinen wie die Depression. Somit bleiben die Vorstellungen der Familien über psychische Krankheiten nicht unbeeinflußt von den theoretischen Konzeptionen professioneller Kräfte (vgl. Straus et al., 1988; Keupp et al., 1989).

Nicht oder nur selten hingegen werden Schwestern und Pfleger konsultiert, obgleich diese ebenfalls etwas über die Befindlichkeit des kranken Familienmitglieds aussagen könnten und das in einer für die Patientenfamilie verständlicheren Form.

„In jedem Fall herrscht die Tendenz, die Beiträge von Krankenschwestern zu unterschärzen: durch das übrige Personal, durch die Verwandten, die vorzugsweise darum bitten, den „Herrn Doktor" zu sehen, und durch die Patienten selbst, von denen viele einen starken Glauben an die magischen Worte eines Psychiaters haben, sogar wenn letzterer erst seit ein paar Monaten in der Psychiatrie tätig ist und die Schwester im Gegensatz dazu seit einigen Jahren." (Johnstone, 1989, S. 158, Übers. Th. R.).

Dies begründet sich vorwiegend durch die hierarchische Struktur der Psychiatrie und deren Kompetenzverteilung. Aufnahme, Diagnose, Festlegung der Medikation und Entlassung eines Patienten obliegen dem Psychiater; kontinuierliche Pflege, Ansprache und Betreuung hingegen erhält der Patient vom Personal. Jedoch scheint die Diagnose nicht unmodelliert von den Angehörigen mitübernommen zu werden, was – wie schon angedeutet – etwas mit dem stigmatisierenden Effekt bestimmter Krankheitsetikettierungen zu tun haben dürfte. Es ist daher anzunehmen, daß, wenn trotz längeren Klinikaufenthaltes keinerlei wahrnehmbare Verbesserung des Patientenzustandes registriert wird, bei den Patientenfamilien Verunsicherung darüber aufkommen kann, inwieweit der Behandlungsgang und der Klinikaufenthalt zu rechtfertigen ist.

5.3 Familiale Belastungen und Bewältigungsversuche

Trotz wachsender Technisierung und Ausweitung der Apparatemedizin, der zunehmenden Verbesserung diagnostischer Kriterien wie auch der Erweiterung pharmakologischer und therapeutischer Hilfsmittel bietet die Psychiatrie keine Garantien zur Heilung psychischer Krankheiten. Die immense Anzahl an Forschungsergebnissen, Theorien, Vermutungen und Interpretationen hat daran nichts zu ändern vermocht. Eine eindeutige Erklärung dessen, was die Entstehung und Entwicklung von psychischen Krankheiten – insbesondere der Schizophrenien und bipolar affektiven Psychosen – anbelangt, ist bisher versagt geblieben. Demzufolge scheint weniger die Hervorbringung neuer Erklärungsmodelle für die mögliche Ätiologie von psychiatrischen Krankheiten von Bedeutung zu sein als vielmehr der Umgang, die Auseinandersetzung und die Begegnung mit diesen Krankheitseinheiten.

Nach Lipowski (1970) gibt es prinzipiell drei verschiedene Möglichkeiten, den Herausforderungen einer Krankheit begegnen zu können:

1. Das Problem in Angriff zu nehmen.
2. Die Vermeidung der Auseinandersetzung.
3. Die Kapitulation und das Aufgeben von Problemlösungsversuchen.

Diese Möglichkeiten des Vorgehens werden dem von Krankheit betroffenen Individuum eingeräumt, wobei noch zusätzliche intraindividuelle Komponenten, biologische Faktoren, biographische Umstände und soziale Erfahrungen eine wichtige Rolle spielen, nach welchen Kriterien das Individuum eine Aushandlung mit seiner Krankheit vornimmt. Aus sozialpsychologischer Sicht (vgl. Lazarus, 1966; Brown, 1974) sind diese durch Krankheit ausgelösten subjektiven Befindlichkeiten wie auch die sich daran anschließend zum Ausdruck gebrachten Reaktionsweisen insofern von Bedeutung, als sie einerseits die persönlichen Verarbeitungsmöglichkeiten darlegen und gleichzeitig andererseits Rückschlüsse auf die der Person zur Verfügung stehenden Ressourcen zulassen.

Eine differenzierte Dreiteilung des individuellen Coping-Verhaltens legt Moos (1988) vor. Nach ihm schlüsseln sich die Bewältigungsvorgänge wie folgt auf:

„Bewertungsorientiertes Coping: Logische Analyse und geistige
Vorbereitung

Kognitive Neudefinition

Kognitives Vermeiden oder
Verleugnen

Problemorientiertes Coping:	Bemühung um Information und Hilfe
	Problemlösendes Handeln
	Streben nach neuen Aufgaben
Emotionsorientiertes Coping:	Affektive Steuerung
	Emotionales Ausleben
	Resigniertes Akzeptieren" (S. 209).

Das bewertungsorientierte Coping-Verhalten umschreibt die Handlungsarrangements, die ein Individuum trifft, um sich mit der neu entstandenen Situation auseinanderzusetzen. Dabei wird versucht, sich mit den zu erwartenden Konsequenzen intellektuell zu beschäftigen und sich dadurch positiv zu motivieren, daß man sich an ähnlich erlebte Zustände zurückerinnert, die in irgendeiner Weise bewältigt worden sind. Ein weiterer Bestandteil des bewertungsorientierten Coping besteht darin, sich mit dieser neuen Situation zu arrangieren, ihr sogar positive Züge abzugewinnen, indem man sich gedanklich vor Augen hält, daß es noch viel ungünstiger hätte kommen können. Mit dieser Um- und Neubewertung der Lage verliert sie zugleich an Schrekken, was dazu beiträgt, ein passiv-paralytisches Verhalten zu vermeiden. Eine ganz andere Form der Verhaltensweise stellt die Verleugnung oder Verharmlosung einer Krisensituation dar. Diese angewandte Strategie kann als Selbstschutzreaktion gewertet werden, die das Individuum davor schützt, sich unmittelbar mit dem Ereignis auseinanderzusetzen, um der Gefahr der Überlastung zu entgehen. Durch diesen Vorgang der aufschiebenden Wirkung erhält die Person Gelegenheit, andere Coping-Ressourcen ausfindig zu machen, um sich dann später ihrer zu bedienen.

Das problemorientierte Coping-Verhalten des Betroffenen zielt darauf ab, Informationen einzuholen, damit die neu entstandene Situation besser verstanden und eingeordnet werden kann. Ferner bemüht er sich, Unterstützung aus dem Verwandtschafts- und Freundeskreis zu erhalten. Die Gewißheit der Einbindung in soziale Bezugssysteme gewährt dem Individuum Rückhalt und vermittelt ein Gefühl von Sicherheit und Geborgenheit. Durch problemlösendes Handeln wird versucht, wieder Autonomie und Kontrolle über die Situation zu erhalten, wobei kleinschrittige Handlungsgänge und kurzzeitige Planungen flexible Handlungsarrangements erlauben. Das Suchen nach neuen Aufgaben und eine damit verbundene Hinwendung zu neuen Betätigungsfeldern leitet eine Situationsveränderung ein, aus der heraus neue „Quellen der Lebenszufriedenheit" (S. 211) erwachsen und Verlustsituationen kompensiert werden können.

Emotionsorientiertes Coping ist einerseits durch das Bestreben gekennzeichnet, aufkommende Gefühlsregungen zu unterdrücken und affektive Reaktionen zurückzuhalten. Andererseits gibt es die gegenteilige Variante, bei der das spontane

Ausagieren von Emotionen, wie Wut oder Verzweiflung, dazu gebraucht wird, die vorhandenen Spannungen zu mindern. Unter der dritten Möglichkeit des emotionalen Coping-Verhaltens, der sogenannten resignativen Akzeptanz, wird der schicksalhafte Glaube an die Unabänderlichkeit gegebener Situationen verstanden. Danach macht es keinen weiteren Sinn, sich gegen die bestehende Lage aufzulehnen oder zu versuchen, eine Veränderung herbeizuführen. Diese resignativ fatalistische Einstellung verhilft dem Individuum zur Anerkennung seines Schicksals, birgt allerdings auch die Gefahr in sich, den zukünftigen Geschehnisabläufen nichts mehr entgegenzusetzen und damit in einer gleichgültigen Ergebenheit zu verharren, die jegliche aktive Einflußnahme und Auseinandersetzung mit der Krankheit vermissen läßt.

Mutatis mutandis lassen sich diese dem einzelnen unmittelbar von Krankheit Betroffenen zur Verfügung stehenden Copingmuster auf die Familie übertragen. Livsey (1972) verweist darauf, nicht nur den Betroffenen allein aus seinem kontextuellen Rahmen isoliert zu betrachten und die von ihm eingeleiteten Maßnahmen zur Auseinandersetzung mit seiner Krankheit hervorzuheben, sondern ebenfalls die Familie als Ganzes und deren Umgang mit der Krankheit in die Gesamtschau miteinzubeziehen, da zwischen den einzelnen Familienmitgliedern ein gegenseitiger permanenter Beziehungsaustausch vorliegt.

Zudem konnten sowohl Sussman und Burchinal (1962), Litwak und Szeleny (1969) als auch (Sussman, 1974) in ihren Untersuchungen für die sechziger und siebziger Jahre bestätigen, daß die amerikanische Kernfamilie keineswegs isoliert von ihren übrigen Verwandtschaftsbezügen lebt, sondern – je nach Schichtzugehörigkeit – gegenseitig verschiedenartige Unterstützungs- und Versorgungsleistungen erbringt.

Ähnliches konstatiert Friedrich (1981), wenn er Teilgebiete sozialwissenschaftlicher Forschung als zu reduktionistisch kritisiert, da sie immer noch zu sehr die Familienpathologie und die Kernfamilie fokussierten und die darüber hinaus vorhandenen strukturübergreifenden Beziehungen der Familie außer acht ließen. Erst eine Erweiterung der Perspektive, die über den individuell-familialen Rahmen hinausweist und auch die gesellschaftlichen Bezüge der einzelnen Familienmitglieder mitberücksichtigt, offenbart, welche Copingmechanismen und Ressourcen den Familien tatsächlich zur Verfügung stehen, um die Krankheit eines ihrer Familienmitglieder bewältigen zu können.

Die einsetzende Mobilisierung zur Stabilisierung des sich durch Krankheit zu verändern drohenden Familiengefüges setzt vermutlich vielfältige Mechanismen in Gang, die dazu beitragen sollen, den Ordnungszustand aufrechtzuerhalten. Diese Copingmuster, unter denen im folgenden die von dem einzelnen und seiner Familie eingeleiteten Versuche und Bemühungen zur Bewältigung einer psychischen Krankheit verstanden werden sollen, stellen wichtige Kriterien zum Verständnis dessen dar, wie die Familie daran mitwirken kann, daß die durch Krankheit hervorgerufenen Veränderungen sich nicht zerstörerisch auf das Familiengefüge insgesamt auswirken.

Ferner gewähren diese Merkmale Einblick, in welchen Situationen das Krisenmanagement der Familie scheitert. Die Verletzung bisher beachteter Alltagsroutinen des Betroffenen gegenüber seiner Familie, Freunden und Arbeitskollegen und die sich daraus entwickelnden Konsequenzen stellen erhöhte Belastungen für die Familie dar. Besonders an einer manisch-depressiven Erkrankung und deren phasisch sehr unterschiedlich verlaufenden Darstellungsform kann deutlich gemacht werden, welche Beschwernis für die Familienmitglieder allein darin besteht, erst einmal ein Verständnis dafür zu entwickeln, daß es sich um eine psychische Krankheit handelt. Der für Laien mühevolle kognitive Zugang zum Erfassen einer manisch-depressiven Erkrankung resultiert vermutlich zum einen aus den nicht sofort erkennbaren defizitären Merkmalen dieser Krankheit und zum anderen aus den Verleugnungen, den rational beschwichtigenden Symptomwahrnehmungen wie auch den irrationalen Symptomzuordnungen der Familienmitglieder. Die von den Familienmitgliedern antizipierten negativen Konsequenzen, die mit einer psychischen Krankheit für die Familie im Ganzen einhergehen, und die damit verbundenen Ängste stellen sicherlich Hemmnisse auf dem Weg der Kenntnisnahme und Auseinandersetzung mit der manisch-depressiven Krankheit dar. Darüber hinaus lassen sich Situationen denken, zum Beispiel durch einen Suizidversuch des Familienmitglieds, durch den sich die Familie plötzlich und unvorbereitet vor das Problem gestellt sieht, Erklärungen für ein solches Verhalten zu entwickeln wie auch Handlungsarrangements zu treffen und festzuschreiben, um einer Wiederholung vorzubeugen. Eine chronische Erkrankung stellt für die Familie gleichfalls eine finanzielle Belastung dar, die zu einer Verschärfung der gesamten Lebenssituation führen kann. Diese vielschichtigen und zugleich subtilen Abläufe lassen erahnen, mit welchen Krisenanhäufungen und -verschärfungen diese Familien konfrontiert werden.

Das Interesse verlagert sich somit weg vom Coping-Verhalten des unmittelbar Betroffenen hin zu den von der gesamten Patientenfamilie angewandten Maßnahmen. Die individuelle Betrachtungsweise wird zugunsten einer kollektiven Sicht aufgegeben. Das hat zur Folge, daß das bisher einseitige Ursache-Wirkungsprinzip des Krankheitsaufkommens wie auch die Krankheitsbewältigung des einzelnen nicht mehr greifen, da alle Protagonisten, auf ihre Weise unmittelbar und wechselseitig involviert, gegenseitige Einflußnahme durch ihr Verhalten ausüben. Die Konsequenz einer solchen Sicht bedeutet zudem, daß die Schuldfrage nach der Entstehung von Krankheit in den Hintergrund tritt.

5.4   Reaktionen und Maßnahmen der Familie bei der Krankheitsbewältigung

Zu erwarten sind, neben unterschiedlichen Reaktionsweisen auf die Erkrankung, damit verbundene Folgen für die gesamte Familie, je nachdem welche Position das erkrankte Familienmitglied einnimmt. Erkrankt etwa über einen längeren Zeitraum der Vater, der als Alleinverdiener die ökonomische Sicherstellung der Familie gewährleistet, dann ist mit seinem Ausfall die zukünftige finanzielle Absicherung der Familie in Frage gestellt (vgl. Livsey 1972). Eine chronische Erkrankung kann den Verlust des Arbeitsplatzes zur Folge haben und somit die ohnehin schon prekäre Lage der Familie erheblich belasten.

Erkrankt hingegen die Mutter, die bisher vielleicht überwiegend den Haushalt und die Kinder versorgte, dann sind Störungen der täglichen Routine unvermeidbar. Die zu erwartenden erheblichen Belastungen, die durch die chronisch-psychische Erkrankung eines Familienmitglieds entstehen, können zu unterschiedlichen Reaktionen der übrigen Familie führen. Es ist zu erwarten, daß sich die betroffenen Familien auf die neue Situation einzurichten versuchen und zunächst das erkrankte Individuum in der Familiengemeinschaft belassen, indem sie eine Umstellung der Verantwortlichkeit sowie eine Neuverteilung der Aufgaben vornehmen. Darüber hinaus ist vorstellbar, daß die Familien irgendwann die damit einhergehenden Belastungen nicht mehr aufzufangen und zu ertragen vermögen, so daß sie sich nach einer unterstützenden, entlastenden und zugleich hilfebringenden Institution umsehen. Schließlich wird das nicht mehr als tragbar empfundene Familienmitglied einer psychiatrischen Einrichtung übereignet, um eine Restabilisierung herbeizuführen, damit es möglichst rasch wieder seine Funktionen sowohl innerhalb als auch außerhalb der Familie wahrnehmen kann. Dabei ist die Übereignung des erkrankten Familienmitglieds an eine psychiatrische Klinik weniger als Abschiebung zu betrachten als vielmehr als eine Inanspruchnahme einer Einrichtung, die für solche Fälle als kompetent erachtet wird und von der man sich Unterstützung verspricht. Zudem ist zu realisieren, daß es eine andere – zwischengeschaltete – Organisation nicht gibt. Zwar existieren niedergelassene Nervenärzte und – regional vereinzelt, nicht jedoch flächendeckend – sozialpsychiatrische Dienste, doch kann deshalb noch nicht von einer allgemeinen Grundversorgung, einer alternativen Zwischenstation oder einer vorgeschobenen Einrichtung ausgegangen werden, an die sich die Familien mit der Bitte um Hilfe wenden könnten. Es bleibt für die Familie nur die Wahl zwischen eigener Initiative oder Hinwendung an die psychiatrische Institution.

Der Aufenthalt in der psychiatrischen Klinik stellt allerdings in der Regel für die Patienten wie auch für deren Familien nur ein sehr kurzes Intermezzo in der therapeutischen Betreuung von Krankheit dar (vgl. Vincent, 1967). Die Kürze des klinischen Aufenthaltes hat zur Folge, daß die Familien immer weitreichendere Kompetenzen, Funktionen und Verantwortung zu übernehmen haben. Die sich daraus ergebenden Probleme sind mannigfaltig und stellen hohe Ansprüche an die Belastbarkeit des einzelnen und seiner Familie. Vermutlich treten mit zunehmender Krankheitserfahrung sowohl bei dem Kranken als auch seinen Angehörigen wenn nicht unbedingt Routinen des Umgangs mit den manisch-depressiven Phasen auf, so doch eine gesteigerte Aufmerksamkeit für das Nahen von Krankheitsphasen. Diesen kann dann im Idealfall aufgrund schon in der Vergangenheit erworbener Erfahrungen mit Maßnahmen begegnet werden, um einer Zuspitzung der Entwicklung entgegenzuwirken. Diese präventiven Maßnahmen zum richtigen Zeitpunkt einzuleiten gestaltet sich jedoch bei einer manisch-depressiven Krankheit als äußerst schwierig. Zum einen bedarf es einer genauen Beobachtungsgabe der Angehörigen, um die Anzeichen oder das Nahen eines erneuten Schubs erkennen zu können; andererseits darf diese Beobachtung des erkrankten

Familienmitglieds nicht zu intensiv ausfallen, um nicht noch zusätzlich Provokationen und Beunruhigung hervorzurufen. Diese Gratwanderung, die immer miteinschließt, sich geirrt zu haben oder falsche Schlüsse aus bestimmten Reaktionsweisen des Angehörigen gezogen zu haben, begleitet die gesamte Familie in ihrem Alltag und stellt eine nicht zu unterschätzende Belastung dar. Hinzu kommt, daß das Nahen eines manischen Schubs nicht subjektiv beeinträchtigend auf den designierten Patienten wirken muß, sondern sogar mit angenehmen Gefühlen verknüpft sein kann. Deshalb wird die Bereitschaft wie auch die Einsicht, vorbeugende Maßnahmen ergreifen und Eigenverantwortlichkeit demonstrieren zu sollen, kaum gewährleistet sein. Es ist nicht zu erwarten, daß der Zeitpunkt des Erkennens einer sich erneut einstellenden Krankheitsphase und die sich daran knüpfenden Maßnahmen rechtzeitig greifen, um den Krankheitsvorgang vollständig abfangen zu können. Denn der Angehörige selbst dürfte in seinen manischen Tendenzen nur äußerst wenig Sympathie dafür entwickeln, einen Arzt aufzusuchen. Ein kooperierendes Miteinander zwischen Eltern und erwachsenem Kind ist wahrscheinlich erst nach und nach durch langwierige Erfahrungen mit der Krankheit zu erreichen. Von daher dürfte die Bedeutung der Nachsorge wie auch die stationär klinische Betreuung des Patienten und die Integration der unmittelbaren Begleitpersonen in das Behandlungskonzept eine zentrale Rolle spielen. Denn nach wie vor ist es die Familie, die während und nach dem Krankenhausaufenthalt wesentlich gefordert ist, die Konsequenzen zu tragen, die mit einer psychischen Krankheit verbunden sind. Becker und Katzmann (1987) sprechen in diesem Zusammenhang von einer „Double-bind-Situation", indem die Familie einerseits als „hochvirulenter Erreger" behandelt wird und andererseits von der Familie nach der Entlassung des Patienten erwartet wird, daß sie sich um ihn in adäquater Weise sorgt (S.45).

Solange es andererseits keine Institutionen oder andere professionell betriebene Unterstützungsangebote gibt, die sich um die Nachsorge und Betreuung von ehemaligen psychiatrischen Patienten kümmern, muß die Psychiatrie nolens volens den Rekonvaleszenten zurück in die Familie verweisen. Das bedeutet gleichzeitig, daß die Eigenverantwortlichkeit der Familie und damit ihre Zuständigkeit für das erkrankte Familienmitglied hervorgehoben wird. Dadurch kann eine Überforderung der gesamten Familie zustandekommen, so daß es nicht verwundert, „daß angesichts dieser Situation Familienstörungen immer häufiger diagnostiziert werden" (Gerhardt & Friedrich, 1982, S. 20).

Die Besonderheit des Auftretens einer psychischen Krankheit innerhalb der Familie ist darin zu sehen, welcher Mittel sich Familien bedienen, um mit diesem neuen, außergewöhnlichen Umstand einer manisch-depressiven Erkrankung eines Familienmitglieds fertig zu werden. Vorstellbar ist, daß allein die Bewußtwerdung und Kenntnisnahme einer vorliegenden psychischen Erkrankung ganz andere Mechanismen des Verhaltens und des Einwirkens innerhalb der Familien hervorrufen, als dies bei Unkenntnis des Sachverhalts der Fall wäre. Zwar wird der sich mehr oder weniger subtil veränderte Allgemeinzustand des Erkrankten in den Familien wahrgenommen und spontane wie auch reaktive Maßnahmen zur Folge haben, die aber nicht – selbst nicht im nachhinein – als Strategie im Sinne eines geplanten Handelns zur Verhütung antizipierter Vorkommnisse gewertet werden können. Mit anderen Worten, solange keine Kenntnis über eine vorherrschende psychische Erkrankung vorliegt, ist anzunehmen, daß keine bewußt herbeigeführten krankheitsberuhigenden Maßnahmen eingeleitet werden.

In diesem Zusammenhang erscheint es bedeutungsvoll, auf den prozessualen Charakter dieser Entwicklungslinien und Handlungsarrangements aufmerksam zu machen, die voraussichtlich erst mit zunehmender Dauer und einhergehenden Erfahrungen mit einem psychisch Kranken sowie im permanenten Umgang mit ihm von den Familien ausgebildet werden und die Familien letztendlich möglicherweise zur Etablierung von Strategien und bestimmten Vorgehensweisen veranlassen. Wie wichtig dabei die darüber hinaus verfügbaren und zum Einsatz gebrachten sozialen wie auch ökonomischen Hilfsmittel und -quellen sind, deren sich die Familien bedienen, gilt es nunmehr darzustellen.

5.5 Die Bedeutung der Familie und des sozialen Netzes für den Krankheitsverlauf

Da Ressourcen wie Geld, Zeit, Bildung, Herkunft, Beziehungen, Informationen etc. unterschiedlich verteilt sind, kann die Vermutung aufkommen, daß diejenigen, die über ein größeres Spektrum an Ressourcen disponieren können, bessere Chancen aufweisen, auftretende Belastungsfaktoren zu bewältigen, als jene, die nicht über eine so große Bandbreite verfügen. Zur besseren Übersicht soll hier zwischen sozialen und persönlichen Ressourcen unterschieden werden.

„Unter sozialen Ressourcen sollen die ökologischen, materiellen, im weitesten Sinne politischen und sozialen Rahmenbedingungen verstanden werden, über die Menschen aufgrund ihrer Herkunft und infolge ihrer eigenen oder der Berufstätigkeit des Haupternährers ihrer familialen Bezugsgruppe gehören. [sic!] (...) Unter persönlichen Ressourcen sind alle vom Individuum in der Zeit entwickelten und situativ bzw. transsituativ einsetzbaren Einstellungs- und Verhaltensweisen gemeint, die auf die Bewältigung allgemeiner und/oder durch akute Krankheit verursachter Lebensprobleme gerichtet sind" (Schnabel, 1988, S. 240 f.).

Da sich die Registrierung von Krankheitsmerkmalen zumeist erstmalig im Rahmen der Familie manifestiert und in ihm gleichfalls die ersten Gegenmaßnahmen entwickelt werden, gilt es, die Funktionen, Problemlagen, Möglichkeiten und Wirkungsweisen aufzuzeigen, mit denen sich die Familien auseinanderzusetzen haben.

Die Familie als Entstehungs- und Austragungsort von Krankheit kann – wie bisher unter verschiedenen Aspekten dargestellt wurde – als Quelle für zusätzliche Belastungen und damit als den Krankheitsverlauf ungünstig beeinflussend betrachtet werden. Zugleich kann sie sich aber auch als Schutzraum erweisen, der dem einzelnen Hilfe und Unterstützung zuteil werden läßt. Diese Vorstellung deckt sich mit der These von

Hansen und Hill (1964), die Familie sowohl als *Schlachtfeld* („battleground") kennzeichnen, auf dem Konflikte ausgetragen werden, andererseits aber auch als *Puffer* („major buffer") charakterisieren, der das Individuum vor Einflüssen der Außenwelt schützt und dazu beiträgt, aufkommende Spannungen zu absorbieren. Die moderne Familie wird als der *große Lastenträger der Sozialordnung* („great burden-carrier of the social order"), als die *Engpaßorganisation*, durch die fast alle Beschwernisse der modernen Gesellschaft hindurch müssen, angesehen (vgl. S. 805). Gleichzeitig ist die Familie nicht nur ein Brennpunkt von Versagungen und Spannungen, sondern ebenso die Quelle für deren Lösung. Denn von der Familie erhalten die Individuen viel Mitgefühl, Verständnis und zum Teil nahezu unbegrenzte Unterstützung.

Einen Funktionsverlust der Familie festzustellen, wie ihn vormals Parsons und Fox (1952) für die amerikanische Familie auszumachen glaubten, läßt sich nach neuerem Stand der Forschung (vgl. Pratt, 1976; Gerhardt & Friedrich, 1982) nicht bestätigen. Im Gegensatz zu anderen sozialen Zusammenschlüssen kann die Familie ihre schwachen Mitglieder nicht ausstoßen und neue kompetentere Teilnehmer rekrutieren. Zwar ist sie aufgrund ihrer organisatorischen Eigenart, ihrer hereditären Bindung und hierarchischen Strukturierung eher eine schwache und ungeschickte Entscheidungsgruppe und von daher schlecht ausgerüstet, um Belastungen zu widerstehen; gleichwohl hält sie unter Ausnutzung ihrer Reserven daran fest, zuerst eigene Mechanismen zur Bewältigung von aufkommenden Krankheits- bzw. Auffälligkeitsphänomenen heranzuziehen.

Kickbusch (1981) weist darauf hin, „daß nur eine von acht morbiden Episoden in die Arztpraxis gelangt oder daß die Familie durchschnittlich alle vier Tage mit einem Krankheitssymptom konfrontiert wird" (S. 320 f.). Dementsprechend kann für die Familie, entgegen anderslautenden Meinungen (vgl. Cooper, 1971b), weder ein Funktionsverlust noch darüber hinaus ihre Auflösung festgestellt werden.

Reimer et al. (1979) und Meyer et al. (1991) zeigen auf, wieviel Jahre vergehen können, bis schließlich der psychogene Störungen aufweisende Patient bei den dafür ausgebildeten Fachkräften anlangt.

Eine andere Studie (vgl. Henry, 1965) stellt besonders die Komplexität familialer Interaktionen dar und betont, daß sich, neben der offensichtlichen Bedeutung der Eltern für die Entwicklung der Kinder, die Relevanz der interpersonellen Verhältnisse der Ehepartner untereinander und darüber hinaus die gesamten auch außerfamilialen Beziehungen als außerordentlich wirkungsvoll für das Gesamtverständnis der Familie im Umgang mit Krankheiten erweisen. Die bisher oftmals reduktionistische Sichtweise, die Familie als Gruppe losgelöst von dem Hintergrund ihrer Außenwelt und ihrer Außenkontakte zu sehen, wird damit aufgehoben. Die Erweiterung des Blickwinkels über die einzelnen Protagonisten innerhalb der Familie und deren Zusammenspiel hinaus macht deutlich, daß neben den stützenden und psychopathologischen Kräften innerhalb der Familiengemeinschaft noch weitere schützende und stärkende Einflüsse wirksam sind. Denn soziale Unterstützungsangebote erhält der einzelne nicht nur von seiner Familie, sondern auch von seinem Umfeld, seinen Nachbarn, Freunden, Arbeitskollegen etc.

Horwitz (1977) konnte in einer Untersuchung belegen, daß Personen, die in einem vergleichsweise geringen sozial- und lebensweltlichen Kontext eingebunden leben, häufiger professionelle Hilfe in Anspruch nehmen als diejenigen, die integriert in einen intensiveren familial-verwandtschaftlichen oder freundschaftsverbundenen Beziehungsgefüge leben.

Nach Cobb (1976) sind besonders drei Unterstützungsleistungen, die für das Individuum von Bedeutung sind, hervorzuheben:

„1. Information, die das Individuum veranlaßt zu glauben, daß es umsorgt und geliebt wird.

2. Information, die das Individuum veranlaßt zu glauben, daß es geachtet und geschätzt wird.

3. Information, die das Individuum veranlaßt zu glauben, daß es zu einem Geflecht von Kommunikation und gegenseitiger Verpflichtung gehört" (S. 300, Übers. Th. R.).

Die erste Zuwendung erfährt das heranwachsende Individuum schon im Uterus. Sie setzt sich dann über die Familienmitglieder weiter fort bis hin zu den verschiedenen Verflechtungen und Gruppen außerhalb der Familie, beispielsweise durch den Arbeitsplatz und die Verbindungen zu kommunalen Einrichtungen, bis schließlich wieder – gegen Lebensende – die Familie den überwiegenden Anteil der sozialen Unterstützung des Individuums darstellt. Solche *sozialen Bindungen* („social bonds") sind nach Ansicht Hendersons (1980) außerordentlich wichtig für das Individuum und bestätigen die Beobachtungen von Cassel (1974a, 1976) und Kaplan et al. (1977), nach denen die Morbidität bei denjenigen anwächst, deren Einbindung in Gruppenzusammenhänge nicht gewährleistet ist. Dieses „soziale Immunsystem" aktiviert gewissermaßen, vergleichbar mit dem biologischen Immunsystem, Abwehrmöglichkeiten gegenüber destruierenden Tendenzen. Damit tritt die Tragweite der Sozialstrukturen im Sinne eines sozialen Beziehungsgeflechts oder -netzes, in das eingebunden der einzelne lebt, besonders deutlich hervor.

Einige Netzwerkforscher weisen nicht nur darauf hin, daß die Primärgruppe Familie die größte affektive Beziehung des Individuums darstellt und es von dieser ebenfalls die größte psychosoziale Unterstützung erfährt, sondern daß insbesondere die Netzwerke von psychiatrischen Patienten dazu tendieren, kleiner zu sein als die nichtpsychiatrischer Patienten (vgl. Anderson et al. 1984),. Diese Feststellungen führen sie zu der Annahme, daß Schizophrene mit komplexeren und weiteren Netzwerken einer geringeren Gefahr unterlägen, rückfällig zu werden (vgl. Tolsdorf, 1976; Henderson, 1977; Sokolovsky et al., 1978). Hierbei ist die Frage zu stellen, inwieweit die Größe des sozialen Netzes tatsächlich für den Kranken selbst von Bedeutung oder ob diese nicht vielmehr für die übrigen Familienmitglieder von Relevanz ist. Sie, die unmittelbar und beständig mit dem psychisch Kranken konfrontiert leben, bedürfen womöglich viel intensiverer Unterstützungsmöglichkeiten, als bisher ausgemacht. Nicht nur Zuwendung, Toleranz und Interesse für ihre familiale Situation, sondern auch die Möglichkeit der Ablenkung und der beibehaltenen Integration in bislang innegehabten Betätigungsfeldern – etwa in Vereinen – tragen zu ihrer Stabilisierung bei. Erst dieser Hintergrund oder das Wissen um die vorhandenen Möglichkeiten gewährleisten der

Familie über einen unbefristeten Zeitraum, die Strapazen hinsichtlich der Schwierigkeiten des Umgangs mit einem psychisch instabilen Kind und der damit einhergehenden Frustrationen und Irritationen relativ unbeschadet zu überstehen. Sie stellen die eigentlichen Ressourcen dar, auf die sich die Familien während ihrer Krisenzeit zu verlassen haben und auf die sie zurückgreifen. Mitzubedenken ist dabei immer, daß das Auftreten einer psychischen Krankheit mit Gefühlen wie Angst, Scham und Peinlichkeit verbunden sein kann, die eine Distanzierung und eine Isolation von der Außenwelt zu Folge haben und damit den weiteren Zugang zu (externen) Ressourcen unterbinden können.

Berücksichtigt wurde bisher, daß sowohl das Krankheitsaufkommen und die Krankheitsdauer als auch die Besonderheit und Qualität, speziell einer manisch-depressiven Krankheit, hohe Ansprüche an das familiale Umfeld stellen. Inkonsistente Verhaltensweisen des direkt Betroffenen, die Unmöglichkeit einer sinnstiftenden Kommunikationsbegegnung mit ihm wie die prozessual wechselseitig verlaufenden Distanzierungen und chaotisch anmutenden zwischenmenschlichen Kontaktaufnahmen erschweren die Aufrechterhaltung der Beziehung. Dabei kann es dazu kommen, daß bisher bestehende soziale Bindungen aufgrund des nicht nur antizipierten stigmatisierenden Effektes seitens der Familienangehörigen entweder gar nicht beansprucht oder aber erhaltene Hilfsangebote als inadäquat zurückgewiesen werden. Und schließlich kann die manisch-depressive Erkrankung eines Familienmitglieds und das daran geknüpfte Problemfeld sogar zur vollständigen Auflösung von Bindungen zwischen der Familie, ihrem Bekannten- und Verwandtenkreis sowie dem übrigen Beziehungsumfeld führen. Die Folgen sind Rückzug und Isolation und einhergehend damit eine Minimierung von Ressourcenkapazitäten.

6　Zielsetzung und theoretischer Hintergrund der vorliegenden empirischen Untersuchung

Da die Zyklothymie eine temporäre Erkrankung darstellt, eine Wiederherstellung mit gewissen Einschränkungen möglich und absehbar ist und der Erkrankte wie auch seine Familie sich an viele Episoden des Krankheitsverlaufes erinnern können, empfiehlt es sich, den subjektiven Erfahrungsschatz der Patientenfamilien zu ermitteln und ihre Beobachtungen, Erlebnisse und Kenntnisse aufzuzeigen, die sie im Laufe der Auseinandersetzung mit der Krankheit gewonnen haben. Denn Krankheit erweist sich sowohl als ein individuelles, ein familiales und auch als ein gesellschaftlich bedeutungsvolles Phänomen, welches seine Bedeutung nicht erst dann erlangt, wenn es zu einem medizinischen Tatbestand geworden ist. Im folgenden geht es deshalb nicht um die persönliche Befindlichkeit des psychisch Kranken, seine individuelle Anschauung und Erfahrung mit der Krankheit, als vielmehr darum, wie die Patientenfamilie insgesamt – insbesondere die Eltern – den Beginn und den Ausbruch der psychischen Erkrankung erlebt und wie sie darauf reagiert hat. Es lassen sich drei Vermutungen über die zu erwartende Homogenität oder Heterogenität der Familien untereinander und den Umgang mit ihrem manisch-depressiven Angehörigen aufstellen:

1. Alle Patientenfamilien verhalten sich in der alltäglichen Auseinandersetzung mit ihrem manisch-depressiven Kind gleich oder zumindest sehr ähnlich.

2. Die Familien unterscheiden sich in ihrem Verhalten sehr deutlich voneinander, so daß keine oder nur sehr geringe Übereinstimmungen unter ihnen auszumachen sind.

3. Die befragten Familien unterscheiden sich zwar in Details ihrer Copingmaßnahmen wie auch in der Art und Weise ihrer weiteren Entwicklung, doch lassen sich für sie verbindende und damit typische Merkmale auffinden, so daß sie in Gruppen zusammengefaßt werden können.

Um Aussagen über die Effektivität der eingesetzten Handlungsarrangements treffen zu können, ist es notwendig zu analysieren, welche Mittel im Umgang mit dem erkrankten Angehörigen zum Einsatz gebracht werden und welche Ressourcen den Familien zur Verfügung stehen.

Beabsichtigt ist daher, die Eltern der Erkrankten, deren Sichtweise, Erfahrungen und Meinungen über diese spezielle Form einer psychischen Störung wie auch deren Bewältigungsversuche in den Mittelpunkt der Betrachtung zu stellen. „Coping mechanisms" oder „Bewältigungsmaßnahmen", die von den Patienteneltern eingeleitet werden, sollen in einer eigenen Untersuchung anhand eines Samples von 16 Patientenfamilien mit einem manisch-depressiven Angehörigen aufgezeigt werden. Es werden die spezifischen innerfamilialen Situationen dargestellt, die sich durch die psychische Erkrankung eines Familienmitglieds – nämlich des erwachsenen Kindes – für die gesamte Familie ergeben. Insofern empfehlen sich folgende Fragestellungen:

– Auf welche Veränderungen, die vermutlich nicht plötzlich über die Herkunftsfamilie hereinbrechen, sondern sukzessive ihren Verlauf nehmen, gilt es seitens der Familie zu reagieren? Oder aber ist ein plötzlicher Vorfall ausschlaggebend für Veränderungen innerhalb der Familie verantwortlich zu machen?

– Wann wird das Familienmitglied als krank identifiziert? Was muß vorgefallen sein, um zu dieser Erkenntnis zu gelangen? Ist dies durch einen besonders gravierenden Vorfall oder durch viele „Kleinigkeiten" gekennzeichnet?

– Wie reagieren die Patienteneltern auf die Verhaltensänderungen eines ihrer Familienmitglieder, und welche Maßnahmen schließen sich daran an?

– Welche bisher gewohnten Alltagsroutinen müssen aufgegeben oder durch neue ersetzt werden, und wie sehen dieselben aus?

– Sind die Aufgabenfunktionen des auffälligen Familienmitglieds eingeschränkt, und (wie) werden sie von den anderen Familienmitgliedern wahrgenommen und eventuell mitübernommen?

– Was muß geschehen, bis sich einzelne Familienmitglieder oder die Familie insgesamt um professionelle Hilfe bemühen? Wann erfolgt der Umschlag, die eigenen Bewältigungsbemühungen aufzugeben und sich an psychiatrische (oder andere) Institutionen zu wenden?

– Ist der Betroffene nach Meinung seiner Angehörigen dauerhaft krank oder nur dann, wenn er seine manisch-depressiven Phasen durchläuft? Und woran wird das für die Patienteneltern erkennbar?

– Wie weit ist der Toleranzspielraum innerhalb der einzelnen Familien gesteckt, und von welchen Kriterien ist es abhängig, den identifizierten Kranken in seinem Zustand zu akzeptieren und seine Unfähigkeit zur Rollenerfüllung hinzunehmen?

– Lassen sich Veränderungen der einzelnen Familienmitglieder in ihrem Verhalten bezüglich des erkrankten Angehörigen konstatieren, und wie sehen sie aus?

– Welche subtilen Verschiebungen finden innerhalb des Familiengefüges statt, und wie verändern sich die Positionen der Familienmitglieder untereinander?

Das Tückische an der Manie sind die oftmals krankheitsuntypischen Symptome (Hyperaktivität, positive Grundstimmung), die zunächst nicht unbedingt zu einer subjektiven Belastung führen. Besonders während der manischen Krankheitsphase schwindet nicht, wie sonst angenommen, das Interesse am Protest (vgl. Spazier & Bopp, 1973); das Gegenteil ist eher der Fall und läßt es daher interessant erscheinen, gerade anhand von manisch-depressiv Erkrankten den Begriff von Krankheit neu zu beschreiben und die sich daraus für die Familien ergebenden Inhalte herauszuarbeiten. Für Familien mit einem Manisch-Depressiven könnte zutreffen, was Twaddle (1972) schreibt:

„Die kranke Person kann als verantwortlich für ihren Zustand definiert werden, wenn dessen Fortdauer als Ergebnis ihrer mangelnden Motivation zur Genesung betrachtet wird. Unter dieser Voraussetzung darf die Legitimität ihrer Befreiung von normalen Verpflichtungen aufgehoben werden" (S. 168, Übers. Th. R.).

Die Folgen, daß nämlich der Kranke dem antizipierten Rollenverständnis seitens seiner Familie nicht entspricht, er sich nicht so verhält, wie es seine Familie von ihm erwartet, könnten diese dazu veranlassen, sich über den Kranken hinweg mit Institutionen und Organisationen in Verbindung zu setzen, von denen sie sich in ihrer Hilflosigkeit Unterstützung erhoffen. Hieran schließen sich weitere Fragen an: Gibt es solche Einrichtungen überhaupt, an die sich die Familien mit der Bitte um Hilfe wenden können? – Wann erfolgt dieser Umschlag der Familien und damit die Hinwendung zu institutionellen Hilfseinrichtungen? – Korreliert dies möglicherweise mit der Schwere, Häufigkeit und der Dauer von Normverletzungen, die von dem auffälligen Angehörigen ausgehen? – Doch was heißt das im einzelnen? – Und welche Zwischenhilfsgruppen (Hausarzt, Freunde, Verwandte) sind vorher eingeschaltet worden? – Sind darüber hinaus vielleicht eventuelle Übereinstimmungen oder aber Unterschiede zwischen den Patientenfamilien auszumachen, und worin begründen sie sich? – Sind die Vorgehensweisen und Kriterien zur Bewältigung der neuen Situation abhängig von Struktur und Dynamik der Familienbeziehungen und den zur Verfügung stehenden Ressourcen?

Davon ausgehend, daß sich mit der Erkrankung eines Familienmitgliedes die Familiensituation insgesamt verändert, stellen sich drei Aufgabenschwerpunkte, die es sowohl mittels eines teilstandardisierten Fragenkatalogs zu eruieren, geordnet darzustellen als auch deskriptiv-analytisch zu kommentieren gilt. Diese Themenkomplexe sind:

I. Welche ersten auffälligen Anzeichen der Veränderung sind zunächst an dem später als krank identifizierten Familienmitglied festgestellt worden?

II. Inwieweit werden von den betroffenen Familien Maßnahmen eingeleitet, um auf die veränderte Situation innerhalb der Familie zu reagieren? Wie sehen diese Maßnahmen aus, und wer – außer der Kernfamilie – ist daran noch beteiligt?

III. Ferner sollen die von den Betroffenen mitgeteilten Eindrücke und die eventuell existierende Kritik an der bestehenden Versorgungslage psychisch Kranker und ihrer Familien aufgezeigt werden, um zu verdeutlichen, inwieweit Korrekturen zum bisher vorwiegend familial kustodialen Konzept notwendig erscheinen.

6.1   Zur Auswahl des Samples

Ziel war es, eine empirische Untersuchung über die Bewältigungsbemühungen von Familien mit manisch-depressiv erkrankten erwachsenen Kindern durchzuführen. Dabei sollte mindestens ein Elternteil über seine Erlebnisse im Umgang mit seinem manisch-depressiven (International Classification of Deseases 9 [ICD 9] NR. 296.2 - 296.6) Kind und die sich daran anschließenden Erfahrungen mit der es umgebenden Lebenswelt und den psychiatrischen Institutionen befragt werden. Der Umstand, daß die Universitätspsychiatrie im Gegensatz zu dem Göttinger Landeskrankenhaus über eine nicht so umfangreiche Patientenzahl verfügt, war mit ausschlaggebend dafür, daß schließlich die relativ geringe Zahl von 16 Patientenfamilien interviewt werden konnte. Die eingrenzenden Kategorien zur Vorauswahl des Samples (manisch-depressiv, nicht vor 1950 geboren, Eltern noch lebend) bedingten gleichfalls seinen Umfang. Da aus juristischen Gründen zunächst die ehemaligen Patienten/Patientinnen angeschrieben wurden, um deren Einverständnis zu einer Befragung ihrer Eltern einzuholen, sind – wie aus den Rückantworten ersichtlich – verschiedene Gründe dafür verantwortlich zu machen, warum sich die Annäherung an die Eltern als schwierig und zum Teil als nicht möglich erwies:
Der Kontakt zu den Eltern war seitens der erwachsenen Kinder (Patienten) abgebrochen worden.
Die Eltern waren verstorben oder lebten in einem Altenheim und wurden von ihren Kindern für ein Interview als „zu weltfremd“, „zu alt“, „dafür zu unbelastbar“ beschrieben.
Die Eltern wohnten zu weit von Göttingen entfernt (Nordrhein-Westfalen, Hessen, Bodensee, Ausland).
Die Eltern waren nach Auskunft der Patienten nicht zu einem Interview bereit.
Ehemalige Patienten lehnten entweder eine Befragung ihrer Eltern ohne Begründung ab, oder sie erwarteten für sich keinen Vorteil durch ein Interview.
In einem Fall äußerte eine ehemalige Patientin ihren Unmut darüber, daß in dem an sie gerichteten Brief die Formulierung „psychisch Kranke“ vorkam und sie sich als solche nicht verstand. Dies war Grund genug, die Interviewerlaubnis nicht zu erteilen.

In einem anderen Fall kam das Interview trotz schriftlicher Zusage nicht zustande, weil der ehemalige Patient bei einer telefonischen Rückfrage seine schriftliche Zusage widerrief.

Ein weiterer Patient bemerkte schriftlich, daß er schon einmal „während [seines] letzten Aufenthaltes in der Nervenklinik (...) für eine derartige Befragung (...) benutzt [worden sei und] daß derartige Befragungen nicht dazu beitragen, [seinen] Gesundheitszustand zu bessern".

6.2   Methodik

Zunächst wurden drei Themenkomplexe entwickelt (vgl. Kap. 6), die zusammen ca. 100 Fragen mit folgenden Themenschwerpunkten enthielten:

(A) Allgemeine Fragen (Größe der Familie, Alter der Familienmitglieder, Beruf etc.).

(B) Einleitende Fragestellungen nach dem Beginn von auffälligen Anzeichen und Verhaltensweisen des später als krank (manisch-depressiv) identifizierten erwachsenen Kindes.

(C) Reaktionsweisen der einzelnen Familienmitglieder, der Verwandtschaft, der Freunde, Nachbarn, Arbeitskollegen, des sonstigen Umfeldes und die Interaktion der Familien mit diesen Gruppen.

(D) Fragen nach eingeleiteten Hilfsmaßnahmen und Ressourcen. (Wie sah die Selbsthilfe aus? Was empfahl der Hausarzt? Welche Behörden und/oder Institutionen wurden aufgesucht?)

(E) Erfahrung mit den Institutionen, dem klinischen Personal (Ärzte, Pfleger etc.) und mit der Krankheit des Familienmitglieds.

(F) Fragen nach der Zukunft (Perspektiven, Hoffnungen, Wünsche). (Wie wird es weitergehen? Wie wird sich die Familie gemeinsam mit dem Erkrankten darauf einstellen?)

Anhand dieser Themenschwerpunkte und der ihnen zugrundeliegenden Fragen wurde an zwei Familien aus dem Verein der Angehörigen psychisch Kranker e.V., Göttingen, ein Pretest vorgenommen. Nach ihrem Einverständnis wurden die Familien zu Hause aufgesucht und ca. 1 1/2 Std. interviewt. Es liegen dazu zwei Bandkassetten vor, die nicht verschriftet wurden. Beide Pretests waren dazu bestimmt, Interviewerfehler auszuschließen, Aufschluß über die Eignung der zentralen Leitfragen und ihrer Anordnung im Fragenkatalog zu geben, gleichzeitig das Setting zeitlich einzugrenzen und die Vorgehensweise des Interviewers zu routinisieren.

Danach wurden insgesamt 83 ehemalige Patienten/Patientinnen aus den Patientenlisten (1986-1991) angeschrieben, die mindestens einmal stationär in der Universitätspsychiatrie Göttingen mit der Diagnose Manisch-Depressiv bzw. Zyklothymie (ICD 9, NR. 296.2 - 296.6) aufgenommen worden waren und nicht vor 1950 geboren worden sind. Die Beschränkung des Patientenalters sollte sicherstellen, daß einerseits die Eltern noch am Leben waren, andererseits der Zeitraum der Ersterkrankung nicht zu lange zurücklag und davon ausgegangen werden konnte, daß das Erinnerungsvermögen an die ersten Vorkommnisse und Eindrücke möglichst vollständig erhalten war.

Der an die ehemaligen Patienten geschickte Brief umfaßte zwei Seiten und enthielt einen frankierten Rückumschlag. In dem Schreiben bat der Interviewer die ehemaligen Patienten um das Einverständnis, ihre Patienteneltern über ihre Erfahrungen im Umgang mit der Krankheit befragen zu dürfen.

Intendiert war ein teilstandardisiertes Interview mit den Eltern; allerdings wurde ein Gespräch mit dem/der ehemaligen Patienten/Patientin nicht von vornherein ausgeschlossen, um nicht den Eindruck entstehen zu lassen, die Eltern über die ehemals und zum Teil noch immer Erkrankten ausfragen zu wollen.

Nach Erhalt der Antwortbriefe und der darin ausgewiesenen Interviewerlaubnis setzte sich der Interviewer mit den Angehörigen in Verbindung und vereinbarte jeweils einen Interviewtermin. Oft konnte nur ein Elternteil befragt werden, entweder weil der Partner verstorben, geschieden, erkrankt oder nicht daran interessiert war, Auskunft zu erteilen.

Den Angehörigen wurde es freigestellt, wo sie interviewt werden wollten. Von den 23 geführten Interviews (View 5, bei denen die Patienteneltern gemeinsam interviewt wurden, ist als ein Interview gezählt worden.) fanden 15 in der Wohnung der Eltern statt, die anderen 8 in der Abteilung für Medizinische Soziologie der Universität Göttingen. Da die Interviews aufgrund ihrer Thematik die Angehörigen immer wieder emotional erschütterten, hinterließ der Interviewer nach Beendigung des Interviews seine Telefonnummer, um für eventuelle Fragen, die durch die Interviewsituation provoziert worden sein könnten, verfügbar zu sein. Von diesem Angebot wurde viermal seitens der Angehörigen Gebrauch gemacht und zweimal von ehemaligen Patientinnen.

Die Geschlechterverteilung der angeschriebenen (83) ehemaligen Patienten/Patientinnen (41 Männer, 42 Frauen) war durch die verfügbaren Patientenlisten vorgegeben. Das Durchschnittsalter der interviewten Patienteneltern betrug 54 Jahre, das ihrer ehemals erkrankten Kinder zum Zeitpunkt des Interviews 27 Jahre.

12 Briefe kamen ungeöffnet mit dem Vermerk „Zurück an Absender" oder „Adresse falsch" zurück, so daß noch 71 Briefe ausstanden. Davon waren 35 rückläufig, 9 Briefe enthielten eine Interviewabsage, 26 Briefe eine Zusage. 10 Zusagen konnten aufgrund der im Vorfeld eingegrenzten Bedingungen (nicht weiter als 50 km von Göttingen entfernt lebend) nicht einbezogen werden, 16 konnten berücksichtigt werden.

Von den 16 interviewten Patientenfamilien waren 12 mit ihrem Ehepartner verheiratet (View 1, 3, 4, 5, 7, 8, 9, 11, 12, 14, 15, 16), zwei geschieden (View 2, 13) und bei zwei Familien (View 6, 10) war der Ehepartner gestorben.

Im ganzen wurden 23 Interviews mit 15 Müttern und acht Vätern, davon sieben Elternpaare, bei einer durchschnittlichen Interviewdauer von 2 Stunden und 15 Minuten durchgeführt.

Einmal (View 1) wurde neben der Mutter auch die Schwester der Erkrankten interviewt, weil sie während eines gewissen Zeitraumes mit ihr zusammen wohnte und den Anfang der Erkrankung miterlebt hatte.

Bei einem Interview (View 15), bei dem nur mit der Ehefrau ein Gespräch verabredet worden war, hielt sich deren Ehemann während 2/3 der Interviewzeit ebenfalls im selben Zimmer auf.

In einem anderen Fall (View 5) bestanden die Ehepartner darauf, gemeinsam interviewt zu werden; ansonsten wurden alle Personen einzeln interviewt.

Ein Interviewteilnehmer (View 3) bestand darauf, die Bandkassette nach der Verschriftung zu erhalten.

Des öfteren wurden verabredete Termine aufgrund persönlicher und beruflicher Vorkommnisse verschoben, so daß sich die Realisierung eines Interviews oftmals äußerst schwierig und sehr langwierig (3-6 Monate) gestaltete.

Nach jedem Interview und noch vor der Tonbandverschriftung ist zusätzlich ein Gedächtnisprotokoll angefertigt worden, das die subjektiven Empfindungen, Beobachtungen und Eindrücke des Interviewers bezüglich der Interviewatmosphäre wiedergibt.

Die gesamten Interviews umfassen 35 Bandkassetten mit einer Spieldauer von je 90 Minuten. Bei der vom Interviewer später genauestens durchgeführten Verschriftung konnte paralinguistisches Verhalten (Husten, Lachen, Weinen, Seufzen etc.) nicht oder nur teilweise, in Parenthese vermerkt, festgehalten und berücksichtigt werden.

Es liegen ca. 1200 protokollierte Seiten vor. Von diesen wurden Passagen (ca. 750 Seiten) exzerpiert, die sich auf die wesentlichen Aussagen zu den Erfahrungen und dem Umgang mit der manisch-depressiven Krankheit beziehen. Diese Aussagen der Patientenfamilien wurden insgesamt 22 Kategorien – wie beispielsweise den Erfahrungen mit den *Ärzten*, der psychiatrischen *Institution* überhaupt, den Erfahrungen mit den *Medikamenten* und ihren *Wirkungen*, mit der *Verwandtschaft*, dem *Ehepartner*, den ins *Vertrauen gezogenen Personen* und den eingeleiteten *Bewältigungsbemühungen*, den *Ressourcen* wie Geld, Zeit, Information, Freizeitverhalten etc. – zugeordnet.

7 Ausbruch der Krankheit und frühes Coping

Mit der Coping-Forschung hat sich zunehmend die Erkenntnis durchgesetzt, daß der Verlauf einer psychischen Krankheit neben ihrer Art und Intensität gleichermaßen dadurch bestimmt wird, welche Möglichkeiten der Bewältigung seitens des Kranken selbst, aber auch dessen Familienumfelds zur Verfügung stehen. Es bietet sich daher an, neben den Bewältigungsvorgängen des einzelnen auch das ihn umgebende Beziehungsgeflecht von Angehörigen, Bekannten und Freunden in den Blickpunkt zu rücken. Insbesondere die Kernfamilie eines manisch-depressiven Kranken wird im Vorfeld der klinisch-psychiatrischen Kontaktaufnahme Reaktionen zeigen und Maßnahmen ergreifen, um die Störungen und Belastungen einzugrenzen. Diese eingesetzten Mechanismen und angewandten Bemühungen gilt es näher zu beleuchten, um so die möglicherweise typischen Probleme und Schwierigkeiten der Angehörigen hinsichtlich ihrer Bewältigungsversuche und die eventuellen Gründe ihres Scheiterns transparent werden zu lassen. Wie diese Maßnahmen aussehen, inwieweit die angewandten Bewältigungsversuche überhaupt Erfolge zeigen und sich als sinnvoll erweisen, ist womöglich nicht zuletzt davon abhängig, welche Hilfsquellen den Familien zur Verfügung stehen.

Diese Formen subjektiver (individueller) und kollektiver (familialer) Copingprozesse stellen vermutlich kein geradliniges Reaktionsmuster dar. Vielmehr ist anzunehmen, daß die ersten Handlungen der Familienmitglieder von spontanen Reaktionsabläufen geprägt sind, um eine Reduzierung und Eingrenzung auffälliger Verhaltensweisen zu erreichen. Die dabei zur Anwendung gebrachten Mittel dürften vorwiegend irrational bestimmt sein.

Mit ihren Reaktionen verweisen die Familien auf die ihnen zur Verfügung stehenden Möglichkeiten der Bewältigung, ihre Ressourcen, wobei diese wiederum beeinflußt sein dürften von dem Stärkegrad des Krankheitsbildes, dem situativen Kontext und dem spezifischen sozial-ökonomischen Familienhintergrund. Inwieweit diese von den Familien angewandten Mittel sich untereinander gleichen, ähneln oder aber unterscheiden und welche Erklärungsmöglichkeiten sich hierfür anbieten, gilt es vor dem Hintergrund klinisch-psychiatrischer Versorgungsmaßnahmen zu eruieren. Dabei stellen besonders die subjektiv geäußerten Empfindungen der Eltern die Grundlage für die Rekonstruktion der familialen Situation dar.

7.1 Erste Anzeichen einer Störung und erste Bewältigungsversuche

Im folgenden werden die ersten Anzeichen eines veränderten Verhaltens der designierten Patienten näher dargestellt. Da diese Verhaltensänderungen bisherige Gewohnheiten des Familienalltags in Frage stellen, zudem über einen längeren Zeitraum andauern und gleichzeitig große Störungen verursachen, ist anzunehmen, daß die Familien bemüht sein werden, sie abzumildern. Wie und mit welchen Mitteln das geschieht, gilt es aufzuzeigen. Gleichzeitig geben die dabei angewandten Gegenmaßnahmen einen Eindruck davon, über welche Möglichkeiten und über welche Kapazitäten oder Ressourcen die Familien verfügen.

7.1.1 Die ersten Auffälligkeitsanzeichen und Reaktionen

Erste störende und damit auffallende Merkmale werden zwar von den meisten Familien wahrgenommen, aber nicht als ein Krankheitsanzeichen identifiziert. Äußerungen wie die folgenden: „Ich nahm das nicht weiter ernst." – „Manchmal etwas eigenartig, aber wer ist das nicht?" – „Wir haben dem keine Bedeutung zugemessen." – stehen stellvertretend dafür. Sogar die zum Teil recht konkreten Hinweise der Lehrer führen vorerst nicht dazu, Handlungen einzuleiten, um sich den beginnenden Problemen zu stellen: Sie werden verharmlost, nicht verstanden, ignoriert oder gar nicht erkannt.

M: *„Auffällig wurde sie das erste Mal schon in der Grundschule, und zwar die Lehrerin rief mich an und sagte: 'K. lernt sehr schwer.' [Später[1]] rief mich die Lehrerin an. 'Frau L., mit K. stimmt irgendwas nicht. Die sitzt immer und träumt, ist total abwesend, ist nicht beim Unterricht.' Dann, Anfang Dezember, rief mich die Lehrerin wieder an und sagte: 'Frau L., es hat keinen Zweck, K. noch weiter auf der Schule zu lassen, sie schafft die Praxis nicht.'"* (View 11)

V: *„Bekamen wir mal einen Brief. Das war der Klassenlehrer. Und der hatte uns gebeten, wir möchten doch mal was unternehmen; mit unserer Tochter würde was nicht stimmen. Da haben wir nur gesagt: 'Mein Gott, was meint er damit.' Eigentlich, sie ist sauber, ordentlich hier, macht ihre Schulaufgaben. Sie war offenbar sehr gut in der Schule, und da haben wir uns gewundert, was soll das bloß?"* (View 9A)[2]

Die Auffälligkeiten des Angehörigen, vor allem in seiner exaltierten und später als manisch bezeichneten Phase, tragen wesentlich dazu bei, daß sich das Verhältnis zwischen den Familienmitgliedern verschlechtert. Ruhestörungen durch lautes Musikhö-

---

[1]Die durch eckige Klammern kenntlich gemachten Äußerungen innerhalb der Angehörigenzitate stellen nachträglich hinzugefügte und zum Verständnis beitragende Komplettierungen dar. Runde Klammern deuten auf Pausen, Auslassungen oder plötzlich abgebrochene Sätze hin.

[2]Alle Äußerungen der Patientenfamilien (N=16) werden mit View 1-16 gekennzeichnet. Der Buchstabe A hinter der Kennummer (View 2A, 3A, 8A, 9A, 12A, 13A, 14A) kennzeichnet den Patientenvater. Eine Ausnahme stellt View 1A dar; hierbei handelt es sich um eine Schwester der Patientin.

ren, Rastlosigkeit und Umtriebigkeit bei Tag und Nacht und die Verletzung von bisher eingehaltenen Familienregeln, einhergehend mit seltsam anmutenden Plänen und Ideen, bewirken eine völlige Veränderung und Störung des bisher gewohnten Familienalltags. Vermehrtes aggressives Verhalten wird wahrgenommen, anwachsende Nervosität und Unruhe der Motorik. Der Angehörige wirkt dabei wie „aufgezogen". Dieses Verhalten zieht sich über viele Tage und Wochen hin, wobei die Nachtstunden nicht ausgespart bleiben, so daß sich die Beeinträchtigung auf die gesamte Familie überträgt.

M: *„Die Nächte waren also fürchterlich, weil sie hin- und herlief und dann auch laut Musik anmachte, und alles fühlte sich gestört. Und ich wurde auch immer nervöser, es war nicht mehr auszuhalten."* (View 9)

M: *„Ich schlief ja nachts auch nicht mehr. Ich war ja am Tage auch kaputt, wie ich dann gearbeitet habe. Und war auch immer weich."* (View 10)

M: *„Nachts wollte sie immer rauslaufen, sie war wie verwirrt."* (View 7)

M: *„Sie hat also die ganze Nacht nicht geschlafen. Freitag auf Sonnabend, das ging Sonnabend so weiter, das ging Sonntag so weiter. Wie so aufgezogen war sie."* (View 11)

V: *„Jedenfalls, und dann fing das auch an, sie donnerte in der Gegend rum, kam nachts nach Haus oder kam mal eine Nacht gar nicht nach Haus. Sie ist dann sehr nervös. Nicht nur so innerlich, rein äußerlich sehr nervös. Sucht sie was und ist sehr ungehalten. Sie hat für nichts eine Ruhe."* (View 2A)

In dieser Phase, in der das Familienmitglied unstet, häufig unterwegs, aushäusig und kaum auffindbar ist, sich durch Kaufräusche auszeichnet, sich verschuldet, viele Bekanntschaften macht, sein Äußeres vernachlässigt, dem Arbeitsplatz fernbleibt, seinen Verpflichtungen nicht mehr nachkommt, äußerst reizbar ist und sich aggressiv gegenüber seiner Umwelt verhält, versucht die Familie, verbal auf den Angehörigen und sein Tun einzuwirken. Es wird an ihn appelliert, seinen Verpflichtungen nachzukommen und sich einzugliedern. Kritisch vorgebrachte Maßregelungen können zu einem einseitigen Abbruch der Beziehung zwischen dem Familienmitglied und seiner Kernfamilie führen.

Manchmal wird auch seitens der Patientenfamilie versucht, sich von ihm zu distanzieren und abzuschirmen. Teilweise wird der Kontakt zu dem Familienangehörigen abgebrochen, um sich vor dessen aggressiven Tendenzen und Vorwürfen zu schützen. Letzteres kann nur geschehen, wenn der Angehörige eine eigene Wohnung besitzt. Lebt er hingegen bei den Eltern, so evoziert sein Verhalten gelegentlich Gegenreaktionen, die darin gipfeln, daß Drohungen ausgesprochen werden und körperliche Auseinandersetzungen stattfinden. Die Atmosphäre ist damit zwangsläufig – aufgrund der räumlichen Nähe – einer großen Spannung ausgesetzt.

M: „*Bis das mein Mann mitgekriegt hat, daß sie nun wirklich krank ist, hat sie sicher Schläge bekommen.*" (View 9)

Neben diesen Kennzeichen der Anspannung und Erregtheit sind auch gegenteilige Phasen auszumachen, in denen der zukünftige Patient sich auffallend ruhig, verschlossen und nahezu passiv verhält. Befindet sich das Familienmitglied in einem solchen Zustand, dann distanziert es sich von bisherigen Ansprechpartnern und Tätigkeiten, ist uninteressiert, apathisch und antriebsschwach. Jegliche bisher geleistete Aktivität wird eingestellt und als zu anstrengend empfunden. Der Angehörige klagt, jammert und weint ohne erkennbaren Grund. Alles wirkt auf ihn als zu schwer, als nicht mehr machbar und leistbar. Seine Grundstimmung ist lustlos, traurig, hoffnungslos, grüblerisch und angstbesetzt; jeglicher Elan scheint ihm genommen. Nur noch der Tod stellt sich ihm als vermeintlich einzig gangbarer Ausweg dar.

V: „*Ja, es fing an zu der Zeit, als sie ihr Staatsexamen machen sollte, in dem Sommer. Und zwar damit, daß sie merkwürdig still wurde, viel am Fenster stand und da rausschaute. Und noch weniger Kontakte an sich suchte und hatte und in Unterhaltungen wenig sprach.*" (View 3A)

M: „*Es ging eigentlich damit los, daß sie keine Lust hatte, morgens zur Arbeit zu gehen. Eigentlich keine Lust mehr hatte, irgendwo hinzugehen. Sie war sonst viel unterwegs.*" (View 8)

M: „*Zu Hause war sie eben still. Sie konnte nicht einmal einen Stundenplan schreiben.*" (View 10)

M: „*Und da rief sie an: 'Mutti, Mutti, ich schaffe das nicht mehr. Ich mache nicht weiter und nehme mir das Leben' und alles so ein Kram. Ja, so Gejammere: 'Ich schaffe das nicht.' Sie hat da nichts mehr gegessen. Ist nicht aufgestanden, ist nur im Bett liegengeblieben, [hat] nur gelegen [und sich] eingeschlossen.*" (View 1)

Die Eltern reagieren auf diese Verhaltensäußerungen zunächst sowohl mit beruhigendem, aufbauendem und aufmunterndem Zureden als auch mit Ermahnungen, je nachdem, welche der Phasen sich ausgeprägter darstellt. Die Maßnahmen, die ergriffen werden, um auf das Familienmitglied einzuwirken, besitzen anfänglich appellativen Charakter. Dauern die Phasen jedoch an oder verstärken sie sich und zeigen die eingeleiteten Gegenmaßnahmen keine Wirkung, werden weitere Schritte zur Normalisierung unternommen.

Diese Reaktionsweisen der Eltern bestehen, besonders in der depressiven Phase, darin, dem indisponierten Familienangehörigen die Angst zu nehmen, ihn aufzumuntern, ihn aus seiner Depression mittels wohlgesinnter Angebote herauszuholen und abzulenken. Er wird besucht, „bekocht", „hochgepäppelt", er erhält eine größere Zuwendung, man versucht ihn aufzubauen. Spiele werden mit ihm gespielt, Spaziergänge oder Ausflüge unternommen und tröstende Worte an ihn gerichtet. Allgemein ist man innerhalb der Familien darum bemüht, sich mit ihm in Beziehung zu setzen, und dies ist kaum von der jeweils spezifischen Familiengeschichte, den in den Familien unterschiedlich zur Verfügung stehenden materiellen, intellektuellen und sozialen Hilfsmitteln abhängig. Als Beleg gelten die folgenden Äußerungen:

Sw: *„Ich habe versucht, mit ihr zu reden. Dann hat sie auch gesagt, daß sie echt nicht mehr klar kommt. "* (View 1A)

V: *„Natürlich habe ich versucht, sie aufzuheitern. Habe gesagt: 'Wollen wir zusammen Doppelkopf spielen? Oder wollen wir ins Theater gehen? Oder wollen wir einen Ausflug machen?'"* (View 3A)

M: *„Ich versuchte das mit Worten, und ich habe sie zur Fröhlichkeit animiert, weil sie auch immer so depressiv war. Sie sagte: 'Ich kann mich über nichts freuen.' Die Sonne oder eine Blume oder irgendwas interessierte sie überhaupt nicht. Sie war depressiv und möchte am liebsten sterben. Und dann habe ich das mit Worten versucht. Ich bin mit ihr spazierengegangen, mit ihr in den Garten gegangen, wir haben uns Blumen angeguckt. "* (View 9)

Trotz der fürsorglichen Zugewandtheit während der depressiven Phasen treten zumeist keine gravierenden Verbesserungen der Befindlichkeit des designierten Patienten ein. Die Familien müssen feststellen, daß ihre Möglichkeiten der Einflußnahme ins Leere zielen, in welcher Phase das Familienmitglied sich auch befinden mag. Die daraus erwachsenden Anspannungen wirken sich innerhalb der Familie zunehmend belastend aus, die Umgangsformen verschärfen sich, und die gesamte Atmosphäre ist gestört. Unerklärliche und nicht nachvollziehbare Verhaltensweisen schockieren die Familienmitglieder und mehren die Ängste, aber auch die Aggressionen untereinander, wie folgende Beispiele zeigen:

V: *„Sie liest nicht, sie hat keine Hobbys, sie hilft nicht im Haushalt, liegt breit und bräsig auf dem Sofa und kann noch nicht einmal konsumieren. Das Fernsehen rauscht über [sie] hin, und das sind alles Provokationen, die im Laufe der Zeit sich so verselbständigen, daß sie also ein Familienleben überhaupt nicht mehr möglich machen. Darunter litt die Schwester insbesondere auch, weil sie eben feststellte, wir haken uns ständig, es wurde relativ wenig gesprochen. "* (View 8A)

M: *„Dann auf einmal hörte ich, wie sie sich mit diesem A. unterhielt. Da merkte ich, die hört Stimmen. Ich sagte zu meinem Mann: 'Nun horch dir das doch mal an. Ich kriege einen Herzinfarkt. Das Mädchen hat einen Schock.' Und das wurde dann immer schlimmer. Da sitzt sie in ihrem Zimmer, Oberteil von ihrem Schlafanzug aus, sitzt und malt Blumen. Sie hat also im Bett alles verteilt. Das Fenster sperrangelweit (...) mitten in der Nacht (...). Karfreitag kriegten wir Besuch, und da hat sie was ganz Merkwürdiges gemacht. Sie stand morgens im Bad, sie hat nun wunderschönes dickes Haar, und da hat sie hier so vorne eine Strähne geschnappt und total abgeschnitten. Da standen nur so zwei Zentimeter die Haare weg, und da redete sie so furchtbar viel. "* (View 11)

Es schließen sich weitere Beschreibungen von Auffälligkeitsmerkmalen hinsichtlich eines veränderten Verhaltens an.

Ein Familienmitglied will einen Weltrekord im Wachbleiben aufstellen und vollbringt es, mehrere Tage hintereinander nicht zu schlafen (View 11). Ein anderes wiederum verläßt frühmorgens das elterliche Haus, um wochenlang durch Wälder zu streifen, bis es schließlich in völlig verwahrlostem Zustand von der Polizei aufgegriffen wird (View 4). Das eigene Äußere wird auffällig vernachlässigt und/oder durch kuriose Accessoires verändert (View 1, 9, 13). Es werden viele, zum Teil sehr kostspielige Taxifahrten (View 2) unternommen. Aktivitäten werden eingeleitet, um eine vermeintliche Erfindung beim Patentamt anzumelden (View 4). Versammlungen werden einberufen, rauschende Feste organisiert, Einkäufe kleineren wie auch größeren Stils bis hin zu mehrfachen Autokäufen getätigt (View 3) oder aber Gegenstände und Kleider aus Kaufhäusern gestohlen (View 1). Darlehen werden aufgenommen, Konten geplündert, Rechnungen nicht bezahlt. Verpflichtungen jeglicher (finanzieller, beruflicher, partnerschaftlicher) Art werden nicht mehr eingehalten (View 12A) und eigene Verschuldungen, wie auch der Familie, billigend in Kauf genommen. Schule (View 10, 13) und Ausbildung (View 8, 11) werden unter- oder abgebrochen. Unbekannte Menschen werden auf der Straße angesprochen, eingeladen, zum Teil belästigt; es wird im Wald, in fremden Autos oder Ruinen übernachtet (View 13). Von Haus zu Haus wird gegangen und kuriose Dienstleistungen werden angeboten (View 4). Es werden Anzeigen bei der Polizei über Tathergänge gestellt, die sich nur in der Phantasie des Angehörigen zugetragen haben; Hotelrechnungen werden nicht bezahlt (View 12), und die eigene Wohnung wird völlig verwüstet (View 3). Lockere promiskuitive Bekanntschaften werden manchmal zu wesentlich älteren Partnern, Drogensüchtigen und Kriminellen eingegangen (View 2, 3, 8, 12, 15). Das Gefühl für Eigenverantwortlichkeit scheint nicht mehr zu existieren. Die gewohnte Ordentlichkeit wird zunehmend vernachlässigt, die Körperhaltung wird eine andere (View 1), und selbst die Handschrift verändert sich (View 2). Das Familienmitglied wirkt in seiner gesamten Art hektisch, unruhig, rastlos, explosiv, aggressiv, sprunghaft und zerrissen.

Neben den allgemeinen Schlafschwierigkeiten, die von allen Angehörigen als auffällig erwähnt werden, stellen sich gleichfalls paranoide Vorstellungen (View 4, 8, 12), olfaktorische Halluzinationen (View 6), iatromanische Tendenzen (View 12) und Angstzustände (View 6, 7, 8, 9) ein; auch redet der Angehörige anders als sonst (View 13). Erwähnt wird ferner, daß der Angehörige über körperliche Beschwerden wie Kopf- und Magenbeschwerden klagt (View 5, 8, 11). Das verhaltensauffällige Familienmitglied fühlt sich nach Darstellung der Eltern in allem total überfordert (View 5, 6, 7, 8). Es wirkt manchmal still, erzählt wenig, macht einen traurigen Eindruck und weint sehr viel (View 4, 5, 6, 7). Selbsttötungsandrohungen und -versuche werden zum Teil mehrfach ausgesprochen bzw. unternommen (View 1, 2, 4, 5, 6, 7, 13, 16) und tragen dazu bei, daß der Familienangehörige zum Hausarzt oder aber in eine Klinik gebracht wird.

Diese vielfältigen Aktivitäten, deren Variationsbreite hier nur angedeutet werden kann, gehen im allgemeinen mit einer kritisch aggressiven Grundstimmung des Angehörigen gegenüber seiner Familie einher, lassen sich von dieser nicht beeinflussen oder korrigieren und strapazieren das gesamte familiäre Klima. Aktionen dieser Art erschrecken und irritieren die Eltern. Sie verstehen das Verhalten ihres Kindes nicht und können sich die plötzlichen Stimmungsumschwünge nicht erklären. Da die Kinder oftmals jegliche Annäherung abweisen, sich zum Teil räumlich dem Zugriff entziehen, stehen die Eltern rat- und machtlos dieser Situation gegenüber. Ihr bisher angewandtes Erziehungskonzept scheitert an der Unzugänglichkeit ihres Angehörigen. Bei manchen entsteht eine vermehrte Entfremdung zwischen der Familie und der auffälligen Person – „das ist doch gar nicht mehr meine Tochter" (View 2) –, die soweit gehen kann, daß einzelne Familienmitglieder es trotz großer emotionaler Qual als sinnvoll erachten, sich von ihrem Angehörigen zu distanzieren. Exemplarisch hierzu die Äußerung eines Vaters:

V: *„Und es war dann so schlimm, wenn wir uns trafen auf der Straße zufällig, dann ging sie auf die andere Straßenseite. Und sie ging an uns vorbei, als ob wir Fremde oder Luft waren. Hat nicht gesprochen mit uns und nichts. Wie gesagt, an diesem Tag, als wir von der Ausstellung kamen, da war ich soweit, daß ich praktisch meine Tochter mir aus dem Herzen riß und sagte: 'Nein, wenn die nichts mehr von mir wissen will, dann kann ich, um selber nicht daran kaputt zu gehen, jetzt einfach auch sagen, dann gibt [es] sie jetzt für mich nicht, solange sie so ist. Du willst nichts von ihr wissen.'"* (View 3A)

Die Eltern können die ausgesprochenen Beleidigungen und permanenten Demütigungen wie auch die Anspannungen, die durch die Art des Verhaltens ihres Kindes ausgelöst werden, nicht mehr aushalten. Hinzu kommt, daß die anderen Familienmitglieder gleichfalls dazu neigen, Überforderungen aufzuweisen, so daß sich die ganze familiale Einheit strapaziert fühlt, insbesondere wenn sich trotz aller Bemühungen und eingeleiteten Gegenmaßnahmen, die teilweise über Wochen und Monate andauern, die skurrilen Aktivitäten des Familienmitglieds nicht verringern. Dabei sind anhaltende Disziplinlosigkeit, Normverletzungen und Inkonsistenz im Verhalten des designierten Patienten die hervorstechendsten Eigenschaften, die von den Patientenfamilien als unangenehm angeführt werden und die Grundlage für ein weiteres Zusammenleben in Frage stellen.

M: *„So auffällig, so komisch. Mit einem Mal nahm sie die Hand und faßte da [in das Essen] rein."* (View 6)

V: *„Ja, jedenfalls übersteigerte Verhaltensweisen auch, daß sie zum Beispiel sich für Hexerei interessierte. Sich völlig wild anzog. Sich Zugang zu einem alten Stadtturm verschaffte und da vierzehn Tage, Tag und Nacht, lebte. Und nachts durch die Stadt strich und alle möglichen seltsamen Dinge anstellte. Und vor allen Dingen Richtung Hexerei. Und eben auch die Leute auf offensichtlich sehr befremdliche Weise ansprach und auf manch einen schimpfte. Manchen eher Zuneigung so offen zeigte, daß sie sich eben belästigt fühlten. Nachts dann probierte, ob Autotüren offenstanden, und sich dann in so ein Auto legte und schlief."* (View 13A)

Diese normverletzenden Verhaltensweisen des Familienmitglieds erweisen sich für die Familie als nicht oder nur sehr gering beeinflußbar. Das hat zur Folge, daß – insbesondere dann, wenn die Verstöße über einen längeren Zeitraum anhalten – die Toleranzschwelle der Eltern überstiegen wird und sie sich nicht mehr befähigt sehen, eigenständig derartigen Störungen in irgendeiner Form beizukommen. Dabei treten zwei typische Verhaltensmuster zutage:

Zum einen distanzieren sich Familienmitglieder – vorwiegend die Geschwister – immer mehr von dem auffälligen Angehörigen und wollen mit den von ihm in der Öffentlichkeit gezeigten Auffälligkeiten nicht in Verbindung gebracht werden. Ferner sind sie bestrebt, sich vor den oftmals aggressiven Tendenzen des Angehörigen und den sich daran anschließenden Beleidigungen zu schützen, indem sie ihm aus dem Weg gehen. Zum anderen wird die Suche nach externen Hilfen eingeleitet, die Erklärungen für das sonderbar anmutende Verhalten geben sollen.

Bevor jedoch auf diese Aspekte näher eingegangen werden kann, sollen zuvor die Familiensituationen von drei Patientenfamilien ausführlicher vorgestellt werden. Im Gegensatz zu dem bisher global deskriptiven Ansatz tragen die nun folgenden kommentierten Beispiele dazu bei, einen Eindruck darüber zu vermitteln, welche ersten auffälligen Anzeichen von den Eltern persönlich wahrgenommen wurden und welche Reaktionen daraufhin erfolgten.

Die Auswahl der Familien fand nicht willkürlich statt, sondern geschah vor dem Hintergrund ähnlicher ökonomischer und psychosozialer Familienverhältnisse. Auch das Alter der Kinder war bei ihrem ersten Psychiatrieaufenthalt nahezu identisch und lag zwischen dem 17. und 19. Lebensjahr.

7.1.1.1 Beispiel I und Kommentar

Familie B. (View 2) ist geschieden. Die Mutter (43) ist Arbeiterin, der Vater (43) Angestellter einer Behörde. Die älteste Tochter M. (23), Hauptschulabschluß, besitzt keine abgeschlossene Berufsausbildung. Sie wechselt sehr häufig ihren Wohnsitz. Mal lebt sie bei der Mutter in der Stadt, dann wieder beim Vater in einer Kleinstadt. Zur Zeit des Interviews wohnt sie mit einem Freund zusammen. Die zweite Tochter ist 15 Jahre alt, Schülerin und wohnt beim Vater.

Familie B. suchte im Zuge einer allgemeinmedizinischen Routineuntersuchung mit ihrer ältesten, damals neunjährigen Tochter den Hausarzt auf und schilderte ihm – quasi nebenbei – auch die Symptomatik des Bettnässens. Es erfolgte eine Überstellung an einen psychiatrischen Facharzt, der nach eingehender Untersuchung der Tochter keine körperlichen Dysfunktionen feststellen konnte und deshalb darauf hinwies, daß möglicherweise die häusliche Gesamtsituation Ursache einer solchen Reaktionsweise des Kindes sei. Darauf erfolgten keine weiteren Maßnahmen. Dem Arzt wurde nicht mitgeteilt, daß zu dieser Zeit akute Probleme zwischen den Ehepartnern bestanden, die sich im Tabletten- und Alkoholmißbrauch der Mutter wie der überwiegenden Abwesenheit und Promiskuität des Vaters niederschlugen. Dieser Zustand zog sich über Jahre hin, bis schließlich die Ehefrau die Trennung von ihrem Mann vollzog. Während dieser Zeit wurde die Tochter von der Mutter nach eigener Auskunft „mit vielem belastet".

M. bezog mit ihrer Mutter eine neue Wohnung, schloß die Schule mit Mühe ab und ging in einer anderen Stadt in die Lehre. Außer einer großen Unselbständigkeit der Tochter in der Kindheit und ihrer Sensibilität, ihrer Scheu gegenüber den Spielkameradinnen und ihrer Enuresis wurden keine besonderen Auffälligkeiten von den Eltern berichtet. Während der Lehrzeit meldete sich die Ausbilderin bei der Mutter und bat um ein Gespräch. Sie erklärte, daß es mit der Tochter so nicht weitergehen könne. Sie treibe sich nur herum, mache ihre Arbeit nicht ordentlich, habe Dinge gestohlen und sei zudem außerordentlich arrogant und aggressiv. Die Entlassung war unvermeidlich.

Es begann eine Odyssee quer durch diverse Tätigkeiten und Aushilfsjobs, die alle im Durchschnitt nach wenigen Wochen aufgegeben wurden. Die Mutter konnte sich den häufigen Stellenwechsel ihrer zwischenzeitlich wieder zu ihr gezogenen Tochter nicht erklären. Sie hingegen behauptete, daß sie an ihren Arbeitsstellen immer belästigt würde und auch einmal von ihrem Chef vergewaltigt worden sei. Die Mutter schenkte ihr keinen Glauben, und der Beschuldigte drohte mit Anzeige. Wieder wurde eine neue Stelle gesucht. Die Appelle der Mutter an ihr Kind, sich besser einzufügen, zeigten keine Wirkung. Während die Mutter ihrer Berufstätigkeit nachging, veränderte sich das Verhalten der Tochter gravierend. Sie kümmerte sich nicht mehr um die Arbeitssuche, vernachlässigte ihr Äußeres auffällig, ließ die Wohnung zu einem „Saustall" verkommen und „trieb sich mit Männern herum". Das Klima zu Hause verschlechterte sich. Schließlich zog M. zu ihrem Vater und dessen Freundin. Nach etwa einem halben Jahr kündigte die Tochter während der Abwesenheit des Vaters der Mutter telefonisch ihre Selbsttötungsabsicht an. Die Mutter holte daraufhin ihre Tochter wieder zu sich nach Hause und ging mit ihr am nächsten Tag zu einem Arzt. („Das ist ja irgendwie ein Alarmzeichen, es muß ja was gemacht werden.") Der wiederum überwies sie an einen Psychiater. Mit Zustimmung von M., sie war damals 19 Jahre alt, erfolgte dann eine Einweisung in das Landeskrankenhaus, die jedoch von dem im nachhinein informierten Vater aufs schärfste mißbilligt wurde.

Der hier zusammengefaßte Zeitraum umfaßt zehn Jahre, vom für die Eltern auffälligen Bettnässen der Tochter (9) bis hin zu ihrer angekündigten Selbsttötungsabsicht (19) und der daraufhin erfolgten Überweisung in eine psychiatrische Klinik. Die familiale Situation ist während dieser Zeit überwiegend gekennzeichnet durch Dissonanzen der Ehepartner untereinander. Familie B. weist Auflösungstendenzen auf. Mit Beginn der Lehre und der Trennung der Eltern häufen sich die Auffälligkeiten der Tochter (16) und ihr unangepaßtes Verhalten. Doch auch nach der Trennung der Ehepartner ist die Mutter vorwiegend mit ihrer eigenen, finanziell und psychisch problematischen Situation beschäftigt und beläßt es bei Appellen und Ermahnungen an ihre Tochter. Erst mit der Androhung eines Suizidversuchs erfährt M. die Zuwendung ihrer Mutter, die in der angekündigten Selbsttötungsabsicht ihrer Tochter ein ernstzunehmendes „Alarmzeichen" sieht.

Es kann festgestellt werden, daß die sich sukzessive anhäufenden Auffälligkeitsmerkmale und Schwierigkeiten – mit Ausnahme einiger Zurechtweisungen – keinerlei Resonanz seitens der Eltern erfahren, da diese vorrangig mit der Problembewältigung ihrer persönlichen Lebenssituation beschäftigt sind. Ihre individuellen und partnerschaftlichen Beziehungsprobleme absorbieren zuviel Kräfte, als daß noch Zeit und Energie für die Belange und Auffälligkeitssymptome ihres ältesten Kindes bliebe. Von daher ist es auch erklärlich, daß zunächst keine näheren Angaben über vorliegende Störungen oder Auffälligkeiten des Kindes gemacht werden, obgleich sie bei genauerer Betrachtung vorgelegen haben.

7.1.1.2 Beispiel II und Kommentar

Familie J. (View 10) bewohnt ein kleines Haus auf dem Dorf und setzt sich zusammen aus der alleinerziehenden, seit siebzehn Jahren verwitweten Mutter (45, Angestellte) und ihren drei Töchtern. Die eine (M., 21, Arzthelferin) arbeitet und wohnt mittlerweile in einer anderen Stadt. Die beiden anderen (20, Lehrling, und 17, Schülerin) leben bei der Mutter.

Die Auffälligkeit der ältesten Tochter begann mit sechzehn Jahren. Sie wollte damals die Schule abbrechen und war außergewöhnlich zurückhaltend gegenüber ihren Mitschülerinnen. Ihre Veränderungen im Benehmen kamen plötzlich, dabei zeigte sie Angst, fühlte sich mit allem überfordert und konnte nachts nicht mehr schlafen. Permanente Selbstzweifel führten dazu, daß schließlich die einfachsten Tätigkeiten nur mit Hilfe und Unterstützung der Mutter verrichtet werden konnten. („Sie konnte nicht einmal einen Stundenplan schreiben.") Die Mutter reagierte darauf mit erhöhter Zuwendung und verschiedenartigen Maßnahmen, die der Tochter Entlastung bringen sollten. Sie ließ sie bei sich schlafen, besorgte ein angeblich gedächtnisstützendes Mittel („Voltax") und unternahm Ausflüge mit ihr, mußte jedoch bald einsehen, daß sie ihr keine Hilfe war und daß sich der Zustand der Tochter weiter verschlechterte. Die Tochter hatte das Gefühl, in der Schule nichts mehr mitzubekommen. („Es zog alles an ihr vorbei.") Während der Nächte weinte sie, schien verzweifelt und suchte Schutz bei der Mutter. Hinzu kamen eine chronische Erkältung, eine seit frühester Kindheit vorliegende asthmatische Störung sowie Bronchitis und andere somatische Beschwerden. Sie waren es schließlich, die Mutter und Tochter eine Ärztin aufsuchen ließen. Da sich nach weiteren Monaten keine Besserung einstellte und die Mutter sich – aufgrund ihres eigenen Schlafdefizits, ihrer Mehrfachbelastung durch Beruf, Hausarbeit und Betreuung einer im Haus lebenden erkrankten Verwandten – überfordert fühlte, wurde ein Nervenarzt konsultiert. Dieser verabreichte zwar der Tochter ein Beruhigungsmedikament, leitete aber keine weitere Behandlung ein. Trotz dieser Maßnahme empfanden sowohl die Mutter als auch die beiden anderen Töchter die Situation zu Hause als nicht mehr tragbar und entschlossen sich entgegen großen Gewissensbissen dazu, eine psychiatrische Klinik aufzusuchen, um eine Einweisung vornehmen zu lassen. Zwischen ersten Auffälligkeitsmerkmalen und Einweisung war indessen nahezu ein Jahr vergangen. („Die anderen beiden, die haben dann auch immer gemeutert und gesagt: 'Mutti, so geht das doch nicht.' Ich hatte für die auch keine Kraft mehr, und arbeiten mußte ich auch. Und hatte auch noch eine Tante hier im Haus, die ich pflegen mußte, und es ging eben nicht mehr. Auch wenn sie mir das nicht vergessen, verzeihen kann, aber es ging nicht anders.")

Auch hier ist die Mutter, trotz größter Bemühungen, nicht in der Lage, das Verhalten ihres Kindes derart zu beeinflussen, daß weitere Störungen ausbleiben. Im Gegensatz zu Beispiel I reagiert die Mutter weniger verbal appellativ auf die Verhaltensänderungen ihrer Tochter, sondern mit erhöhten Zuwendungen und Hilfsangeboten, was sich nicht zuletzt auch durch die Darstellungsform der Störung erklärt. Doch die verwitwete und alleinerziehende Mutter fühlt sich zunehmend überfordert und sieht in der anhaltenden Dauerbelastung keine andere Alternative als die der Überantwortung der Tochter an eine psychiatrische Klinik. Es ist hier, im Gegensatz zu Familie B., nicht ein einzelnes Alarmzeichen dafür verantwortlich zu machen, daß die Klinik aufgesucht wird, sondern die Beständigkeit und Unabsehbarkeit anfallender und nicht mehr zu bewältigender Störpotentiale.

7.1.1.3 Beispiel III und Kommentar

Familie M. (View 13), wohnhaft in einer Kleinstadt, lebte seit 1982 getrennt in einem Haus, bis schließlich 1987 auch eine räumliche Trennung vollzogen wurde. Der Vater (53) ist mittlerer Angestellter und die Mutter (45) selbständig. Die Eltern haben drei Töchter, 20, 18 und 14 Jahre alt. Die älteste Tochter studiert, und die beiden anderen gehen zur Schule. Die mittlere und später erkrankte Tochter U. lebte zunächst bei der Mutter, die beiden anderen beim Vater.

U. war nach Auskunft des Vaters schon seit frühester Kindheit auffällig. („Irgendwie haben wir das Gefühl, sie ist aus der Familie geschlagen. Fanden das aber teilweise auch sehr gut. Weil sie eben von Anfang an sehr viel phantasievoller, gefühlvoller war. Weil sie auch zu verrückten Unternehmungen aufgelegt war. Spontaner war. Wir sind mehr Kopfmenschen, also recht überlegt. Sie war da die Ausnahme in der Familie. Und das ging auch schon, bevor wir das überhaupt mit Krankheit in Verbindung gebracht haben.")
  Der Vater berichtete über allerlei Vorkommnisse, die sich in der Vergangenheit ereignet hatten. Die im nachhinein befragte Mutter bestätigte diese Angaben und fügte hinzu, daß ihre frühreife Tochter immer sehr gefühlsbetont gewesen sei und dadurch auch „komische Leute" kennengelernt habe, die sie teilweise sehr ausgenutzt hätten. Um die Eigenwilligkeit, aber auch Eigenständigkeit ihres Kindes zu untermauern, schilderte sie, daß ihre Tochter schon mit 10 Jahren ohne Einverständnis der Eltern allein im Wald übernachtet habe. Ebenfalls habe sie sehr früh Männerbekanntschaften

gepflegt, unangenehme sexuelle Erfahrungen gemacht und sei schließlich mit 15 Jahren mit einem Drogenhändler zusammengezogen. Nach Ansicht des Vaters habe seine Tochter eine Entwicklungsphase übersprungen. Sie entzog sich vollständig der Einflußnahme ihrer Eltern, so daß sich diese oft vor die Frage nach Einschaltung des Jugendamtes gestellt sahen. Gleichwohl bestand zu den Eltern ein zwar distanziertes, aber weitgehend vertrauensvolles Verhältnis.

Der Vater nahm U. das Versprechen ab, daß sie sich, wenn sie bei ihrem Freund wohnen wolle, ein-, zweimal in der Woche entweder bei der Mutter oder bei ihm melden werde, wofür er ihr zum Ausgleich finanzielle Unterstützung gewährleisten wolle. Dieser Zustand zog sich etwa zwei Jahre hin, ohne daß während dieser Zeit Krankheitsauffälligkeiten oder größere Störungen bemerkt wurden. Schwierigkeiten in der Schule gab es ebenfalls nicht. Nach Auskunft der Mutter ließ sich ihre Tochter während dieser Zeit häufig sehen und berichtete ihr über ihre vielfältigen Aktivitäten, Pläne und Erlebnisse. Zwei Jahre vor dem Abitur stellte die Mutter dann bei ihrer Tochter eine zunehmende Hyperaktivität und Gereiztheit fest, die darin gipfelte, daß sie skurrile Aktionen betrieb und des öfteren von der Polizei nach Hause – zur Mutter – gebracht werden mußte. Allerlei weitere exzessive Ereignisse und ein Rauschmittelabusus veranlaßten die Eltern, gemeinsam mit dem Freund der Tochter und dem hinzugezogenen Hausarzt, sie zu einer Kontaktaufnahme mit der Psychiatrie zu überreden.

Die Familiensituation von Familie M. ist nahezu vergleichbar mit der von Familie B., denn beide Ehepartner leben getrennt voneinander. Doch unterscheiden sie sich neben der Tatsache, daß schon immer ein auffälliges Verhalten der Tochter bei Familie M. registriert worden war, darin, daß hier beide Elternteile – trotz Zerrüttung – gemeinsam und in Absprache miteinander versuchen, helfend und verbessernd Einfluß auf die Verhaltensweisen ihrer Tochter zu nehmen.

7.1.1.4 Zwischenergebnis

Die synoptisch skizzierten Fallbeispiele I-III, die keine Pathographie im klassischen Sinn darstellen, verdeutlichen, daß in allen drei Familien mehr oder weniger unterschiedlich große Beeinträchtigungen (Hypersensibilität, Konzentrationsschwäche, Umtriebigkeit) in der Vergangenheit des Kindes vorgelegen haben. Sie wurden entweder von den Familien selbst wahrgenommen, oder aber die Eltern sind von Lehrern respektive Ausbildern darüber in Kenntnis gesetzt worden. Die Reaktionen darauf fielen unterschiedlich aus, je nachdem, wie nachhaltig die Ausprägungen der Störungen empfunden wurden.

Während die Mutter bei Familie B. (Beispiel I) anfänglich kaum oder mit nur wenigen Gegenmaßnahmen auf die Auffälligkeitsphänomene ihrer Tochter reagierte, wurden bei Familie J. (Beispiel II) fürsorglich unterstützende Hilfsangebote eingeleitet, die zu einer Symptomminimierung der Auffälligkeitsmerkmale verhelfen sollten. Bei

Familie M. (Beispiel III), die schon in jungen Jahren ihres Kindes ungewöhnliche Verhaltensweisen beobachtet hatte, wurden erzieherische Maßnahmen und Vorkehrungen getroffen, die zu ihrer Einschränkung führen sollten.

In den drei Familien erfolgten zumeist Appelle, Ermahnungen, Verbote, Drohungen, aber auch Arztbesuche, Anteilnahme und Schonung, um den Zustand des Betroffenen zu beeinflussen. Von den vereinzelt aufgesuchten medizinischen Fachleuten (Haus- und Nervenarzt) sind keine eindeutigen Befunde hinsichtlich einer somatischen oder psychischen Krankheit erstellt worden. Einzelne Symptome wie Magen-, Kopfschmerzen, Unkonzentriertheit und Bettnässen erwiesen sich als nicht so bedeutungsvoll, als daß daraus eine Langzeittherapie mit Unterstützung professioneller Therapeuten abgeleitet oder legitimiert worden wäre. Die Eltern sahen sich dadurch in ihrer Zuständigkeit und in ihrer verpflichtenden Verantwortung gegenüber ihrem Kind bestärkt. Erst die Zuspitzung extremer Vorfälle, Extravaganzen, Skurrilitäten und angekündigter suizidaler Handlungen nebst der damit einhergehenden Überforderung, auf die krisenhaften Zustände bessernd einzuwirken, veranlaßte alle Familien, eine psychiatrische Klinikeinweisung ihres Kindes herbeizuführen.

Oftmals wird von den Angehörigen nur ein herausragend auffälliges Ereignis geschildert, mit dem sich der Beginn des merkwürdigen Verhaltens ausweitete. Bei genauerer Analyse stellt sich allerdings heraus, daß entgegen den eigenen Bekundungen bei den meisten Familien anfänglich Auffälligkeiten des Kindes vorgelegen haben müssen. Jedoch wurden sie offenbar von den Eltern nicht registriert, so daß sie sich zu der Annahme veranlaßt sahen, das Verhalten ihres Kindes habe sich unerwartet verändert. Eine mögliche Ursache für die fehlende Wahrnehmung erster Merkmale ist unter anderem darin zu vermuten, daß die Eltern während dieser Zeit mit anderen Dingen beschäftigt und abgelenkt waren. Das Übersehen oder Nichterkennen der ersten Auffälligkeiten kann im nachhinein ebenso dazu benutzt werden, die mangelnde Eigeninitiative und die nicht vorhandenen oder erst sehr spät erfolgten Reaktionsweisen zu legitimieren. Zudem lassen sich damit mögliche aufkommende Schuldgefühle kompensieren.

Zum Zweck der Überprüfung dieser Annahmen werden nachfolgend diejenigen Patientenfamilien (Mit Ausnahme der schon dargestellten Familie B (View 2)) einer genaueren Betrachtung unterzogen, die angaben, daß sich die Verhaltensweise ihres Kindes ganz plötzlich verändert habe und keinerlei Störungen oder Auffälligkeiten zuvor registriert worden seien.

7.1.2 Die Patientenfamilien

Anhand von vier Patientenfamilien (View 1/1A, 5, 7, 9/9A) wird aufzuzeigen sein, welche ersten Wahrnehmungen von ihnen bei ihrem Angehörigen gemacht wurden und welche Erklärungen diese Verhaltensweisen nach sich zogen.

Familie A. wohnt in einem Dorf und besteht aus sieben Personen. Frau A. (53), Hausfrau, arbeitet als ungelernte Arbeiterin in verschiedenen Arbeitsbereichen (Fabriken, Gärtnerei, Wäscherei). Der Ehemann (59) ist Handwerker und zeitweise arbeitslos. Beide haben fünf Töchter mit folgenden Berufen: Verkäuferin (33), Arzthelferin (30), Buchbinderin (25), Arzthelferin (23) und Krankenschwester (18). K., die Zweitjüngste, hatte ihren ersten Psychiatrieaufenthalt mit 19 Jahren.

I: *„Und jetzt würde ich gern einmal wissen, wie das alles angefangen hat. Möglichst von Anfang an. Was Ihnen zuerst an ihrem Kind aufgefallen ist."*
M: *„Ja. Und den Abend, das wollte ich sagen, da ist sie an der Wand hochgegangen, wie eine Furie. Das gibt es. Ich konnte sie gar nicht wieder beruhigen."*
I: *„Wie alt war sie da?"*
M: *„Na, acht Jahre vielleicht. Es war Anfang der Schule. Ich weiß es nicht mehr genau. Nun, ich habe das auch gar nicht so wahrgenommen. Weil sie immer schon so ein bißchen pinselig war. Wir haben auch gebaut, und ich habe sie auch – ich mache mir nichts vor – ein bißchen vernachlässigt. Wir haben gebaut. Und da habe ich sie viel als Baby auch alleine lassen müssen, weil ich keinen hatte. Und da bin ich mit arbeiten gegangen bis abends. Da mußte unsere zweite [Tochter] aufpassen, auf die Kleine. Und da hat die auch schon hinter mir hergeschrieen: 'Mutti, bleib hier' und so. Irgendwie brauchte die wohl mehr Liebe wie die anderen, ich weiß es jetzt nicht (...)."*
I: *„Was heißt denn 'so die Wände hochgehen'?"*
M: *„So richtig wie eine Katze. Die lag schon im Bett. Und dann ist sie hochgesprungen. Die Angst wohl."*
I: *„Das war also das erste Mal?"*
M: *„Das war das erste Mal, daß was auffiel, daß da was nicht stimmte."*
I: *„Aber das haben Sie damals nicht so interpretiert?"*
M: *„Nee, gar nicht. Jetzt kommt mir alles so (...), nee, überhaupt nicht. Nee, nee, nee. Ich habe auch gar nicht die Zeit [gehabt], weil ich auch noch andere Kinder hatte. Mußte ständig in Arbeit sein, und mein Mann hat auch nicht viel verdient. Und dadurch habe ich das nicht so wahrgenommen."*
I: *„Machen Sie sich denn noch Vorwürfe?"*
M: *„Ja. Bei der ja. Ja, ja. Weil ich sie auch viel alleingelassen habe, muß ich jetzt ehrlich sagen. Nun dadurch, weil wir gebaut haben."*
I: *„Und zwischen dem 8. und 19. Lebensjahr, war da noch was?"*
M: *„Nee, war gar nichts. Nicht daß mir was aufgefallen ist, nee gar nicht."*

Der Argumentationsstrang der befragten Mutter verläuft folgendermaßen: Zunächst wird eine auffällige Episode aus der Kindheit der Tochter geschildert, die keine nähere Interpretation erfährt, weil die Mutter sich daran nicht mehr deutlich erinnern kann („ich weiß es nicht mehr genau"). Die Erinnerungslücke ist zum einen darauf zurückzuführen, daß die Tochter schon immer etwas „pinselig", das meint sehr sensibel, anlehnungs- und liebesbedürftig, reagierte und die Mutter deshalb diesem gewohnten Gemütszustand ihres Kindes keine besondere Aufmerksamkeit zuteil werden ließ („gar nicht so wahrgenommen"). Außerdem war sie damals sehr beschäftigt („wir haben gebaut"), so daß dem großen Bedürfnis der Tochter nach Zuwendung („irgendwie brauchte die wohl mehr Liebe") von ihrer Seite nicht nachgekommen werden konnte. Die damalige familiale Situation, ihre mißliche ökonomische Lage wie auch der Hausbau, erforderten die ganze Kraft und Arbeit beider Elternteile und entschuldigt nach Ansicht der Mutter die Vernachlässigung des Kindes („weil ich keinen hatte"). Der Streß der damaligen Zeit verhinderte es, sich den Belangen und Bedürfnissen der Tochter angemessen zu widmen. Man hatte damals – im Gegensatz zu heute – noch weniger Zeit zur Verfügung, sich darüber Gedanken zu machen, so daß sich Selbstvorwürfe erst später einstellen konnten.

Da die Tochter zu ihrer Schwester W. zog und wie diese als Arzthelferin arbeitete, soll nun weiter aus der Perspektive der Schwester berichtet werden.

View 1A

I: „Und wie ging das dann so weiter?"
Sw: „Sind wir nach Griechenland in den Urlaub. Und da ist mir auch zum ersten Mal bewußt geworden, daß sie halt, wenn so viele Menschen versammelt waren, da hat sie Panik gekriegt. Das habe ich schon gemerkt, daß sie innerlich unruhig war. Das habe ich ihr auch gesagt, aber sie hat es nicht zugegeben. Und dann fing es auch schon an, wenn es ihr nicht in den Kram paßte, daß sie so explosiv wurde. Sie hat sich dann etwas zurückgezogen, manchmal total in den Vordergrund gestellt. So dieses Krasse irgendwo. Also es war immer so zwiespältig, da ist es mir zum ersten Mal so richtig bewußt geworden."
I: „Wie hat sich das denn näher geäußert; was hat sie denn so gemacht?"
Sw: „Ja und dann halt mit der Zwischenprüfung. Sie konnte das nicht irgendwo alleine durchziehen. Dann mußte halt meine andere Schwester kommen, die mußte ihr mit helfen mit der Zwischenprüfung. Und ich war halt ziemlich angespannt auch in meinem Beruf da und mußte halt auch länger arbeiten. Und konnte mich auch nicht so jetzt ihr widmen, wie sie es vielleicht auch gern gehabt hätte. Ja und dann wurde ihrer Arbeitskollegin [gekündigt], das war auch noch vor der Abschlußprüfung. Mit der Kollegin hat sie wirklich ein wahnsinniges Verhältnis gehabt, da ging überhaupt nichts mehr. Ach, so manchmal sind wir doch schon gut ausgekommen, aber irgendwie ist sie dann halt (...) dieses Ausbrechen bei ihr. Ich habe das sowieso immer schon gespürt [lacht]: 'Jetzt fängt es wieder an.'"
I: „Woran merkten Sie das denn?"
Sw: „Ja, ich weiß nicht. Sie kriegt dann eine ganz andere Körperhaltung als sonst. Also finde ich jedenfalls. So nicht mehr die Natürlichkeit, die sie sonst immer hat. Irgendwie schon so, hach, ich weiß auch nicht. So ihre Handbewegung und so, so euphorisch. Und dann halt so lieber gestern als heute. Dann lädt sie sich so voll mit Terminen (...). Jetzt wurde die Arzthelferin entlassen, und dann stand sie praktisch ganz alleine da in der Praxis, und es hat da echt nichts mehr geklappt. Dann hat sie doch noch die Prüfung gemacht. Dann war sie arbeitslos. Und dann war sie auch immer daheim und so. Sie wurde so ein bißchen komisch, total depressiv dann eher. Dann, es war Freitag, ich habe so ein komisches Gefühl gehabt und denke, na ja, rufst einfach mal zu Hause an, und da wollte sie irgendwie versuchen, sich aufzuhängen oder so. Und dann bin ich halt hin und habe versucht, mit ihr zu reden. Dann

hat sie auch gesagt, daß sie echt nicht mehr klar kommt. Und dann ging es dann auch wieder. Und dann habe ich auch meiner Mutter gesagt, daß ich das nicht mehr mitmachen kann, weil ich auch beruflich sehr angespannt war. Und auch viel für die Praxis getan habe und nicht so die Zeit hatte. Und das Wochenende brauchte ich doch, um mich zu regenerieren. Ich meine, ich habe schon viele Gespräche mit ihr geführt. Und dann ging es auch an und für sich wieder, aber (...), daß sie doch wieder zurückgeht. "
I: „Zurück zu ihren Eltern? "
Sw: „Zurück zu ihren Eltern, ja. Da unten wollte sie auch keine Arbeit mehr richtig suchen. Sie hat ja auch schon damals einen Neurologen bzw. einen Psychiater aufgesucht gehabt. Ich glaube, wegen Kopfschmerzen ist sie da hin. "

Mit 19 Jahren zog die Tochter zu ihrer sieben Jahre älteren Schwester und absolvierte eine Lehre als Arzthelferin. Während dieser Zeit verzeichnete die Schwester viele Vorkommnisse, die zusammenfassend den Eindruck vermitteln, daß sie in ihrem ganzen Verhalten „zwiespältig" gewesen sei. Einerseits zog sie sich zurück, andererseits stellte sie sich in den Vordergrund. Sie war weder belastbar noch widerstandsfähig und bedurfte permanenter Hilfe und Unterstützung, um ihren Lebensalltag zu meistern. Als W. der Schwester diese Beobachtungen andeutete, wurden sie von K. bestritten. Das Bemühen Ws., mit ihrer Schwester in kommunikativen Kontakt zu treten, um eine Erklärung für die registrierten Phänomene zu erhalten, wurde brüsk zurückgewiesen. („Und dann fing es auch schon an, wenn es ihr nicht in den Kram paßte, daß sie so explosiv wurde.") Als die Abschlußprüfung nahte, mußte eine weitere Schwester herbeigerufen werden, um K. die notwendige Hilfe und Unterstützung zu geben. Denn den dauerhaften Beistand konnte ihr W. allein – aufgrund der eigenen Anspannung im Beruf – nur bedingt leisten. Viele persönlich belastende Ereignisse (Prüfungsstreß, Kündigung einer befreundeten Arbeitskollegin, Arbeitslosigkeit) werden von W. als Erklärung für die depressive Verhaltensänderung bei K. angeführt. Gleichwohl wurde die dauerhafte Beanspruchung durch die mittlerweile arbeitslos gewordene Schwester immer größer. W. sah für sich selbst keine Möglichkeit, sich während des Wochenendes zu regenerieren, so daß sie um Hilfe bei ihrer Mutter nachsuchte und sie bat, die Schwester wieder aufzunehmen.

Hier wird deutlich, daß sich die Spannungen im Zusammenleben der Schwestern erst dann bis ins Unerträgliche steigerten, als die Passivität der einen trotz vielerlei Bemühungen (Gespräche, Beistand, Beruhigung und Unterstützung durch Hinzuziehung weiterer Familienmitglieder) die Aktivitäten der anderen einschränkten und zu lähmen drohten. Die Abfolge der Ereignisse und die Steigerung ihrer Qualität erforderten eine immer größer werdende Anteilnahme und Zuwendung, ohne dabei einen erkennbaren Erfolg zu zeitigen. Dies ist prozessual zu nennen, weil von den ersten Auffälligkeitsmerkmalen an bis hin zur Ablösung von der zunehmend als störend empfundenen Person und den von ihr ausgehenden Impulsen eine Reihe von Maßnahmen zur Anwendung gebracht werden, die zur Beruhigung und Konsolidierung des Zustandes des Angehörigen beitragen sollen. Vermutlich ist die zeitliche Dauer der Stabilisierungsbemühungen eng an die Intensität der Störung geknüpft sowie auch an die eigenen zur Verfügung stehenden Möglichkeiten der Einflußnahme. Das würde bedeuten, daß, je mehr das Ausmaß an subjektiv empfundener Belastung provoziert wird und je geringer die Möglichkeiten zu Gegenmaßnahmen sind, desto eher das Bestreben nach Ablösung von diesen Bedingungen und damit letztlich von dem Verursacher einsetzen wird. Für W. ist ihre Schwester nicht mehr tragbar, weil sie durch sie eine Überbelastung erfährt. Sie muß feststellen, daß ihre Möglichkeiten, helfend einzuwirken, beschränkt sind und keinen Widerhall bei K. finden.

7.1.2.2 Familie E (View 5)

Familie E. bewohnt ein eigenes Haus in einem Dorf. Herr E. (59) und seine Frau (58) sind beide selbständig und arbeiten im eigenen Betrieb. Die Tochter ist 32 Jahre alt und der Sohn B. 31. Er absolvierte eine Lehre und arbeitet im elterlichen Betrieb. Sein Psychiatrieaufenthalt erfolgte mit 18.

I: *„Können Sie mir bitte einmal erzählen, wie das alles angefangen hat? Wann Ihnen das erste Mal etwas aufgefallen ist?"*
M: *„Ja, mit 18 Jahren. Da war er in der Lehre. Da klagte er so über Kopfschmerzen und konnte nicht schlafen. Schon wochenlang vorher (...). Er war so still, weil er ja nun auch keinen Schlaf kriegte. Da waren wir auch mal zum Arzt gewesen, beim Heilpraktiker. Und da hat der ihm was aufgeschrieben, aber das half nicht richtig. Also schlafen konnte er nicht. Er kriegte keine richtige Ruhe nachts. Ob er nun Angstzustände hatte in der Lehre, wir wissen es nicht. Er hat sich nie richtig dazu geäußert. Aber hatte irgendeine Angst. Dann hat er sich [macht eine Handbewegung, die das Aufschneiden der Pulsader darstellt]. Ich hatte Angst [weint], und da haben wir gleich den Arzt gerufen. Und da kam der Krankenwagen. Und operiert haben sie ihn gleich, hier am Hals und an der Hand."*
I: *„Wo haben Sie ihn hingebracht?"*
M: *„Nach U. Und von da aus ist er nach Göttingen [in die Universitätspsychiatrie]."*
I: *„Ist Ihnen denn vorher mal was aufgefallen?"*
M: *„Gar nichts. Nur, daß er nicht schlafen konnte. Wir wußten weiter nichts. Wie er nur sagte: 'Ich kann nicht schlafen. Ich kriege keine Ruhe.' Das hat er wochenlang gesagt."*

Die Mutter sowie der Vater registrierten nur ein Auffälligkeitsmerkmal, nämlich die Schlafstörungen ihres Sohnes. Diese hielten allerdings über Wochen an, so daß man sich dazu entschloß, einen Heilpraktiker aufzusuchen. Das verschriebene Medikament blieb jedoch wirkungslos. Von dieser Familie wurden keine weiteren Zwischenstufen einer sich entwickelnden Verhaltensstörung oder einer sonstigen Auffälligkeit bemerkt. Der Selbsttötungsversuch ihres Sohnes traf sie völlig unvermittelt. Vermutungen („ob er nun Angstzustände hatte in der Lehre") bleiben vage und scheinen erst im nachhinein Gegenstand eines Erklärungsversuchs zu sein.

7.1.2.3 Familie G (View 7)

Familie G. besteht aus sieben Personen und wohnt in einem Dorf. Herr G. (52, Arbeiter) ist häufig für einige Zeit auf Montage. Frau G. (51) ist Hausfrau. Sie haben beide 5 Kinder: Ein Sohn (31, Kaufmann) und eine Tochter (30, Arzthelferin) sind verheiratet. B. (28) ist Studentin, ein weiterer Sohn (24) hat keinen Beruf, und der jüngste Sohn (23) ist Monteur. Der erste Psychiatrieaufenthalt der Studentin B. erfolgte im Alter von 24 Jahren.

I: *„Können Sie mir bitte einmal erzählen, wie das mit Ihrer Tochter alles angefangen hat? Wann wurde das erste Mal etwas auffällig?"*
M: *„Also, vorher ist uns gar nichts aufgefallen. Man sagt zwar heute, sie war zwar manchmal etwas eigenartig als Kind, aber wer ist das nicht? Bei jemand anders würde man das nicht sagen, (...) nur weil sie jetzt krank geworden ist."*
I: *„ 'Eigenartig', sagten Sie. Können Sie das einmal näher umschreiben?"*
M: *„Erstmal ging bei ihr nur das Studieren vor. Sie hatte immer den ganzen Tisch voll Bücher. Sie war auch nicht so ganz ordentlich. Wer ist das nicht? Und sie konnte sich so furchtbar freuen. Ich meine, das ist ja auch nicht eigenartig, nicht? Sie hatte so manchmal, die Jungs sagten manchmal (...), sie hatte so ein bißchen [einen] eigenen Kopf. Eigensinnig, aber das ist doch kein Zeichen, daß sie krank ist. Und dann war sie Weihnachten zu Hause, da ging es ihr noch gut. Ende Februar rief sie an, daß ihr Freund Schluß gemacht hätte, und sie war ziemlich fertig. Ich merkte auch, sie war ziemlich haltlos. Dann riefen Freundinnen von ihr an. Man wüßte gar nicht, wo sie wäre; sie wäre ganz durcheinander. Dann habe ich nur gesagt: 'Wer sie sieht als erstes, der soll doch sagen, sie möchte nach Hause kommen.' Und dann kam sie nach Hause, und da merkte ich, daß sie ganz durcheinander war. Da sagte sie, daß sie ihren Freund umgebracht hätte. Und die ganze Nacht (...), als ob sie Fieber hat. Sie hatte auch Angst. Sie hat die ganze Nacht neben mir im Bett gesessen und hat geweint und geschrien, hatte immer Angstzustände. Nachts wollte sie immer rauslaufen, sie war wie verwirrt. Ich kam mit dem Ganzen auch nicht zurecht. Die hat mir so Angst gemacht. Da habe ich am nächsten Tag die Hausärztin angerufen, und die kam und wollte ihr eine Spritze geben. Da sprang sie wieder auf, als ob (...), sie war auch ganz geistesabwesend. Sie sprang auf und die Ärztin konnte ihr keine Spritze geben, und die ist dann wieder weggefahren. Und sie sagte, sie würde sich wieder melden. Und dann hatte sie hier in der Psychiatrie angerufen, daß sie dort einen Platz bekam."*

Die Mutter formuliert hier gleich zu Anfang, was als Motto oder Kernsatz der gesamten Ausführungen gelten könnte: Grundsätzlich war nichts auffällig oder bemerkenswert gewesen. Erst die später erworbene Sensibilität, gepaart mit dem gegenwärtigen Wissen, lassen die Vermutung aufkommen, daß es sich schon damals, bei den als bedeutungslos erachteten ersten Merkmalen, um den Beginn einer möglichen Krankheit gehandelt haben könnte. Die heutigen Sicht- und Interpretationsweisen sind daher immer vor dem Hintergrund des jetzigen Kenntnisstandes zu bewerten und erschweren es, damalige erste Gedanken und Reaktionsweisen unverfälscht darzustellen. Aus der früheren Sicht der Mutter erschien ihr Kind nicht auffällig, sondern eher gewöhnlich. Vielleicht „manchmal etwas eigenartig (...), aber wer ist das nicht". Dazu werden

Belege angeführt („erstmal ging bei ihr nur das Studieren vor"; „sie war auch nicht so ganz ordentlich"; „eigensinnig") und durch rhetorische Fragen („wer ist das nicht?"; „ist ja auch nicht eigenartig, nicht?") bestärkt. Erst das Ende einer Freund-schaftsbeziehung und die sich daran anschließenden heftigen Reaktionen der Tochter, ihr Schreien und Weinen, ihre Angstzustände, die Andeutungen, ihren Freund umge-bracht zu haben, und der Versuch, nachts aus dem Haus laufen zu wollen, verstärkten bei der Mutter den Eindruck, daß ihr Kind „ganz durcheinander" und „wie verwirrt" gewesen sei. Sie selbst kam damit nicht zurecht, wußte dem nichts entgegenzusetzen, so daß sich bei ihr auch Ängste einstellten. Mit Hilfe der hinzugezogenen Hausärztin erfolgte schließlich eine Einweisung der Tochter in die Psychiatrie.

7.1.2.4 Familie I (View 9)

Familie I. bewohnt ein eigenes Haus in der Stadt. Frau I. (52) ist Hausfrau und Herr I. (50) Angestellter. Sie haben zwei Kinder. Die Tochter M. (28) ist verheiratet und Hausfrau mit einem Kind. Sie lebt mit ihrem Mann und dem Kind in einer eigenen Wohnung. Beide sind Sozialhilfeempfänger. Die zweite Tochter (25) arbeitet in einer betreuten Einrichtung und ist gleichfalls psychisch krank. Der erste Psychia-trieaufenthalt von M. fand im Alter von 17 Jahren statt.

I: „Können Sie mir bitte einmal erzählen, wie das mit Ihrer Tochter angefangen hat? Wann ist Ihnen überhaupt etwas aufgefallen, wann ist etwas auffällig gewesen?"
M: „Die M. war mit uns im Museum, und da fing sie plötzlich an zu schreien. Ja, und sie konnte nicht schlafen und kleidete sich auffällig und ging aus dem Fenster, obwohl die Tür offen war, mitten in der Nacht. Hat sich Lebensmittel eingepackt und wollte weg. Das ist mir aufgefallen."
I: „Könnten Sie das mal präzisieren? Was war denn das allererste?"
M: „Das ist schon so lange her. Das ist schon bald 10 Jahre her. Ohne Grund fing sie plötzlich an zu schreien, als sie den ausgestopften Hund da sah. Und da dachte ich, na, sie müßte eigentlich in die Klinik gehen, das ist ja unnormal. Und dann sind wir auch in die Nervenklinik gefahren."
I: „Sie haben sofort gedacht, als sie schrie, daß das unnormal sei?"
M: „Ja. Weil sie auch so Angstzustände hatte. Dann sind wir in die Nervenklinik gefahren."
I: „Hm (...). Also, nur im Museum gewesen, hat einen ausgestopften Hund gesehen und fing an zu schreien. Und Sie dachten gleich an Nervenklinik und an einen Ner-venarzt?"
M: „Weil sie so ängstlich war anschließend. Sich so versteckte und so, man konnte sie gar nicht beruhigen. Das ist ja unnormal."
I: „Und wie ging es dann weiter? Genau die Anfänge, die würde ich ganz gerne ge-nauer von Ihnen wissen."
M: „Das verwischt sich jetzt etwas. Das kann ja sein, daß diese Anfälle (...), der er-ste und zweite, das ist so ein bißchen aus der Erinnerung gelöscht. Es ist auch immer so, daß wir gesagt haben: 'Ach, sie kann nicht schlafen.' Dann empfahl mal einer

*Valium, und dann wurde es noch schlimmer. Und ob wir dann zum Arzt gegangen
sind oder wieder was anderes empfohlen wurde (...). "*
I: *„Also bevor Sie zum Arzt gegangen sind, ist, so vermute ich mal, hier irgendwas
passiert. Das heißt, erst haben Sie mir die Geschichte mit dem Museum erzählt. Sie
ließ sich nicht beruhigen, sagten Sie. Wie ging das denn weiter? Sind Sie dann nach
Hause gefahren?"*
M: *„Ja. Mit dem Hausarzt gesprochen, daß er sich das mal anguckt. Dann sind wir
in der Klinik gelandet. Wie das nun im einzelnen abgelaufen ist, das kann ich heute
nicht mehr sagen. Also nur, daß das so vor mir schwebt, daß sie da geschrien hat vor
dem Hund und daß sie ängstlich war. "*
I: *„Ängstlich war? Wie drückte sich diese Angst noch aus? "*
M: *„So Angstzustände hatte, ließ sich nicht mehr beruhigen. Sie verkroch sich und
nahm die Schultern hoch, schrie richtig hysterisch. "*
I: *„ Und zu Hause? Was hat sie hier gemacht? Also alles, bevor Sie jetzt zum Arzt
gingen, diese Vorgeschichte interessiert mich. "*
M: *„Also, das war eigentlich so alles. Wissen Sie was, da gibt es so Sachen, wo man
eigentlich gar nicht drüber sprechen kann, und das werde ich auch nicht machen. "*

Die Mutter gibt zu Beginn nur eine sehr kurze und komprimierte Darstellung erster
Auffälligkeitsmerkmale. Das wirkungs- und folgenreichste Merkmal war das plötzliche Schreien ihrer Tochter beim Anblick eines ausgestopften Tieres während eines
Museumbesuchs. Ihm folgte („das ist ja unnormal") nahezu unmittelbar der Kontakt
mit einer psychiatrischen Einrichtung. Begründet wird diese Kurzzusammenfassung
mit den zwischenzeitlich entstandenen Erinnerungslücken. („Das verwischt sich jetzt
etwas.")

Weiteren Fragen nach den ersten Reaktionen darauf weicht die Mutter aus. („Das
ist schon bald 10 Jahre her.") Die Mutter verdrängt die Erinnerungen an die damalige
Zeit („das ist so ein bißchen aus der Erinnerung gelöscht.") und möchte sie zu diesem
Zeitpunkt des Interviews noch nicht aussprechen. Erst nach weiterem Insistieren wird
deutlich, daß nach den sonderbar anmutenden Auffälligkeiten Maßnahmen ergriffen
wurden, die darauf abzielten, eine Eingrenzung vorzunehmen. Aber auch diese Schilderungen bleiben ausweichend und oberflächlich. Die fast trotzig anmutende Antwort
der Mutter („Wissen Sie was, da gibt es so Sachen (...)") auf die Frage nach der häuslichen Vorgeschichte lassen weitere unangenehme Vorkommnisse erahnen.

Es ist kennzeichnend – nicht nur für den Argumentationsstrang dieser Mutter –,
daß die Schilderung eines außergewöhnlichen Vorfalls besonders herausgestellt wird
und die detailliertere Beschreibung wahrgenommener anderer Störungen zunächst
unterbleibt. Dahinter, so kann vermutet werden, steht die Absicht, die Brisanz der
Störung zu dokumentieren und die aus dem bisherigen häuslichen Rahmen fallenden
Verhaltensweisen besonders illustrativ hervorscheinen zu lassen. Die erneute Präsenz
längst verdrängter Zustände, ihre abermalige Bewertung, wie auch ihre Tragweite und
Bedeutung für das Verständnis jetziger Verhaltensweisen komplizieren den Sachverhalt. Einen Zusammenhang herzustellen zwischen ersten rudimentär erinnerlichen
Ereignissen und neuerlich aufsehenerregenden Begebenheiten wie auch mit den daran
erfolgten Eindämmungsbemühungen erscheint konstruiert, fruchtlos und aus der Sicht

der Mutter unergiebig. Außerdem ist es auch „schon so lange her". Es ist anzunehmen, daß sich dahinter diffuse Ängste verbergen wie auch Scham, nebulöse Befürchtungen, etwas übersehen zu haben, und die latente Sorge, nicht rechtzeitig oder unangemessen reagiert zu haben. Die dagegen mobilisierten Maßnahmen haben, wenn man die Störungen als kontinuierliche Abfolge einer Entwicklungslinie betrachtet, einen weiteren Vorfall nicht verhindern können. Solange die Eltern noch keine medizinische Kenntnis vom Vorliegen einer Krankheit haben, drängt sich ihnen der Verdacht auf, an ihrem Erziehungsauftrag gescheitert zu sein. Sie haben nach ihrem Verständnis versagt und sind somit mitschuldig, wenn es ihnen nicht gelingen sollte, die seltsam anmutenden Auffälligkeiten und Verhaltensweisen ihres Angehörigen abzuschwächen. Und selbst nach der psychiatrischen Diagnose, nach Kenntnis der Existenz einer Krankheit, fühlen sie sich noch immer schuldig, weil sie sich nunmehr der Besorgnis hingeben, womöglich nicht adäquat sinnvoll reagiert zu haben.

Sicherlich tragen bereits die Vielfalt der Vorkommnisse und ihr zeitlicher Abstand dazu bei, daß sich die in der Vergangenheit gemachten Beobachtungen, Eindrücke und Vermutungen mittlerweile etwas „verwischt" haben. Gleichwohl können Erinnerungslücken wie auch Verdrängungsakte als mehr oder weniger unbewußtes Reservoir zur Absorption aufkommender Schuldgefühle genutzt werden. Sie erlauben es, der Auseinandersetzung mit tiefgreifenderen Fragestellungen zu entgehen, die Einfluß auf die weitere Beziehung der Ehepartner untereinander wie auch der gesamten Familie zueinander haben könnten.

7.1.3   Zusammenfassung

Wie sich bei genauerer Betrachtung zeigte, weisen auch die Patientenfamilien, die frühere Auffälligkeiten verneinen, *ein* in der Vergangenheit registriertes Ereignis (Angst, Bettnässen, plötzliche große Verstimmung, Traurigkeit, „wie eine Furie hochgegangen") auf, das als seltsam oder auffällig in Erinnerung geblieben ist, wenn es auch nicht immer Anlaß zur tieferen Besorgnis gab. Es wurde von den Eltern weder als eine psychosoziale Störung identifiziert noch als Anzeichen einer Krankheit erkannt, sondern für unbedeutend erachtet. Für die Eltern stellten diese Ereignisse nicht den Anfang gradueller Störungen dar, die, rückblickend betrachtet, als Beginn einer Folge von sich sukzessiv steigernden Merkmalen hätten ausgemacht werden können. Dazu waren sie in ihrer Quantität zu gering und in ihrer Qualität zu unbedeutend, als daß sie nähere Aufmerksamkeit hätten provozieren können. Anders als die übrigen Familien gewichten und beschreiben sie ihre Kinder als insgesamt unauffällig und symptomfrei. Die ersten rudimentär erinnerlichen Verhaltensauffälligkeiten sind für sie erklärbar, demzufolge auch weniger mitteilenswert. Zum Teil konnten die Störungen als Reaktionen auf äußere Umstände zurückgeführt werden. Sie ließen sich im nachhinein als kindliches oder (post)pubertäres Austarieren von Grenzen oder als skurrile Eigenart individualspezifischer Dispositionen des Angehörigen einordnen und stellten damit keine beachtenswerten Einbrüche im bisherigen interpretativen Verständnis des Entwicklungsgangs dar.

Andere Familien hingegen bezeugen mehrere Zeichen (Rückzug, Angst, Unruhe, Depressionen) von in der Vergangenheit registrierten Auffälligkeiten. Jedoch sind diese nach Ansicht der Eltern gleichfalls so marginal gewesen, daß man sich bis heute frage, ob dies tatsächlich schon erste vage Anzeichen der Krankheit gewesen seien oder ob eine solche Zuordnung nicht vielmehr auf die nunmehr – aufgrund des Wissens um Vorliegen einer Krankheit – erworbene Sensibilität gegenüber dem Familienmitglied zurückzuführen sei. Die Eltern geben an, ein sich langsam entwickelndes Kontinuum an Veränderungen bemerkt zu haben. Retrospektiv glauben sie, eine permanent auffällige Zuspitzung und Steigerung von seltsam erscheinenden Verhaltensänderungen wie auch eine sich auffällig verschlechternde körperliche Konstitution ihres Kindes wahrgenommen zu haben. Die Unsicherheiten über diese Feststellungen sind augenscheinlich und verstärken sich bei den Angehörigen, wenn sie nach ihren damaligen Schlußfolgerungen und den sich daran anschließenden Reaktionen befragt werden. Die Konsultation eines Arztes kam ihnen zu jener Zeit nicht oder nur dann in den Sinn, wenn somatische Störungen länger anhielten oder aber sich innerhalb bestimmter Zeiträume wiederholten. Von daher wandten sich die Familien zunächst nicht um Hilfe nach außen. Solange sie diesem Ereignis zu begegnen wußten, fehlte ihnen dafür die Notwendigkeit.

Selbst bei denjenigen Patientenfamilien, die eindeutig zu erkennen geben, daß seit der Kindheit des designierten Patienten Auffälligkeiten (Schlaflosigkeit, Antriebsschwäche, Konzentrationsschwäche, Kopfwackeln, Überempfindlichkeit, Unbelastbarkeit, Komplikationen) bestanden hätten, erfolgte trotz der Vielfalt an Merkmalen seitens der Mehrzahl dieser befragten Familien zunächst ebenfalls kein Arztbesuch. Und wenn es letztlich doch dazu kam, stand im Vordergrund der Betrachtung die Aufhebung einer körperlichen Störung und nicht die Auseinandersetzung mit der Annahme einer sich in den Anfängen befindlichen psychischen Krankheit. Damit läßt sich die von Kickbusch (1981) aufgestellte These, daß nur ein Bruchteil dessen, was an morbiden Episoden in den Familien aufkommt, letztlich seinen Weg in die ärztliche Praxis findet, in großen Teilen auch für das hier vorliegende Sample bestätigen.

Zusammengefaßt kann festgestellt werden, daß nahezu 1/3 der Familien entweder gar keine oder nur äußerst geringfügige Auffälligkeiten während der Entwicklung ihres Kindes in der Vergangenheit registriert haben, so daß die *Unauffälligkeit* an Merkmalen als typisch für diesen Personenkreis anzusehen ist. Dem gegenüber stehen 2/3 der Familien, bei denen sporadisch oder aber über einen jahrelangen Zeitraum hinweg auffällige Symptome bei ihren Kindern bestanden haben, so daß für diese Gruppe die *Auffälligkeit* als Charakteristikum herausgestellt werden kann.

Wie bisher gleichfalls deutlich gemacht werden konnte, scheint die Vielfalt der Möglichkeiten, auf das auffällig gewordene Familienmitglied einzuwirken und auf sein Verhalten zu reagieren, zunächst unbegrenzt zu sein. Und doch ähneln sich die zuerst eingeleiteten Schritte der Familien weitgehend, unabhängig davon, welche Möglichkeiten ihnen zu Gebote stehen und in welcher Phase – aggressiv-exaltiert (manisch) oder zurückgezogen und ängstlich (depressiv) – sich das Familienmitglied erstmalig befindet. Dieses anfängliche Konglomerat an Maßnahmen sagt jedoch noch wenig über die einzelnen, unterschiedlich zur Verfügung stehenden familialen Ressourcen aus. Sie stellen anfangs eher eine Quantité négligeable dar, die sich erst später – mit zunehmender Phasenhäufung – zu einer bedeutungsvollen Größe entwickeln kann. Es läßt sich allgemein konstatieren, daß zu Beginn keine der Patientenfamilien den Verdacht hegte, daß es sich bei den ersten Auffälligkeitsmerkmalen um die Vorboten einer psychischen Störung handeln könnte. Es waren zumeist die langanhaltenden, über Monate fortwährenden spektakulären Ereignisse, die bei den Eltern Irritationen, Zweifel und Schrecken hinsichtlich der Unverhältnismäßigkeit der zum Ausdruck gebrachten Äußerungen aufkommen ließen. Diese wurden von ihnen als krisenhafter Einbruch innerhalb der Entwicklung ihres Kindes angesehen. Die größeren Vorkommnisse im Sinne des Nicht-Verstehbaren und Nicht-Einordbaren in bisher erklärbare Zusammenhänge und die Macht- und Hilflosigkeit, darauf mäßigend einzuwirken, veranlassen die Familien, Ursachenforschung zu betreiben und Erklärungshilfen zu suchen.

Welche Erklärungsvarianten das sind, welche Bedeutungen ihnen zugrunde liegen und welche Funktionen sie für die Patienteneltern beinhalten, ist inhaltlicher Schwerpunkt des folgenden Kapitels.

8 Ursachenerklärungen der manisch-depressiven Verhaltensauffälligkeiten aus der Sicht der Patienteneltern

Die von den Eltern nachfolgend abgegebenen Erklärungsversuche hinsichtlich des seltsam anmutenden Verhaltens ihres Angehörigen müssen immer vor dem Hintergrund des Geschehnisablaufes der Ereignisse betrachtet werden. Das bedeutet, daß die im nachhinein angeführten Erklärungen der Patientenfamilien oftmals in den vorhandenen Erfahrungskontext mit dem zur Zeit des Interviews verfügbaren Wissen über die Krankheit eingebaut werden und nur selten spontane Erklärungsinhalte darstellen. So ist es zu verstehen, daß die Patientenfamilien manchmal medizinische Termini bei der Beschreibung erster Auffälligkeitsphänomene verwenden, obgleich damit keine Krankheitszuschreibungen intendiert sind.

Das Bemühen um Verstehen und Erklärung eines Ablaufs setzt eine gewisse – wenn auch nicht unbedingt emotionale, so doch wenigstens eine zeitliche – Distanz zu den Ereignissen selbst voraus. Diese ist aber in der ersten Phase der Auseinandersetzung mit den Auffälligkeitsphänomenen nicht gewährleistet. Hier wird, wie dargestellt worden ist, zunächst überwiegend verbal korrigierend versucht, Einfluß zu nehmen. Erst einhergehend mit weiteren Wahrnehmungen auffälliger Anzeichen ist festzustellen, daß Erklärungen bereitgehalten werden, die das Bemühen kennzeichnen, die Verhaltensweisen des Familienmitglieds in Einklang mit der jeweiligen Familiengeschichte und der ihrer einzelnen Mitglieder zu sehen. In dieser Tradition sind Erklärungen zu verstehen, die auf externe Gründe verweisen, wie: Überlastung und Überforderung in Schule, Lehre und Beruf; Trennungserlebnisse und besonders der Verlust von wichtigen Bezugspersonen; des weiteren traumatische Erlebnisse wie Überfall, Vergewaltigung und Schwangerschaftsabbruch. Selbstkritik und Schuldvorwürfe der Eltern im Hinblick auf Vernachlässigung – „zuviel als Baby alleingelassen" (View 1) – und Versäumnisse – „vieles habe ich weggeschoben, weil es mich so belastet hat" (View 6) – verweisen auf den internen Bereich. Dazu gehören auch die Umstände zu Hause, bis hin zu der Annahme, Fehler in der Erziehung gemacht zu haben und dadurch mitverantwortlich für den Entwicklungsgang des Angehörigen zu sein. Vor allem in den Fällen, wo die Väter die Familienmitglieder tyrannisierten oder schlugen, kann die Familiensituation als insgesamt nicht besonders günstig und entwicklungsfördernd angesehen werden. Es werden damit neben externen Gründen auch innerfamiliale Erklärungen für die sonst kaum einzuordnenden Verhaltensweisen des Familienmitglieds gegeben.

M: „*Wir haben auch gebaut, und ich habe sie – ich mache mir nichts vor – ein biß-chen vernachlässigt. Was geschmissen habe ich, und das hat sie an den Kopf ge-kriegt. Und da war sie auch einen Moment so ein bißchen weg, wissen Sie. Und da habe ich schon so eine Angst gekriegt.*" (View 1)

M: „*Habe ich sie auch mit vielem belastet und zuviel gemeckert.*" (View 2)

M: „*Vielleicht ist das auch gewesen, weil ich zu früh gearbeitet habe. Die Kinder waren ja auch noch klein (...) und [ich] eben öfter weg war. Vielleicht es deswegen [damit] zusammenhängt, ich weiß es nicht. Nun war ich aber auch sehr streng mit den Kindern. Das kann auch mit dazu beigetragen haben, weiß ich nicht.*" (View 10)

Diese Mutmaßungen und die hier nur angedeutete Spekulationsvielfalt der Eltern hin-sichtlich des sonderbaren Verhaltens ihres Familienangehörigen scheinen beliebig und verdeutlichen zugleich deren Orientierungslosigkeit. Zugleich beinhalten sie Ansätze eines Schuldvorwurfs und eines schlechten Gewissens, in der Vergangenheit gegen-über ihrem Kind nachlässig gewesen zu sein.

Die ersten näher zu spezifizierenden Gedanken hinsichtlich des Verhaltens ihres Angehörigen während seiner exaltierten Phase sind nahezu bei allen Patientenfamilien identisch und weisen auf die Annahme hin, daß das Familienmitglied Alkohol, Drogen, Tabletten oder andere berauschende Substanzen zu sich genommen hat.

V: „*Ich sage: 'Hast du einen kleinen getrunken oder was?' Als wenn er getrunken hätte.*" (View 5)

M: „*Ich dachte, die ist drogensüchtig, tablettensüchtig. Ich habe ja das Aller-schlimmste angenommen. Denn wir haben so was nie in der Familie gehabt. Man weiß ja auch nicht die Symptome; ja, man ist völlig ratlos. (...) Ich habe eben ge-dacht, sie ist drogensüchtig. Die Pupillen waren groß.*" (View 2)

M: „*Das war, ich sage immer: 'Das muß so sein, als wenn einer einen Haschrausch hat oder so was.' Man kriegte die nicht tot.*" (View 11)

Diese Erklärungen werden noch dadurch erhärtet und erhalten eine gewisse Plausibili-tät, weil in einigen Fällen das Familienmitglied tatsächlich freundschaftliche Kontakte zu Drogenhändlern und -konsumenten unterhält und selbst Erfahrungen mit Heroin und/oder Haschisch gesammelt hat.

V: „*Denn unter diesen Leuten, die sie da kennengelernt hatte, waren auch ziemlich viele Chaoten, auch Drogensüchtige.*" (View 13A)

M: „*Ja, ich habe damals gedacht, sie würde Drogen nehmen. Weil sie dann auch mit einem jungen Mann zusammen war, der Drogen genommen hat. Das hat sie mir dann nachher auch alles gezeigt. 'Hier siehst du, hast du schon mal Hasch gese-hen?' Und dann habe ich angenommen, sie konsumiert auch Drogen.*" (View 12)

Aus diesen zugrundegelegten Annahmen resultieren Verhaltensweisen der Eltern, die darauf abzielen, daß der Angehörige seinen Lebensstil ändert. Die Eltern ermahnen die Kinder, ihre Bekanntschaften besser auszuwählen, und fordern sie auf, den bisherigen Lebenswandel aufzugeben. Andernfalls sehe man sich gezwungen, den Kontakt abzubrechen und finanzielle Ausgleichszahlungen einzustellen. Während diese Verhaltensmaßregeln überwiegend von Patientenvätern ausgesprochen werden, bemühen sich die Mütter darum, Informationen über die typischen Merkmale eines Drogenkonsumenten bei Institutionen wie dem Gesundheitsamt, der Polizei oder aus dem engsten Freundeskreis einzuholen. Sie sind es auch, die den Kontakt zu dem Angehörigen aufrechterhalten. Allerdings müssen auch sie sich eingestehen, daß selbst sie nicht in der Lage sind, drastische Verhaltensänderungen ihres Angehörigen herbeizuführen. Zur Illustration die Äußerung eines Vaters:

V: *„Meine Frau war mit einer Freundin [bei unserer Tochter]. Ich war im Außendienst. Und meine Frau sah sicher auch die Gefährdung von Anfang an höher, und sie hat gemeint, da muß ich sofort eingreifen. Da sind sie halt da hin. Nur der Versuch, sie zu überzeugen, der ist mißlungen. Sie sind halt wieder heimgefahren ohne sie.“* (View 12A)

Die Ausgestaltung der als expressiv empfundenen Phase findet sowohl in der Familie als auch in der Außenwelt statt. Der Schauplatz des Ausagierens ist nicht, wie während der traurigen, niedergeschlagenen Phase, allein auf die Innenwelt der Familie begrenzt. Der Familienangehörige unterliegt somit der Bewertung und Beurteilung eines erweiterten Personenkreises. Gleichzeitig verweist er durch sein exzessives Verhalten auf Familieninterna und offenbart damit einen Teil familialer Privatheit. Deren Bekanntmachung verhält sich zumeist konträr zum Interesse der übrigen Familienmitglieder, so daß hier ein zusätzliches Konfliktpotential entsteht, das im weiteren – bei der Betrachtung des Umfelds – noch eine detailliertere Ausdeutung erfahren wird.

Aber auch den Phasen der depressiven Verstimmung werden Erklärungen zugrundegelegt, die etwas mit der unmittelbaren Entwicklung des Angehörigen zu tun haben. Meist beziehen sich diese Interpretationen auf gerade zurückliegende oder kurz bevorstehende Ereignisse, von denen angenommen wird, daß sie auslösend für den melancholischen Zustand des Familienmitglieds gewesen sind.

V: *„Daß vielleicht der Abschluß des Studiums nun bedeutet, daß sie irgendwie ins Leben treten müßte und sie vielleicht dies umgehen wollte. Das war so meine Laienvorstellung.“* (View 3A)

M: *„Das ist mir eigentlich erklärlich, wenn man selber irgendwie aus der Schule entlassen wird oder so, daß man da doch ein bißchen traurig daran zurückdachte.“* (View 4)

Verstimmungen und Niedergeschlagenheit beim Angehörigen rufen bei allen Familien eher Verständnis hervor als die gegenteilige Phase. Unter einer Depression können sich die Familien etwas vorstellen, mit ihr sind eher Identifikationsmöglichkeiten gegeben. Davon haben die Eltern schon gehört – wenn auch nicht immer aus der eigenen Kernfamilie, so doch von Bekannten und Verwandten. Verwandtschaftliche Vorbelastungen bzw. Dispositionen dieser Art erleichtern es, kausale Ableitungen zur Befindlichkeit des Angehörigen herzustellen. Sie kommen dem Bedürfnis nach Erklärungshilfe und Verständnis entgegen.

M: *„Von ihm [dem Vater] ist eine Tante ins Wasser gegangen, und auch die Onkel waren alle so ein bißchen [depressiv]. "* (View 1)

M: *„Meine Großmutter (...) hatte Depressionen. "* (View 8)

M: *„Wir sagten immer: 'Sie träumt.' Wir haben immer gesagt: 'Sie ist abwesend.' Diese Gleichheit [mit der Schwiegermutter]. Oder auch in ihren Bewegungen mit dem Oberkörper. Von daher haben wir gedacht, na ja, das ist so ein bißchen Vererbung, so diese Mentalität. "* (View 11)

Manche Eltern glauben, schon selbst einmal depressive Phasen durchlebt zu haben, sie zumindest zu kennen.

V: *„Ich selbst neige mehr zu Depressionen, und deshalb ist es für mich das Vertrautere. "* (View 13A)

V: *„Ja, ja. Depressionen habe ich auch schon manchmal [lacht]. So Niedergeschlagenheit und sowas. Ja, ja. "* (View 14A)

Das Wort „Depression" ist zwar im allgemeinen Bewußtsein vorhanden, ohne aber gleichzeitig mit einer Krankheit in Verbindung gebracht zu werden. Einer Überbewertung oder Fehleinschätzung käme es gleich, darin eine Krankheitszuweisung der Eltern zu sehen. In ihrem Verständnis ist die Depression mit einem vorübergehenden kurzfristigen Stimmungstief gleichzusetzen. Charakteristische Merkmale für das Vorliegen einer Depression sind nach Meinung aller Eltern, daß sich der Betroffene zurückzieht und von der Außenwelt isoliert. Durchlebt wird die depressive Phase weitgehend im internen Familienkreis und unter Ausschluß der Öffentlichkeit. Die Urteile und Meinungen über das bedrückt-deprimierte Verhalten scheinen zudem davon abhängig zu sein, welche räumlich-zeitlichen Positionen die einzelnen Familienmitglieder gegenüber dem auffälligen Familienmitglied einnehmen. Je mehr Zeit mit ihm verbracht wird, desto größer wird die Einsicht in die Tragweite seines Zustandes und in die eigene Machtlosigkeit, darauf helfend einwirken zu können. Demzufolge, so kann vermutet werden, fühlen sich in traditionellen Familienverhältnissen besonders die Mütter in die Pflicht genommen, etwas zu unternehmen, um ihrem Familienmitglied in irgendeiner Weise behilflich zu sein. Diese unmittelbare Auseinandersetzung der Mütter mit dem Angehörigen in der akuten depressiven Phase und die sich daraus ergebende Hilflosigkeit tragen bei ihnen dazu bei, die Depression als bedrohlicher zu

empfinden und als nachteiliger für das Familienmitglied einzustufen als andere Mitbe-
troffene.

I: *„Welche Phase bereitete Ihnen mehr Sorgen?"*
M: *„Ja, die depressive Phase. Weil man so mitleiden konnte. So was ist ja schrecklich, wenn einer nur schwarz sieht und das immer schlimmer wird."* (View 9)

M: *„Dieses Ruhige war mir unangenehmer. Da habe ich immer gedacht, mein Gott,
was hat sie nur? Was mag sie nur haben?"* (View 11)

M: *„Ja, als sie die Depressionen hatte, da habe ich schon gedacht, sie leidet sehr
darunter. Aber in der Manie überhaupt nicht. Da ist sie so selbstherrlich, da setzt sie
sich über alles hinweg."* (View 12)

Das erhöhte suizidale Risiko muß in diesem Zusammenhang ebenfalls berücksichtigt
werden und bleibt nicht ohne Wirkung auf die Familie. Die Ankündigung, „nicht mehr
leben zu wollen", und die tatsächlich unternommenen Suizidversuche – bei nahezu
zwei Drittel der interviewten Familien (View 1, 2, 4, 5, 6, 7, 9, 13, 16) – werden als
äußerst ernst betrachtet. Denn es obliegt jetzt der Familie und damit überwiegend den
Müttern, das Familienmitglied von einem entsprechenden Schritt abzuhalten. Die dau-
ernde Sorge um das Familienmitglied, die damit einhergehende verschärfte Beobachtung und Kontrolle seines Verhaltens und die hoffnungslosen Versuche, den Betroffenen aus seiner Lethargie und Passivität herauszuholen, sind nachhaltig durch
große Frustrationen gekennzeichnet, da eine Besserung des Zustandes kurzfristig
nicht erkennbar wird. Wer hingegen zeitliche Distanz zu dem designierten Patienten
aufweist und nicht dauerhaft mit ihm konfrontiert ist, neigt eher zu beschwichtigenden
und rationalisierenden Bemerkungen. Dieser Personenkreis, zu dem meist die Patientenväter und die Verwandten gehören, versucht, die Folgen zu bedenken, die aus dem
weiteren Gebaren des Familienangehörigen erwachsen könnten. Sie sind an den zukünftigen und langfristig zu erwartenden Entwicklungsvorgängen interessiert. Von
ihnen wird daher die manische Phase als problematischer erachtet, wie folgende Stellungnahmen verdeutlichen:

V: *„Ich möchte sagen, die manische Phase ist deshalb schlimm, weil man nicht weiß,
wie es ausartet. Sie sehen es ja jetzt hier. Wenn sie jetzt mit irgendeinem Mann abge-
hauen sein sollte (...)."* (View 12A)

I: *„Welche Phase ist für Sie schlimmer?"*
V: *„Ganz klar die manische. Obwohl sie sicherlich in der depressiven Phase versucht hat, sich umzubringen. (...) Also diese verrückten Dinge wie die Hexerei, das
ist mir so fremd, daß es mir eben auch gefährlicher erscheint."* (View 13A)

Im Verständnis der beiden Väter wirkt die manische Phase fremd, bedrohlich, kon-
fliktreich und beinhaltet eine große Bandbreite an Gefahrenmomenten für das Individuum. In ihr entzieht sich der Angehörige dem Zugriff und der Einflußnahme seiner
Eltern, macht sich unabhängig von jeder weiteren Kontrolle. Die Sorgen und Ängste

der Patientenfamilien betreffen dabei hauptsächlich die finanzielle Verschuldung ihres Kindes, aber auch dessen körperliche Unversehrtheit. Nach ihrem Dafürhalten ist es nicht in der Lage, die Realitäten vernünftig einzuschätzen. Exemplarisch auch hierzu zwei Beispiele:

M: *„Und dann fing das wieder an, dieses Hoch. Ah, Geld in vollen Zügen [ausgegeben]. Dann hat sie auch wieder eine Scheckkarte gehabt. Dann hat sie laufend (...), konnte sich ja Geld nehmen, bis das Konto leer war, überzogen war und sie nichts mehr gekriegt hat. Ja und dann mußte ich immer herhalten. "* (View 1)

V: *„Denn sie behauptete in einem Atemzug: 'Mir kann nichts passieren. Wenn ich mit 180 km/h oder 200 km/h gegen eine Mauer fahre, passiert mir nichts.' Und da war mir klar, daß diese Behauptung, wir brauchen keine Angst zu haben, natürlich aus der Luft gegriffen war. Und da hatten wir noch mehr Angst. "* (View 3A)

Hier wird zweierlei deutlich: Einmal die Sorge, daß das Kind durch sein zügelloses Benehmen Gefahr läuft, körperlichen Schaden zu nehmen, zum anderen die Befürchtung, die unreflektierten Verhaltensweisen des Angehörigen könnten zu erhöhten finanziellen Verpflichtungen für die Familie führen. Während die eine Form der Angst eher als uneigennützig zu charakterisieren ist, kennzeichnet die andere egoistische Motive. Diese Unterscheidung gilt es deshalb hervorzuheben, weil nicht alle Sorgen der Patienteneltern wie auch ihre daraus resultierenden Handlungen altruistisch determiniert sind. Vielfach steht neben der Besorgnis vor finanziellen Einbußen auch die Furcht vor sozialer Ächtung und Stigmatisierung, die mit der Offenbarwerdung ungewöhnlichen Verhaltens einhergeht.

Doch wozu dienen die manchmal abstrus und abenteuerlich anmutenden Erklärungen der Familien, und welche Funktionen liegen ihnen zugrunde?

Erklärungen für das ungewohnt seltsame Benehmen des Kindes zu finden ist für die Eltern nützlich, weil erst durch sie die Transparenz für einen irritierenden Vorgang gewährleistet wird. Mit Hilfe solcher Erklärungen verschaffen sich die Familien Zugang zum Verständnis von Unverständlichem; Unbegreifliches wird dadurch begreiflicher und einordbarer. Erklärungen haben die Funktion, beruhigend und angstlösend zu wirken, indem sie den Hintergrund verstehbar erscheinen lassen, vor dem sich das bisher Unfaßbare abspielt. Dabei ist weniger entscheidend, inwieweit sie den tatsächlichen Sachverhalt umreißen, so daß es manchmal zu evidenten Ursache-Wirkungsverschiebungen bei den Erklärungen durch die Eltern kommen kann. Beispielhaft hierfür ist die Aussage einer Mutter, die auf die Frage nach der Ursache der Erkrankung ihres Sohnes unter anderem antwortete: „Das ist dadurch, die Nerven haben keine Ruhe gekriegt; er ist immer im Gange [unruhig] gewesen. Ja, und wenn der Mensch keinen Schlaf kriegt, das führt ja wohl dazu." (View 5)

Erklärungen müssen nicht logisch fundiert sein, um ihre Funktion zu erfüllen. Im Vordergrund steht das Bedürfnis nach subjektiver Orientierung und der Wunsch nach Schaffung von Ordnungsfaktoren, nicht so sehr die Suche nach objektiven Kriterien. Erklärungen stützen das Verlangen nach sozialer Berechenbarkeit. Das Alltagsleben wird dadurch handhabbarer gestaltet, gewährleistet familiale Stabilität und Aufrechterhaltung der Konsistenz. Einhergehend damit bieten Erklärungen Sicherheit: Die Eltern geben zu erkennen, daß sie um das „Warum" eines Vorfalls wissen. Der Angehörige handelt nicht grundlos oder blind aktionistisch. Es sind die Drogen, der Alkoholkonsum, die falschen Bekanntschaften, der Streß und die vielen leidvollen Erfahrungen, die zur Veränderung seines Verhaltens beigetragen haben und letztlich ausschlaggebend für seinen Klinikaufenthalt waren. Erklären stellt damit „nichts weiter als eine sinnvolle Organisation von Erkenntnisprozessen" dar (Schulze, 1992, S. 240). Überdies dienen Erklärungen den Eltern als Mittel – als Brückenschlag oder Schnittstelle –, handelnd tätig zu werden. Durch Erklärungen verschaffen sich die Eltern die Legitimation, Einfluß auszuüben und Korrekturen vorzunehmen. Damit geht immer auch ein Stück Klärung, Verarbeitung, Entlastung und Bewältigung einher.

8.1   Zusammenfassung

Während die depressive Phase von den Patientenfamilien überwiegend als etwas Nachvollziehbares und als etwas zeitlich Begrenztes angesehen wird, steht die später als manisch identifizierte Phase für etwas diffus Übertriebenes, nebulös Absurdes, dem Einhalt zu gebieten ist. Dieser veränderte Zustand des Familienmitglieds wird auf seinen Lebenswandel oder seinen Drogenkonsum zurückgeführt. Es ist damit eigenverantwortlich für sein Tun. Nicht helfend zu unterstützen, sondern eingrenzende Maßnahmen zu ergreifen erscheint den designierten Patienteneltern geboten.

Anders verhält es sich mit der depressiven Phase. Nach Ansicht der Eltern mache jeder einmal eine traurige Phase durch, so daß man diese anfangs nicht so ernst genommen habe. Die Auswirkungen eines depressiven Stimmungstiefs werden nicht zuletzt deshalb unterschätzt, weil sich die Erklärungen vorwiegend auf Merkmale reduzieren, die sich nach Auffassung der Eltern in absehbarer Zeit von allein beheben werden. Diese Charakteristika sind: Überarbeitung, Streß, neue Lebens- und Entwicklungsphasen, enttäuschende Erfahrungen mit Freunden oder der schmerzliche Verlust einer nahestehenden Person.

Insgesamt kann festgehalten werden, daß von den Eltern vielfältige Erklärungsmöglichkeiten – den multifaktoriellen Theorieansätzen der Fachleute nicht unähnlich – angeführt werden. Rückblickend fühlen sich die Patientenfamilien dafür verantwortlich, das ungewöhnliche Benehmen und den sich nicht bessernden Entwicklungsstand des Familienangehörigen mitbegründet zu haben. In der aktuellen Situation jedoch erhält ihr Kind keine Krankheitszuweisung von ihnen. Im Vordergrund ihrer Bemühungen steht vielmehr der Versuch nach Beseitigung der von allen als nervenaufreibend und als unzumutbar empfundenen Situation, ferner das Bedürfnis nach Deutungs- und Erklärungshilfen, wie später auch der Wunsch nach Lebensbewältigungshilfe.

Die Notwendigkeit, Erklärungen für das seltsam wirkende Benehmen des Kindes parat zu haben, dient einer wichtigen Funktion. Mit ihrer Hilfe tragen die Eltern ihrem

Kausalitätsbedürfnis Rechnung, unsinnig anmutende Handlungen und unverständliches Benehmen verstehbar zuzuordnen. Das Alltagsleben wird mit diesem Vorgang subjektiv erträglicher, selbst wenn diese Konstruktionen mit der Ursächlichkeit der Verhaltensänderung nicht in Einklang stehen.

Das Zusammenspiel falscher Annahmen und die daraus resultierenden Handlungen zum Zweck der Einschränkung der Verhaltensauffälligkeit wie auch deren Erfolglosigkeit tragen oftmals zur Eskalation der häuslichen Verhältnisse bei. Die anhaltend krisenhafte Zuspitzung der Situation veranlaßt die Eltern dann, sich mit der Bitte um Hilfe, Unterstützung oder Rat an die Außenwelt zu wenden.

Da sich die Konfrontation der Familie mit der Öffentlichkeit und deren Eindrücken hinsichtlich des auffälligen Angehörigen zunehmend als bedeutungsvoll und bestimmend für den weiteren interaktionalen Handlungsablauf zwischen dem designierten Patienten und dessen Familie erweist, soll darauf nunmehr eingegangen werden.

8.2   Das Umfeld und die Reaktionen der Patientenfamilien

Als erste Auffälligkeiten der Angehörigen wurden von den Patienteneltern ungewöhnliche, atypische und störende Verhaltensweisen wahrgenommen. Sie konnten von den Familien nicht mehr mit den bisher gewohnten Verhaltensmustern in Einklang gebracht werden. Ihnen wird daher eine umfangreichere Aufmerksamkeit seitens der Familienmitglieder zuteil, wobei die jeweils unterschiedlichen Phasen – manisch oder depressiv – jedesmal andere Reaktionen bei den Patientenfamilien herausfordern. Während in der ängstlich-depressiven Phase die beruhigenden und ermunternden Vorkehrungen im Vordergrund der eingeleiteten Mechanismen überwiegen, werden in der manischen Phase hauptsächlich pädagogisch-mahnende Anweisungen bis hin zu Sanktionen ergriffen. Das nach außen hin für jedermann sichtbare exaltierte Verhalten des Angehörigen veranlaßt die Familie, das heißt die Mutter und/oder den Vater dazu, Eingrenzungen vorzunehmen. Dabei kennzeichnet das Bemühen der Eltern nicht allein die Sorge, daß ihrem Kind körperlich etwas zustoßen, es auf privater Ebene Schaden nehmen oder sich finanziell übernehmen könnte, sondern vielmehr auch die Scham, die mit der Bloßlegung unerklärlicher, seltsamer Aktionen durch den Angehörigen in der Öffentlichkeit hervorgerufen wird. Stellvertretend dazu zwei Äußerungen:

M: „*Die geht sonstwo rein und wenn es der Papst ist, das macht die (...) spontane Sachen. Das hat mich dann [beschämt], ja, das kann ich grob sagen.*" (View 1)

M: „*Sie hat uns überall in schlechten Ruf gebracht, auch in B. Ich wohnte ja damals noch da. Mein Mann, der hat sich da geschämt.*" (View 2)

Im kleinstädtischen wie auch städtischen Bereich bleibt es nicht aus, auf Nachbarn und Bekannte zu treffen, die sich nach den Familienmitgliedern, deren Befinden und Verbleib erkundigen. Speziell jedoch in dörflicher Gemeinschaft läßt sich die Tatsache, einen psychisch Kranken in der Familie zu haben, nicht verheimlichen und vor allem dann nicht, wenn sich das Familienmitglied in seiner manischen Phase befindet und sich in seiner hyperaktiven Kontaktaufnahme gegenüber seinen Mitmenschen aggressiv-exaltiert darstellt. Die Familien können sich nicht nach außen abschirmen, sondern unterliegen verstärkt der öffentlichen Beobachtung, Kontrolle und Meinung. Wenn der Familienangehörige tradierten Vorstellungen zuwiderhandelt und bei seinen Auftritten in der Öffentlichkeit Konventionen verletzt, wird dies oft mit übler Nachrede quittiert und führt zu Ausgrenzungen. Solche beschränken sich nicht nur auf den Familienangehörigen, sondern weiten sich auf dessen gesamte Familie aus. Diese wiederum reagiert mit Rückzug aus dem öffentlichen Leben, um sich vor weiteren unangenehmen und peinlichen Situationen zu bewahren. Hierzu einige Äußerungen von Patientenfamilien:

M: *„Dann ging sie auch in eine Kneipe, was bei uns ja keine Mode ist. Wenn eine Frau, ein Mädchen, in die Kneipe alleine geht, dann ist die praktisch auf Männerjagd. Und dann haben sie der das schon nachgesagt im Ort, und da mußte die auch darunter leiden. Also die sagt das demjenigen, wenn sie ihre Phase hat, also ob das demjenigen paßt oder ob das uns unangenehm ist. Und da bin ich nicht mehr mit ihr durchs Dorf gegangen."* (View 1)

M: *„(...) spricht sich das klar rum. Sollte in der Gaststube auch nicht auffallen. Sie merkten wohl, daß er so anders redete als sonst."* (View 5)

M: *„Es wird einfach abgetan damit, sie ist nicht ganz richtig im Kopf oder so ungefähr. Viele Leute von W. arbeiten im Krankenhaus, und seitdem sie da im Krankenhaus geschrien hat, sie haßt mich, da hat mich plötzlich gar niemand gegrüßt. Weil wohl alle dachten, ich behandele sie nicht gut oder ähnliches. Sie hat aber nur geschrien, weil ich sie nicht hab' in Ruhe sterben lassen."* (View 7)

Familien, die in kleineren Gemeinden oder Dörfern wohnen, sorgen sich vermehrt darum, was die Nachbarschaft denkt. Die Anonymität der Großstadt ist nicht gewährleistet, so daß eine Stigmatisierung nicht nur den einzelnen, sondern die gesamte Familie trifft. Aus einer ursprünglich individuellen Eigenverantwortlichkeit wird zunehmend eine Gesamtverantwortlichkeit der Familie, insbesondere dann, wenn sich das Verhalten eines Familienmitglieds als außerhalb der Norm stehend darstellt. Somit sehen sich die Familien, deren eigene Reputation auf dem Spiel steht, in die Pflicht genommen, ihrerseits weiteren Bloßstellungen durch ihr auffälliges Familienmitglied vorzubeugen. Sie sind bemüht, den Angehörigen von der Öffentlichkeit weitgehend fernzuhalten, um eine Schadensbegrenzung sowohl für ihn als aber auch für sich selbst zu erreichen. Dazu werden – wie schon angedeutet – Ermahnungen gegenüber dem Angehörigen ausgesprochen, seine Handlungsweisen künftig den Verhältnissen angemessen zu gestalten. Und schließlich werden eigene Aktivitäten seitens der Familienmitglieder immer mehr eingestellt. Es findet ein Rückzug aus dem Gemeinschaftsleben statt.

Abgesehen davon, Scham darüber zu empfinden, mit dem Angehörigen in Verbindung gebracht zu werden, besteht Unsicherheit darin, wie man angemessen mit der durch ihn evozierten öffentlichen Reaktion umzugehen hat. Sie trägt mit zum Rückzug und der damit verbundenen Isolation bei. Die Familienmitglieder sind überdies nicht in der Lage, plausibel zu erklären, warum sich Sohn oder Tochter plötzlich in dieser auffälligen und sonderbaren Weise verhalten. Gleichzeitig vermuten einige Eltern Interesselosigkeit bei den Mitmenschen, so daß sich eine Vielfalt an Begründungen für einen Rückzug anbietet:

V: *„Anderen das vorzustellen, das hat uns auch eher daran gehindert, nicht aus falscher Scham heraus, sondern endlich auch das Gefühl zu haben: 'Mensch, ich belaste die damit. Was ist das für ein Thema, interessiert die das überhaupt, stülpe ich ihnen nicht etwas über?'"*(View 8A)

M: *„Ich bin auch nicht der Mensch, der anderen das auf die Hucke bindet. Ich denke dann immer, ach Mensch, das ist deine Sache. Die anderen wollen das vielleicht gar nicht hören. Es interessiert die gar nicht. Die haben ihre eigenen Probleme, was soll ich mich da aufdrängen. Ich ziehe mich da eher zurück."* (View 8)

Es ist zu Beginn der Auseinandersetzung mit der Verhaltensauffälligkeit eine allgemein zu beobachtende Tendenz, daß sich die Familien auf sich selbst zurückziehen, sich von ihrem bisher gewohnten Umkreis lösen. Sie sind nahezu ausschließlich damit beschäftigt, die aufsehenerregenden Handlungsweisen ihres manischen Mitglieds einzugrenzen und unter Kontrolle zu bringen.

V: *„Irgendwann ist man so abgestumpft und so deprimiert, daß man keine Lust mehr hat, was zu unternehmen. (...) Nicht (...) weil die Freunde nicht mehr wollten, sondern weil ich jetzt mich zurückgezogen habe. Ich habe irgendwann vorgegeben, ich habe keine Zeit mehr, geht nicht mehr."* (View 9A)

I: *„Warum haben Sie denn nicht mit Nachbarn darüber geredet?"*
M: *„Warum nicht? Nee, das kann man nicht."*
I: *„Warum nicht?"*
M: *„Das kann man nicht. So was will man am liebsten auch, daß das gar keiner erfährt. Wissen Sie, wie das [ist], wenn so ein Patient krank wird? Wie der erste Zustand ist? Man verschließt sich. Man möchte überhaupt keinen Fremden sehen. Das war dann schon, daß ich vorne zugemacht habe, daß überhaupt keiner rein kam. Ich wollte überhaupt keinen Fremden hören und sehen. Das ist die erste Reaktion, die man so in der Familie hat. Man schließt sich (...)."*
I: *„Man kapselt sich ab?"*
M: *„Ja. Und dann nach einer gewissen Zeit, wenn es dem Patienten dann wieder ein bißchen besser geht, dann versucht man auch schon mal mit (...). Dann braucht man doch wieder Menschen, wo man mit sprechen kann."* (View 15)

Der eingeleitete Rückzug der Eltern hat etwas Resignatives an sich und resultiert sowohl aus der Annahme wie auch aus der enttäuschenden Erfahrung, daß niemand adäquate Hilfe anbieten kann oder zweckdienlich Anteil an den Sorgen der Familie nimmt.

M: „*Die Kollegin, die meinen Mann vertritt, die Kommentare, die sie dazu gibt, die passen gar nicht zu meinem Erleben und meinem Gefühl. Das ist eigentlich der erste Mensch, wo ich so das Gefühl habe: 'Ach nee, mach einen Bogen und sage lieber nichts.' Wenn man selber Probleme hat, erwartet man ja, daß die Bekannten und Freunde, die man hat, irgendwie teilnehmen oder irgendwie darauf eingehen. Und man ist dann eben auch manchmal in seiner Erwartung enttäuscht. Insofern ergibt sich natürlich auch [ein] Zurückziehen.*" (View 4)

M: „*Nun ist es denn, wenn man zusammen einen Kegelclub [bildet] und zur vorgerückten Stunde so dumme Äußerungen gemacht werden über das LKH [Landeskrankenhaus] und über die Patienten und so, dann sagt man sich, hier bin ich ja fehl am Platz. Wenn die solch eine Meinung haben. Obwohl die das vielleicht nur so sagen, aber trotzdem, es berührt einen doch.*" (View 9)

Irritationen aufgrund unbedachter Äußerungen und Verhaltensweisen werden sensibel vermerkt, wobei der Rückzug vom Freundes- und Bekanntenkreis die Antwort auf als unpassend empfundene Reaktionen darstellt. Stellenweise bieten Freunde, Bekannte und Verwandte unangebrachte und wirklichkeitsfremde Hilfsangebote wie auch befremdliche Verhaltensvorschriften an, so daß sich die Familien irritiert fragen, ob das Problem und die damit einhergehenden Schwierigkeiten überhaupt erkannt worden sind oder ob dies als Ausdruck eines verkleideten Desinteresses gewertet werden soll, das signalisiert, nicht weiter mit dem Problem konfrontiert werden zu wollen. Beide Interpretationen lassen es unangebracht erscheinen, weiterhin eine Beziehung aufrechtzuerhalten, so daß der Weg des Rückzuges und der Isolation nicht nur als Folge der Scham vor der psychischen Erkrankung eines Familienmitglieds zu werten ist, sondern auch als Ausdruck von Distanzierungsbestrebungen vor so viel Unverständnis und mangelndem Einfühlungsvermögen nahestehender Bezugspersonen. Hinzu kommt ferner, daß, indem sich die Familien auf sich selbst zurückziehen, sie versuchen, ihre Situation, die durch die Verhaltensweisen des Angehörigen auf das äußerste belastet ist, zu stabilisieren. Die neuen, zusätzlichen Anforderungen, die durch die Erkrankung eines Familienmitglieds auf die Familie zukommen, binden Kräfte, so daß für weitere Unternehmungen kein Platz mehr vorhanden ist. Besonders die sprunghaften Veränderungen in der Befindlichkeit des Kindes nötigen die Familien zu immer neuen Umstellungen und Reaktionsweisen. Kurzfristig werden den Familien flexible Entscheidungen abverlangt, die schon im nächsten Augenblick ihre Verbindlichkeit verlieren können.

Beispielsweise werden Unternehmungen wie die Planung einer gemeinsamen Ferienreise wegen eines plötzlich auftretenden phasischen Schubs des designierten Patienten zurückgestellt. Im Vordergrund steht die Sorge um ihn, seine Integration und Stabilisierung, und das beansprucht die gesamte Aufmerksamkeit der Eltern. Der familiale Alltagsablauf wird nur noch bestimmt durch das als befremdlich empfundene und nicht einordbare Verhalten des gestörten Kindes. Alles andere verblaßt vor dem Hintergrund dieses neuen Ereignisses und führt dazu, daß die übrigen Familienmitglieder, vor allem die gesunden Geschwister, sich zurückgesetzt fühlen. Letztlich sind sie – wie die Eltern – mit der Interpretation und Einordnung des sich sonderbar verhaltenden Familienangehörigen überfordert und wissen nicht, wie sie darauf angemessen zu reagieren haben. Die Folgen sind ebenfalls Rückzug und distanzierte Ablehnung gegenüber dem Bruder oder der Schwester.

M: „*Ich kann nur sagen, daß eine immer größere Distanz zu den Geschwistern auftrat. Und daß U. noch heute sagt, sie kann mit K. nichts anfangen und es manchmal ein bißchen geht. Aber im Grunde genommen ist das Verhältnis sehr, sehr gestört. Was es vorher also nicht war. Für mein Gefühl aber nicht auf U. zurückgeht, sondern auf die Unfähigkeit von K.; daß er zeitweise den anderen überhaupt nicht sieht oder nicht auf ihn zugehen kann. Also U. kann ihn manchmal fragen, und er antwortet überhaupt nicht. Er ist mit den Gedanken ganz woanders. Das findet sie dann blöd und sagt: 'Och, was soll ich ihn überhaupt noch ansprechen. Ich kriege ja doch keine Antwort.' Es ist eine sehr große Entfernung da.*" (View 4)

I: „*Und wie ist das Verhältnis der Geschwister jetzt zueinander? Haben die sie auch in der Klinik besucht?*"
M: „*Ja, die S., die Ältere, hat sie häufig besucht. Die Jüngere nicht. Die hat also sehr ablehnend erst gesagt: 'Das ist doch keine Krankheit. Das kommt doch nur von ihrem Lebenswandel' und so. Und das hat also sehr lange gedauert, und ich mußte sehr viel reden, um zu überzeugen, daß das doch eine Krankheit ist. Jetzt meint sie auch so allmählich (...) [jetzt sieht sie es doch eher ein]. Aber zwischenzeitlich wollte sie eigentlich nichts mehr mit ihr zu tun haben.*" (View 13)

Das gestörte Verhältnis der Geschwister untereinander resultiert aus der wachsenden Erkenntnis, daß es sich als äußerst mühevoll, wenn nicht sogar als unmöglich erweist, sich mit dem auffällig gewordenen Familienmitglied in Beziehung zu setzen. Die von ihm ausgehenden Regelverletzungen im zwischenmenschlichen Bereich wie auch sein selbstunkritisches, egozentrisches Verhalten – speziell während der manischen Phase – überschreiten die Toleranzschwelle der Geschwister. Die Folge ist, daß sie sich von ihm abwenden, den Kontakt zu ihm meiden und seinen Lebenswandel anmahnen. Für sie ist der Bruder oder die Schwester eher „bad" als „mad", das heißt, sie weisen ihm zunächst ein Selbstverschulden und damit eine Eigenverantwortlichkeit für sein Verhalten zu. Erst mit zunehmender Erfahrung entwickeln einzelne Familienmitglieder – nicht zuletzt durch das Erlebnis des Klinikbesuches und der damit einhergehenden Konfrontation mit Fachärzten – eine größere Sensibilität für die Problematik dieses zyklothymen Krankheitsbildes.

Diese internen Schwierigkeiten und Auseinandersetzungen der Familien bleiben ihrem Umfeld, den Nachbarn, Freunden, Bekannten und Arbeitskollegen nicht verborgen, so daß sich daraus weitere Problembereiche ergeben. Überwiegend herrscht das Gefühl vor, daß über sie in der Öffentlichkeit gesprochen wird. Wenn die Angehörigen psychisch Kranker direkt auf den Zustand ihres Familienmitglieds angesprochen werden, fällt die anfängliche Reaktion darauf unterschiedlich aus, je nachdem, ob der Fragende einen tatsächlich interessierten oder nur einen oberflächlich informationsheischenden Eindruck macht. Es werden Antworten geliefert, die das (neugierige) Interesse der Nachbarn oder Bekannten vorläufig befriedigen sollen.

Oftmals beschränkt sich die Antwort nur auf das Notwendigste, nach dem Motto: „Sie (er) ist momentan krankgeschrieben." „Sie (er) ist psychosomatisch erkrankt." „Sie (er) benötigt zur Zeit Ruhe". Befragte verlassen sich dabei auf ihr Gespür, antworten ausweichend oder detaillierter, zum Teil leicht gereizt und aggressiv, wie nachfolgendes Zitat belegt:

M: *„Ja, die fragten dann: 'Warum? Was ist los? Wo sind die Kinder? Und warum läuft die M. so rum?' Und die haben mir dann nachher auf den Kopf zugesagt, sagen die heute auch noch zu mir: 'Das sieht man aber gleich, daß die M., also daß die nicht richtig im Kopf ist.' Ja, ich sage: 'Das tut mir furchtbar leid, ich bin die Mutter davon.' 'Oh, ist ja schrecklich, schrecklich. Ich sehe das Kind ja immer. Das ist ja furchtbar, nicht. Die ist ja wohl nicht richtig im Kopf.' 'Tja', sage ich, 'es ist ja wohl traurig, aber was soll man machen?' Also, ich denke mir, daß früher die Nachbarn das auch so gesehen haben und haben mich denn gefragt."*
I: *„Und Sie? Was haben Sie daraufhin gesagt?"*
M: *„'Ja, das ist so, sie ist in der Klinik und wird behandelt. Und wir hoffen, daß die Behandlung gut anschlägt.' Mehr habe ich dazu nicht gesagt."* (View 9)

Zwar führen die auffälligen und sonderbar anmutenden Veränderungen und Eigentümlichkeiten des Angehörigen, kombiniert mit den zum Teil als unqualifiziert empfundenen Bemerkungen und Reaktionen des Freundes- und Bekanntenkreises, dazu, daß sich die Familien immer mehr von ihrem Umfeld zurückziehen; jedoch lassen sich nicht alle Bindungen einseitig auflösen. Dies wird durch mehrere Faktoren bestimmt: Einmal durch den Umstand, daß sich Außenstehende wie Lehrer und Ausbilder oftmals mit dem Hinweis an die Familien wenden, daß „da etwas nicht stimmt" und eine Rückmeldung von den Eltern erwarten. Zum anderen erhalten sie weitere Hinweise aus dem Umfeld des Familienmitgliedes, von dessen Nachbarn, Mitbewohnern und Freunden. Mehrfach ist es die Polizei, die die Familie über den Verbleib ihres Angehörigen informiert oder ihn ihr überstellt. Oftmals sind die Familien aufgrund der Sorge und zunehmenden Hilflosigkeit dermaßen gereizt und angespannt, daß sie sich in einem Dauerstreßzustand befinden. Dieser bleibt dem Umfeld nicht verborgen und nötigt den Patientenfamilien Erklärungen und Stellungnahmen ab.

Innerhalb eines kleinen Umfeldes unterliegt der einzelne einer genaueren Beobachtung und Kontrolle, besonders dann, wenn er eine leitende berufliche Position oder eine leitende Funktion in einem Verein einnimmt. Eine exponierte berufliche Stellung führt in einer kleinen Gemeinde eher dazu, daß sich die gesamte Familie einer größeren Beobachtung ausgesetzt sieht, als es bei einem vergleichbaren Berufsstand in einer städtischen Gemeinde der Fall ist. Jedoch muß dies nicht zwangsläufig zur Passivität führen, wie die nachfolgende Äußerung eines Vaters aufzeigt:

V: *„Da stört die Kleinstadt. Wissen Sie, wenn das Göttingen wäre. Der am Eckhaus, der könnte vielleicht nochmal was fragen. Aber sonst fragt einen keiner. Und das ist in einer Kleinstadt schlecht. Das hat schon sehr oft dazu geführt, auch daß wir Schwierigkeiten kriegten, weil ich eben sagte, in bestimmten Bereichen will ich einfach teilnehmen. Da will ich hin, und das hilft mir."* (View 12A)

Trotz der zu erwartenden Nachteile und der Peinlichkeit, auf das Verhalten seiner Tochter angesprochen zu werden, läßt sich dieser Vater nicht davon abbringen, weiterhin seinen Verpflichtungen und Hobbys im öffentlichen Leben nachzukommen. Im Gegenteil, er gelangt zu der Erkenntnis, daß es ihm „hilft", sich nicht der Isolation auszusetzen. Diese Feststellung treffen auch andere Patientenfamilien, allerdings erst bei fortschreitender Erfahrung mit der Krankheit. Sie konstatieren mit wachsender Vertrautheit des Umgangs mit ihrem kranken Familienmitglied einhellig, daß ihre anfängliche Isolation vom Umfeld zu keiner Besserung des Allgemeinzustandes innerhalb der Familie geführt hat.

Die Mehrzahl der berufstätigen Eltern, die interviewt wurden, nämlich acht (von 14), gibt an, alle oder einige ihrer Arbeitskollegen über die Erkrankung ihres Familienmitglieds informiert zu haben. Bei Nachfragen stellt sich allerdings heraus, daß tatsächlich nur drei Patienteneltern am Arbeitsplatz ihre Kollegen informiert oder um Rat befragt haben. Das hängt damit zusammen, daß sie mit einem oder mehreren der Mitarbeiter in einem über das Arbeitsverhältnis hinausgehenden freundschaftlichen Verhältnis stehen. Nur in einem Fall ist die Angehörige offensiv auf ihre Arbeitskolleginnen zugegangen und hat sie über die Sachlage zu Hause und den Krankheitsstand der Tochter vollständig informiert. Der größte Teil ergeht sich in vagen Andeutungen, ohne nähere Beschreibungen hinzuzufügen. Für die Patientenfamilien ist es zumeist peinlich und erfüllt sie mit Scham, zuzugeben, daß ihr Kind psychisch krank ist. Sie sind ratlos, und ihre Unkenntnis über den tatsächlichen Zustand ihres Angehörigen macht es ihnen unmöglich, eine klare Stellungnahme abzugeben. Selbst nach dem Psychiatrieaufenthalt ihres Familienmitglieds scheuen sie sich, eindeutige Krankheitsbezeichnungen auszusprechen. Sie weigern sich, ihr Kind als psychisch krank anzuerkennen, was damit zu erklären ist, daß sie mit psychischer Krankheit eine irreversible und zugleich progredient verlaufende cerebrale Dysfunktion assoziieren. Zudem entledigt sich die Familie mit der Anerkennung eines solchen Zustandes eines wesentlichen Elements, nämlich der Hoffnung auf Besserung. Ihr Kind, so die häufige Begründung, sei nicht geisteskrank und könne es auch deshalb nicht sein, weil es mit Hilfe von Medikamenten in der Lage sei, frühere Tätigkeiten weitgehend wieder aufzunehmen und auszuführen.

M: „*Schlimm war [es] mit ihrer Krankheit, wie sie im LKH war. Da war sie ängstlich, verschüchtert, nichts mitgemacht, still. Sie ist schon krank. Nur sie ist nicht so krank, daß sie sich meinetwegen im LKH oder in der Psychiatrie aufhalten muß. Wenn sie ihre Tabletten regelmäßig nimmt, ist sie umgänglich und kann sie auch Arbeiten verrichten.*" (View 2)

M: „*Jede andere Krankheit, da wird darüber gesprochen. Aber dieser Zustand (...), mit so einem psychisch Kranken (...). Heute sehe ich das auch schon anders. Nun kenne ich auch diesen Zustand und diese Krankheit und kenne auch andere psychisch Kranke heute. Da kann ich dann leichter darüber reden. Aber damals konnte ich das nicht. Ja, das ist eine ganz andere Krankheit, als wenn jetzt einer ein Bein gebrochen hat oder er hat eine innere Krankheit. Da wird darüber gesprochen. Aber dieses ist*

ein Zustand, na ja, der hat sie ja nicht alle, so ungefähr. Der ist nicht ganz normal. "
(View 15)

Allgemein scheint die Tendenz zu bestehen, zunächst die Kollegen nicht weiter über das Familienmitglied zu informieren. Erst wenn es sich nicht mehr vermeiden läßt, wenn schon monatelang Erfahrungen mit dem sonderbar erscheinenden Familienmitglied gesammelt worden sind und man das Gefühl hat, daß über einen gesprochen wird, werden die Arbeitskollegen näher in Kenntnis gesetzt. Eine in ihrer Art untypische, aber gleichwohl sinnfällige Vorgehensweise dokumentiert das folgende Zitat:

V: *„Na ja, zuerst wurde das ein bißchen verdeckt gehalten. Man spricht da nicht so gerne [darüber]. Man hat da eben nur im engsten Familienkreis gesagt: 'So, die Tochter (...).' Sonst hat man möglichst nichts gesagt. Erstmal sehen. Und nachdem das nun aber nach einem Jahr [nicht besser wurde], nachdem wir nun den zweiten und dritten Rückfall erlebt haben, da habe ich von meiner Seite gesagt: 'Was soll das [, was] für ein Blödsinn hier.' Man kann das offen aussprechen. Das ist eine Krankheit, (...) und da können wir nicht drumherum reden. Das können wir nicht verschweigen, das ist einfach so. (...) Da habe ich gesagt: 'Das ist so, die Tochter ist krank, und da kann man gar nichts machen. (...) Die ist in der Nervenklinik.' Na ja, dann wurde da weitergetuschelt. Ich sage: 'Das ist klipp und klar. Das ist ein Fehler, sie ist nicht doof. Sie kriegt zeitweise ihre Anfälle hier, ihre Rückfälle, und dann ist mit ihr nichts anzufangen. Das ist eine Nervenkrankheit, und da kann man nichts machen.' Nachdem das alle wußten hier, dann war dann auch Ruhe. "* (View 9A)

Von dieser schon nahezu übertrieben wirkenden Art der Bekanntmachung und Veröffentlichung der Zustandsbeschreibung seiner Tochter erhofft sich der Vater eine Abnahme des Interesses an seiner Familie. Der vermeintlich geheimnisumwitterte Zustand soll durch diese Form der Publizität – durch diese Offensivverteidigung – an Brisanz verlieren. Einer antizipierten Stigmatisierung kann offenbar dadurch begegnet werden, daß demonstrativ der vorliegende Sachverhalt angesprochen wird, in der Hoffnung, den zu erwartenden Stigmatisierungseffekt abzuschwächen. Damit besteht nach der anfänglichen Geheimhaltung die Tendenz, den bestehenden Tatbestand offenzulegen. Die Reaktionen der Nachbarn und Kollegen fallen daraufhin unterschiedlich aus, wobei die freundliche Anteilnahme überwiegt:

M: *„ Und die C., unsere Nachbarn. Da bin ich ab und zu mal hingegangen. 'Mensch, was soll ich denn da machen?' und so. Sagt sie: 'Irgendwie schaffst du das.' Hat sie mir ein bißchen Mut gegeben. "* (View 1)

M: *„Ja, sie [Nachbarin] hat mal zu mir gesagt: 'Was ist bloß mit U. los?' Ich glaube, die wurde das gewahr, daß sie den Selbstmordversuch gemacht hatte und ich war nicht hier. Und meine Hauswirtin oben, die hatte gesagt: 'Menschenskind, die U., die war mal bei uns und wollte unbedingt was trinken. Ob ich ihr eine Flasche Kognak verkaufen könnte.' Und dann hat sich ihr Mann mit U. hingesetzt. "* (View 6)

V: *„Von den Arbeitskollegen direkt so, da war es dann so: 'Na ja, wenn man in der Nervenklinik ist, kann [man] ja nur verrückt sein. ',,* (View 9A)

M: *„Mein Mann hat einen Arbeitskollegen, mit dem wir auch privat Kontakt haben. Ja, dem tat das leid. Die waren aber auch total hilflos. Die wußten nicht, soll ich jetzt fragen oder wie soll ich mich jetzt verhalten. "* (View 11)

In der letzten Äußerung klingt an, daß durchaus Verständnis darüber herrscht, nicht zuviel von den Freunden und Arbeitskollegen erwarten zu können. Denn schließlich sind diese gleichermaßen verunsichert und darin überfordert, den Patientenfamilien eine angemessene und sinnvolle Hilfe zukommen zu lassen. Allein kleine nachbarschaftliche Gesten der Zuwendung und mitfühlender Aufmerksamkeit geben den Patienteneltern das Gefühl großer Hilfestellungen.

Auffällig ist, daß diejenigen Eltern (View 9/9A, 14A), die vorgeben, sich aufgrund abfälliger Bemerkungen und mangelnden Mitgefühls von ihrem Umfeld zurückzuziehen, besonders große Schwierigkeiten im Umgang mit ihrem Familienmitglied aufweisen. Ihnen scheint es außerordentlich wichtig zu sein, kontrolliert nach außen zu wirken und den Schein der Ordnung und des Unauffälligen zu wahren. Gleichfalls sind nicht so sehr die ökonomischen, sondern die mentalen Einstellungen bestimmende Faktoren für den Umgang und die Auseinandersetzung mit dem auffälligen Familienmitglied und dem Umfeld.

Dieselben Patientenfamilien, die sich der Handlungsweise ihres Angehörigen schämen (View 1, 2A, 5, 7, 9A, 14A) und sich vorwiegend aus diesem Grund von der Außenwelt zurückziehen, geben mit ihrem Verhalten implizit zu erkennen, daß sie mit dieser darin übereinstimmen, daß sich ihr Angehöriger nicht wunschgemäß verhält. Gleichzeitig glauben die Familien zu wissen, wie sich die Außenwelt verhalten und was diese über sie als Patientenfamilie denken wird, was wiederum nur ein Ausdrucksverhalten projizierter Annahmen eigenen Verhaltens widerspiegelt. Von daher bezeugt die Kritik an dem Verhalten der Außenwelt zugleich eine Kritik an der eigenen Person und den internalisierten Werten und Normen.

8.3   Zusammenfassung

Es lassen sich für das hier untersuchte Sample folgende Feststellungen treffen:

Nahezu alle Patientenfamilien verheimlichen anfänglich die aufkommenden Störungen und reagieren mit Rückzug von ihren bisherigen Bezugspersonen und Freizeitaktivitäten. Dies wird damit begründet, daß sie glauben oder meinen erfahren zu haben, daß sich das Umfeld anders verhält, als sie es erwarten. Mit der verstärkten, allerdings nicht immer liebevollen Zuwendung erhoffen die Familien, bessernd und stabilisierend Einfluß auf das Familienmitglied nehmen zu können. Der Versuch, die veränderten Verhaltensweisen des Angehörigen in den Griff zu bekommen und die Schadensbegrenzung möglichst effektiv zu gestalten, bindet ihre gesamten Kräfte. In dieser Zeit des Umbruchs und der versuchten Neuordnung werden andere bisher betriebene

Aktivitäten weitgehend ein- bzw. zurückgestellt. Es findet, dadurch bedingt, bei allen hier befragten Patientenfamilien eine Kommunikationsunterbrechung gegenüber Bekannten und Freunden statt.

Bleiben allerdings die erhofften Veränderungen über einen längeren Zeitraum aus und verschlechtert sich darüber hinaus der Zustand des Kindes, wenden sich die meisten Familien von ihrer bisherigen Strategie der Geheimhaltung und Isolation ab und bemühen sich, Hilfe von außen zu erhalten. Die Aufgabe der Geheimhaltung geschieht geradezu zwangsläufig: Das auffällig störende Familienmitglied verletzt nicht nur innerhalb des Familienverbandes, sondern auch nach außen hin Konventionen, wodurch es unmöglich wird, bisherige Gewohnheiten aufrechtzuerhalten. Selbst die ängstlichen und depressiv wirkenden Zustände, die weniger in der Öffentlichkeit ausgetragen werden, werden sensibel registriert. Überdies bleiben dem Umfeld (Nachbarn, Freunden, Kollegen) die Schwierigkeiten der Eltern nicht verborgen, so daß auch von dieser Seite eine Auseinandersetzung provoziert wird. Erst mit der Einweisung des Angehörigen in eine psychiatrische Klinik findet das erste prozessuale Bemühen familialer Bewältigung einer Störung seinen Abschluß.

Die Hinwendung an die Institution Psychiatrie kennzeichnet einen neuen Entwicklungsabschnitt in der Beziehung zwischen Eltern und Kind. Dadurch drängen sich weitere Fragen auf: Wie gestaltet sich der Einweisungsvorgang? Welche Personen sind daran vorrangig beteiligt? Welche Probleme sind damit verbunden? Diese gilt es im folgenden zu beantworten.

8.4   Der Einweisungsvorgang

In den nachfolgenden Kapiteln wird neben der Beantwortung der schon angeführten Fragestellungen aufzuzeigen sein, wie schwer sich die Familien tun, eine Einweisung ihres Familienmitglieds in eine psychiatrische Klinik vorzunehmen, welche Gründe dafür verantwortlich gemacht werden können und welche Ausnahmen bestehen.

8.4.1   Die Situation vor der Einweisung

Keine der befragten 16 Patientenfamilien, mit Ausnahme von View 9, gibt zu erkennen, daß sie beim Aufkommen seltsam anmutender Verhaltensweisen an eine sofortige Überweisung ihres Angehörigen in eine institutionelle Einrichtung oder an eine (psychiatrische) Klinik gedacht hätten. Ihre ersten Handlungen belegen, daß Überlegungen dieser Art anfänglich nicht eingeplant waren. Vielmehr sind alle Patientenfamilien darum bemüht, Gegenmaßnahmen einzuleiten, um ihrem Kind bei der Stabilisierung seines Zustandes behilflich zu sein und zugleich den damit verbundenen Störungen für die gesamte Familie entgegenzuwirken.

Die Belastungen und die Zuständigkeiten für den Angehörigen sind allerdings innerhalb der Familien ungleich verteilt. In den meisten Fällen sind es die Mütter und

Ehefrauen, die infolge ihrer Position innerhalb der Familie den größeren zeitlichen Aufwand für die Betreuung des designierten Patienten aufwenden. Der Mutter und Ehefrau kommt jedoch nicht nur zu Anfang der Betreuung des Angehörigen eine zentrale Bedeutung zu, sondern zumeist dauerhaft, sogar auch dann, wenn sie berufstätig ist. Die Gründe hierfür sind unterschiedlicher Natur. Zum einen stellt die Mutter meist den ersten Ansprechpartner seitens des Kindes dar, zum anderen ist sie, besonders wenn sie nur teilzeitbeschäftigt ist, eher verfügbar. Zudem bestätigt sie die an sie nicht nur latent gerichteten Rollenerwartungen, für die sozialen Belange zuständig zu sein, indem sie sogleich die Erwartungs- und Hilfsappelle aufnimmt und damit ihre Verantwortlichkeit demonstriert.

Die Aufgabe des Vaters und Ehemannes hingegen besteht überwiegend darin, weiterhin die ökonomische Sicherstellung der Familie zu gewährleisten, wobei gleichfalls erwartet wird, daß er ebenfalls Einfluß auf die häusliche Lage nimmt. Da allerdings in heutiger Zeit nicht mehr nur allein dem Familienvater die finanzielle Absicherung der Familie obliegt, sondern in vielen Fällen auch diese Kompetenz in den Zuständigkeitsbereich der Ehefrau und Mutter übergegangen ist, kann von der klassischen Zweiteilung der Aufgaben in aushäusige und inhäusige Bereiche nicht generell und voraussichtlich zukünftig immer weniger ausgegangen werden. Deshalb wird besonders von den berufstätigen Patientenmüttern moniert, daß nur sie die Hauptlast für den Angehörigen zu tragen haben.

M: „*Mein Mann? [lacht] Konnten sich gar nicht mit ihm unterhalten. Das ist das Traurigste dabei. Und jetzt die letzte Zeit, jetzt im Moment geht [es], aber die letzte Zeit, da war es (...). 'Bring sie nach Rosdorf', hat er immer gesagt. Und das ist das Schlimme bei mir. Wenn ich noch einen Partner hätte, mit dem ich mich unterhalten könnte, das schaffen wir schon zusammen und so (...). Man kann auch so nicht darüber reden. Mal sagen: 'Was meinst du?' und 'Wie schaffen wir das?' oder (...), überhaupt nicht. Dann kriege ich einen auf den Deckel, und dann ist man schon von selber ruhig. Dann mache ich das lieber alles alleine.*" (View 1)

M: „*Mein Mann hat eigentlich seine Arbeit und sonst nichts. Mein Mann wollte nie etwas damit zu tun haben. Mit Problemen durfte ich ihm nie kommen (...). Die Kinder sagen: 'Mama, du hast keine fünf Kinder gehabt, du hast sechs Kinder gehabt.' Ihn selber auch noch bedienen. Jedenfalls hat er sich nie um die Kinder gekümmert. Er hat immer gearbeitet und so. Aber was so in der Familie los war, das weiß ja niemand.*" (View 7)

M: „*Ach, mit meinem Mann konnte ich nicht viel darüber reden. Hundepeitsche her, und dann wurde sie erstmal verprügelt. Und das war für mich ja nun der Weltuntergang. Daß ich gedacht habe, nee, mit so einem Menschen kannst du ja gar nicht mehr leben, wenn er so was macht. Flog sie ja mit dem Kopf an die Mauer und ach nee, es war schändlich.*" (View 9)

Insbesondere in der letzten Aussage wird die Rollendiskrepanz der Mutter und Ehefrau deutlich, die darin besteht, daß sie ihre eigene Ehebeziehung in Frage stellt, da die Vorgehensweisen ihres Partners zur Wiederherstellung der gestörten Familiensituation nicht mit ihren eigenen Vorstellungen übereinstimmen. Die Mutter befindet sich hier in einem deutlichen Loyalitätskonflikt. Der permanente Anspruch, nach Lösungen und nach Auswegen aus diesem für sie inkompatiblen Verhältnis zwischen Kind und Mann zu suchen, verschärft zunehmend die Krisen untereinander und erfordert, neben der Einzelerklärung für das sonderbare Benehmen des Familienangehörigen, auch eine Gesamtklärung für das weitere Vorgehen der Familie insgesamt. Ein kommunikativer Austausch darüber scheint unter den gegebenen Umständen nicht möglich zu sein.

Dort, wo unterschiedliche Stile im Umgang mit dem Familienmitglied praktiziert werden, treten weitere große Spannungen auf. Diese führen dazu, die Familie als System in den Hintergrund zu drängen und als eine Anhäufung von Individuen mit ungleichen Praktiken zur Restabilisierung des gewünschten Zustandes in Erscheinung treten zu lassen. Der gewünschte Erfolg stellt sich allerdings nicht ein. Dadurch erhöht sich der Spannungsbogen, und die Belastungen nehmen für jeden einzelnen in der Familie zu. Es wird nicht miteinander an der Auflösung des Problems gearbeitet, sondern verschiedenartig und zum Teil gegeneinander agiert.

Für die meisten Patientenfamilien stellen sich die Brüche und Schwankungen im Verhalten des designierten Patienten als besonders belastend dar. Die unerwartete Wechselhaftigkeit im Verhalten, wie etwa das – im Verständnis der übrigen Familie – überängstliche Benehmen, verlangt ihnen neue Reaktionsweisen ab, die mit den herkömmlichen Maßnahmen – Mut zusprechen, umsorgen, Entlastung durch Ablenkung, bis hin zu Drohungen und körperlichen Auseinandersetzungen – nicht mehr abgedeckt werden können. Die Familien sehen sich am Ende ihrer Möglichkeiten, was sich letztlich in der Suche nach einer hilfebringenden Institution dokumentiert.

Insbesondere der Suizidversuch des Angehörigen veranlaßt die Familien zu sofortigen Kontakten mit Not- bzw. Hausärzten und läßt sie in vielen Fällen erstmals in Berührung mit medizinischen Helfern kommen. In diesem Zusammenhang gilt es deutlich zu machen, daß der Selbsttötungsversuch zwar einen, wenn nicht sogar *den* Höhepunkt innerhalb des auffälligen Erscheinungsbildes des Kindes für die Angehörigen ausmacht, er aber nicht immer zwangsläufig am Ende einer Kette vorangegangener Skurrilitäten steht, sondern völlig unerwartet und unkalkulierbar über die Familie hereinbrechen kann (View 13). Selbst wenn der Angehörige bei seinen Eltern im gemeinsamen wirtschaftlichen Betrieb miteingebunden lebt und arbeitet, somit untereinander ein permanenter Bezug herrscht, bietet das noch keine Gewähr dafür, Anzeichen wahrnehmen zu können oder zu müssen, die einen Suizidversuch des Kindes nahelegen würden (View 5). Vielmehr sind hierbei die eigenen, von dem zukünftigen Patienten selbst eingeleiteten Gegenmaßnahmen zur Bewältigung seines Zustandes mitzuberücksichtigen. Diese können weitgehend unbemerkt von den übrigen Familienmitgliedern ablaufen, so daß der Zusammenbruch des Angehörigen für sie oftmals überraschend eintritt, vor allem dann, wenn aufgrund vorherrschender anderer – ökonomisch und/oder familial kritischer – Bedingungen einer gegenseitigen Sensibilität gegenüber dem Gemütszustand einzelner Familienmitglieder wenig Raum bewilligt wird (View 1, 2, 9, 13, 14A).

Das vor der Einweisung geleistete familiale Bemühen um Einflußnahme auf das Kind ist eng verknüpft mit dem Erscheinungsbild der Krankheit. Zudem ist es eng verbunden mit den als normverletzend empfundenen Aktionen, den damit für die Familienmitglieder einhergehenden Störungen, der zeitlichen Dauer, wie auch mit der Verfügbarkeit von Ressourcen, worunter die sozialen Einbindungen, materiellen und intellektuellen Möglichkeiten der Familie verstanden werden. Damit relativiert sich die Aussage eines einheitlichen Bewältigungsvorganges und offenbart sich die Verschiedenartigkeit familienspezifischer Eigenarten. Erst die Berücksichtigung dieser individuell-familialen Verhältnisse, ihres situativen Kontextes wie auch der speziellen Ausgestaltung der Auffälligkeitsmerkmale des Kindes bietet Möglichkeiten, zu einem umfassenderen Verständnis für die Familien mit psychisch Kranken vorzudringen. Von daher ist es für das Verstehen der Handlungsweisen dieser Familien wenig relevant, nur eine Auflistung ihrer Copingmaßnahmen und deren Übereinstimmungen bzw. Unterscheidungen vorzunehmen. Familien mögen sich in der Anzahl ihrer Mitglieder, ihrem Alter, ihrer Einkommenslage und anderen Parametern ähneln; doch sie gleichen sich dadurch nicht zwangsläufig in ihrem Bemühen um Entwicklung und Anwendung von Copingmechanismen.

Die Beantwortung der Frage nach den gleichen oder unterschiedlichen Merkmalen im Vorgehen der Familien bei der Einweisung ihres Kindes ist eng verbunden mit der Frage nach dem Motiv der Eltern, eine Klinik aufzusuchen. Dies geschieht zum einen immer dann, wenn die bisherigen Maßnahmen der Eltern keine Erfolge erzielt haben, zum anderen, wenn die Störungen und Schwierigkeiten mit dem Angehörigen den Toleranzspielraum der Eltern, ihre körperliche wie auch psychosoziale Belastbarkeit zu zerbrechen drohen und damit die soziale Einheit der Familie als Ganzes in Frage gestellt scheint. Ein sofortiger Kontakt mit der Klinik wird – wie schon erwähnt – auch dann hergestellt, wenn der Angehörige versucht hat, sich das Leben zu nehmen. Die Zeitdauer von ersten Auffälligkeitswahrnehmungen bis hin zur Einweisung in eine psychiatrische Klinik sagt deshalb, allein betrachtet, noch relativ wenig darüber aus, wie ausdauernd, geduldig und tolerant die Familie sich gegenüber ihrem Angehörigen verhalten hat. Ebensowenig ist dadurch über die den Familien zur Verfügung stehenden Kapazitäten an Ressourcen zu erfahren. Denn diese werden erst genutzt, wenn ständige und zugleich tiefgreifende Schwierigkeiten und Probleme in der Auseinandersetzung mit dem auffälligen Angehörigen auftreten.

Wie es zur Einweisung in ein psychiatrisches Krankenhaus kommt, wer daran unmittelbar beteiligt ist und welche Schwierigkeiten damit verbunden sind, bildet den Schwerpunkt nachfolgender Betrachtungen.

8.4.2 Die an der Einweisung beteiligten Personen

Die Übereignung des Angehörigen an eine psychiatrische Einrichtung kann als Endglied einer langen Kette von gescheiterten Maßnahmen und Bewältigungsversuchen angesehen werden, denen eine Fülle von Ereignissen vorangegangen sind (vgl. Kapitel

7). Außer dem Suizidversuch des designierten Patienten, der sicherlich den Höhepunkt innerhalb der Geschehnisabläufe darstellt und den sofortigen Kontakt mit Not- oder Hausärzten bewirkt, die dann ihrerseits eine Einweisung in eine psychiatrische Klinik anordnen, kommen noch drei weitere Formen der Einweisung vor:

1. Der Betroffene sucht selbst um Hilfe in einer psychiatrischen Klinik nach. (Relativ selten bei der Ersteinweisung, häufiger jedoch mit zunehmender Psychiatrieerfahrung.)

2. Durch Exekutivkräfte wie die Polizei. (Gleichfalls selten und immer weniger vorkommend mit zunehmender Häufigkeit der Klinikaufenthalte.)

3. Durch die Patienteneltern und die Mitwirkung von Freunden, Bekannten und Verwandten. (Gängig und üblich bei der Ersteinweisung und bei nachfolgenden Klinikaufenthalten.)

Auch wenn kein Selbsttötungsversuch unternommen wurde, müssen die Familien nach und nach zur Kenntnis nehmen, daß sie allein nicht in der Lage sind, ihrem Angehörigen eine adäquate Hilfestellung zukommen zu lassen. Sie wenden sich daher, nachdem sie bei Freunden und Verwandten um Hilfe, Rat und Beistand nachgesucht haben, an den Hausarzt, der sie seinerseits an einen Psychologen, einen niedergelassenen Nervenarzt oder an eine psychiatrische Klinik verweist. Während Empfehlungen ersterer Art noch angenommen und befolgt werden, zögern viele Familien, das Familienmitglied einer psychiatrischen Institution zu übereignen. Es werden bis zuletzt Möglichkeiten gesucht, den Gang in die Psychiatrie zu vermeiden. Diese Verzögerung eines psychiatrischen Klinikaufenthalts kann als letzter Versuch zur Vermeidung der Auseinandersetzung mit einer vorliegenden psychischen Krankheit gewertet werden. Hierzu exemplarisch die Äußerung einer Patientenmutter:

M: *„Ich sage: 'Nein, wir bringen sie nicht ins Krankenhaus. Ich nehme mir jetzt Urlaub, und wir versuchen das zu Hause.' Dann haben wir das also vier Tage und vier Nächte versucht, sie ruhig zu kriegen. Immer wieder was anderes, es war nichts zu machen. Mittlerweile hatte sie bestimmt sechs Nächte nicht geschlafen. Beim siebten [Tag] war sie oben im Krankenhaus, da haben wir sie einweisen lassen."*
(View 11)

Dieser zunächst letzte in die Wege geleitete Schritt der Eltern vor der Überantwortung des Angehörigen an die Psychiatrie kennzeichnet den verzweifelten Versuch eines Bewältigungsbemühens und ist keineswegs als Abschiebung eines als untragbar empfundenen Familienangehörigen einzustufen. Dies gilt für alle hier interviewten Familien. Jedoch stehen diese Bemühungen und die dabei zur Anwendung gebrachten Mittel, wie auch ihre Qualität, oftmals in auffallendem Widerspruch zueinander. Ihre Spannbreite verdeutlicht die Unsicherheit, die Hilf- und Ratlosigkeit ihrer Benutzer.

Daß die Hospitalisierung eines Angehörigen als ultima ratio eines familalen Bewältigungsvorganges anzusehen ist (vgl. Hohl, 28 f.), der trotz der damit verbundenen Selbststigmatisierung eingeleitet wird, läßt sich auch für das vorliegende Sample konstatieren. Beispielhaft hierfür zwei Aussagen:

V: „*Wir waren nachher so weit, daß wir gesagt haben: 'Wenn das so weiter geht, dann geht mit Sicherheit die Familie in die Brüche.' Das kann man auf die Dauer nicht aushalten. Da gibt es keinen, der einem hilft. Man war so gestreßt, daß einem nachher das gar nichts mehr ausmachte. Man war so fix und fertig, das war im Grunde egal. Hauptsache, sie war erstmal in der Klinik.*" (View 9A)

M: „*Da habe ich ihr eine geknallt. Weil ich so wütend war in dem Moment. Die hatte mich in diesen drei Tagen mit ihren Reden auf 180 gebracht. Sie konnte keine fünf Minuten auf dem Stuhl sitzen. Und so ging das den ganzen Tag und die ganze Nacht. Das ging von Dienstag dann nochmal bis Donnerstagmorgen. Und dann konnten wir nicht mehr. Da haben wir gesagt: 'Jetzt ist Schluß.' Wir konnten einfach nicht mehr.*" (View 11)

An der Übereignung an die Klinik sind allerdings nicht nur die Eltern, sondern – gleichrangig mit den Verwandten – Bekannte und Freunde der Eltern wie des Familienmitglieds beteiligt; außerdem Lehrer, Polizisten, Psychologen und Hausärzte. Besonders den Freunden der Familie und einem kleinen Teil der Verwandtschaft – Schwester oder Bruder eines Elternteils – kommt dabei eine zentrale Rolle zu. Sie sind zum Teil aktiv an der Überweisung in die Klinik mitbeteiligt. Während Hausärzte und Psychologen organisatorisch unterstützend den Weg in die Klinik vorbereiten, wirken Lehrer und Ausbilder verbal auf die Familie ein, entsprechende Schritte in die Wege zu leiten. Die Polizei tritt erst dann auf den Plan, wenn der designierte Patient durch schwerwiegende, teilweise kriminelle Verhaltensweisen auffällig geworden ist.

Die Verwandtschaft hingegen stellt kein generell unterstützendes Element für die betroffenen Familien dar. Während der vertrautere Verwandtschaftskreis, zu dem auch sonst enger Kontakt besteht, vergleichsweise schnell über die Verhältnisse der Familie informiert und um Hilfe und Auskunft gebeten wird, erfährt die weitere Verwandtschaft erst relativ spät von den Problemen der Familie. Die darauf folgenden Reaktionsweisen gestalten sich sehr unterschiedlich. Von Verständnis, Anteilnahme bis hin zu Ablehnung und massiven Vorwürfen bezüglich der bisher betriebenen „falschen" Erziehung lassen sich alle Schattierungen von Gefühlsäußerungen wiederfinden. Beiden Elternteilen wird von verwandtschaftlicher Seite, aus dem Freundes- und Kollegenkreis oftmals Kritik entgegengebracht oder unterschwellig vermittelt, daß letztlich sie Schuld an dem Zustand ihres Kindes hätten. Völlig unverständlich erscheint es einigen Verwandten, obgleich teilweise sogar vom Fach (View 3), daß die Eltern eine Einweisung ihres Kindes in die Psychiatrie vorzunehmen gedenken. Statt den Patientenfamilien Hilfe und Unterstützung zukommen zu lassen, werden ihnen häufig Vorhaltungen gemacht oder aber längst hinfällige bzw. abstruse Alternativen aufgezeigt, die an den tatsächlichen Bedürfnissen nach Beihilfe vorbeigehen.

V: „Also, in der Zeit, als die Depressionen auftauchten, und dann, als sie anfing, über diesen Nullpunkt nach der anderen Seite hin auszuschlagen, da rief meine Frau [einen Verwandten an], der ist Psychiater und gleichzeitig Patenonkel von B. Und der Erfolg war völlig negativ. Wir dachten, wir kriegten von ihm irgendwelche Hilfe. Und er schimpfte dann bloß. 'Immer diese Laien, die sich einbilden, hier [eine] Diagnose stellen zu können, von wegen manisch-depressiv' usw. Da sollten wir uns gar nicht einmischen und kurzum, wir fühlten uns zunächst einmal völlig im Stich gelassen." (View 3A)

V: „Na ja, Vorwürfe [von einem befreundeten Ehepaar]. Zumindest so: 'Du hast selber schuld. Du hättest nicht so streng sein sollen.' Später wurde mir dann vorgeworfen: 'Ach, du bist viel zu konservativ. Wenn sie mal einen Freund hat, dann hört das sowieso auf.'"(View 9A)

M: „Meine Schwiegermutter, die hat so unmöglich reagiert. Das erste, was sie gesagt hat: 'Du bist schuld daran, daß deine Tochter erkrankt ist.' Das wäre meine Erziehung. Unsere Verwandtschaft hat sehr negativ darauf reagiert. Schon allein, daß wir K. ins LKH gebracht haben. Meine Schwiegermutter hat uns Vorwürfe gemacht, wie wir sie nur dorthin bringen konnten. Oder auch unsere Schwägerin, die kam aus M. hier hoch und machte hier einen Terz, warum wir nun K. ins LKH gebracht hätten." (View 11)

Statt der erhofften Unterstützung durch die Verwandtschaft, von der eine besondere Empathie erwartet wird, erfährt die Mehrheit der Familien keine Hilfe. Dementsprechend groß ist die Enttäuschung. Besonders die von verwandtschaftlicher Seite vorgebrachten – zumeist als ungerechtfertigt empfundenen – Vorwürfe wiegen schwer und tragen mit dazu bei, daß sich bei den Eltern Schuldgefühle einstellen bzw. verstärken. Der Streit untereinander wie auch die Vermeidung jeglichen weiteren Kontaktes miteinander führen zu einer verstärkten Isolation und zu einem Rückzug ins Private bei den meisten Patientenfamilien.

Allerdings werden von den Patientenfamilien nicht ausschließlich negative Erfahrungen mit der Verwandtschaft registriert, so daß sich hier Differenzierungen ergeben, die im folgenden anhand der Einweisung des Angehörigen in eine psychiatrische Klinik dargestellt werden.

8.4.3 Probleme bei der Einweisung

Es raten nicht alle von der Familie um Hilfe gefragten Personen von einer Einlieferung in eine psychiatrische Klinik ab. Insbesondere diejenigen, zu denen ein intensiver Kontakt und ein gutes Verhältnis besteht und die die häusliche Situation überblicken sowie erkennen können, welchen Belastungen die Familie auf Dauer ausgesetzt ist, befürworten eine Einweisung und sind zum Teil aktiv daran beteiligt. In den seltensten Fällen sind es die Familienmitglieder allein, die eine Einlieferung des Angehörigen vornehmen. Zum einen liegt das an ihrer Unentschlossenheit, diesen für sie letzten – weil selbststigmatisierenden – Schritt der Überantwortung einzuleiten. Zum anderen hängt es damit zusammen, daß sich der Angehörige oftmals der Einflußnahme seiner Eltern entzieht bzw. sich deren Bevormundung verbittet. Der designierte Patient ist meist nicht dazu bereit, auf die Vorschläge seiner Eltern einzugehen. Deshalb versuchen diese, in Zusammenarbeit mit den o. g. Hilfspersonen, auf das Familienmitglied durch häufig sich über Stunden und sogar Tage hinziehende Überredung einzuwirken, sich in psychiatrische Behandlung zu begeben. Hinzu kommt, daß Volljährige nur mit persönlichem Einverständnis oder kraft eines Psychiatrischen Krankengesetzes (PsychKG) und der ihm zugrundeliegenden Bestimmungen in ein psychiatrisches Krankenhaus eingeliefert und von ärztlicher Seite behandelt werden dürfen. Gewöhnlich sind die Eltern nicht über die rechtlichen Voraussetzungen einer Unterbringung in die Psychiatrie informiert und kennen den Grundsatz der Selbst- und/oder Fremdgefährdung nicht.

Vergleiche dazu „Niedersächsisches Gesetz über Hilfen für psychisch Kranke und Schutzmaßnahmen (Nds. PsychKG)" vom 30. Mai 1978; dort heißt es in § 12 unter anderem: „Eine Unterbringung ist nur zulässig, wenn und solange 1. die gegenwärtige erhebliche Gefahr besteht, daß sich der Betroffene im Sinne des § 1 Nr. 1 schwerwiegenden gesundheitlichen Schaden zufügt, oder 2. das durch die Krankheit, Störung oder Behinderung bedingte Verhalten des Betroffenen aus anderen Gründen eine gegenwärtige erhebliche Gefahr für die öffentliche Sicherheit oder Ordnung darstellt, und die Gefahr auf andere Weise nicht abgewendet werden kann."

Die Unkenntnis davon bringt es mit sich, daß sich bei der vergeblichen Suche nach Hilfs- und Unterstützungsmöglichkeiten Unmut und Unverständnis bei den Patientenfamilien anhäufen, insbesondere dann, wenn sie – entgegen ihren eigenen Zweifeln – nach wochenlanger Einflußnahme und Überredung ihren Angehörigen endlich dazu veranlassen konnten, einer freiwilligen Kontaktaufnahme mit der Psychiatrie zuzustimmen. Denn es zeigt sich, daß die Realisierung einer klinischen Einweisung ein bürokratisches, formales Verfahren impliziert, dessen Struktur und Durchführung den meisten Familien bisher unbekannt war und dem sie sich nunmehr irritiert gegenübersehen.

V: „*Wir haben mit Erschrecken feststellen müssen bei der Aufnahme, daß da mit Kranken umgegangen wird, so im Sinne aus Rücksichtnahme auf irgendwelche Rechtsfragen. Probleme, wie alt ist ein Patient, und es ist ganz egal, in welchem Zustand ich ihn abliefere, er ist nicht entmündigt, er ist also zurechnungsfähig. Weder konnte man vernünftig mit dem Kind reden, die flatterte und zeigte alle Symptome dieser akuten Psychose, und dann zu sagen, ja, sie könne selbst entscheiden, ob sie hierbleibe oder nicht, und wir entgeistert den Arzt fragten: 'Wie ist denn so etwas möglich? Wie kann [man] denn einen Menschen, wo man Mühe hat, ihn überhaupt herzubringen, ohne ihn zu fesseln oder so etwas, die Frage [sic!] stellen: 'Sie brauchen nicht.' Er ist doch gar nicht in der Lage. Wir haben doch Stunden mit ihm [geredet].'*"(View 8A)

Nachdem der Entschluß auf seiten der Familien gefaßt worden ist, den Angehörigen einer psychiatrischen Klinik zu überstellen, werden zwei Probleme sichtbar: Zum einen die Schwierigkeit, das Familienmitglied davon zu überzeugen, professionelle Hilfe in Anspruch zu nehmen, vor allem dann, wenn es sich nach Meinung der Eltern wieder in einer kritischen Phase befindet; zum anderen, daß bei der Einweisung in eine psychiatrische Klinik noch einmal explizit das Einverständnis des volljährigen Familienmitglieds von seiten der Ärzte eingeholt wird, um eine anschließende Behandlung zu legitimieren. Nach Meinung mancher Eltern (View 8) ist gerade dazu oftmals das Kind nicht mehr in der Lage. Ihrer Einschätzung nach ist die Evidenz der Hilfsbedürftigkeit dadurch gegeben, daß sowohl die Verschlechterung des Zustandes ihres Kindes voranschreitet als auch seine Uneinsichtigkeit, Hilfe anzunehmen. Wenn dann unter beträchtlichen Mühen und Anstrengungen, unter Zuhilfenahme von Freunden und mittels großer Überredungskünste der Angehörige dazu veranlaßt werden konnte, Kontakt zur Psychiatrie aufzunehmen, sind die Frustrationen und das Unverständnis der Eltern besonders hoch, wenn diesem Ansinnen nach Unterstützung von klinischer Seite nicht sofort nachgekommen wird. Während ihrer Meinung nach eine Behandlung dringend geboten scheint, kollidiert dieses Interesse oftmals mit den Aufnahmemodalitäten.

Eingedenk der bisher zugrundeliegenden Erkenntnisse kann nicht schematisch davon ausgegangen werden, daß diejenigen Familien, die, verglichen mit anderen Patientenfamilien, eine relativ schnelle Einweisung ihres Kindes angestrebt haben, weniger Coping-Ressourcen zu Verfügung haben, wie auch der Schluß voreilig und unangebracht zu sein scheint, daß geschiedene oder zerrüttete Familien sich unweigerlich weniger ausdauernd im Umgang mit ihrem designierten Patienten verhalten als andere Familien. Die alleinige Betrachtung eines einzelnen Parameters wie etwa der Auffälligkeitsmerkmale des Angehörigen sagten wenig darüber aus, wie schnell eine institutionelle Hilfe in Anspruch genommen wird. Das Interesse an der Überantwortung des Kindes an eine psychiatrische Klinik ist bei allen Familien im wesentlichen von drei Faktoren gleichzeitig abhängig:

1. Von dem Erscheinungsbild der Störung.
2. Von dem Schweregrad der persönlichen Verletzungen.
3. Von der Intensität und Dauer der Auffälligkeiten.

Anhand der Darstellung einiger Beispiele soll verdeutlicht werden, daß die Verwobenheit dieser Zusammenhänge bedeutsam für das Verständnis der Komplexität von Bewältigungsvorgängen innerhalb der Familien beim Aufkommen extremer Verhaltensstörungen ist. Folgenden Fragen gilt es nachzugehen:

1. Worin gleichen oder unterscheiden sich die Familien im Umgang mit ihrem auffälligen Angehörigen?
2. Was war ausschlaggebend für den Entschluß, sich an eine psychiatrische Klinik zu wenden?

146

3. Lassen sich aus diesen Verhaltensweisen allgemeingültige Kriterien entwickeln, die bei Befolgung eine möglichst effektive Hilfe für alle Beteiligten ergeben könnten?

Exemplarisch hierzu werden längere Passagen von vier Patientenfamilien angefügt. Dabei sind zwei getrennt lebende Herkunftsfamilien und zwei vollständige Familien ausgewählt worden. Durch ihre Darstellungen sollen, neben der Beantwortung jener (3) Fragen, auch die bisher erlebten Frustrationen der Familien zum Ausdruck kommen, die durch ihre vergeblichen Bemühungen um Veränderung hervorgerufen werden, darüber hinaus ihre vergebliche Suche nach Hilfsmöglichkeiten sowie die damit einhergehenden Gefühlsambivalenzen, kurz: die Palette der Umstände, denen sich die Familien vor der Einweisung ihres Angehörigen in die Psychiatrie ausgesetzt sahen.

8.4.3.1 Familie I (B) (Tochter, 23 Jahre)

M: *„Ja, sie treibt sich nur rum und ist auf dem hohen Roß und macht ihre Arbeit nicht ordentlich. [Sie hat mir] einen Zettel geschrieben, und die Schrift, ich denke, das gibt es doch gar nicht. Das ist doch gar nicht mehr meine Tochter. Das ist ja unmöglich. 'Ja, Mutti, mache dir keine Sorgen. ich habe einen kennengelernt, und ich ziehe nach L.' Ja, da hat sie drei Wochen gewohnt, da hat er sie rausgeschmissen, so wie sie sich benommen hat. Da hat sie auch Alkohol getrunken, das hat sie sonst nie gemacht. Zwischendurch war immer unser Theater, das ging ja sieben Jahre mit meiner Ehe, meinem Mann und mir. Bis ich dann endlich den Absprung geschafft hatte. Habe ich sie auch mit vielem belastet (...). Dann rief die Chefin mich an, also es wäre unmöglich mit meiner Tochter. Geklaut hat sie auch und Sachen genommen, die ihr gar nicht gehören. Sie wurde da entlassen. Sie hat ja so viele Stellen gehabt in dieser Zeit, bis wir endlich wußten, was überhaupt los ist. Also vier Wochen da, vier Wochen da. Dann kam sie wieder zu mir und hat gleich wieder angefangen zu arbeiten. Jedenfalls die Stellen gewechselt wie die Handtücher. In einem Jahr vielleicht – ich will nicht übertreiben – acht oder neun Stellen. Ja, das ging dann jahrelang. Ich war dann auch mal aggressiv. Ja, das war wohl zu viel. Dann kam sie am nächsten Tag wieder an. 'Ich zieh' zu Papa.' Ja, dann zog sie zu ihrem Vater. [Die Tochter zog mehrfach um, mal zum Vater, dann wieder zur Mutter oder zu einem Freund]. Dann war ich beim höchsten Chef beim Gesundheitsamt. Ich sage: 'Können Sie mir nicht helfen? Meine Tochter läßt sich nicht helfen.' Selbst der Boss vom Gesundheitsamt nicht. Der sagt: 'Ich kann Ihnen nicht weiterhelfen.' Da habe ich dann auf eigenen Füßen alles machen müssen. Dann habe ich mir einen Rechtsanwalt genommen, weil ich nicht mehr weiter wußte. Entmündigt haben wir sie nicht, aber sie wurde geschäftsuntüchtig gemacht. Denn sie hatte ja inzwischen drei- oder viertausend Mark Schulden. Nun weiß ich nicht (...), wie war denn das? Oh Gott, das war ja so viel. Einmal war es mit Dr. N. Sie war ja auch schon volljährig. Es war so viel passiert. Bis dann der Anruf kam eines Tages: sie nimmt sich das Leben."*
I: *„Wie hat sie das denn begründet, daß sie sich umbringen wollte?"*
M: *„Ja, sie hält das da [bei ihrem Vater] nicht mehr aus. Und sie würde wohl nicht beachtet, alles mögliche und, ich weiß es auch nicht. Immer auf sich aufmerksam machen war das wohl von meiner Tochter. Dann sind wir zu Dr. N., ja so war's. Ja*

und dann hat der gesagt: 'Das ist eine ernstzunehmende Sache.' Und er würde es für angebracht finden, daß sie in die Klinik muß, erstmal in ärztliche Behandlung."
I: *„Wer ist der Arzt gewesen?"*
M: *„Der ist im Klinikum. Nicht Dr. N., der B. Der hat sie dann eingewiesen ins LKH. In der Nervenklinik war alles voll. Mit ihr hingegangen (...). Da ist sie mit mir mitgekommen und war auch damit einverstanden, also daß sie erstmal in Behandlung muß. Ja, das war das erste Mal. Ja, dann kamen wir hoch [ins LKH]. Für mich war es ja auch nicht leicht, sie da hinter Schloß und Riegel zu bringen. Denn ich kann ja auch nicht mehr. Und was soll ich denn noch machen. Und dann kriegt man nirgendwo Hilfe. Ja, dann muß sie erst einen umbringen. Oder sie muß erst umgebracht werden. Leider ist dieser Paragraph so. Es hilft Ihnen keiner. Und meine Tochter haben sie nicht eingeliefert. Und von selber ist sie nicht gegangen. Dann hat sie sich den Fuß verstaucht. Dann hat sie sich mit dem Krankenwagen überall hinfahren lassen. Und die Rechnungen, die haben wir immer gekriegt bzw. immer die Mutter. Alles hat sie ohne Krankenschein gemacht. Der Schuldenberg war dann 3000 Mark. Ich kann ja nicht. Von was? Ich war alleinstehend, und ich mußte selbst sorgen. Und dann Polizei angerufen, dann hat sie einen Mann angezeigt, einen Familienvater. Dann kamen die Gerichtstermine. Alles nur Mist, Mist, Mist. Rechnungen (...). Weihnachten war sie unmöglich. Nur weg, weg, weg. Männer, Männer, Männer. Und keiner konnte mir helfen. Wir wollten ihr ja nur helfen. Wir wollten ja nicht, daß sie in die Geschlossene kommt. Ja, dann habe ich es dann alleine geschafft mit meiner Schwester (...) [seufzt]. Haben wir sie dann eingeliefert in die Nervenklinik. Da habe ich gesagt: 'So kann das nicht mehr weitergehen. Du [geschiedener Ehemann] mußt mir da helfen.' Der hat ja dann auch inzwischen gehört, daß sie überall nur Schulden gemacht hat und daß sie sich nur rumgetrieben hat. Ich sage: 'Wir müssen was machen, und wenn auch Weihnachten ist. Ich kann nicht mehr.' ich sage: 'Die muß erstmal in psychiatrische Behandlung. So geht das nicht weiter.' [Darauf erwidert der geschiedene Ehemann:] 'Ja, es ist doch Weihnachten. Laß sie noch bis Weihnachten [zu Hause]. Das ist eben ein Fest und (...) das der Familie.' Da fällt mir auch nichts mehr zu ein."* (View 2)

Die Schilderungen der Mutter geben einen Eindruck von den Verhältnissen zu Hause und den vielfältigen, sich über Jahre hinziehenden Verhaltensauffälligkeiten der Tochter wieder. Verallgemeinernd kann festgehalten werden, daß die Tochter ihren Verpflichtungen nicht mehr nachkommt. Sie wechselt ständig ihre Arbeitsstelle, verschuldet sich, stiehlt, belästigt fremde Personen. Nichts ist von Dauer, und die anfallenden finanziellen Belastungen, für deren Aufkommen sich die Eltern verpflichtet sehen, veranlassen die Mutter zur Kontaktaufnahme mit verschiedenen Institutionen. Sie muß allerdings einsehen, daß sich niemand zuständig fühlt und ihr letztlich keiner helfen kann. Schließlich rufen die dauerhaften Verhaltensinkonsistenzen der Tochter bei ihr Aggressionen hervor. Die Einflußnahme der Mutter auf das Verhalten ihrer Tochter wird durch den permanenten Aufenthaltswechsel der Tochter, die zwischen der Wohnung der Mutter, des Vaters und eines Freundes hin- und herpendelt, erschwert. Den Kulminationspunkt stellt die Suiziddrohung der Tochter dar. Der Mutter gelingt es mit Hilfe ihrer Schwester, die Tochter in das LKH zu bringen. In dieser Maßnahme sieht sie die letzte Möglichkeit, ihrem Kind zu helfen und sich selbst Entlastung zu verschaffen. Die Einwendungen ihres geschiedenen Ehemannes, der diesen Vorgang mißbilligt, sich allerdings bisher weitgehend der Verantwortung entzog, rufen bei ihr Unverständnis, Verwunderung und Sprachlosigkeit hervor. Bei dieser geschiedenen Familie gehen die Aufgabenverteilungen, die Registrierung von Störungen und die sich daran anschließende Einlieferung des Kindes in eine psychiatrische Klinik einseitig zu Lasten der Mutter.

Es sollen nunmehr die Erfahrungen aus der Sicht einer vollständigen Familie wiedergegeben werden, um zu verdeutlichen, inwieweit deren Reaktionen, Interpretationen und Gefühle auf Veränderungen im Verhalten ihres Kindes mit dem bisher Erwähnten übereinstimmen oder sich unterscheiden.

8.4.3.2   Familie II (H) (Tochter, 23 Jahre)

V: „(...) als Kleinkind schon Verhaltensweisen zeigte, [denen] eine geringe, das heißt eine hohe Antriebsschwäche [zugrunde lag], hat relativ spät laufen gelernt. Hat als Kleinkind, eigentlich im Babyalter, auch schon Verhaltensweisen, ständig mit dem Kopf wackeln usw., gezeigt; daß wir im nachhinein betrachtet jetzt (...). Wenn wir gewußt hätten, daß sich da unter Umständen irgendetwas verbergen könnte. Uns hätte das eigentlich auffallen müssen, aber wir haben dem ganzen keine Bedeutung beigemessen. [Sie hat auch] Lernschwierigkeiten gehabt, [die] Konzentration war sehr eingeschränkt. Sie war auch nie in der Lage, so Tätigkeiten im Haushalt und nebenbei von sich aus in Angriff zu nehmen. (...)
Aber das steigerte sich im Laufe der Stunden immer mehr. [Sie rief uns an und sagte:] 'Ich kann jetzt überhaupt nicht weiterreden, sprecht nicht so laut, ich muß leise sprechen. Ich werde beobachtet. Alle hören zu.' In dem Zimmer, in dem sie saß, hatte sie sich in eine Art Ecke zurückgezogen auf ihrem Bett, mit angezogenen Füßen und völlig verängstigtem Gesichtsausdruck. Und wenn man mit ihr sprach, konnte sie dies nicht mehr richtig einordnen. Nicht, daß sie uns beschimpfte. Aber hatte immer wahnsinnig Angst. Man könne uns hören und meinte, auch in der Nacht hätten die Leute irgendwie an die Fenster geklopft. Wir haben versucht, ihr zu erklären, daß es technisch gar nicht möglich ist. Oder da kann auch nachts mal ein Vogel darangekommen sein, das Fenster war angekippt. [Die Tochter] trösten wollten, was aber völlig vergeblich war. Und [fuhren] im strömenden Regen wieder von C. nach Göttingen zurück, und da zeigten sich, wie wir im nachhinein dann erfuhren, dann alle Zeichen von Verfolgungswahn. Am nächsten Tag sind wir dann zum Hausarzt (...). P., solange sie noch nicht in der Klinik war, auch durch ihre Auftritte hier, ja auch eigentlich gar nicht mehr so recht erreichbar war. Das hat [ihre Schwester] die A. so in Ängste gestürzt, daß sie sich dann weinend ins Zimmer zurückzog und einfach nicht groß darüber sprechen wollte. Sie hat sehr, sehr lange gebraucht, sich damit möglicherweise abzufinden. Weil uns die Erfahrung hier mit P. zu Hause zunehmend, ja, [zu] katastrophalen Familiensituationen führte, das heißt, die Familie war überfordert, mit ihr so zusammenzuleben." (View 8A)

M: „Es ging eigentlich damit los, daß sie keine Lust hatte, morgens zur Arbeit zu gehen. Dann klagte sie über Schlafschwierigkeiten, auch Magenschmerzen, morgens, wenn sie aufstand. Eigentlich keine Lust mehr hatte, irgendwo hinzugehen. Sie war sonst viel unterwegs. Was uns halt aufgefallen ist, daß sie eigentlich immer so Leute anzog, die selber Probleme hatten. Sie hat sich dann immer das meiste [Essen] ge-

149

nommen, obwohl gar nicht so viel da war, und sich dann in den Kühlschrank gestellt für nachmittags. Also wirklich so Sachen, wo ich auch keine Antwort drauf geben konnte, warum und wieso sie das machte. Benahm sich anders, als wir es von ihr gewohnt waren. Also, hier in der Familie, man saß wie auf einem Pulverfaß. Also, so eine explosionsartige Stimmung war hier. Es war manchmal ganz fürchterlich. Oder jeder verkroch sich in sein Zimmer. Wir sind zum Hausarzt gegangen, und der wußte dann auch keinen Rat mehr und hat uns dann zum Nervenarzt überwiesen." (View 8)

Die Eltern registrieren schon in früher Kindheit Eigenarten ihrer Tochter, denen sie aber keine weitere Bedeutung zumessen. Erst die Zunahme sowohl der somatischen Störungen als auch der paranoid halluzinatorischen Auffälligkeiten in der Wahrnehmung und im Verhalten der Tochter veranlassen sie zu Gegenmaßnahmen. Die Eltern versuchen, diese Äußerungen durch tröstende und rational erklärende Bemerkungen zu entschärfen. Mit Vernunft und Logik wird argumentativ Einfluß auf die Darstellungen und Äußerungen der Tochter genommen. Es wird Überzeugungsarbeit geleistet, um dem Kind die Unrichtigkeit seiner Beobachtungen und Vorstellungen zu beweisen. Gleichwohl scheitern diese Bemühungen; ihr Kind ist für sie nicht mehr erreichbar. Beide Elternteile berichten über die sich zuspitzenden Ereignisse, über die katastrophalen Zustände zu Hause wie auch über das sich verschlechternde Klima untereinander. Eine zweite Tochter reagiert mit großen Ängsten auf die Spannungen zu Hause. Die Eltern fühlen sich zunehmend überfordert. Der Gang zum Hausarzt leitet schließlich den Kontakt mit einem nervenärztlichen Facharzt ein und führt zur Einweisung in die Klinik.

Als Ergebnis läßt sich festhalten, daß diese vollständige Familie sich in ihrem Bemühen um Gegenmaßnahmen im wesentlichen nicht von der geschiedenen Familie unterscheidet. Allerdings bemühen sich hier beide Ehepartner um die Verbesserung der Lage ihrer Tochter und sind sich darin einig, daß ihr Kind einer fachärztlichen Behandlung bedarf. Die Beurteilung ist aufgrund übereinstimmender Erlebnisinhalte gleichlautend.

Noch deutlicher werden die mannigfaltigen Bemühungen, dem unerklärlichen Verhalten der Tochter entgegenzuwirken, und die damit verbundenen Erlebnisse durch die Schilderungen der folgenden Mutter.

8.4.3.3 Familie III (K) (Tochter, 20 Jahre)

M: *„Ja, sie wurde wieder krank. Sie hatte wieder Kopfschmerzen. Und sie hatte Bauchschmerzen, und sie fühlte sich nicht [wohl]. Sie kapselte sich dann abends ab. Ging nur in ihr Zimmer, machte ihre Musik an, und dann war sie weg. Man konnte sie nicht mehr mit irgendwelchen Sachen locken. Und da [in der Kinderpflegeschule] fiel auf, daß sie nur geradeaus sehen konnte. Daß sie die Kinder, die ihr gegenübersaßen, die hatte sie im Griff, aber was rechts und links war, die hat sie nicht mehr gesehen (...). Sie hatte immer die Oberhand beim Erzählen, daß ich gesagt habe: 'Also K., jetzt hältst du erstmal deine Schnute.' Wir hatten vorher schon mehrere Ärzte aufgesucht, Psychiater auch. Sie war dreimal in der Kinder- und Jugendpsych-*

iatrie. Wir hatten auch schon mehrere Nervenärzte in Göttingen durch. Haben wir uns bemüht, irgendwo hinzugehen, um Rat und Hilfe zu holen. So und so sieht das aus. Was kann das sein? Dann ist sie also zum Schulpsychologen. Dann habe ich mit dem Lehrer gesprochen. Wir haben in Göttingen bestimmt vier oder fünf Nervenärzte durchgehabt, wo sie ihre Tests gemacht hat. Wir sind dreimal in der Kinder- und Jugendpsychiatrie gewesen. Es konnte mir keiner sagen, was sie hatte. Ja, durch Überweisungen, durch unseren Hausarzt. Der hat gesagt: 'Wir gehen jetzt mal auf Nummer Sicher.' Und da hat unser Hausarzt gesagt: 'Ich überweise sie jetzt mal zu Frau Dr. S.' Wir hatten ja schon einige durch. Hat ja keiner was gefunden. Na ja, dann sind wir sofort in die Praxis, und da sagte Frau S.: 'Wollen wir sie nicht ins Krankenhaus bringen?' Ich sage: 'Nö, noch nicht. (...) Ich nehme mir jetzt Urlaub, und wir versuchen das zu Hause.' Dann haben wir das also vier Tage und vier Nächte versucht, sie ruhig zu kriegen. Immer wieder was anderes, es war nichts zu machen. Mittlerweile hatte sie bestimmt sieben Nächte nicht geschlafen. [Eines Nachts macht die Mutter die Entdeckung, daß ihre Tochter sich mit imaginären Leuten unterhielt.] Mein Mann kam dann, den hatte ich geholt. Ich sage: 'Hör dir das bloß mal an. Ich krieg einen Vogel. Es ist ja fürchterlich.' Da haben wir dann gleich am nächsten Morgen Frau Dr. S. angerufen. Ja und da sagte Frau S.: 'Das hat keinen Zweck, Sie machen sich kaputt. Sie muß ins Krankenhaus. Sie muß auf ein Medikament eingestellt werden.',, (View 11)

Hier stehen anfänglich nur die somatischen Beschwerden der Tochter im Vordergrund. Hinzu kommen zwei weitere Aspekte: Einmal der Umstand, daß sie sich immer mehr von der Außenwelt und damit auch von der Familie zurückzieht, so daß letztendlich die Lockungen und Bemühungen der Mutter um Ablenkung keine Wirkungen mehr erzielen. Zum anderen wird eine störende Form der kommunikativen Dominanz registriert, die die Mutter zur Maßregelung veranlaßt. Verschiedentlich werden Lehrer, Psychologen und Psychiater zu Rate gezogen, die trotz umfangreicher Tests keine zufriedenstellenden Antworten erteilen können. Trotz verstärkter Zuwendung und des Bemühens der Mutter, ihrer Tochter aus dem krisenhaften Zustand herauszuhelfen, scheitern alle Maßnahmen, und am Ende steht die Einweisung in die Psychiatrie.

Auffällig bei dieser Familie ist, daß schon sehr früh – aufgrund von Hinweisen aus dem Umfeld der Tochter – damit begonnen wird, professionelle Hilfe in Anspruch zu nehmen. Diese Bemühungen verlaufen zwar letztlich ergebnislos, doch ohne nennenswerte Schwierigkeiten hinsichtlich der Zustimmung und Mitwirkung der Tochter bei der Suche nach Hilfen. Ganz anders hingegen stellt sich dies im nachfolgend letzten Fall dar. Hierbei handelt es sich um eine getrennt lebende Familie, bei der allerdings die Mutter gemeinsam mit ihrem Freund und ihrer Tochter in einem Haushalt zusammenlebt.

8.4.3.4 Familie IV (M) (Tochter, 18 Jahre)

M: „*Ich habe nur mitgekriegt, daß sie auf einmal betrunken nach Hause [kam] und war so ein bißchen (...), sie wollte wieder ab[hauen]. Sie war überhaupt schwer in Regeln zu halten, daß sie zu einer gewissen Zeit zu Hause war. Ich habe dann durch-*

gesetzt, daß sie dann wenigstens halb elf, elf zu Hause war. Das war schwierig, das durchzusetzen. Aber dann wurde sie einmal ganz aggressiv gegen mich und fing mich an zu schlagen und zu spucken. Und auf ihre Schwester ist sie losgegangen. Also, wir wußten gar nicht mehr, was wir machen sollten. Mein Freund war mit den Nerven fertig, weil er sie so fest packen mußte. Also, mir fiel auf, sie war furchtbar reizbar und sehr unruhig. Also, daß sie immer reizbarer wurde. Ich konnte kaum noch in Ruhe ein Gespräch mit ihr führen, das ging fast gar nicht mehr. Und da konnten wir uns nicht in Ruhe auseinandersetzen. Wenn ich diese Meinung nicht für richtig hielt, dann fing sie gleich an zu schreien und so oder zu heulen oder was. Dann fing sie an, von Hexen zu faseln. Und dann war Walpurgisnacht. Da sagte sie: 'Ja, ich fahre jetzt zur Walpurgisnacht, da ist eine Fete mit Hexen.' Ich wußte erst nicht, es konnte ja was Wirkliches sein. Irgendwie so ein Frauentreffen oder sowas. Und dann habe ich irgendwie am nächsten Tag gemerkt, daß das wirklich nur gesponnen war, und da habe ich gemerkt, daß sie überhaupt nicht mehr in der Realität war. Aber so einen Tag später brachte die Polizei sie in Handschellen an, weil sie versucht hätte, ein Auto zu stehlen. Und dann haben die aber gemerkt, daß sie gar nicht mehr vernünftig ansprechbar war. (...) Und die Polizisten haben gesagt, wir sollten auf sie aufpassen. (...) Und dann haben wir, das war jetzt ein Samstag, und dann hat uns der Hausarzt gesagt, er könne zwar nichts machen, aber er hätte auch das Gefühl, daß sich da was ereignen könnte. Und er hat uns noch die Nummer gegeben, wir könnten anrufen, wenn irgendwas wäre. Ich habe schon gedacht, daß sie zum Psychologen mußte, damals. Zum Psychologen wollte sie absolut nicht hin, das hatte ich schon mal angesprochen. Und dann haben wir noch gesagt, sie solle doch mal zu ihrem Arzt gehen. Das haben wir ihr dann gesagt. Dann haben wir es tatsächlich geschafft, daß sie zu dem Arzt gegangen ist."

I: „Zu welchem Arzt?"

M: „Zu ihrem Hausarzt. Und dann haben wir dann noch rumtelefoniert, was es dann noch für Möglichkeiten gibt und Kliniken und Ärzte. Was man da machen kann. Und dann haben die uns gesagt, Wochenende, da geht nichts."

I: „Wo haben Sie angerufen?"

M: „In Göttingen, glaube ich, auch und in Universitätskliniken."

I: „Das heißt, Sie haben sich gleich an die Psychiatrie gewandt?"

M: „Nee, ich weiß es jetzt gar nicht mehr. Dann haben wir auch einen Psychologen aus dem Bekanntenkreis, den mein Mann kannte, den hat er mal angerufen. Und dann habe ich irgendeine Adresse oder einen Beratungsdienst oder Telefondienst angerufen, und die sagten, das beste wäre eben da hin. Aber sie müßte eben freiwillig da hingehen. Und dann ist daraus gekommen, am allerbesten wäre es am Montag zu der Sprechstunde. Und da habe ich einen Notarzt gerufen. Er sollte ihr irgendein Beruhigungsmittel geben, eine Spritze oder was weiß ich. Und dann hat der gedacht, ich weiß nicht, was der gedacht hat. Jedenfalls hat der sehr abwehrend reagiert. Und in dem Moment hat sie sich auch so total zusammengerissen, als der da war. Und hat so einen leidlich, einigermaßen normalen Eindruck geschafft vorzuspielen. Und dann sagt er: 'Da kann ich nichts machen, und da mache ich auch nichts.' Hat sich wohl gedacht, wir haben hier so ein aufsässiges Kind, mit dem wir nicht fertig werden. Was weiß ich, was der gedacht hat. Jedenfalls hat der nichts gemacht. Und wir wußten also nicht mehr ein noch aus. Und in der Verwirrung, da ist sie, als der Arzt da rausging, entwischt. Und da war sie weg. Und da haben wir versucht, sie zu suchen. Jedenfalls wurde sie am nächsten Morgen wieder von der Polizei gebracht. Und da hat sie wieder versucht, angeblich ein Auto zu stehlen. Aber sie hat gesagt, sie wäre nur in das Auto reingegangen zum Schlafen und hätte sich nur da reingelegt. Und da *ist wohl der Besitzer gekommen, und da hat sie sich wohl mit dem noch angelegt. [Die Polizisten] haben sie dann mit auf die Wache genommen. Das war dann Montags früh und haben uns angerufen, glaube ich. Sie kam ja nicht nach Hause. Ich glaube, wir haben am Abend zuvor, als sie uns entwischt war, da haben wir nochmal die Polizei [gerufen]. Weil sie uns vorher gesagt hatten, wenn was ist, sagen Sie uns Bescheid, dann kümmern wir uns wieder drum. Wenn Sie nicht mehr fertig werden mit ihr. Und dann hatten wir sie [Polizei] angerufen. Dann waren aber andere als die Polizisten, die vorher mit ihr zu tun hatten, und die haben dann auch nichts gemacht. Also, die Polizisten haben nichts gemacht, der Arzt hat nichts gemacht, und uns war sie dann entwischt. Und wir waren also völlig ratlos und fertig. Und am nächsten Morgen sagte mein Freund: 'Ich halte das nicht mehr aus, ich haue ab.' Ja, dann rief die Polizei an am nächsten Morgen, und dann war sie da. Dann hatten sie sie in eine Zelle eingesperrt, und dann war sie da auch am Toben. Und dann haben wir versucht, ihren Hausarzt zu erreichen. Und dann eine Stunde später war der dann erreichbar und kam dann und hat dann festgestellt, sie ist ja völlig durcheinander. Sie redet ja nur noch wirres Zeug und sagte: 'Es hat ja keinen Zweck. Da müssen wir eine Zwangseinweisung machen.' Und das ist alles so schwierig. Und das muß über einen Richter laufen. Und dann haben wir gesagt, ob wir nicht es nochmal versuchen, sie doch noch mal zu beruhigen und daß sie jetzt freiwillig mitgeht. Dann haben wir sie auch noch ein bißchen ruhiger gehabt. Wir sind dann mit in die Zelle reingegangen. Und nach einer Weile, dann ging das wieder los. Dann wurde sie wieder aggressiv. Dann mußten wir raus. Und dann haben wir ihren Exfreund aus D. kommen lassen. Und der ist mit ihr fertig geworden. Und dann hat der sie auch soweit beruhigen können, daß sie einverstanden war, mit zur Psychiatrie zu fahren. Und dann habe ich sie rübergefahren."* (View 13)

Diese etwas ausführlicher zitierte Darstellung offenbart einen Einblick in die Nöte einer Mutter, die sich bemüht, mit ihrer Tochter ins Gespräch zu kommen. Dabei verstärken sich die widerspenstigen und aggressiven Verhaltensweisen der Tochter. Vereinbarungen sind nur äußerst schwer zu treffen und werden von der Tochter kaum eingehalten. Da sie sich nicht disziplinieren läßt, wird die Autorität der Mutter untergraben. Das Klima untereinander verschärft sich. Die angebotenen Empfehlungen der Mutter, beispielsweise einen Psychologen aufzusuchen, werden nicht angenommen. Die Eskapaden der Tochter häufen sich und gestalten sich nach außen hin auffälliger. Alle Bemühungen der Mutter führen zu keinem Erfolg, und selbst die eingeschalteten Personen (Polizei und Notarzt) bieten keine Gewähr für eine Veränderung oder Verbesserung der Situation. Zunehmende Zweifel beschleichen die Mutter, ob ihr Kind überhaupt noch die Realität wahrnimmt. Schließlich erreicht sie, daß die Tochter den Hausarzt besucht. Doch auch er fühlt sich mit dieser Situation überfordert und kann keine weiteren Hilfen geben. Das Anwachsen des Störpotentials, einhergehend mit der mangelnden Handhabe, verändernd Einfluß auf das Verhalten des Kindes zu nehmen, eskaliert und führt zur Festnahme der Tochter durch die Polizei. Dort wird sie unter Aufbietung sämtlicher verfügbaren Personen (Mutter, Arzt, Freund der Tochter) dazu überredet, freiwillig eine psychiatrische Klinik aufzusuchen.

8.4.4 Zusammenfassung und Zwischenergebnis

Es kann festgestellt werden, daß in allen Patientenfamilien die eingeleiteten individuellen Maßnahmen zur Reduzierung der Krise nicht den gewünschten Erfolg erzielten. Darüber hinaus fand nahezu Identisches statt, nämlich die Konsultation des Hausarztes oder eines Psychologen. Auslöser dafür waren entweder Suiziddrohungen bzw. praktizierte Suizidversuche des Angehörigen oder die Zunahme von als schwerwiegend empfundenen Ereignissen, denen sich die Familien hilf- und ratlos ausgesetzt sahen und die ihnen das angsteinflößende Gefühl des Anormalen wie auch der unbedingten Hilfsbedürftigkeit ihres Kindes vermittelten.

Mit der Einlieferung des Angehörigen endet zunächst die alleinige Zuständigkeit der Familie und wird einem Stab überantwortet, dem sie die Hoffnung entgegenbringt, daß er mit seinen Spezialisten dazu beitragen kann, Aufklärung über die weitere Entwicklung zu geben und eine möglichst schnelle Besserung der Verfassung des Familienangehörigen herbeizuführen. Dieser Akt der Einweisung, der als Endglied einer Kette von Maßnahmen im klinischen Vorfeld betrachtet werden kann, die nicht den gewünschten Erfolg gezeitigt haben, bedeutet gleichsam eine Bankrotterklärung für die bisher zur Anwendung gebrachten Gegenmaßnahmen und zeigt die Hilflosigkeit der Patientenfamilie im Umgang mit ihrem Angehörigen. Erst nachdem die Familien feststellen, daß auch die nähere Verwandtschaft und die Freunde nur unzureichend helfen können, sich teilweise sogar von ihnen abwenden und illoyal verhalten und daß die gesamte familiale Struktur auseinanderzubrechen droht, weil keine absehbare Entlastung zu erwarten ist, entschließen sie sich, ihren Angehörigen einer psychiatrischen Klinik anzuvertrauen.

Von den ersten Anzeichen der Störung bis hin zur Kontaktaufnahme mit der Psychiatrie liegt eine lange Wegstrecke, begleitet von verzweifelten Bemühungsversuchen, die einer schnellen Abschiebung eines Familienmitglieds in eine dafür vorgesehene Einrichtung entgegenstehen. Es werden die Aktivitäten, Sorgen und Schwierigkeiten der Familien deutlich, die Auseinandersetzung mit ihrem Angehörigen in einem handhabbaren Rahmen zu halten. Anfänglich besteht die Tendenz, die Symptome entweder zu ignorieren oder ihnen keine größere Bedeutung zukommen zu lassen; sie werden verharmlost. Nachdem sich allerdings die Vorfälle häufen, sich das ungewöhnliche Verhalten des Kindes fortsetzt, bemühen sich die Eltern, durch immer größere Anstrengungen und unter Hinzuziehung verschiedenster Fachleute eine Begrenzung der Auffälligkeiten zu erreichen. Auch bei zunehmenden Störpotentialen ist keine der Familien von dem Gedanken geleitet, daß es sich bei ihrem Kind um eine sich entwickelnde psychische Krankheit handeln könnte. Dem liegt vermutlich zugrunde, daß allgemein einer psychischen Krankheit andere Verhaltensauffälligkeiten unterstellt werden als solche, die bisher bestanden haben. Ferner ist zu berücksichtigen, daß die Auseinandersetzung mit der bestehenden Möglichkeit einer sich abzeichnenden psychischen Instabilität mit großen Ängsten verbunden ist, so daß hierin ein Grund für das anfänglich verharmlosende und zögerlich-abwartende Verhalten zu finden ist. Bis letztlich der Hausarzt konsultiert wird, ist daher zumeist viel Zeit verstrichen, und bis es zu einem Kontakt mit der Psychiatrie kommt, vergehen oft mehrere Monate, manchmal sogar Jahre.

Zuvor wird auffallend viel Mühe und Einsatz darauf verwandt, dem Angehörigen sein offensichtliches Leiden – insbesondere in seiner depressiven Phase – zu erleichtern. Dabei zeichnen sich manche Elternteile – vor allem die Mütter – durch Geduld und Einfühlungsvermögen aus. Hingegen reagieren die Väter häufig abwartend, zurückhaltend, aber auch unduldsam und sanktionierend. Gleichfalls besteht bei einigen von ihnen die Tendenz, die Verantwortlichkeit ihren Ehefrauen zu übertragen. Eine sozialpsychologische Begründung hierfür ist sowohl in der Familienstruktur, ihrer Aufgaben- und Kompetenzverteilung als auch in der davon abhängigen kulturell tradierten Mutter-Kind-Dyade zu finden.

Insbesondere dann, wenn die häuslich-erzieherischen Tätigkeiten überwiegend in den Zuständigkeitsbereich der Mutter fallen, ergeben sich andere Bezugsfelder zu dem Kind. Schon allein der zeitliche Faktor und die damit einhergehende Nähe lassen Bindungen zwischen Mutter und Kind entstehen. Gleichzeitig sind diese Bezüge ihrerseits eng mit dem gesellschaftlich vorgegebenen Bild der Familie verknüpft, und die darin enthaltenen Rollenstrukturen entwickeln sich nicht losgelöst von diesem gesellschaftlichen Hintergrund. Vielmehr werden Konformitäten offen von staatlicher und eher subtil von privat-nachbarschaftlicher Seite gefördert, so daß, korrespondierend damit, gleichlaufend Einfluß auf das Selbstverständnis im Verhalten und auf das Selbst- bzw. Idealbild der Mutter genommen wird. Dies erklärt nicht nur das vermehrte Bemühen der Mütter um Stabilisierung ihrer Kinder, sondern auch deren Schuldgefühle, in der Vergangenheit erzieherisch versagt bzw. sich nicht ausreichend um das Kind gekümmert zu haben. Jedoch reichen solche Erklärungshilfen allein nicht aus.

Da es sich hier in der Mehrzahl um erwachsene Kinder handelt, muß der Tatsache Rechnung getragen werden, daß eine besondere Zuwendung mütterlicherseits nicht zwangsläufig aus den genannten Gründen ableitbar ist. Vielmehr scheint diese Trennung der Kompetenzverteilung von manchen Patientenvätern künstlich am Leben gehalten zu werden, um sich der Verantwortung zu entziehen. Selbst der entschuldigende Hinweis auf die Berufstätigkeit der Patientenväter seitens einiger Patientenmütter und den dadurch bedingten Zeitmangel erweist sich als hinfällig, da ein großer Teil der hier interviewten Mütter – zumindest halbtags – gleichfalls einem Beruf nachgeht.

In diesem Zusammenhang soll darauf hingewiesen werden, daß sich das hier untersuchte Sample überwiegend aus Müttern rekrutiert und daher die Situation wie auch die spezifische Problemlage der Väter nur unzureichend und höchst spekulativ zur Geltung gebracht werden können.

Die Suche der Patientenfamilien schwankt zwischen eigener Verantwortlichkeit und Eigenverantwortlichkeit des Angehörigen. Evident ist ihre Gefühlsambivalenz zwischen innerer Verpflichtung gegenüber ihrem auffälligen Angehörigen und aufkommender Gereiztheit aufgrund seines häufig ihnen gegenüber aggressiv ablehnenden oder passiven Verhaltens. Da die Krankheit noch nicht als solche erkannt und diagnostiziert worden ist, herrscht Unwissenheit und spekulatives Verstehen über die

Hintergründe des störenden Fehlverhaltens. Oftmals bieten selbst Fachleute keine aufschlußreichen Erklärungen für die ungewohnten Verhaltensauffälligkeiten an. Die Familien stellen fest, daß weder eine Hilfe zur Selbsthilfe von Experten angeboten wird noch seitens institutioneller Vereinigungen oder Organisationen sachdienliche Hinweise zur Lösung des Problems erteilt werden. Meist werden die ratsuchenden Familien auf sich selbst oder an eine psychiatrische Klinik verwiesen. Eine dazwischengeschaltete Alternative ist nicht vorzufinden. Hinzu kommt, daß die Bereitschaft des Angehörigen zu einer aktiven Mitarbeit – vor allem in seiner manischen Phase – fehlt und demzufolge den Eltern nur die Möglichkeit der Eigeninitiative und der Selbsthilfe bleibt.

Mit dem zunehmend sich verändernden und auffallenden Verhalten des Kindes und der Erfahrung, nur wenig korrigierend Einfluß nehmen zu können, geht eine Entfremdung in der Beziehung zwischen den Familienmitgliedern einher. Insbesondere die „dissozialen" Verhaltensweisen des Angehörigen, seine Störungen, plötzlichen Verhaltensinkonsistenzen, Aggressionen, seine ruinös rücksichtslosen Aktionen, die sich nicht selten auf die Eltern finanziell belastend auswirken, wie auch seine oftmals völlige Passivität und Unselbständigkeit stehen dabei im Vordergrund und werden als unangenehm und belastend empfunden. Dies führt zu einem unerträglichen Zustand, zu einer „explosionsartigen Stimmung" (View 8), die für alle Beteiligten nur dadurch aufgelöst werden kann, daß sich die Familie von dem Angehörigen trennt.

Mit der Überstellung des Angehörigen in eine psychiatrische Klinik offenbaren die Familien, sowohl nach außen als auch vor sich selbst, daß sie in ihren bisherigen Bemühungen versagt haben. Die Konsequenzen, die damit verbunden sind, bewirken oftmals Auseinandersetzungen untereinander, aber auch mit dem Freundes- und Verwandtenkreis und evozieren nicht zuletzt Schuldvorwürfe bei den Patientenfamilien. Diese dauerhaften Schuldgefühle stellen für die Angehörigen psychisch Kranker eine nicht zu unterschätzende Belastung dar. Sie führen oftmals zu unreflektiert hektischen Anstrengungen der Patientenmütter, ihrer vermeintlich bisher vernachlässigten Sorgepflicht besonders intensiv nachzukommen. Sprunghafte Betriebsamkeit, Frustrationen, Überforderungen und Ohnmachtsgefühle sind die Folge. Dabei weisen diejenigen Patienteneltern, die Dissonanzen in der Partnerbeziehung haben (Familie I) oder aber ohne Partnerunterstützung allein auf sich gestellt sind, darauf hin, daß dieser Umstand von ihnen als besonders belastend empfunden wird.

Die hier dargestellten Familien (vollständig, geschieden bzw. getrennt lebend) repräsentieren weitgehend die übrigen Patientenfamilien hinsichtlich ihrer Familienstruktur. Ähnliches läßt sich mutatis mutandis über ihren anfänglichen Umgang mit ihren auffällig gewordenen Kindern vermerken. Von daher ergeben sich auf die eingangs gestellten Fragestellungen nach den Unterscheidungsmerkmalen der Patientenfamilien im Umgang mit ihrem Angehörigen (1), dem ausschlaggebenden Entschluß zur Einlieferung in die Psychiatrie (2) und den allgemein hilfreichen Kriterien im Umgang mit dem Erkrankten (3) folgende Antworten:

Ad 1: Bisher konnte festgestellt werden, daß sich die anfänglich eingeleiteten Maßnahmen der Eltern bei der ersten Registrierung von Auffälligkeitsmerkmalen kaum unterscheiden, solange das Erscheinungs- und Darstellungsbild der Störungen bei ihren Kindern phasenweise identisch ist. Diese zu Beginn einheitlichen Vorgehensweisen (ermuntern, ermutigen, beruhigen, zuwenden, trösten, ablenken, Empfehlungen aussprechen, drohen, abwenden und zurückziehen) erfahren erst dann eine Veränderung, wenn die Störungen und Schwierigkeiten mit dem Angehörigen den Toleranzspielraum der Eltern derart belasten, daß die soziale Einheit der Familie zu zerbrechen droht. Gleiches gilt, wenn – insbesondere bei alleinstehenden Elternteilen – die körperlichen und psychosozialen Belastungen eine nicht mehr zu bewältigende Form annehmen, sich entgegen den Bemühungen um Eindämmung verstärken und damit zugleich die Hoffnungslosigkeit der Manipulation des Angehörigen evident wird. Die Erfahrung mit dem Suizidversuch leitet augenblicklich den Kontakt zur Psychiatrie ein.

Alle Eltern führen Klage darüber, daß sich ihre Kinder unangemessen und undiszipliniert verhalten, daß sie sich entweder von ihnen zurückziehen, sich distanzieren oder sich einer Beeinflussung entziehen, so daß es den Eltern erschwert wird, maßregelnd oder suggestiv Veränderungen herbeizuführen. Die Folge ist, daß die Familien Hilfestellungen von außen (von Freunden, Verwandten, Pfarrern, Rechtsanwälten, Polizisten, Ärzten und Institutionen) suchen.

Auffallend ist, daß sich die Mütter im Gegensatz zu den Vätern vermehrt um die Kinder kümmern. Daß es sich dabei sowohl um das Resultat eines spezifischen Rollenverständnisses als auch um gesellschaftlich bedingende Faktoren handelt, ist aufgezeigt worden. Es ist jedoch nicht in jedem Fall davon auszugehen, daß immer zwangsläufig geschlechtsspezifische Überlegungen oder Eigenschaften verantwortlich dafür sind, sich umfassend um die Belange des Kindes zu kümmern. Bedeutend und damit verhaltensrelevant erscheinen ebenso – beispielsweise bedingt durch Arbeitslosigkeit – herbeigeführte veränderte Konstellationen, die dazu beitragen können, daß sich der Ehemann maßgeblich um die Belange des Kindes kümmert (vgl. Kapitel 11).

Ad 2: Ausschlaggebend für die sofortige Einweisung des Angehörigen in eine (psychiatrische) Klinik ist der Suizidversuch. Nach einem solchen Vorkommnis hegen die Familien keinen Zweifel mehr, daß professionelle Hilfe vonnöten ist. Hingegen werden im Vorfeld der Einweisung erteilte Hinweise und Empfehlungen, die von Polizisten, Lehrern respektive Ausbildern und Hausärzten ausgesprochen werden, zwar von den Familien registriert, aber in ihrer Dimension und Folgewirkung oftmals unterschätzt. Sie erfahren meist keine sofortige Berücksichtigung und Umsetzung. Manche Familien glauben, mit vermehrter Zuwendung, mit Ablenkungsangeboten und einem dem Angehörigen entgegengebrachten größeren Zeitaufwand selbst in der Lage zu sein, ihn zu stabilisieren, was sich jedoch als Irrtum herausstellt. Einhergehend damit verstärken sich die Spannungen unter den Familienmitgliedern. Sie führen bei den Eltern zu Frustrationen und dem resignierenden Gefühl der Ohnmacht. Hinzu kommen

Befürchtungen, daß ihr Kind sich der Realität entfremdet habe, was, so die Erklärungen einiger Eltern, mit dem Konsum von Drogen zusammenhängen könnte. Die Zuspitzung der nicht mehr kontrollierbaren Situation, gepaart mit der Sorge der Selbstgefährdung des Angehörigen, lassen die Familien nach externen Unterstützungsangeboten Ausschau halten. Diese finden sie letztendlich nur in der Psychiatrie.

Ad 3: Wie sich die Auffälligkeiten in den Familien im einzelnen darstellen und entwickeln werden, kann nicht eindeutig antizipiert werden. Ebenso läßt sich bisher nur schwer vorhersagen, wie stark die unterschiedlich strukturierten Familien damit konfrontiert und in ihrer Alltäglichkeit belastet werden, wie sensibel sie aufgrund vorhandener Ressourcen auf die subtilen, aber auch unübersehbaren Anzeichen von Verhaltensänderungen zu reagieren vermögen; das gleiche gilt für die störenden Ereignisse und wie diese in den jeweiligen Familienkontext zukünftig eingebunden werden können. Trotz dieser Bedenken scheinen einige Kriterien im weiteren Umgang mit dem designierten Patienten sowohl wirksam als auch hilfreich für die Eltern zu sein. Diese sind vorerst grob zu umschreiben mit: Toleranz, Rücksichtnahme, Empathie, Akzeptanz, geduldiger Einflußnahme bei gleichzeitiger Abgrenzung und Distanzierung.

Erschwerend kommt für die Angehörigen hinzu, daß die außergewöhnlichen Ereignisse eine emotional appellative Besonderheit in doppelter Hinsicht darstellen: einmal, indem sie einen immensen Einbruch in die bisherige lebensweltliche Kontinuität der Familie darstellen und Korrekturmaßnahmen notwendig erscheinen lassen, um nicht das gesamte Familiengefüge zu destabilisieren, und zum anderen dadurch, daß die dargebotenen Hilfs- und Unterstützungsmaßnahmen von dem Kind selten angenommen werden und damit den gewünschten Erfolg vermissen lassen. Das Gefühl des persönlichen Versagens wird auf seiten der Eltern noch verstärkt, wenn insbesondere Freunde und Verwandte mit ihren Vorwürfen und untauglichen Vorschlägen auf die Familie einzuwirken versuchen.

Der dauerhafte Streßzustand, der von dem Angehörigen und seinen zur Darstellung gebrachten Störungen ausgeht, als auch die sich darum gruppierenden Prozesse, die Erwartungen, Ansprüche und Empfehlungen der Verwandtschaft und der Freunde, verlangen von den Patienteneltern, neuartige und flexible Umstellungen vorzunehmen. Diese lassen sich jedoch von ihnen nicht sofort entwickeln und müssen zudem noch zunächst auf ihren Nutzen und ihre Praktikabilität hin überprüft werden. Um sich diesen Herausforderungen möglichst ungestört widmen zu können, ziehen sich die Familien zurück und isolieren sich damit zwangsläufig weitgehend von ihrer bisherigen Umgebung. Die innerfamiliale Stabilität aufrechtzuerhalten erfordert die gesamte Kraft der Familie, wobei interne Probleme und Streitfragen unter den Partnern bei der Aushandlung von als sinnvoll bzw. als unsinnig erachteten Maßnahmen nicht ausbleiben. Es zeigt sich, daß die eigenen Ansprüche und Erwartungen hinsichtlich der Vorgehensweise und Umsetzung oftmals mit denen des Partners kollidieren oder aber sich diametral zu dessen Maßnahmen und Interpretationen verhalten, so daß ein weiteres Kriterium sichtbar wird, welches die Bewältigung einer psychischen Krankheit entscheidend beeinflußt. Das partnerschaftliche Verhältnis stellt vermutlich einen entscheidenden Faktor dar, der den Werdegang der Störung wie auch den Bewältigungsprozeß folgenreich beeinflußt.

Um eine weitere Annäherung an Frage 3, nach einem möglichst praktikablen und wirkungsvollen Ansatz zur Bewältigung einer psychischen Krankheit – speziell einer manisch-depressiven Erkrankung –, herbeizuführen, bedarf es zusätzlicher detaillierter Kenntnisse über das Verhalten und die Erfahrungen der Familien. Zu diesem Zweck empfiehlt es sich, den zweiten wichtigen Erfahrungsschritt der Patientenfamilien im Umgang mit ihrem Angehörigen, der zunehmend durch die psychiatrische Institution geprägt wird, zu berücksichtigen. Die sich dabei ereignenden Vorkommnisse, die Ängste und Befürchtungen bezüglich des Patientenverhaltens, die Begegnung und Auseinandersetzung mit dem klinischen Personal und die gegenseitigen Rollenerwartungen sind deshalb Gegenstand der nachfolgenden Ausführungen.

9   Die Familie und die Institution Psychiatrie

Die erste Begegnung mit einer psychiatrischen Klinik stellt nicht nur für den Patienten, sondern gleichfalls für seine Angehörigen ein von vielen ambivalenten Gefühlen begleitetes Ereignis dar, das in seiner Vielschichtigkeit bisher gar nicht gewürdigt oder aber weitgehend unterbewertet worden ist. Denn die Erfahrungen der Angehörigen auf den psychiatrischen Stationen prägen nicht nur ihre zukünftige Einstellung gegenüber dem medizinisch-psychiatrischen Personal, sondern schlagen sich auch in den Ansichten bezüglich der Krankheit und den Handlungen gegenüber dem Familienmitglied nieder.

9.1   Die psychiatrische Klinik aus der Sicht der Familien

Im folgenden soll untersucht werden, wie sich das Verhältnis der Patientenfamilien zur Psychiatrie gestaltet und welche Erwartungen die Familien mit der Einweisung ihres Kindes an die Fachkräfte verbinden. Dazu sollen besonders zwei zentrale Fragestellungen von Interesse sein:

1. Verändert sich die Einstellung der Patientenfamilien gegenüber ihrem Familienmitglied mit zunehmender Psychiatrieerfahrung?

2. Welche Auswirkungen hat die Psychiatrie auf die Familie und den Patienten?

Um eine Annäherung an beide Fragen zu erreichen, werden zunächst die Erfahrungen der Patientenfamilien mit der Institution Psychiatrie, dem Klinikpersonal, dem Behandlungsgang nebst den sich daran anschließenden nachklinischen Wahrnehmungen und die Wechselbeziehungen mit dem erkrankten Angehörigen dargelegt.

9.1.1   Die erste Begegnung mit der Psychiatrie

Allen Angehörigen fällt die erste Kontaktaufnahme mit der Psychiatrie besonders schwer. Die Begegnung der Familie mit einer psychiatrischen Einrichtung und deren Fachpersonal ist schon im Vorfeld durch Hörensagen, spektakuläre Medienberichte, vage eigene Ansichten und nebulöse Vorstellungen, durch allerlei Vermutungen und Annahmen vorbelastet, so daß ein vorurteilsfreier Umgang miteinander nicht zu erwarten ist. Den psychiatrischen Institutionen geht ein Ruf voraus, der sich mit der Anstaltsrealität nicht oder nur vereinzelt deckt. Mit dem Kürzel LKH (Landeskrankenhaus) sind bei den meisten Angehörigen oft diffuse Ängste verbunden, die von Gerüchten und Vorgängen herrühren, mit denen man nicht in Verbindung gebracht werden möchte. Das bedeutet, daß die Familien, bevor sie überhaupt eigene Erfahrungen mit einem psychiatrisch ausgerichteten Krankenhaus machen, über viele Vorannahmen verfügen. Diese prägen ihre distanzierte Einstellung gegenüber psychiatrischen Krankenhäusern.

Das hier untersuchte Sample rekrutiert sich aus der Psychiatrischen Klinik der Universität Göttingen. Da allerdings einige Familien auch Erfahrungen mit anderen psychiatrischen Kliniken wie dem Niedersächsischen Landeskrankenhaus (LKH) und in anderen Städten gelegenen Psychiatrien gemacht haben, werden die subjektiv kritischen wie auch positiv vermerkten Äußerungen zusammengefaßt und stehen allgemein stellvertretend für die mit psychiatrischen Institutionen gemachten Erfahrungen.

Zugleich scheint es einen Unterschied auszumachen, ob es sich um eine der Universität angegliederte medizinische Einrichtung, eine Nervenklinik oder aber um das Landeskrankenhaus handelt. Bei den Patientenfamilien werden Nervenklinik oder Universitätspsychiatrie – beide Begriffe von ihnen synonym gebraucht – im Vergleich zum LKH, zumindest bei der Wortassoziation, positiver bewertet.

V: „Na ja, das LKH ist ja nun ganz schlimm. Wenn man im LKH ist. Also Nervenklinik, das hat noch so einen vornehmen Klang, das kann man so ein bißchen verbrämen, verschönern." (View 9A)

M: „Es gibt zwei Möglichkeiten in Göttingen. Einmal die Uniklinik und einmal das LKH. Und als ich das erste Mal hörte, das LKH, nein. Kommt ja gar nicht in Frage. In Göttingen hat dieses LKH so einen Nachgeschmack, das hängt diesem Mädchen ewig nach. Das war mein erster Gedanke." (View 11)

Da die befürchtete Stigmatisierung nicht allein den Patienten einer solchen Anstalt betrifft, sondern sich auch auf die gesamte Kernfamilie und die nähere Verwandtschaft ausweitet, ist zunächst eine Vermeidung der Kontaktaufnahme mit dieser Einrichtung festzustellen. Zu sehr beherrschen negative Vorstellungen das Bild von psychiatrischen Institutionen, als daß man sich bei ersten Auffälligkeitsmerkmalen sogleich an diese Stellen wenden würde. Doch die Zuspitzung der Ereignisse zwingen die Patienteneltern zur Konsultation einer psychiatrischen Klinik.

Weitere erste Ängste werden bei einigen Patientenfamilien durch die Wahrnehmung äußerlicher Eindrücke geschürt. Der gesamte klinische Gebäudekomplex mit seinem strukturellen Aufbau, den einzelnen Stationen, der heterogen zusammengesetzten Patientenklientel wie auch dem insgesamt als sehr unpersönlich empfundenen klinischen Ambiente wird von nahezu allen Familien als abstoßend, bedrückend, unfreundlich und unzeitgemäß empfunden. Die vorhandenen Vorurteile der meisten Familien gegenüber psychiatrischen Einrichtungen und die hinzukommenden eigenen Beobachtungen der für sie ungewohnten Umgebung erleichtern es ihnen nicht, ihren

Angehörigen in Obhut dieser Institution zu belassen, sondern unterstützen ihre Befangenheit und verstärken außerdem ihren Argwohn.

M: „ *Und auch diese ganze Atmosphäre da. Die Klinik ist ja für so Kranke scheußlich, muß ich ganz ehrlich sagen (...). Es ist schon den Leuten angepaßt, wissen Sie. Die Toiletten sind gleich, wo wir gesessen haben und uns unterhalten haben, und die Wasch[gelegenheiten]. Es paßte schon, grob gesagt, zu den Leuten. Ja, wenn das ein bißchen freundlicher wäre, auch diese Schiebetüren da mit vier, fünf Mann auf einem Zimmer. Und der eine ist ja noch schlimmer dran als der andere. Meist haben sie sie so zusammengelegt, so jüngere. Dann ging das schon mal. Für diese Kranken müßten sie ein bißchen mehr tun.* " (View 1)

M: „ *Und da in der geschlossenen Abteilung wird man da so in ein extra Zimmer geführt, das von der Atmosphäre her, ach, nicht so angenehm ist. Es ist, man sieht (...) mit Mühe [hat man] versucht, mit so ein paar Bildern, die die Patienten gemalt haben, es ein bißchen freundlich zu machen. Aber insgesamt ist es irgendwie so ein bißchen bedrückend.* " (View 4)

Bei einigen Familien erweisen sich mit wachsender Erfahrung im Umgang mit der Klinik die bisherigen Vorstellungen als unbegründet und unrealistisch. Ihr geändertes Psychiatriebild läßt sich jedoch nicht allein darauf zurückführen, daß sich die negativen Erwartungen nicht bewahrheiten, sondern vielmehr darauf, daß die Patientenfamilien genaueren Einblick in die dortigen Vorgänge erhalten. Bei den meisten Familien bleiben jedoch negativ-skeptische Einstellungen gegenüber der Psychiatrie während der gesamten Aufenthaltsdauer ihres Kindes bestehen. Dagegen verschieben sich ihre Kritikpunkte dahingehend, daß sie nunmehr auf interne, ihnen selbst widerfahrende Ereignisse Bezug nehmen können. Sie erweitern durch ihre Besuche auf der Station ihren Kenntnisstand, was sie befähigt, kompetenter auf die ihrer Meinung nach unzulässigen und verbesserungswürdigen Zustände hinzuweisen. Die Zunahme an Kompetenz ermöglicht es einigen Patientenfamilien, den in Umlauf befindlichen Ressentiments über die Patienten – die ihnen partiell durch Äußerungen im Umfeld entgegengebracht werden – argumentativ entgegenzutreten. Manche Angehörige erfahren somit eine Steigerung ihres Selbstvertrauens, was sogar dazu führen kann, daß man dort „gerne hinfährt" (View 1). Eine ursprünglich angstbesetzte Einrichtung verliert mit zunehmender Frequentierung und einer damit einhergehenden Transparenz allmählich ihren Schrecken.

M: „ *Denn was man so hört für Sachen und von Nervenkliniken und LKHs, da stellt man sich sonst was vor. Man muß da hingehen. Dann sieht man [, wie es zugeht]. Man sieht natürlich da manche Kranke rumlaufen, aber man gewöhnt sich daran.* " (View 6)

Erste Vorurteile über die Psychiatrie werden zwar durch häufige Besuche relativiert und abgebaut; gleichwohl entstehen neue Irritationen durch den Kontakt und den Umgang mit dem klinischen Personal. Die Erwartungshaltung der Patientenfamilien, eine schnelle und durchgreifende Hilfe für ihr Kind zu erhalten, erfüllt sich in den meisten Fällen nicht. Weder entspricht die Behandlung ihren Vorstellungen, noch verbessert sich kurzfristig der Zustand ihres Kindes. Eine Heilung wird nicht sogleich erkennbar, im Gegenteil: Bei der Mehrzahl der Eltern verstärkt sich der Eindruck, daß sich der Allgemeinzustand ihres Angehörigen mit längerer Verweildauer auf der Station verschlechtert. Enttäuscht müssen sie registrieren, daß eine effektivere Fortführung dessen, was ihnen selbst nicht gelungen ist, auch von den Fachkräften nur bedingt gewährleistet werden kann. Die Hoffnungen der Eltern, Entlastung durch die Klinik zu erfahren, werden oftmals enttäuscht. Ihre drängenden Fragen: Wann wird sich eine Besserung des Zustandes ihres Familienmitglieds einstellen? – Wann kann es wieder entlassen werden? – Wie wird sich die weitere Rekonvaleszenz darstellen? – Was können die Angehörigen selbst zur Unterstützung beitragen? – werden von professioneller Seite nicht mit Bestimmtheit beantwortet. Die Folge sind zunehmende Verunsicherung, Unverständnis und Zweifel bei den Angehörigen, was wiederum zu weiteren Schwierigkeiten im Umgang mit der Klinik Anlaß gibt und ein Verstehen des Zusammenhangs zwischen einer psychischen Krankheit und klinischem Handeln behindert.

9.1.2 Probleme der Angehörigen mit der Psychiatrie

Vor der Überweisung ihres Kindes in die Psychiatrie befinden sich die Familien in aller Regel in einem langandauernden akuten Notzustand. Diesem war bisher von ihrer Seite trotz zum Teil intensiver Bemühungen nicht beizukommen, so daß sich letztendlich – bestehenden Vorbehalten entgegen – nur der Gang in die Psychiatrie als Ausweg anbot.

Während die meisten Eltern bei der Einweisung ihres Familienmitglieds vorwiegend dessen Dissozialität beklagen, ist das Interesse der Kliniker auf die diagnostische Relevanz und die Reduktion von psychotischen Erlebnisinhalten gerichtet (vgl. Angermeyer & Döhner, 1980; Hohl, 1983). Geprägt wird das Verhältnis zwischen den Patienteneltern und den klinisch Tätigen durch ihre unterschiedlichen Vorstellungen und Voraussetzungen. Zwischen beiden Gruppen – den Patientenfamilien und dem Klinikpersonal – besteht ein Interessensgegensatz, der sich auf das eigene sublime Vorverständnis dem Kranken respektive dem regelverletzenden Angehörigen gegenüber gründet. Diese Diskrepanz im Vorverständnis führt zwangsläufig zu neuem Unverständnis untereinander.

Nahezu alle Patienteneltern erwarten vom behandelnden Psychiater eine Reedukation und Reintegration ihres Angehörigen in den bisher von ihm vernachlässigten Normenkanon. Sie hoffen auf Rezepturen und Anleitungen, die ihnen eine baldige Wiedereingliederung ihres Familienmitglieds in Aussicht stellen. Die Mehrzahl der Patienteneltern weist ihrem Angehörigen bei der ersten Einweisung in die Psychiatrie keine oder nur rudimentäre Krankheitseigenschaften zu. Sie erhoffen sich für ihr Kind Hilfe und Unterstützung. Von daher sind sie eher an der Prognose des Arztes bezüglich ihres Kindes und weniger an der Diagnose interessiert, wie die Äußerung eines Vaters stellvertretend verdeutlicht:

V: *„Ich habe mich aber nicht nach näheren Bezeichnungen, nach einer exakten Diagnose gefragt, sondern eigentlich mehr nach der Prognose. Worauf wir uns einzustellen hätten und rechnen müßten und worauf wir hoffen könnten.“* (View 13A)

Den meisten Eltern ist daran gelegen zu erfahren, wann ihr Angehöriger wieder in die häusliche Gemeinschaft zurückgeführt werden kann, wann er wieder in der Lage sein wird, die an ihn gerichteten Anforderungen des Alltags allein und in adäquater Form zu bewältigen. Die Interpretation der Situation geht wiederholt dahin, daß die Familien den Zustand ihres Angehörigen als reaktive Folge einer Überforderung oder aber in seinem unbeständigen Lebenswandel begründet sehen. Das Familienmitglied ist in ihrem Verständnis überspannt und gestreßt, durch die vielen Vorkommnisse in der Vergangenheit überfordert und bedarf der Ruhe. Zum Abbau der Überspanntheit und in Ermangelung einer anderen Institution erweise sich nur die Psychiatrie als geeignete Einrichtung, obwohl ihr Kind im Grunde genommen gar nicht dorthin gehöre, denn es sei schließlich nicht geisteskrank oder gar verrückt.

Es herrscht anfänglich bei allen Eltern ein unausgesprochener innerer Widerstand, den Krankheitszustand in der angebotenen Form der Diagnose zu akzeptieren. Sie wird von einigen in euphemistischer Weise verharmlost.

M: *„Ja, Depressionen haben wir eigentlich nicht gleich mit Geisteskrankheiten gleichgesetzt. Das haben ja viele Leute, Depressionen, also depressive Verstimmungen. Da haben wir damals nicht unterschieden. Wir haben eben gedacht, na ja, das ist etwas, was auf ihren Lebenswandel zurückzuführen ist, und wenn sie den ändert, dann ist das auch wieder vorbei.“* (View 12)

M: *„ [Es gibt] da so abenteuerliche Meinungen (...). Also, die Bezeichnung, daß es eine Geisteskrankheit wäre, so heißt es ja immer, daß irgendwo was im Gehirn nicht richtig ist. Also, daß da irgendwas [defekt ist], so stimmt das ja nicht. Sie ist ja dann wirklich dann auch in Ordnung und zuverlässig und sorgfältig.“* (View 3)

Mit der Bedeutung des Wortes „Geisteskrankheit“ sind übelbeleumdete, beängstigende Vorstellungen verbunden, die mit abwehrenden Gegenreaktionen einhergehen. Für die überwiegende Zahl der Patientenfamilien stellen Geisteskrankheiten hirnorganisch lokalisierbare Dysfunktionen dar, die sich mindernd auf die intellektuellen Fähigkeiten des Betroffenen auswirken.

Damit entsprechen die Eltern mit ihren Mutmaßungen – ohne es zu wissen – den wissenschaftlichen Anschauungen der naturwissenschaftlich-positivistischen Psychiater Mitte des 19. Jahrhunderts, die wie Griesinger (1845) davon ausgingen, daß Geisteskrankheiten Gehirnkrankheiten seien.

Solche sind jedoch bei ihrem Angehörigen – speziell in dessen manischen Phasen – nicht festzustellen. Vorannahmen dieser Art veranlassen die Eltern, nach Gründen und rationalen Erklärungen für die Ursache der veränderten Befindlichkeit des Angehörigen zu suchen. Sie werden in den unruhigen Lebensumständen des Familienmitglieds ausgemacht, in den von ihm erlebten leidvollen persönlichen Erfahrungen oder in seinem abenteuerlichen Lebenswandel. Vielerlei Indizien und Beobachtungen werden zur Absicherung der Erklärungskonstruktionen von den Patienteneltern aufgeführt. Sie dienen dazu, deutlich zu machen, daß von einer zerebralen Störung nicht ausgegangen werden kann. Weil viele Familien anfangs nicht bereit sind, die psychiatrischen Diagnosen wie schizophren, manisch-depressiv zu akzeptieren, versuchen sie entweder, die Symptome zu übersehen, in ihrer Bedeutsamkeit abzuschwächen oder gar zu negieren. Nahezu die Hälfte der interviewten Patienteneltern halten nach den ersten Einweisungstagen ihres Angehörigen in die Klinik daran fest, den Zustand ihres Kindes als etwas Vorübergehendes, Momentanes und damit Reversibles anzusehen, der – nach ihrem Verständnis – von daher schon nicht in die Kategorie einer Geisteskrankheit fallen kann. Die Hoffnung auf eine zeitliche Begrenzung der Aufenthaltsdauer hilft ihnen bei der Bewältigung der Situation. Denn die Bedenken und die Voreingenommenheit, die über psychische Krankheiten existieren, sind den Patienteneltern nicht fremd; vielfach werden sie von ihnen selbst geteilt. Da jedoch die Eltern nunmehr von den kursierenden „abenteuerliche[n] Meinungen" selbst betroffen sind, ist es ihr Bestreben, diese Einschätzungen zu relativieren. Sie bemühen sich zunächst nicht um Aufklärung, sondern beginnen damit, den Klinikaufenthalt zu legitimieren. Stellvertretend hierfür die Äußerungen zweier Patientenmütter:

M: „Ich hätte es ja gern, wenn sie zur Kur fahren [würde]. Sie mal Abstand von allem und jedem [bekommt]. Wir wollten ihr ja nur helfen. Wir wollten ja nicht, daß sie in die Geschlossene kommt." (View 2)

M: „Sie war ja nur [dort in der Klinik], weil ich das jetzt nicht mehr verkraften konnte, und da hätte sie normal auch nicht hingehört." (View 10)

Ihre Kinder werden aus der Sicht dieser Mütter nur in die Psychiatrie gebracht, weil ihnen keine andere Institution als Alternative zur Verfügung steht. Sie sind deutlich bemüht, ihr Familienmitglied gedanklich von den dortigen Mitpatienten abzugrenzen. Sie beruhigen sich und andere, indem sie darauf verweisen, daß der Aufenthalt in der Psychiatrie nur kurzfristig angelegt sei. Nachdem die Stabilisierung des Kindes durch die Klinik erfolgt sei, wolle man sich selbst wieder um das Familienmiglied kümmern. Mit dieser Relativierung entziehen sich die Patienteneltern gleichzeitig der Selbststigmatisierung, die sie mit einem Psychiatrieaufenthalt in Verbindung bringen. Dieses distinktive Verhalten ist auch bei den übrigen Familien festzustellen und leitet sich von der anfänglichen Annahme ab, daß es den anderen Psychiatriekranken auf den Stationen viel schlechter gehe als dem Angehörigen. Allgemein herrschende Meinung ist, daß ihr Familienmitglied nicht derart „krank" oder „verrückt" sei und nur der Ruhe bedürfe, um wieder zurück zum erwünschten Zustand zu gelangen. Die Verständnisschwierigkeiten der Eltern bei der richtigen Einordnung ihres Angehörigen gründen sich auf zweierlei Annahmen:
1. Das Kind ist stark indisponiert – allerdings nicht psychisch krank – und bedarf professioneller Unterstützung.

2. Die Psychiatrie wird nur deshalb aufgesucht, weil sie sich als einzige Institution dazu anbietet, nicht aber weil die Patienteneltern annehmen, daß ihr Kind dorthin gehöre.

Mit der ersten Überweisung ihres Kindes in die Psychiatrie übernehmen sie nicht die dort gestellten Diagnosen. Von der Realisierung einer psychischen Krankheit kann zu diesem anfänglichen Zeitpunkt auf seiten der Patienteneltern noch nicht ausgegangen werden. Ihre Voreingenommenheit verhindert die Akzeptanz eines solchen Vorhandenseins. Prima ratio ist das Bestreben, Hilfe für den Angehörigen und Entlastung für sich zu erhalten, ultima ratio hingegen ist die Konsultation der Psychiatrie.

Die Schwierigkeiten der Angehörigen mit der Institution Psychiatrie beruhen überwiegend auf Mißverständnissen und Fehleinschätzungen. Diese Mißdeutungen sind zumeist wohlbegründet und leiten sich sowohl aus anfänglichen Vorurteilen als auch aus irreführenden Beobachtungen ab, die keinerlei Korrektur von außen erfahren. Alleingelassen mit sich selbst, obliegt es den Angehörigen, ihre Erfahrungen zu verarbeiten und einzuordnen. Eine nutzbringende Einbindung ihrerseits findet im praktischen Anstaltsalltag bisher überwiegend keine Resonanz.

Darüber hinaus gibt es noch einen weiteren Bereich, der den Familien zu Irrtümern und Fehlurteilen Anlaß bietet. Patienteneltern unterliegen oftmals vorschnellen Fehleinschätzungen aufgrund falscher Zuordnung richtiger Beobachtungen, die sie an den Mitpatienten gemacht haben. Dazu gehören vor allem die sichtbaren extrapyramidalmotorischen Nebenwirkungen der Medikamente. Sie werden häufig fälschlicherweise als äußere Kennzeichen und als typische Merkmale einer psychischen Krankheit interpretiert und nicht als Folge der Medikamentenwirkung. Inwieweit fehlinterpretierte Wahrnehmungen dieser Art die vorurteilsgeprägten Annahmen der Angehörigen über psychiatrische Kliniken unterstützen und das Verhältnis zum psychiatrischen Personal strapazieren, soll nachfolgend in Erfahrung gebracht und analysiert werden. Hierbei wird der Vermutung Ausdruck verliehen, daß die Medikamentierung des kranken Familienmitglieds während seines klinischen Aufenthaltes Folgewirkungen zeigt, die sich ebenfalls als belastend für die Familien erweisen.

9.1.3 Medikation und deren Folgen für die Familien

Spätestens nach dem zweiten Besuch bei ihrem Angehörigen auf der Station stellen viele Patientenfamilien mit Erschrecken fest, daß sich eine starke Wesensveränderung ihres Kindes aufgrund der Medikamentenvergabe vollzogen hat, und zwar in einer Weise, die von den Besuchern in einer solchen Form nicht erwartet worden war und sie völlig überraschend trifft.

M: *„Und am nächsten Tag, als ich dann dahinkam, da hatte sie schon die ganz starken Medikamente. Das war für mich auch total erschreckend. Die Dosis war ein bißchen zu hoch oder sehr hoch angesetzt. Als ich dann kam, hat sie sich derart verkrampft, sie konnte sich überhaupt nicht mehr geradehalten und hat also ganz doll* *im Hohlkreuz (...). Nachher ging das soweit, daß sie keine Luft mehr kriegte. Sie hatte hier schon den Kehlkopf [deutet auf den Halsansatz]. Da habe ich es mit der Angst zu tun gekriegt. Da war gerade kein Personal. Da bin ich erstmal rumgelaufen und habe die Schwester gerufen und habe gesagt: 'So geht das nicht.' Ich hatte Angst, weil, die Besuchszeit war gleich zu Ende, und ich mußte weg, und die erstickt nachts. Und dann sind sie aber gekommen und haben ihr Akineton oder was das war, eingeflößt. Und dann haben die das so ein bißchen massiert, bis dann die extreme Spannung wegging. Und dann war ich auch total besorgt."* (View 13)

M: *„Diese Medikamente, das ist natürlich hart. Ich bin manchmal hingekommen, da wurde mir gesagt, sie hätte wieder Krämpfe gehabt. War bewußtlos geworden, und da hat sie nur noch mit der Hand gekreist. Sie erkannte mich gar nicht mehr. Es war manchmal ganz schlimm."* (View 7)

M: *„Und da hatte sie eine Sorte Haldol mit Atosil, weil sie so steif war. Da saß dieses Mädchen da und hatte Froschaugen. Die Augen kamen so richtig raus, wie so ein Frosch. Sie konnte nicht mehr sprechen. Sie war total steif."* (View 11)

Die zu Anfang verstärkt auftretenden Nebenwirkungen der verabreichten Neuroleptika versetzen die Patienteneltern bei ihren Stationsbesuchen in Aufruhr und Schrekken. Sie wissen häufig die Wesensveränderungen ihres Kindes nicht einzuordnen. Vielfach reagieren sie mit dem Wunsch, ihren Angehörigen aus dieser Situation herauszuholen, ihm helfend beizustehen, ohne jedoch zu wissen, wie sie es bewirken sollen. Die Eltern sind der Überzeugung, daß sich der Zustand ihres Familienmitglieds seit der Aufnahme in die Psychiatrie verschlechtert habe. Die Folge sind Verunsicherungen und zunehmende Schuldgefühle gegenüber ihrem Schützling, da sie meist selbst massiv dazu beigetragen haben, daß dieser Schritt des Klinikaufenthalts eingeleitet wurde. Statt einer Verbesserung der Verhältnisse scheinen sich die schlimmsten Vorstellungen über diese Institutionen zu bewahrheiten. Andererseits kann die Entscheidung, die Psychiatrie aufzusuchen, nicht rückgängig gemacht werden, da sich keine Alternativen anbieten. Die psychiatrische Klinik stellt für die Patientenfamilien die einzige Instanz dar, die eine Aufnahme des Angehörigen gewährleistet und damit gleichfalls die weitere Vorgehensweise in der Behandlung bestimmt. Mit der Übernahme der Zuständigkeit für den Patienten trägt sie im ersten Moment entscheidend zur Entlastung der angespannten Lage bei und ermöglicht den Patientenfamilien erstmals eine Entbindung ihrer Pflichten gegenüber ihrem Kind. Diese Entlastung ist – wie aufgezeigt werden konnte – jedoch nur von kurzfristiger Dauer und wird bald durch neue Problemstellungen überschattet.

Manche Ärzte sind nach Auskunft einiger Eltern bemüht, beruhigende und beschwichtigende Erklärungen abzugeben, die den Angehörigen dazu verhelfen sollen, ihre Bedenken gegenüber den verordneten Medikamenten zu verringern, und gleichzeitig die Eltern darüber aufzuklären, daß es sich hierbei um einen vorübergehenden Zustand des Kranken handele, der sich, nachdem der Patient auf das (oder die) Medikament(e) eingestellt worden sei, bessern werde. Wenn allerdings dabei verschwiegen wird, daß die registrierten Auffälligkeiten teilweise Resultat einer überhöhten und damit falschen Dosierung sind, dann wird dies von den Patientenfamilien als ein Akt der Destabilisierung im Verhältnis zwischen ihnen und den Ärzten angesehen. Zuweilen werden Teile der ärztlichen Information als widersprüchlich zu eigenen Beobachtungen empfunden.

Getragen von der Sorge um ihr Kind, bemühen sich die meisten Eltern um eine Aussprache mit dem behandelnden Arzt. Selbst wenn ein Gespräch zustande kommt und sie ihre Beobachtungen und die damit einhergehenden Befürchtungen anmelden, trägt diese Unterredung häufig nicht dazu bei, ihre Skepsis bezüglich der Behandlung abzubauen. Was bleibt, ist ein Gefühl der Ohnmacht und der Abhängigkeit von den Fachautoritäten.

M: *„Das war manchmal ein Anblick, so schief hing sie da in der Luft, wegen der Medikamente. Da bricht, glaube ich, alles zusammen und man denkt wunder was. Na ja, heute noch manchmal. Was man ihr da alles gegeben hat oder was sie mit ihr gemacht haben. Aber andererseits muß man eben glauben und vertrauen. Man selber hat eben keine Ahnung davon."* (View 8)

M: *„Eine Ärztin sagte dann immer, das sei ihre Krankheit, wenn sie nicht sprechen konnte, wenn sie Krämpfe bekam, wenn sie in Ohnmacht fiel. Dann hatte ich mal beim Professor angerufen, und der sagte mir dann: 'Da hat man ihr wohl zuviel gegeben.'"* (View 7)

Die Medikation stellt sich allen Eltern als völlig undurchsichtig und unverständlich dar. Sie haben die Auffassung, daß ihre Kinder in der Klinik mit „Pillen vollgestopft" bzw. mit „Tabletten vollgepumpt" werden, daß zu einseitig mit Medikamenten gearbeitet wird und die Patienten ansonsten sich selbst überlassen bleiben. Stattdessen wünschen sie sich für ihr Familienmitglied eine zusätzliche, über die Medikamentierung hinausgehende therapeutische Zuwendung.

V: *„Natürlich habe ich immer im Hinterkopf das, was ich gehört habe und mir auch selber denke, daß da in der Unipsychiatrie viel zu einseitig mit Medikamenten gearbeitet wird. Und die Vorgeschichte, ja der Ausbruch der Krankheit, im Grunde gar nicht berücksichtigt wird. Zwar auch so ein bißchen mit einbezogen, aber immer mit der Begründung, sie ist im Augenblick noch nicht belastungsfähig genug, um das anzusprechen und in Gesprächen zu verarbeiten, dann wieder weggeschoben wird. Und da bin ich eben etwas anderer Meinung. Daß da natürlich sehr behutsam, aber eben doch schon etwas hätte angesprochen werden können. Und nicht eben nur monatelang Medikamente, Medikamente und eine andere Art von Therapie, eine psychische Therapie, dann immer nur für die Zukunft mal in Aussicht gestellt [wird]."* (View 13A)

Angehörige fühlen sich oftmals übergangen, obgleich sie ihrer Meinung nach einen wesentlichen Beitrag zur Erklärung und Verdeutlichung der Krankheitsursache zu leisten vermögen. Dadurch aber, daß ihren Vermutungen keine Aufmerksamkeit zuteil wird, verlängert sich aus ihrer Sicht nur unnötig der Krankenhausaufenthalt ihres Familienmitgliedes.

Einige weitere kurze Äußerungen der Eltern über ihre Empfindungen und Erfahrungen mit den Medikamenten verdeutlichen ihre Ängste, Zweifel und Besorgnisse, die sie einer solchen Behandlung entgegenzusetzen haben.

M: „(...) ist sie da umhergegangen wie so Schlafwandeln (...)." (View 1)

M: „(...) saß nur in der Ecke verschüchtert, ängstlich." (View 2)

V: „Und da stand sie also schon ganz stark unter Medikamenteneinfluß, hatte einen ganz starren Blick, roboterhafte Bewegungen. Das war also ein ziemlich schlimmes Erlebnis. Denn sie erzählte, daß sie sich irgendwie psychisch gelähmt fühlte. Daß sie sah, 'ich bin in einer Situation, in der ich eigentlich Gefühle haben müßte, aber die sind nicht mehr da. Ich kann nicht weinen. Ich kann nichts mehr fühlen, ich bin irgendwie halb tot.' Daß sie eigentlich genau das Gegenteil von dem, was sie früher war, geworden war, nämlich starr und gefühllos." (View 13A)

Diese nach außen hin feststellbaren Veränderungen der Indidvidualität des Patienten wie die von ihm selbst empfundene allseits reduzierte Persönlichkeit infolge der Medikamente bedürfen nach Ansicht der meisten Patientenfamilien weiterer begleitender Maßnahmen, nicht jedoch derart, wie es die folgende Patientenmutter beschreibt:

M: „Dann kam erst unsere Tochter rein und durfte den Arzt sprechen, und dann wurden wir wieder reingeholt. Und dann wurden wir wieder zu dritt aufeinander losgelassen. Das war nur ein Zerfleischen bei diesen Fragen und Antworten. Und ich stand immer dazwischen. Wenn ich da heute dran denke, also das hätte man eigentlich vermeiden können, sowas. Es wurden halt nur eben die Konstellationen einer Familie aufgetischt und weiter nichts." (View 9)

Die mangelnde Einsicht der meisten Familien in das, was mit ihrem Kind geschieht, warum Medikamente – insbesondere am Anfang – in hohen Dosierungen verabreicht werden, welche Wirkungen und Funktionen ihnen zugeschrieben werden, auf welche unerwünschten Wirkungen sich der Patient, aber auch die Angehörigen einzustellen haben, diese Tatsachen erschweren es den Eltern, ein vertrauensvolles Verhältnis zum Psychiatriepersonal aufzubauen. Sie fühlen sich isoliert und von Entscheidungsprozessen ausgeschlossen. Es werden daher von einigen Familien weitere Informationen über die Medikamente von außen, von Heilpraktikern und Apothekern, eingeholt. Dadurch entstehen wiederum Verunsicherungen, insbesondere dann, wenn diese in den Vorstellungen der Familien ebenfalls in Arzneifragen kompetent erscheinenden Personen davon abraten, solche Medikamente einzunehmen oder die zu hohen Dosierungen monieren. Dies erschwert es den Familien, an der „Compliance" im Sinne der von der Klinik gewünschten Weise mitzuwirken. Der Interessenskonflikt zwischen Klinikpersonal und Patientenfamilien scheint somit vorprogrammiert zu sein.

9.1.4 Erfahrungen mit den Ärzten

Fast alle befragten Eltern fühlen sich durch die an ihrem Familienmitglied eingeleiteten Behandlungsmaßnahmen übergangen und ausgeschlossen. Während ihnen selbst nur spärliche Informationen zufließen, sollen sie uneingeschränkt über ihre Familieninterna Auskunft erteilen. Hingegen wird den Wahrnehmungen und Beobachtungen, die sie während ihrer Besuche in dem ihnen fremd erscheinenden Umfeld der Klinik und insbesondere an ihrem Kind auf der Station und den Mitpatienten machen, nur geringes Interesse entgegengebracht. Irritiert sehen sich die Patientenfamilien mit ihren Sorgen, Nöten und Fragen in einer für sie unzureichenden Weise betreut. Es drängen sich ihnen neben diesen fremden Eindrücken eigene in der Vergangenheit begangene Versäumnisse auf und Erinnerungen an Episoden, die ihnen Schuldgefühle verursachen, weil sie sie in Zusammenhang mit der Erkrankung ihres Angehörigen bringen. Stellvertretend hierzu die Äußerung einer Mutter:

M: „Die [Kinder] hatten sich gezankt. Und was geschmissen habe ich. Und das hat sie an den Kopf gekriegt. Und da war sie auch einen Moment so ein bißchen weg, wissen Sie. Und da habe ich schon so eine Angst gekriegt. Da habe ich gedacht: 'Ist das von damals?'" (View 1)

Die Einweisung eines Familienmitglieds bedeutet neben dem Sachverhalt, daß die Eltern mit ihren Maßnahmen der Bewältigung gescheitert sind, auch, daß sie für sich selbst Aufklärung, Hilfe und Ratschläge darüber erhoffen, was es mit diesem seltsam anmutenden Verhalten des Angehörigen auf sich hat. Sie fragen sich, inwieweit sie selbst schuldig oder unschuldig sind und was sie dazu beitragen können, um künftig ähnliches zu verhindern. Die Eltern wünschen sich Empfehlungen zu erhalten, zumindest aber – sollten sich die Phasen des Kindes noch einmal einstellen – Aufklärung, um vorbereitet zu sein und auf der Grundlage dieser Kenntnis reaktiv handeln zu können. Eine Berücksichtigung der Nöte Angehöriger manisch-depressiv Erkrankter und eine daraus abzuleitende Hilfestellung, die Beantwortung der sie bedrückenden Fragen nach Krankheitsursache, Prognose, Medikamentenwirkung und Nebenwirkung sowie nach zukünftig eigenem angemessenen Verhalten – all das findet nach Meinung der meisten Eltern in der Klinik in nicht genügendem Umfang statt. Vielmehr verstärkt sich bei ihnen aus ungenügender Transparenz der Vorgänge auf der Krankenstation die Vorstellung eigenen Fehlverhaltens. Viele können sich nicht des Gefühls erwehren, daß sie vom Fachpersonal nur ungern gesehen und geduldet werden. An dem Verhalten des Krankenhauspersonals ihnen gegenüber glauben sie zu erkennen, daß sie den stationären Ablauf mit ihren Besuchen stören, und gleichfalls glauben sie zu verspüren, daß man sie für die Ursache der Erkrankung als verantwortlich ansieht. Statt Integration in den Behandlungsprozeß erfahren die Familien Ausgrenzung und Distanz.

M: „Die Klinikärzte sind eben einfach nicht greifbar, und die verschließen sich auch." (View 3)

M: „*Und die Ärzte sagten eigentlich: 'Bleibt uns bloß vom Leibe. Wir haben die Schweigepflicht und dürfen sowieso nichts sagen. Wir haben ja den Patienten, und mit den Eltern wollen wir nichts zu tun haben.' Auch wenn man selber noch sämtliche Rechnungen bezahlen darf. Ich meine, es ist mir klar, daß das rechtlich so sein muß. Aber irgendwie ist das ein unbefriedigender Zustand. Eltern waren eigentlich lästig. Wenn man die Information geliefert hatte, danach hat man am liebsten nie mehr auftauchen sollen.*" (View 4)

M: „*Das war dann immer so, daß es hieß, die Zeit ist um. Man merkte, daß die nur immer auf ein Thema dann wollten. Nicht das, was mich nun bewegt, sondern nur mal das auf ein Thema bringen wollten. Wie man der Patientin helfen kann und nicht, wie man der Mutter helfen kann. Er [Arzt] hat gesagt: 'Hier das Kind ist krank' und müßte behandelt werden. 'Es tut mir ja nun leid und (...)', na ja. 'Ist ja furchtbar', sagt man dann. 'Ja' [Mutter ahmt den auf die Uhr schauenden Arzt nach]. Und dann wußte man, daß man wieder gehen darf. Die ersten paarmal sehr höflich, und dann nachher hatte sich das so eingespielt, daß man sich das anhörte und auch mal was sagen durfte. Einige Ärzte gingen das ganz gut an und andere wiederum, da dachte man, ach du meine Güte. Es waren auch Ärzte dabei, die waren sehr aggressiv, daß man sich überhaupt erdreistete, Mutter solcher Kinder zu sein. Das klang dann so mit.*" (View 9)

Diese Vielfalt an Empfindungen, vermeintlichen Beobachtungen, spekulativen Interpretationen, allerdings auch an tatsächlichen Begebenheiten verunsichert viele Familien. Hinzu kommt der Gebrauch von Fachtermini, der mit dazu beiträgt, daß sich manche Besucher aufgrund des sprachlichen Unverständnisses ausgegrenzt fühlen und sich vor weiteren Nachfragen scheuen. Nichols (1987) spricht in ähnlichem Zusammenhang von einem „conspiratorial style", der in der Klinik unter den dort Arbeitenden und gegenüber den Angehörigen verwendet wird. Diese auf Außenstehende esoterisch anmutende Sprache grenzt Nichteingeweihte aus und verstärkt deren Inferioritätsgefühl.

Enttäuscht müssen Eltern registrieren, daß es die Klinik mit ihrem Personal nicht als ihre Aufgabe ansieht, sich um die spezifischen Belange und Sorgen der Eltern zu kümmern, sondern daß allein der Patient im Mittelpunkt der Aufmerksamkeit steht. Ein großer Teil der Eltern fühlt sich in die Passivität gedrängt, obgleich sie mit dazu beitragen wollen, die Situation ihres Angehörigen zu verbessern. Stattdessen fällt ihnen nur die Rolle eines „Informationslieferanten" zu. Von einer ehemals sehr aktiven Rolle, in der sich die Eltern vor der Überweisung ihres Kindes in die psychiatrische Klinik befanden, verschiebt sich ihr Status zunehmend auf eine teilnahmslose, bittstellerische und damit entmündigte Position.

M: „*Was uns bei den Besuchen in der Nervenklinik immer ein bißchen gestört hat, ist, daß die Eltern gebeten werden, als Lieferanten von Informationen [zu fungieren]. Und kaum ist man genügend ausgefragt worden, dann heißt es: 'Vielen Dank, auf Wiedersehen.' Irgendwie ein Bemühen, die Krankheit zu erklären oder zu überlegen, Hilfen für den Umgang oder so [zu geben], haben wir eigentlich nicht empfunden. Ich hatte vielfach zu Anfang in der Nervenklinik das Gefühl, daß es eben wirklich nur um die reine Information ging. Damit sie ein bißchen Bescheid wußten, und die Eltern ihnen eigentlich egal sind.* " (View 4)

Die Mehrzahl der Eltern verliert immer mehr den Zugang zu ihrem Angehörigen; es findet eine wachsende Entfremdung statt. Ihre bisherige Zuständigkeit schwindet und verlagert sich auf die Ärzte. Hinzu kommt, daß einige Patienten den Kontakt zu ihren Familien meiden oder sich ihnen gegenüber aggressiv und abweisend verhalten. Im Zuge des bisher gewonnenen ablehnenden Eindrucks mancher Psychiater ihnen gegenüber glauben einige Eltern, daß das veränderte Verhalten ihres Kindes auf den Einfluß der Klinik zurückzuführen sei. Viele Patientenfamilien sind nach ihrem eigenem Empfinden bei der Mitwirkung um die Verbesserung der Lage ihres Kindes überflüssig geworden und sehen sich in einen zum Schweigen degradierten Beobachterstatus versetzt. Stattdessen wünschen sie sich konkrete Anleitungen, eindeutige Verhaltensregeln und exakte Anweisungen für den weiteren Umgang mit ihrem erkrankten Angehörigen. Ihrem Bedürfnis, Lebenshilfe zu empfangen, wird seitens der Klinik jedoch nicht entsprochen. Deutlich wird hierbei, daß sich die Erwartungen der Patientenfamilien nicht mit der psychiatrischen Anstaltsrealität in Übereinstimmung bringen lassen.

Als besonders störend und unerwünscht, sowohl für die Angehörigen als auch aus deren Sicht für die therapeutische Arzt-Patient-Beziehung, wird die hohe Ärztefluktuation auf der Krankenstation empfunden. Da gerade psychisch Kranke einer kontinuierlich betreuenden ärztlichen Bezugsperson bedürfen, sollte der häufige Wechsel nach Meinung der Patienteneltern vermieden werden. Die ständige Veränderung verhindert nach Ansicht der Mehrzahl der Interviewten, daß zwischen Arzt und Patient, zugleich aber auch zwischen ihnen und den Ärzten eine vertrauensvolle Beziehung entstehen kann. Eine Patientenfamilie kommt zu dem Urteil, daß da „mit wechselnden Mannschaften, jungen Ärzten (...) ganz schön rumlaboriert wird" (View 8A). Der Arzt besitze keine Möglichkeit, den Patienten über einen längeren Zeitraum hinweg zu beobachten und kennenzulernen. Die Familien hegen den Verdacht, daß sich durch die verschiedenen Ärzte nur die Akte des Patienten vergrößert, nicht jedoch die Kenntnis und das Einfühlungsvermögen in die Zusammenhänge zwischen dem Patienten und seiner Krankheit. Neue Entwicklungen oder Veränderungen des Patienten könnten dadurch nur unzulänglich wahrgenommen werden und eine Feinabstimmung in der individuellen Behandlung nur ungenügend gedeihen. Diese Vorgänge beunruhigen die meisten Eltern. Sie vermissen einen konstanten Ansprechpartner. Teilweise kennen sie nicht einmal den für ihren Angehörigen momentan zuständigen Arzt. Hierzu eine Äußerung:

V: *„Wir waren mit der Behandlung nicht einverstanden. Alle sechs Wochen wechselten hier die Ärzte, kam ein neuer Arzt dran. Dann fängt die Therapie wieder von vorne an, und das Krankheitsbild verändert sich ja nicht, das blieb ja so. Nachdem wir so mitgezählt hatten, daß so an die zehn Ärzte da nun hier therapiert hatten, da habe ich gesagt: 'Jetzt reicht es mir. Es ändert sich ja überhaupt nichts. Es bleibt* *alles beim alten. Wir wissen ja gar nicht mehr, mit wem wir es zu tun haben.'"* (View 9A)

Neben dem Unmut über den häufigen Ärztewechsel wird gleichfalls die Frustration darüber deutlich, daß selbst nach einer längeren Behandlungsphase keine Besserung des Zustands festzustellen ist. Die anhaltende Krankheit und die fortgesetzte Hospitalisierung, ohne daß erkennbare Fortschritte zu verzeichnen sind, wirft die Frage nach der Kompetenz der Ärzte auf und verstärkt die Zweifel an der Effizienz der psychiatrischen Institution. Vor allem die Patientenfamilien, die ihr Kind während seines Klinikaufenthalts kontinuierlich besuchen und mit einer schnellen Rückführung in die Familie gerechnet haben, sehen sich von der Wirksamkeit der Psychiatrie herb enttäuscht. Diese Desillusionierung leitet sich sowohl aus ihren eigenen anfänglich überhöhten Forderungen an die Klinik ab als auch aus der ihnen vom klinischen Personal zuweilen entgegengebrachten positiv beschwichtigenden Prognose.

Sich häufende Krankenhausaufenthalte tragen dazu bei, eine resignative Grundhaltung gegenüber den Möglichkeiten und Erwartungen einer psychiatrischen Klinik zu entwickeln. Das anfänglich in die Ärzte gesetzte Vertrauen und der damit verbundene Erwartungsanspruch verkehren sich in ihr Gegenteil. Die Akzeptanz einer sich voraussichtlich chronisch entwickelnden psychischen Krankheit ihres Kindes fällt den Angehörigen schwer. In ihrem Widerstand, dies anzuerkennen, bieten sich Ärzte als Projektionsfläche für empfundene Kränkungen besonders dann an, wenn sie durch falsche Voraussagen und kaum geleistete Unterstützungsangebote aufgefallen waren. Übereilte Beruhigungsmaßnahmen, optimistische Versprechungen, drastische Fehleinschätzungen, gedankenlos vorgebrachte Äußerungen und vorschnelle Bemerkungen über das Zustandekommen der Krankheit, deren Verlauf und Prognose sowie über die allgemeine familiäre Situation der Angehörigen und auch das Nicht-ernst-Nehmen vorgebrachter Befürchtungen seitens der Angehörigen verstärken deren skeptische Einstellung bezüglich des klinischen Personals. Nachfolgende Äußerungen belegen dies:

M: *„Was die Ärzte im allgemeinen sagen, ist für mich heilig. Wobei ich auch inzwischen schon ein bißchen skeptischer bin."* (View 6)

M: *„Der Arzt sagte auch: 'Ach, das dauert vielleicht so vierzehn Tage, und dann ist das vorbei.' Der erste Arzt hat das erzählt, als sie reinkam. Na ja, es war wesentlich schlimmer."* (View 13)

M: *„Sagt er [Arzt]: 'Ist doch gar nicht schlimm, was ihre Tochter hat. Das ist doch gar nicht schlimm.' Ich sage: 'Hören Sie auf.'"* (View 1)

M: *„Da hatte ich eine Psychologin, die hat mir überhaupt nicht gefallen. Die hat immer gegen uns geredet. Also, die hat gesagt, [ich solle] meine Tochter gewähren lassen. Wir meckern zu viel rum. Also da war ich überhaupt nicht ihrer Meinung, was sie da alles gesagt hat."* (View 2)

V: „*Und wir haben da noch immer gedacht, das ist nur vorübergehend. Das geht ja wieder weg. Und auch die Ärzte haben uns, zumindest der behandelnde Arzt, der hat nur gesagt: 'Das kann wieder werden.' Das könnte vielleicht ein bißchen dauern, so als Störung in der Pubertät wurde das erstmal so hingestellt. Und da waren wir auch erstmal mit zufrieden. Aber das eigentlich Gravierende hier, daß das ein Schaden für immer ist und daß das ein Dauerzustand ist, das ist uns erst hinterher aufgegangen. Da wurde ich dann hinbestellt, und da sagte mir der Leiter: 'Wissen Sie, nehmen Sie Ihre Tochter wieder mit nach Haus, das ist ein hoffnungsloser Fall. Die können Sie immer nur so an die Hand mitnehmen, aber da können Sie nichts mehr mit anfangen. Das wird nie was.' Hat der mir klipp und klar gesagt. Da war ich erst schockiert.*"
(View 9A)

V: „*Was mir in der Klinik gefiel? Da in der Psychiatrie gar nichts [lacht], muß ich Ihnen ehrlich sagen.*" (View 14A)

Engagierte Angehörige machen die Erfahrung, daß, je mehr sie nachfragen und erfahren wollen, was mit ihrem Familienmitglied geschieht und warum keine Verbesserung des Zustandes – trotz intensiver medikamentöser Behandlung – eintritt, ihnen das Personal desto schroffer und unwilliger begegnet. Es scheint bei einigen Medizinern nicht gern gesehen und als inkompetente Einmischung in die Behandlung betrachtet zu werden, wenn Laien insistieren und penetrant wirkende Fragen stellen. Der routinisierte Stationsalltag sieht Störungen dieser Art nicht vor. Demzufolge sind Unverständnis und Unzufriedenheit allgegenwärtig. Manche Ärzte gehen den Angehörigen aus dem Weg oder lassen sich verleugnen und bewirken durch dieses Verhalten, daß weitere Schuldgefühle und Unzufriedenheit hinzukommen.

Neben diesen vorwiegend kritischen Stimmen lassen sich andererseits lobende Äußerungen der Angehörigen über ihre Erfahrungen mit der Psychiatrie anführen. Durch sie haben die Patientenfamilien zum ersten Mal dezidiert erfahren, was es mit ihrem Familienangehörigen auf sich hat, an was er leidet und daß es die Familie hier mit einer manisch-depressiven Erkrankung zu tun hat. Auch werden durch die in der psychiatrischen Klinik wirkenden Ärzte erstmals helfende Gegenmaßnahmen eingeleitet. Ein großer Teil der Eltern empfindet es als Entlastung, daß die Verantwortlichkeit nicht mehr ausschließlich bei ihnen liegt, sondern in den Händen eines dafür ausgebildeten Stabes. Sie haben teilweise das Empfinden, daß ihr Familienmitglied in der Klinik gut aufgehoben ist. Ferner fühlen sich einige bei aller Kritik und trotz ihrer als notwendig erachteten Verbesserungsvorschläge gut informiert und rechnen es den Ärzten hoch an, wenn sie ansprechbar für sie sind. Als positiv empfinden sie es, wenn sich die Ärzte Zeit für mehrere Gespräche mit ihnen nehmen und ihnen eine sachliche Aufklärung über die Krankheit zuteil wird, wenn ihnen ohne Beschönigung und Schuldzuweisung Zusammenhänge der möglichen Krankheitsentstehung in einer verständlichen Weise erklärt und womöglich auch Ratschläge gegeben werden, wie sie sich nach der Entlassung im alltäglichen Zusammenleben mit dem erkrankten erwachsenen Kind verhalten sollen, und wenn ihnen darüber hinaus mitgeteilt wird, daß die Krankheit nicht unmittelbar etwas mit ihrer Erziehung zu tun hat. Gleichfalls wird es von ihnen als hilfreich empfunden, wenn sie darüber aufgeklärt werden, daß die ätio-

logischen Zusammenhänge der Krankheitsentstehung heute noch nicht eindeutig herzustellen sind und daß die Eltern sich zukünftig nicht immer in die Pflicht genommen
fühlen sollten, helfend einzuspringen. Insbesondere diese Form des aufklärerischen
Umgangs erleichtert es den Familien vielfach, über ihre eigenen mehr oder weniger
latent vorhandenen Schuldgefühle hinwegzukommen oder sie zu kompensieren. Dergleichen informative Empfehlungen tragen dazu bei, Einsicht in die Krankheit und
Vertrauen zu den eingeleiteten Maßnahmen zu erlangen.

M: *„Von daher weiß ich eigentlich (...) von den Ärzten in der Nervenklinik, daß es
meistens sehr junge Ärzte waren, die sehr bemüht waren. Die recht viel selber wissen
wollten und viel mitschrieben und dann sagten: 'Vielen Dank und auf Wiedersehen.'
Und während damals im LKH der Dr. R. so ein bißchen über die Krankheit erzählte
und auch so ein bißchen sagte: 'Ich könnte mir vorstellen, daß es so weiter geht';
auch so Hilfen gab. Und Dr. R. auch so richtig Tips gab und sagte: 'Bloß nicht immer so bereitstehen und alles, was er da gemacht hat, gleich wieder ausbügeln und
glätten wollen.'"* (View 4)

M: *„Es gibt sehr gute Ärzte, die einen auch mal aufklären, und dann gibt es auch
welche, die einen nur ausfragen. Und wenn man dann geht, weiß man überhaupt
nicht, wie man sich verhalten soll. Ich habe da schon Unterschiede erlebt. Habe nun
die Namen vergessen. Aber wenn das ältere Ärzte sind, die sind irgendwie, irgendwie
haben die mehr Erfahrung. Und die sagen einem dann schon auch mal, wie man sich
verhalten soll."* (View 15)

Dankbar werden von Patientenfamilien praktische Tips zur weiteren Lebensgestaltung
mit dem Kind angenommen. Zweckdienliche Anleitungen und brauchbare Lebenshil-
fen wie auch das Angebot einiger Ärzte, zur Beantwortung weiterer Fragen bereit zu
sein, vermitteln den Angehörigen das Gefühl von Sicherheit und therapeutischem
Schutz.

Der Umstand, daß das Pflegepersonal bei den Angehörigen als Informationsquelle
über den Zustand des Angehörigen und seine Entwicklung nur eine geringe Berücksichtigung findet, macht deutlich, daß bisher als einzig kompetente Bezugsperson und
Autorität in der Behandlung des Patienten der Arzt oder die Ärztin auf der Station
angesehen wird. Die mit den Pflegern und Schwestern gemachten Erfahrungen sind
marginal und beschränken sich vorwiegend auf oberflächliche Eindrücke.

Den meisten Ärzten wird gleichfalls viel Verständnis und Wohlwollen von den befragten Patientenfamilien entgegengebracht. Die Tatsache, daß selbst die professionellen Helfer sich irren können, weil sich der Patient manchmal in seinem Verhalten
verstellt, wird ihnen von nahezu allen Familien in keiner Weise verübelt oder angelastet. Es wird den Klinikern hoch angerechnet, daß sie sich trotz Personalmangels und
der damit einhergehenden Überlastung um jeden einzelnen Patienten zu kümmern bemühen. Ebenso wird ihnen von einigen Besuchern auf den Stationen oftmals zugute
gehalten, daß sie vermutlich selbst darunter leiden, wenig Zeit zu haben, und es nicht
in ihrem Sinne sei, die Stationen häufig wechseln zu müssen. Einzelne Angehörige
haben das Gefühl, daß besonders die jungen Ärzte oft unter Streß stehen, und akzep-

tieren daher, daß diese ihnen gegenüber manchmal kühl und kurz angebunden sind. Die Kritik an den Ärzten bezieht sich weniger auf deren Verhalten gegenüber dem Patienten als vielmehr auf deren Umgang mit den Eltern.

V: *„Die Ärzte haben sich bestimmt abgemüht. Die haben ja nicht nur einen Patienten, sondern viele. Und da können wir uns auch vorstellen, daß mal eine Woche ist, wo sie vielleicht hier nicht ganz so verbindlich sind, daß sie mal unwirsch werden, wenn dann die Eltern kommen und immer bohren und sagen: 'Mein Gott, was ist nun hier.'"* (View 9A)

M: *„Das war hier eigentlich ganz toll, daß wir alles fragen [durften] und daß die uns alles gesagt haben. [Das Verhältnis zu den Ärzten] war eigentlich gut. Es wäre noch besser gewesen, wenn es ein Arzt gewesen wäre, wir haben aber jetzt sieben gehabt. Also mußten [wir] uns immer wieder umstellen."* (View 8)

Die bisher dargelegten Erfahrungen der Patientenfamilien leiten insgesamt zu der Feststellung über, daß den meisten von ihnen mit der Einweisung des Kindes und der damit verbundenen Übertragung der Verantwortlichkeit an eine psychiatrische Einrichtung eine vorübergehende Entlastung zuteil wird. Denn mit der Herauslösung des auffällig gewordenen Mitgliedes aus dem familialen Milieu werden zugleich die Konflikt- und Konfrontationspotentiale reduziert. Der Alltag wird nicht mehr von den krankheitsbedingten Störungen des Angehörigen diktiert.

Nicht alle Familienmitglieder jedoch erleben dies als Chance, bisher vernachlässigte oder zurückgestellte individuelle wie auch familiale Bedürfnisinhalte zu reaktivieren und/oder neu zu konsolidieren. Besonders diejenigen Familien (View 2/2A, 6, 9/9A, 14A), die sich dagegen zur Wehr setzen, anzuerkennen, daß ihr Kind psychisch erkrankt ist, weisen große Schwierigkeiten im Umgang und der Auseinandersetzung mit ihrem Angehörigen auf. Ihr Bemühen bei der Interaktion mit ihm ist hauptsächlich darauf gerichtet, belehrend und argumentativ einzuwirken. Sie versuchen, Veränderungen im Verhalten des Familienmitglieds appellativ und/oder unter Androhung von Sanktionen zu erreichen. Kennzeichnend für sie ist, daß sie ihrem Kind ein „Nicht-Wollen" statt eines „Nicht-Könnens" unterstellen. Das Eingeständnis der Existenz einer psychischen Krankheit wird von ihnen vorurteilsvoll gleichgesetzt mit dem Gefühl, erzieherisch versagt zu haben. Die Bestätigung dessen, was von Ärzten diagnostiziert worden ist, bedeutet für sie, Fehler einzugestehen und damit Schuld anzuerkennen. Ihre anfängliche Nichtanerkennung der Krankheit stellt das Bemühen dar, sich selbst zu exkulpieren; die vehement angeführten Zweifel am Bestehen einer psychischen Krankheit spiegeln die Rigidität eines gedanklichen Selbstentwurfes wider, der die eigene Brüchigkeit und Verletzbarkeit verdecken helfen soll. Die Erfahrung mangelnder Solidarität seitens der Ärzteschaft verstärkt den Eindruck, versagt zu haben, und vergrößert die Schuldgefühle bei diesen kritischen Patientenfamilien. Die Folge sind Ablehnung der Diagnose, Opposition zu den Ärzten, gesteigerte Kritik am erkrankten Angehörigen und ein Rückzug ins Private.

Die Haltung aller Patienteneltern gegenüber dem medizinischen Personal stellt sich als äußerst ambivalent dar. Je nachdem, mit welchen Erwartungen die Familien in die Klinik kommen und welche Hilfestellung ihnen zuteil wird, verändert sich auch ihre Meinung gegenüber der psychiatrischen Klinik. Familien, die mit hohen Ansprüchen auf rasche Hilfe für ihr Kind an die Psychiatrie herantreten, sind schnell enttäuscht, wenn sich ihre Annahmen nicht bestätigen. Zudem finden sie sich nur schwer damit ab, daß ihr Wunsch nach Einflußnahme auf den Behandlungsgang von den psychiatrisch Tätigen nicht geteilt wird. Das trägt wiederum nicht dazu bei, ein entspanntes Verhältnis zwischen den Ärzten und den Besuchern aufkommen zu lassen.

Im Beziehungsprozeß zwischen Angehörigen und Ärzten läßt sich folgendes konstatieren:

1. Ausnahmslos alle Angehörigen wünschen sich bei ihrer ersten Kontaktaufnahme mit der Psychiatrie Hilfe für ihr Kind. Zugleich erhoffen sie, Hilfestellungen und eine betreuende Begleitung für sich selbst zu erhalten.

2. Die als vorübergehend empfundene Entlastung durch den Klinikaufenthalt schwindet mit zunehmender Aufenthaltsdauer. Verknüpft mit den Besuchen auf der Station und den dort gewonnenen Beobachtungen, stellen sich erneut Sorgen über die Befindlichkeit des Kindes ein.

3. Als außerordentlich unzweckmäßig wird die von der Klinik unterstützte Loslösung des Patienten von seiner Familie empfunden. Eifersucht und Rivalität in der Auseinandersetzung um Unterstützung des erkrankten Familienmitglieds werden zwischen Patientenfamilien und Ärzten offenkundig. Eltern werden für den weiteren Behandlungsgang nicht gebraucht und fühlen sich deshalb zurückgesetzt und ausgegrenzt. Was Hilfe für den Patienten bedeutet, bestimmen allein die klinischen Helfer.

4. Je nachdem, wie kritisch-engagiert die Familien sind, aber auch welche positiven oder negativen Erfahrungen mit den Ärzten gemacht wurden, verstärken sich die skeptischen bis desillusionierten Aussagen über die Kompetenz des Klinikpersonals. Dabei folgen besonders bei überhöhten Erwartungen an eine schnelle Heilung große Enttäuschungen.

5. Es lassen sich bei den Patientenfamilien keine unterscheidenden Merkmale aufzeigen, die von Faktoren wie Einkommen, sozialer Schicht, Alter, Bildung, Familienstand bestimmt sind und die auf typische Strategien oder Verhaltensweisen gegenüber dem psychiatrischen Fachpersonal schließen lassen können. Das bedeutet, daß gutsituierte Familien (View 3, 8, 16) ähnliche Ausführungen und Beanstandungen vorzubringen haben wie ökonomisch weniger abgesicherte Familien, Alleinerziehende oder alleinstehende Rentner (View 1, 2, 6, 7, 10, 14A, 15).

6. Bestimmende Elemente für die Einstellung zum klinischen Personal sind: Dauer und Häufigkeit des Klinikaufenthalts der erkrankten Person, Auskunftsbereitschaft, Hilfe und beratende Unterstützung wie auch die weitgehende Miteinbeziehung in die theoretische Behandlungskonzeption durch die Ärzte.

Darüber hinaus sind mit der Einweisung des Angehörigen in die psychiatrische Klinik weitere Konsequenzen verbunden, die Fragestellungen und Irritationen bei den Patientenfamilien hervorrufen und ihre gesamte Aufmerksamkeit beanspruchen. Der Prozeß der Auseinandersetzung mit einer psychischen Krankheit endet – entgegen vielfachen Erwartungen – nicht mit der Einweisung des auffälligen Familienmitglieds. Vielmehr sehen sich die Eltern neuen Anforderungen ausgesetzt, die sie allein zu bewältigen haben und die von ihren ursprünglichen Erwartungen häufig beträchtlich abweichen.

9.1.5 Erwartungen der Patienteneltern an die Klinik

Oftmals stellen sich die von einigen Eltern an die Klinik herangetragenen Ansprüche und Erwartungen als unrealistisch heraus und werden infolge mangelnder Kommunikation zwischen Personal und Familie nicht geklärt. Manche Bedürfnisse der Familien überschreiten bei weitem den Kompetenzrahmen wie auch die Bezugs- und Handlungsmöglichkeiten der Kliniker, so das Verlangen nach einer über die institutionelle Therapie hinausgehenden, extramural funktionierenden und dauerhaften therapeutischen Betreuung des nicht immer rekonvaleszenten Angehörigen. So kommt es vor, daß der Patient in dasselbe „Chaos" (View 3A) entlassen wird, ohne daß sich jemand weiter um ihn kümmert. Familien müssen registrieren, daß seitens der Psychiatrie keine Angebote für Anlaufstellen gemacht werden, an die sie sich mit ihren noch offenen Fragen, ihren Wünschen und Bedürfnissen nach weiterer Information und Hilfestellung wenden könnten. Da die Klinik den Patienten nicht unbedingt als geheilt entläßt, besteht nach Meinung der Angehörigen die Notwendigkeit einer fortwährenden Begleitung, vor allem dann, wenn der Aufenthaltsort des Entlassenen, nach Auffassung der Ärzte, nicht das Elternhaus, sondern eine neue Umgebung darstellen soll. Selbst dann, wenn das Kind innerhalb der Familie verbleibt, wünschen alle Patienteneltern eine begleitende Orientierungshilfe. Der Übergang von der stationären zur offenen Behandlung wird von ihnen als außerordentlich defizitär angesehen. Nach ihrer Ansicht funktioniert die Nachsorge nicht. Noch in der Klinik sollte nach Meinung einer Mutter (View 13), zusammen mit dem Patienten, Kontakt zu einem niedergelassenen Psychiater aufgenommen werden, damit dieser eine Weiterbehandlung vornehmen kann und somit die Konstanz der medizinischen Betreuung gewährleistet ist. Der Übergang von der Klinik zur Entlassung bedarf nach übereinstimmender Auffassung aller Patientenfamilien flankierender Maßnahmen, um aus dieser bisherigen Bruchstelle einen nahtlosen Übergang zu konstruieren.

Die meisten Eltern sehen sich dem Dilemma ausgesetzt, die Entscheidungen, welche die Klinik allein in Abstimmung mit dem Patienten in bezug auf dessen außerklinischen Werdegang und Wohnort gefällt hat, mitzutragen. Patienteneltern finden bei dieser Entscheidungssuche zumeist kein Gehör und sind vielfach aufgrund der Volljährigkeit ihres Kindes von der Entscheidungsfindung ausgeschlossen. Rechtlich jedoch sind sie verpflichtet, für die finanziellen Belange ihres Kindes aufzukommen. Darüber hinaus entstehende emotionale Belastungen und Konflikte haben sie nach der Entlassung ihres Kindes aus der Klinik gleichfalls allein und ohne begleitende Ansprechpartner zu verarbeiten.

Die ersten Erwartungen der Patientenfamilien an eine psychiatrische Klinik decken sich nicht mit den tatsächlichen Gegebenheiten: Die Klinik kümmert sich in einer für viele Familien nur sehr einseitig medikamentösen Weise um den Patienten. Therapeutische Gespräche finden nach Meinung der meisten Eltern nicht oder in einem nur sehr unzureichendem Maße statt. Vermutungen und Ansichten der Eltern über das Zustandekommen der Krankheit werden von klinischer Seite meist nicht berücksichtigt. Und die Totalität der psychiatrischen Institution im Goffmanschen Sinn (vgl. Kapitel 2.4) überträgt sich auf den Patienten ohne erklärende Einbeziehung der Familie in das Behandlungskonzept. Solange sich der Patient in der Klinik aufhält, zeigt sie sich allein und keinen Widerspruch duldend für ihn verantwortlich. Erst mit seiner Entlassung erlischt ihr Handlungsauftrag, und das Familienmitglied gelangt wieder in den Zuständigkeitsbereich der Familie, ohne daß diese während dieser Zeit eine Anleitung zur Entwicklung handlungsorientierter Maßnahmen erfahren hätte.

Mit der Einweisung ihres Kindes in die Psychiatrie war implizit das Eingeständnis der Eltern verbunden, die Situation mit dem Angehörigen allein und ohne Unterstützung nicht mehr bewältigen zu können. Daß jedoch damit zugleich ihre Befugnis, helfend einwirken zu dürfen, erlischt, ist von ihnen in ihre Vorüberlegungen und Erwartungen nicht miteinbezogen worden. Anspruch, nämlich sowohl Hilfe für das auffällig gewordene Familienmitglied als auch für sich selbst zu erhalten, und Wirklichkeit stimmen nicht überein, so daß sich alle Eltern nach der Entlassung ihres Kindes aus der Klinik vor derselben unbeantworteten Frage wiederfinden, nämlich, wie sie sich im weiteren gegenüber ihrem Angehörigen zu verhalten haben. Statt eines Bündnispartners erfahren sie die Psychiatrie als eine ihren Interessen überwiegend zuwiderhandelnde Institution, die sowohl die Heilung als auch die Besserung des Zustandes des Kindes während seines Aufenthaltes nicht ohne weiteres gewährleistet und darüber hinaus keine Übergangshilfen zur Rückführung in den extramuralen Bereich vorbereitet. Um so bedeutungsvoller scheinen die emotional-stabilen und sich gegenseitig partnerschaftlich stützenden Elemente im Hinblick einer weiterführenden Bewältigung für die Patienteneltern zu sein.

9.2   Zusammenfassung

Der Umgang und die Erfahrungen mit der psychiatrischen Institution offenbaren dem Gros der Patienteneltern, daß ihre anfangs an diese Institution geknüpften Erwartungen, Vorstellungen und Hoffnungen – allerdings auch ihre Befürchtungen – nur bedingt realisiert werden. Die ersten Eindrücke von der Klinik und von dem sich an die Einweisung anschließenden Behandlungsgang lassen, insbesondere bei denjenigen Familien, die selbst aktiv daran mitgewirkt haben, daß eine Aufnahme erfolgte, starke Zweifel an der Notwendigkeit der eingeleiteten Maßnahmen aufkommen. Sie beziehen sich – wie für die Dauer eines erstmaligen Psychiatrieaufenthalts dargestellt werden konnte – überwiegend auf das beobachtbare Erscheinungsbild des Patienten.

Hervorgerufen durch die Medikation, werden plötzlich evidente körperliche Verhaltensänderungen bei dem Patienten ausgelöst, die von den Besuchern irritiert registriert werden. Die Eltern wissen dabei nicht, ob diese Symptome dem Krankheitsbild zuzurechnen sind oder aber als Verschlechterung des Allgemeinzustandes gedeutet werden müssen. Gleichfalls reduzieren die oft stark sedierenden Wirkungen der Medikamente zumindest anfänglich die kommunikative Kontaktaufnahme mit dem Patienten, was als zusätzliche Beeinträchtigung von den Familien vermerkt wird. Weitere Implikationen, die mit der Überantwortung einer Person an die Psychiatrie verbunden und allen Patientenfamilien Probleme bereiten, sind:

- Der Informationsmangel über den Ablauf des Behandlungsgangs.
- Der Ausschluß von der aktiven Mitwirkung bzw. Unterstützung bei der Therapie des Patienten.
- Das fehlende Mitspracherecht.
- Das weitgehende Desinteresse des klinischen Personals, den Angehörigen bei der Beantwortung von Fragen behilflich zu sein.
- Die häufige Ärztefluktuation auf den Stationen.

Alle befragten Patienteneltern fühlen sich mit ihren Schuldgefühlen, Ängsten und Sorgen gegenüber ihrem Kind und dessen Krankheit alleingelassen. Sie begehren von den Klinikern Hilfe, Unterstützung und Anleitungen über künftige Vorgehens- und Verhaltensweisen. Es ist ihnen unverständlich, warum ihrem Ansinnen nach Aufklärung und praktischer Lebenshilfe nicht oder in ihrem Verständnis nur unzureichend nachgekommen wird. Mit der bevorstehenden Rückkehr des Kindes aus der Psychiatrie sehen sie sich vor das Problem der Nachsorge gestellt, ohne dabei auf eine therapeutisch begleitende personale oder institutionelle Hilfe zurückgreifen zu können.

Beim ersten Aufenthalt des Patienten in der Psychiatrie sind nahezu alle Familien davon überzeugt, daß mit seiner Entlassung aus dem Krankenhaus auch eine Heilung verbunden ist. Spätestens mit wiederholter Hospitalisierung oder verlängertem Aufenthalt in der Psychiatrie schwindet die Hoffnung der Familien auf eine baldige Genesung ihres Angehörigen. Sie stellen fest, daß die Rückkehr des Familienmitglieds in sein angestammtes Milieu nicht notwendig den Schluß zuläßt, daß damit eine vollständige Stabilisierung und Wiederherstellung seines Zustandes gewährleistet ist. Vielmehr obliegt es jetzt dem ehemaligen Patienten und ihnen, den Angehörigen, verantwortungsvoll die weiteren Schritte zur Konsolidierung durch die Aufrechterhaltung begleitender Maßnahmen fortzuführen. Die Hauptlast der Verantwortlichkeit fällt dabei wieder auf die Familie, ohne daß sie in irgendeiner Weise darauf vorbereitet ist.

Die Sorgen um das Familienmitglied enden also weder mit seiner Hospitalisierung noch mit seiner Entlassung, sondern sie weiten sich aus und führen zu neuen Ereignissen, auf die sich die Patientenfamilien einzurichten haben, jedoch mit einem unterscheidenden Merkmal: Die Patientenfamilien wissen nunmehr, daß eine affektive Psychose die Ursache für das Verhalten ihres Kindes war und daß mittels regelmäßiger Medikamenteneinnahme in den meisten Fällen eine Symptomminimierung gewährleistet werden kann.

10   Die Situation zu Hause

Die Abwesenheit des Patienten während seines Klinikaufenthaltes wie auch die Rückkehr in sein angestammtes Milieu sind mit einer Vielzahl von Reaktionen, Erwartungen und Hoffnungen seiner Familie verknüpft, die teilweise auf irrealen Annahmen beruhen und dementsprechend Konflikte bewirken, auf die sich die Familien im weiteren Umgang miteinander einzustellen haben.

Die eingeleiteten und im folgenden näher dargestellten Aktivitäten und Bemühungen geben darüber Aufschluß, wie die auf sie zukommenden Schwierigkeiten von den Familien bewältigt werden, auf welche Fähigkeiten sie sich dabei stützen können und welche Ressourcen ihnen zur Verfügung stehen. Gleichzeitig enthüllen diese Vorgänge – dadurch, wie die Familien ihrerseits Unterstützung erfahren – die gesellschaftlich und institutionell an sie latent gestellte Forderung, nämlich an dem Genesungsprozeß ihres Angehörigen mit allen ihnen zu Gebote stehenden Mitteln aktiv mitzuwirken. Welche Mittel das im einzelnen bei den Patientenfamilien sind und inwieweit sie sich von den anfänglichen Maßnahmen unterscheiden, welche Entwicklungsschritte die Familien dabei vollziehen, ist möglicherweise nicht allein davon abhängig, über welches Quantum an ökonomischen und psychosozialen Ressourcen (Beruf, Bildung, Informationen, Zeit, gesellschaftliche Einbindungen) die Patientenfamilien und der Erkrankte verfügen. Nahezu von gleichrangiger Bedeutung dürften die folgenden Kategorien sein:

- Die Dauer des Krankheitszustandes,
- die vielfach damit einhergehenden persönlich-emotionalen Verletzungen,
- der Grad der Flexibilität der Familie, den tradierten Einstellungen, internalisierten Grundhaltungen und normierten Konventionen, psychische Krankheiten betreffend, gedanklich wie auch praktisch begegnen zu können,
- und die gegenseitigen supportiven Qualitäten, die die Partner einander entgegenbringen und auf die sie sich bedingungslos verlassen können.

Erst hieran wird sich die Konsistenz oder Brüchigkeit der unterschiedlich strukturierten Patientenfamilien ausmachen lassen, und erst dann kann der Versuch einer Typisierung der Familie unternommen werden.

10.1 Die Situation nach der Einweisung

Durch die Herauslösung des auffälligen Familienmitglieds aus der Gemeinschaft und die Überantwortung an eine Klinik erfahren alle Familien erstmalig eine Entlastung. Diese örtliche Verlagerung des Angehörigen bewirkt zwar keine Problemlösung, gewährt jedoch den Familien einen temporären Frei- und Ruheraum, innerhalb dessen sie sich nicht permanent um den Angehörigen zu kümmern haben. Durch die Trennung von ihm treten zunehmend andere Wahrnehmungen für Gegebenheiten und Veränderungen, die sich in der Familie ereignet haben, in den Vordergrund. Eigene individuelle Bedürfnisse können wieder artikuliert werden und erlangen erneut einen ernstzunehmenden Stellenwert. Der einzelne erhält die Möglichkeit, seine vorherige oder aber eine neue Position innerhalb der Familiengemeinschaft einzunehmen, was insbesondere für die im Haushalt lebenden Kinder von Bedeutung ist. Oftmals sind sie es, die sich von den Eltern vernachlässigt fühlen, da diese bisher alle Anstrengungen darauf verwandt hatten, die Kontrolle über ihr auffälliges Kind zu behalten, und sich – dadurch eingebunden – weniger um die Sorgen und Bedürfnisse der anderen Geschwister kümmern konnten. Während dieser Zeit wird den meisten Patienteneltern deutlich bewußt, welchen außerordentlichen psychischen Belastungen sie selbst ausgesetzt waren und sind.

Einige Patientenmütter fühlen sich völlig erschöpft und niedergeschlagen, bekommen Weinkrämpfe und lassen sich teilweise Beruhigungs- und Schlaftabletten verschreiben. Da allerdings die Sorgen um den Angehörigen und seine Befindlichkeit anhalten, sind diese Phasen des emotionalen Ausdruckverhaltens, der Stabilisierung und auch der Erholung nur von kurzer Dauer. An ihre Stelle tritt das Bemühen um Betreuung des Angehörigen in der Klinik. Dabei zeigt sich, daß sich vor allem die Patientenmütter große Sorgen darüber machen, wie abweisend und distanziert sich ihr Kind ihnen gegenüber verhält. Sie haben den Eindruck, daß sich sein Zustand während des Aufenthaltes in der Klinik verschlechtert statt bessert. Darüber hinaus empfinden alle Patientenfamilien zunehmend größer werdende Schuldgefühle darüber, ihr Kind in eine solche für es unwürdige und unpassende Situation gebracht zu haben. Die Zustände auf der Krankenstation und die Mitpatienten übertreffen ihre schlimmsten Befürchtungen, so daß es in ihrem Bestreben liegt, ihren Angehörigen möglichst schnell von der Station zu holen.

Um zu verdeutlichen, welche psychosozialen Veränderungen mit der Erkenntnis des Vorliegens einer psychischen Erkrankung für die Familien einhergehen, soll nun genauer spezifiziert werden, wie sich die Eltern untereinander und gegenüber dem erkrankten Familienmitglied verhalten und welchen Einfluß die Geschwister nebst der Verwandtschaft im Umgang mit dem auffälligen Familienangehörigen nehmen.

10.2 Erste Einstellungs- und Reaktionsveränderungen der Familien

Bisher wurde festgestellt, daß in der Zeit der ersten Krisenbewältigungsmaßnahmen sich die Patientenfamilien nicht voneinander unterscheiden, so daß keine nennenswerten Differenzierungen deutlich werden, die auf abweichende Merkmale innerhalb der Familien verweisen würden. Es werden anfänglich von allen Familien neben den Freunden, Verwandten und Bekannten Pfarrer, Polizisten, Rechtsanwälte, Apotheker, Hausärzte, Therapeuten, niedergelassene Psychiater, auch Behörden wie das Gesundheitsamt und Erziehungsstellen mit der Bitte um Hilfe und Erklärung nachgesucht. Schließlich findet in der Einweisung des Angehörigen in eine psychiatrische Klinik der Kulminationspunkt des Krisenmanagements seinen vorläufigen Abschluß.

Es zeigt sich, daß in dieser ersten Phase des Bewältigungsbemühens – wie auch in den späteren – den Familien keine oder nur sehr unzureichende Hilfestellungen in Form von externen und institutionellen Unterstützungsangeboten zur Verfügung stehen. Alle frequentierten Stellen zeigen sich entweder nicht zuständig, verweisen auf andere (bürokratische) Einrichtungen oder aber relativieren die von den Familien vorgebrachten Probleme. Die um Hilfe nachsuchenden Familienmitglieder werden zumeist auf den eigenen innerfamilialen Bereich verwiesen und damit zurück zum Ausgangspunkt des Problems, das sie ursprünglich zur Hilfesuche veranlaßt hatte.

M: *„Bis heute weiß ich noch nicht, wenn so Phasen kommen bei den Kindern, wie ich mit den Kindern sprechen soll. Weil nämlich alles verkehrt ist, was man sagt. Und wenn da so ein paar Sachen sind, die man weiß, das wäre schon besser. Und ich habe das auch schon mal richtig wortwörtlich gesagt zu einer Ärztin in der Nervenklinik. Da habe ich angerufen: 'Nun sagen Sie mir einen Satz. Sagen Sie mir nur einen Satz, damit dies erstmal vorübergeht.' Das war dann die zweite Tochter. Die schimpft dann immer auf irgendwas (...) und wollte das nicht und wollte jenes nicht. Und ich sage: 'Sagen Sie mir bloß einen Satz, damit wir aus diesem Kreis rauskommen.'"* (View 9)

Die Unnahbarkeit des designierten Patienten, die sich weiter verschärfenden Zustände und Spannungen innerhalb der Familie, hervorgerufen durch gegenseitig emotionale Verletzungen, Beleidigungen, durch Suizidandrohungen und -versuche, gepaart mit dem Gefühl der Überforderung, veranlassen die Eltern, sich entweder von ihrem Kind räumlich zu distanzieren oder aber unter Zuhilfenahme verschiedenster Personen verstärkt auf ihr Kind einzuwirken, ärztliche Hilfe in Anspruch zu nehmen. Hierbei zeigt sich allerdings, daß nicht alle Patientenfamilien vorbehaltlos über einen oder mehrere Partner verfügen, die sie in ihrem Bestreben um Einweisung des Angehörigen in eine Klinik uneingeschränkt unterstützen. Oftmals unterscheiden sich die Interessensschwerpunkte innerhalb der Patientenfamilien über die unterschiedlichen Gewichtungen der zugrundegelegten Interpretationen und über den Sinngehalt der einzuleitenden Maßnahmen, so daß diese erst einmal von ihnen aufeinander abgestimmt werden müssen. Dabei kann es zu erneuten Mißstimmungen und Differenzen kommen, die zu weiteren Konflikten führen.

V: *„Meine Schwester hatte mich angerufen, die hatte das mitgekriegt. Die hat gesagt: 'Du, B. [geschiedene Ehefrau] hat M. ins LKH gebracht.' Da habe ich gesagt: 'Was? Das kann doch wohl nicht wahr sein.' Ich [bin] da sofort hochgefahren. Na ja, die wollten sie da einliefern. Da habe ich gesagt: 'Das kommt überhaupt nicht in Frage.'"* (View 2A)

Des weiteren ist feststellbar, daß sich einige Patienteneltern ihrer Verantwortung entziehen, indem sie die Zuständigkeit einzig ihrem Ehepartner aufbürden.

Die Spannungen innerhalb dieser Familien werden nicht allein durch die Auffälligkeiten des Angehörigen produziert, sondern erhöhen sich dadurch, daß sich die Partner untereinander über das zukünftige Vorgehen entweder nicht einig sind oder aber einzelne – zumeist die Mütter – keine partnerschaftliche Unterstützung erfahren und mit der Aufgabe alleingelassen werden. Erst diese nachhaltig andauernden und sich ständig zuspitzenden Störpotentiale, die über viele Monate andauern können, lassen deutliche und im einzelnen noch darzustellende Unterscheidungsmerkmale im Aushandlungsprozeß der Familien erkennen.

Durch die Auseinandersetzung mit dem auffälligen Angehörigen ergeben sich vereinzelt neuartige Konstellationen auf der Beziehungsebene der Familien, die eine Überprüfung bisheriger Gewohnheiten zur Folge haben. Es offenbaren sich schlaglichtartig die Grenzen der Belastbarkeit jedes einzelnen Familienmitglieds. Die Familie als Einheit droht auseinanderzubrechen; und auch die mit der Krankheit einhergehenden Kriseninterventionen stellen neue Anforderungen an die Stabilität und Variabilität der familialen Verhältnisse dar, so daß eine Umorientierung notwendig erscheint, um die bisherige Situation zu bewältigen. Alle Familien verändern sich unter dem Einfluß der Krankheit ihres Kindes.

Nahezu die Hälfte aller Patienteneltern (View 3, 4, 8, 11, 12, 13, 15) unterstützt sich weitgehend untereinander und bildet Fraktionen und Bündnisse gegenüber neugierigen Nachbarn und vorwurfsvoll-fordernden Verwandten. Sie sind bemüht, sich gegenüber Anschuldigungen zu immunisieren. Einige Patientenfamilien (View 1, 2, 5, 7, 9, 14A, 16) wiederum kommunizieren den Krankheitsvorfall nur selten miteinander, manche von ihnen (View 1, 2, 9) verwalten ihn ohne Abstimmung untereinander. Sie werden durch das Krankheitsaufkommen und den sich daran anschließenden Verlauf zum Teil völlig voneinander entfremdet, wobei verschiedene Äußerungen zur Vermutung Anlaß geben, daß ihre Beziehung untereinander nicht nur durch die Krankheitsphasen gestört wurde, sondern schon zuvor merkliche eheliche Dissonanzen vorgelegen haben müssen. Besonders Patientenmütter aus diesen Familien beklagen das Desinteresse und die mangelnde Unterstützung ihres Partners. Die Grundhaltung ihrer Partner hingegen erweist sich als höchst resignativ. Sie entwickeln für die Zukunft nur wenige oder gar keine Perspektiven, so daß allein die Tatsache, über einen Ehepartner zu verfügen, noch keine Garantie für eine Erleichterung im Umgang mit dem auffälligen Familienmitglied darstellt.

Auch die Alleinstehenden, insbesondere diejenigen, deren Partner verstorben ist (View 6, 10), beklagen ihre Alleinverantwortlichkeit. Sie wünschen sich Entlastung durch einen Partner bzw. eine nahestehende Vertrauensperson oder aber eine größere verwandtschaftliche Unterstützung. Und auch die Haltung der Personen aus den geschiedenen Familien unterscheidet sich. Während die Beurteilung der Krankheit, der Störung und der sich daraus ableitenden Vorgehensweisen unter den geschiedenen Personen der einen Familie (View 2/2A) divergiert, sind sich die ehemaligen Ehepartner bei der anderen Familie (View 13/13A) hinsichtlich der Einschätzung der Störungen und deren Bewältigung weitgehend einig. Es werden von ihnen untereinander gemeinsame Absprachen und Übereinkünfte für das künftige Vorgehen getroffen. Alle Familien lernen durch die Erfahrungen mit der Krankheit den Zuverlässigkeits- und Belastbarkeitsgrad der anderen Familien- und Verwandtschaftsmitglieder kennen und definieren dementsprechend ihr Verhältnis zu ihnen neu.

Es liegt nahe, daß in noch traditionellen Familienverhältnissen (vgl. Kapitel 8), bei denen ein Elternteil – in der Regel die Frau und Mutter – die Hausarbeit verrichtet, während der andere Teil für die finanzielle Versorgung der Familie aufkommt, sich eine unterschiedliche zeitliche Präsenz in der Beziehung mit dem erkrankten Angehörigen feststellen läßt (View 3/3A, 7, 9/9A, 12/12A, 16). Darüber hinaus sind Familien zu finden (View 1, 5, 8, 11), bei denen beide Elternteile berufstätig sind.

Nicht berücksichtigt wurden hierbei die getrennt oder geschieden lebenden Elternteile wie auch diejenigen, deren Partner verstorben sind.

Obgleich sich diese Patientenmütter in der aktuellen Krisensituation äußerst gefordert und zum Teil überfordert fühlten (View 1), sehen einige von ihnen (View 8, 11) im nachhinein gerade diese berufliche Einbindung als besonders hilfreich und als mental entlastend an. Für sie stellt die halbtägige Berufstätigkeit eine Möglichkeit dar, sich von den häuslichen Verhältnissen und Stressoren zu distanzieren und zu entlasten, wobei diese Patientenmütter zu denjenigen Familien zählen, die von ihrem Partner Unterstützung erhalten.

Mit Ausnahme einer Familie (View 14A) läßt sich allgemein konstatieren, daß die Mütter einen intensiveren zeitlichen Kontakt zu ihren erkrankten Kindern pflegen als die Väter, selbst dann, wenn sie neben der Haushaltstätigkeit noch einem beruflichen Nebenerwerb nachgehen. Zum Teil begründet sich dies durch die nur halbtägige Beschäftigung der Mütter wie auch die spezifische Rollenverteilung innerhalb der Familien. Die Hälfte aller befragten Mütter und ein arbeitsloser Patientenvater führen deutlich Klage darüber, daß sie sich überlastet fühlen, weil sie sich allein um den erkrankten Angehörigen zu kümmern haben und keine Unterstützung vom Partner oder aber den übrigen Kindern erhalten.

M: *„Ich wollte ja gerne, daß sie ein halbes Jahr wegkam. Aber ich kam nicht durch. Ihr Vater, wir hatten keinen Kontakt, wir konnten nicht reden. Also es war böser*

186

Haß. Er hat das wohl nicht für voll oder ernstgenommen, was da überhaupt richtig gelaufen ist. Denn die schlimmeren Sachen habe ich ja mitgemacht. " (View 2)

M: *„Ich habe ja gemerkt, wie schlecht es mir ging. Weil ich dem Mädchen nicht helfen konnte. Weil ich immer gedacht habe: 'Warum besuchen ihre Geschwister sie nicht? Warum tun und entlasten sie mich nicht?'* " (View 6)

Selbst das Geschwisterverhältnis untereinander kann als distanziert beschrieben werden, besonders dann, wenn sich der eine Geschwisterteil in seinem Verhalten über einen längeren Zeitraum gravierend veränderte.

V: *„Aber da hat er [Bruder] ihr gesagt: 'B., wenn du so die Eltern behandelst, will ich mit dir auch nichts mehr zu tun haben.'* " (View 3A)

V: *„Und ihre jüngere Schwester hatte sowieso einen großen Abstand zu ihr, hatte also wenig mit ihr zu tun. Der war das nur alles furchtbar peinlich, in der gleichen Schule zu sein mit einer Verrückten.* " (View 13)

Örtliche Distanz der Geschwister voneinander (View 3, 14A) und eigene Probleme, beispielsweise Spielsucht (View 12) oder das bevorstehende Abitur, wie auch das zum Teil „recht mürrische" Verhalten des kranken Familienmitglieds (View 4) verhindern, daß eine Auseinandersetzung der Geschwister untereinander stattfindet. Die Irritation durch das seltsam wirkende und unerklärliche Verhalten des Bruders oder der Schwester veranlaßt sie, Abstand zu nehmen (View 8). Dort allerdings, wo schon seit längerer Zeit eine deutliche räumliche Distanz zwischen den Geschwistern vorlag, konnte sich zum Teil ein besseres Verständnis zwischen dem gesunden Geschwisterteil und dem erkrankten Familienmitglied entwickeln (View 13, 14A, 16).

Der Kontakt zur Verwandtschaft, wenn er überhaupt besteht, beschränkt sich seitens der Eltern vorwiegend auf die Großeltern oder die Geschwister. Sie werden über den veränderten Zustand des Familienmitglieds informiert und um Hilfestellung im Umgang mit dem Angehörigen gebeten. Gleichzeitig wird um Verständnis für das eigenartige Verhalten des Familienmitglieds geworben, und es werden Anweisungen gegeben, wie man sich zu verhalten habe, falls der Erkrankte zu einem Besuch komme. Bei sechs Familien (View 1, 7, 8, 9, 10, 14A) besteht der Kontakt zur Verwandtschaft entweder überhaupt nicht oder darin, daß man den Zustand des Familienmitglieds zu verheimlichen trachtet (View 8) bzw. sie nur andeutungsweise über die Lage informiert. Die Verwandtschaft wisse zwar Bescheid, meinte ein Vater (View 14A), weil sie von dem Angehörigen besucht werde, aber letztlich mache sie sich nur lustig über ihn und die Familie, so daß es sich nicht lohne, weiteren Kontakt zu ihnen aufrechtzuerhalten. Vorwürfe der Schwiegereltern an die Adresse der Mutter, an der Erkrankung der Tochter mitschuldig zu sein, tragen dazu bei, die Verbindung zu diesem Teil der Verwandtschaft abreißen zu lassen (View 11). In einem anderen Fall erschwert das Innehaben eines öffentlichen Amtes die weitere Kontaktaufnahme.

Die Tatsache, daß die Verwandtschaft selbst Schwierigkeiten mit ähnlich gelagerten Problemen (Alkoholproblem, Depression, Schizophrenie, Suizid) in ihren Familien aufweist (View 1, 2, 8, 10) oder nur Bedauern zeigt, gekoppelt mit dem Hinweis, daß man gut daran tue, die Krankheit zu vertuschen (View 9A), stellt kein Hilfsangebot für die Kernfamilie dar und läßt die Patientenfamilie davon absehen, Kontakte zur Verwandtschaft zu intensivieren. Als besonders enttäuschend wurde in einer Familie vermerkt, daß ein Verwandter – obwohl vom Fach - der Familie Unterstützung und Hilfestellung verweigerte, was dann zu einem Abbruch der Beziehung führte.

M: „Ich habe ja [einen Verwandten], der Psychiater ist und der natürlich total versagt hat. Er hatte eine solche Sperre, als ob wir ihn heranziehen wollten als Arzt für B. Also ich konnte ihm das so oft sagen, wie ich wollte, daß es darum nicht ging, das war einfach nicht möglich, daß er das begreifen wollte." (View 3)

Selbst die angebotene finanzielle und psychologische Unterstützung, letztere in Form von Buchgeschenken, wird zwar von manchen – weil „überhaupt jemand nachfragt" – als wohltuend empfunden, oftmals aber auch als unangebracht und in der Sache wenig nützlich bezeichnet (View 4). Resümierend lassen sich folgende drei Punkte für Familien mit manisch-depressiv erkrankten Kindern feststellen:

1. Verglichen mit dem Vater, kommt der Mutter, auch wenn sie neben dem Haushalt berufstätig ist, eine Schlüsselstellung in der zeitlich interaktionalen Auseinandersetzung mit dem auffälligen Familienangehörigen zu.

2. Das Verhältnis der Geschwister ist durch beidseitige Distanz zueinander und durch Rückzug gekennzeichnet, der besonders dann eingeleitet wird, wenn der erkrankte Geschwisterteil wiederholt Auffälligkeiten produziert, die auf Unverständnis stoßen und zu Irritationen führen.

3. Je nachdem, wie eng und vertrauensvoll sich der Kontakt zur Verwandtschaft im Vorfeld der Erkrankung darstellt, wird auch die Information über den Zustand des Familienmitglieds und die Bitte um Hilfe von der Familie betrieben. Kontaktdichte und -nähe korrelieren mit dem Informationsaustausch. Die darauf erfolgende empathische oder ablehnende Reaktion auf die Mitteilung einer vorliegenden psychischen Erkrankung trägt entscheidend dazu bei, ob die Verbindung zueinander intensiviert oder abgebrochen wird.

Das gesamte Ereignis einer psychischen Erkrankung wie auch die sich daran orientierenden Maßnahmen sind nur prozessual zu verstehen und stellen in der ersten Zeit kein wohlüberlegtes oder im einzelnen rational strategisch angelegtes Handlungskontinuum dar, sondern unterliegen vielmehr handlungsorientierten Sprüngen, die den Versuch darstellen, sich immer wieder aufs neue den Anforderungen anzupassen. Kennzeichnend für alle Familien ist daher, daß sie erst nach der Erfahrung mit Mehrfachhospitalisierungen routiniertere Verhaltensweisen – aber keineswegs festgefügte Strategien – im Umgang mit dem erkrankten Angehörigen ausbilden.

10.3   Der Umgang mit dem Krankheitsbegriff

Wie bisher festgestellt werden konnte, findet die erste absichtsvolle Auseinandersetzung mit einer Krankheit und deren Realisierung bei den Patientenfamilien erst nach der Aufnahme ihres Kindes in einem psychiatrischen Krankenhaus statt. Damit kann jetzt die Frage in den Vordergrund treten, wie sich das weitere Verhalten und der Umgang der Patientenfamilien untereinander durch das Wissen um die Existenz einer psychischen Krankheit entwickelt.

Nach Meinung der meisten Eltern kann das Familienmitglied nach seiner Entlassung aus der psychiatrischen Klinik nicht als völlig geheilt und damit auch nicht als gesund angesehen werden. Es bedarf der Schonung und einer therapeutisch unterstützenden Begleitung. Da dies jedoch zur Verwunderung und Enttäuschung der Eltern nicht von der Klinik oder einer anderen Institution geleistet wird, obliegt es den Familien, dieser Aufgabe nachzukommen. Und weil sie darauf nicht vorbereitet sind, stützen sie sich auf die intuitive Grundlage bisher erworbener Verhaltensweisen gegenüber ihrem Familienmitglied. Gleichzeitig wird ihm seitens seiner Familie eine Mitverantwortung an seinem zukünftigen Krankheitsverlauf zugeschrieben, die darin besteht, daß es der ärztlichen Aufforderung nach regelmäßiger Medikamenteneinnahme Folge zu leisten hat. Erst wenn es in der Lage ist, sein bisheriges Leben wieder aufzunehmen und nahezu störungsfrei fortzuführen, besteht nach Ansicht der Eltern keine Notwendigkeit, von einer Krankheit auszugehen. Verändert sich hingegen sein Zustand wieder zum Schlechten, durch Gründe, die der Angehörige nach Ansicht der Familie meist selbst zu verantworten hat – beispielsweise weil er die Medikamente abgesetzt hat –, dann sprechen sie von einem erneuten Ausbruch der Krankheit oder einem Krankheitsschub. Dem wiederum kann nur durch eine sofortige Einweisung in die Psychiatrie begegnet werden, wobei die Hemmungen, die Verbindung zur Psychiatrie herzustellen – verglichen mit der ersten Kontaktaufnahme – deutlich geringer sind.

Trotz der zumeist schonenden Maßnahmen, die nach der Entlassung aus der Psychiatrie dem Patienten widerfahren, fällt es allen Patientenfamilien schwer einzusehen, daß das eigene Kind psychisch erkrankt ist. Das Wort *krank* wird vermieden oder umschrieben, selbst dann, wenn längere Erfahrungen mit der Krankheit vorliegen. Dazu einige Stellungnahmen von Patienteneltern:

I: *„Halten Sie denn Ihren Sohn für krank?"*
V: *„Die Ärzte sagen: 'Er ist krank.' Und er war ja auch schon dreimal (...) stationär da für längere Zeit. Für sieben, acht, neun Wochen einmal. Er kriegt ja auch seit einiger Zeit Medikamente, seit ein paar Jahren jetzt."*
I: *„Und halten Sie ihn für krank?"*
V: *„Äh, (...) tja (...), ich mußte das einfach glauben, weil es ja die Ärzte sagen, er ist irgendwo krank."*

I: „Aber Sie sind etwas im Zweifel?"

V: „Ja, weil, er hat ja auch Momente, wo er eben so ganz normal ist und man denkt (...). Aber jetzt mit den Medikamenten ist es an sich ganz gut. Ich meine, man redet immer von verrückt und nicht-verrückt. Jemand, der total verrückt ist, der kann nicht solche klaren Gedanken fassen wie C., das kann ich mir nicht vorstellen." (View 14A)

M: „Also, das war eine schwere Zeit, dieses zu erkennen. Ist das Krankheit oder Pubertät? Man muß sich da auch laufend umstellen. Und dieses Wort Krankheit, das ist bis heute ja noch so, daß man sagt: 'Bin ich nun krank, oder ist das normal?' Und das so zu akzeptieren, die Kinder sind krank. Das schiebt man manchmal immer noch von sich. Heute noch. Es gibt so viele, die laufen so herum. Es gibt so viele, die verhalten sich [so]. Warum soll es nun krankhaft sein? Ja, das waren die Ärzte, [die sagten das]." (View 9)

V: „Also wissen Sie, ich sehe sie etwa so wie einen Zuckerkranken. Einer, der im Grunde völlig gesund ist, bis auf eine Kleinigkeit, die nachreguliert werden muß." (View 3A)

I: „Halten Sie Ihre Tochter für krank?"

V: „Ja."

I: „Auch wenn sie jetzt wieder raus kommt aus der Psychiatrie?"

V: [überlegt lange]

I: „Wie könnten Sie denn das erklären, daß Sie sie für krank halten?"

V: [überlegt länger] „Das ist eine gute Frage (...). Ja, da habe ich vielleicht zu voreilig mit 'ja' geantwortet. Ich muß sagen, ich halte es für wahrscheinlich, daß sie krank ist, solange sie nicht ohne Medikamente leben kann. Also wenn die Medikamente wieder bis auf Null reduziert werden könnten, ohne daß die gleichen schlimmen Symptome wie zum Beispiel kurz vor der Einlieferung wieder auftreten, dann würde ich sie für geheilt oder wahrscheinlich geheilt ein[stufen]. Wo ich auch dann immer mit der Möglichkeit rechne, daß das eben eine Krankheit ist, die immer mal wieder ausbricht. Aber was heißt krank? Zumindest halte ich sie für gering ausgestattet mit Selbstschutz, mit dem man erstmal schlimme Sachen wegdrücken kann. Oder sich eben nicht (...) so stark (...) aus den Problemen anderer raushalten kann. Das ist eigentlich eine sehr gefährliche Veranlagung." (View 13)

M: „Man kann nicht sagen, daß sie krank ist. Man kann auch nicht sagen, daß sie ganz gesund ist. Stimmt das? Ich weiß es nicht. Nein, ich kann nicht sagen, daß sie kerngesund ist, das ist sie nicht. Aber daß sie jetzt so krank ist, das auch nicht. Sie wird alleine fertig, sie kocht sich was." (View 15)

Die Patienteneltern zeigen große Schwierigkeiten, ihren Angehörigen als eindeutig psychisch krank zu bezeichnen. Deutlich wird, daß die Ausführungen der Eltern über psychische Krankheiten sich überwiegend auf die Wiedergabe von Aussagen der behandelnden Ärzte beschränken und diese wiederum weniger mit den eigenen Vorstellungen und Annahmen übereinstimmen. Der Zwiespalt der Eltern resultiert zum einen aus der von medizinischen Autoritäten erhaltenen Diagnose und zum anderen aus dem Bestreben nach Relativierung und Abschwächung. Die Existenz einer psychischen Krankheit anzuerkennen stößt auf Abwehr, denn mit dem allgemeinen Vor-verständnis von einer psychischen Krankheit deckt sich weder das Erscheinungsbild noch das Verhalten des Familienmitglieds. Es ist für alle Familien inkompatibel mit ih-ren bisher bestehenden Kenntnissen und Annahmen von Krankheit und dabei für die Familien gleichzeitig äußerst mühsam und diffizil, aus den Verhaltensweisen ihres An-gehörigen zu schließen, ob sich das Kind in der „Pubertät" (View 9) befindet, sich „raffiniert" (View 2) verhält, „Schwankungen" (View 16) unterliegt oder eben „irgendwie krank" (View 3) ist. Schließlich ist es in der Lage, „klare Gedanken" (View 14A) zu fassen, „und kann auch Arbeiten verrichten" (View 2A), was dem Vorverständnis von Krankheit und insbesondere einer psychischen Krankheit zu wi-dersprechen scheint. Aus diesen Zuschreibungen läßt sich das Bemühen der Familien um die Feststellung ableiten, daß sich der Angehörige von den *Geisteskranken* we-sentlich unterscheidet. Denn von letzteren wird vorurteilsvoll angenommen, daß sie zu keinen oder nur zu geringen Handlungen fähig seien. Hingegen ist ihr Kind sehr oft äußerst aufgeweckt, intelligent und schlagfertig, demzufolge kann es nicht geistig krank sein.

Deutlich wird hierbei die Unsicherheit, die darin besteht, zwischen einer geistigen und einer psychischen Krankheit und ihrem Erscheinungsbild unterscheiden zu kön-nen. Die Ablehnung einer psychischen Krankheit stellt für viele Eltern eine Schutz-funktion dar. Solange sie an ihr festhalten, bleibt ihnen die Möglichkeit erhalten, auf Besserung des Zustandes ihres Angehörigen zu hoffen. Zugleich beinhaltet ihre Zu-versicht auf Reversibilität einen für sie folgerichtigen Versuch zur Bewältigung der Situation. Indem die Existenz einer psychischen Krankheit negiert wird, entbinden sich die Eltern von den sich daraus ergebenden dauerhaften Verpflichtungen und Konse-quenzen.

Eine andere, gewissermaßen umgekehrte Vorgehensweise ist als Ausnahmefall ebenfalls auszumachen. Dabei sucht ein Familienvater seine Rettung in der demon-strativen Offensive gegenüber den Arbeitskollegen und deren Sottisen.

V: *„Da habe ich gesagt: 'Das ist so, die Tochter ist krank, und da kann man gar nichts machen. (...) Die ist in der Nervenklinik.' Na ja, dann wurde da weitergetu-schelt. Ich sage: 'Das ist klipp und klar. Das ist ein Fehler, sie ist nicht doof. Sie kriegt zeitweise ihre Anfälle hier, ihre Rückfälle, und dann ist mit ihr nichts anzu-fangen. Das ist eine Nervenkrankheit, und da kann man nichts machen.' Nachdem das alle wußten hier, dann war dann auch Ruhe."* (View 9A)

Indem der Vater selbst das Problem zur Sprache bringt, versucht er, der üblen Nach-rede zu entgehen. Weder Beschönigung noch Verschweigen oder Geheimhaltung ist seine Devise, sondern das Verlangen, sich herausfordernd den vermeintlichen Auffas-sungen entgegenzustellen. Dies geschieht allerdings nicht sofort nach dem ersten Krankheitsschub, sondern erst, nachdem sich mehrere Krankenhausaufenthalte bzw. Rückfälle der Tochter ereignet haben. Den Tatbestand einer vorliegenden Störung zu kaschieren scheint im Laufe der Zeit für ihn mit mehr Aufwand verbunden zu sein, als sich den unleugbaren Tatsachen zu stellen. Beiden Vorgehensweisen, die sich diametral unterscheiden, liegen gleiche Motive zugrunde, nämlich die Gegebenheiten für sich handhabbar zu gestalten und mittels dieser Maßnahmen sich vor möglichen von außen (Freunden, Verwandten, Arbeitskollegen) kommenden Diskriminierungen zu immunisieren.

Für alle Eltern ist es äußerst diffizil, das Gebaren und die Verhaltensweisen ihres Angehörigen richtig einzuschätzen. Die Familien manisch-depressiv Erkrankter wissen nie exakt, ob ihr Familienmitglied tatsächlich krank oder nur schlecht gelaunt und aggressiv ist und dementsprechend mit mehr oder weniger Nachsicht behandelt werden muß. Diese permanente Gratwanderung, das Nicht-Wissen um den Zustand des anderen, fördert die Spannungen innerhalb der Gemeinschaft. Es existiert kein objektiver Gradmesser, der den Familien bei der Zustandsbewertung ihres Kindes behilflich sein könnte. Indem eindeutige Anhaltspunkte fehlen, die das Erkennen einer psychischen Krankheit für die Patienteneltern zur Gewißheit werden lassen könnten, solange ihr Verständnis von Krankheit an die Registrierung von Eigenschaften wie Unwohlsein, Schwäche und Defizit geknüpft ist, lassen sich die Unsicherheiten und zweifelhaften Annahmen nicht reduzieren. Da überdies in den manischen Episoden der Patienten die kritiklose Folgeleistung und Einhaltung offerierter Hilfs- und Unterstützungsangebote nicht gewährleistet sind, im Gegenteil die Verhaltensweisen der Kinder oftmals schwere persönliche Verletzungen bei ihren Familienangehörigen hinterlassen, wird ihnen dies von den übrigen Familienmitgliedern – auch aus dem Gefühl des notwendigen Selbstschutzes heraus – als absichtsvolle und bewußt angelegte Handlung und nicht als krankheitstypisch ausgelegt. Was bleibt, sind verbale Verrenkungen (View 15) und die unakzeptierte Übernahme dessen, was die Experten sagen (View 14A), oder die resignierende Feststellung eines Vaters (View 13A), der die Wahrscheinlichkeit einer Krankheit an der Medikamenteneinnahme seines Kindes bemißt.

Alle Patienteneltern weisen bei ihren Bemühungen um Auseinandersetzung mit der Krankheit drei Charakteristika auf:

1. Die Hoffnung auf eine zukünftige Besserung des Gesamtzustandes ihres Angehörigen.

2. Eine weitgehende Unkenntnis über manisch-depressive Erkrankungen und ihre Symptome.

3. Den Widerstand dagegen, daß das auffällig veränderte Verhalten des Familienmitglieds Ausdruck einer Krankheit sein könnte, und eine damit einhergehende Hilflosigkeit, Maßnahmen zu entwickeln, die den Umgang untereinander und mit dem erkrankten Angehörigen erleichtern könnten.

Da sich dieser oftmals schleichende Prozeß der Veränderung nicht nur innerhalb der Patientenfamilien abspielt, sondern sich auch die Beziehungsstruktur des Freundes- und Bekanntenkreises des Erkrankten verändert, ist es für das Gesamtverständnis des Umgangs mit Manisch-Depressiven und den ihnen entgegengebrachten Copingmaßnahmen unerläßlich, den Blick gleichfalls auf die außerfamilialen Bezugspersonen zu lenken. Oftmals werden erst durch sie die Familien nachdrücklich darauf aufmerksam gemacht, daß außergewöhnliche Verhaltensänderungen beim Angehörigen vorliegen; damit werden Freunde und Bekannte des Angehörigen zu einer wichtigen und ernstzunehmenden Informationsquelle. Einerseits stellen sie zwar nach Meinung einiger Eltern auslösende Bestimmungsfaktoren dar, die die Zuspitzung der Ereignisse provoziert haben; andererseits aber werden gerade von diesen Freunden und Bekannten Maßnahmen zur Abschwächung der auffälligen Verhaltensweisen eingeleitet. Erst die Aufhellung dieses kollektiven Zusammenspiels läßt die Hintergründe und damit auch die Ressourcenkapazität der manisch-depressiven Personen deutlich werden. Im folgenden sollen daher die erweiterten persönlichen Lebensumstände der manisch-depressiven Personen vor dem Hintergrund ihrer sozialen Lebenswelt betrachtet werden, wobei damit die Frage verknüpft sein soll, wie sich die Beziehungen der designierten Patienten darstellen und sich nach ihrer Hospitalisierung gestalten.

10.4   Der Freundes- und Bekanntenkreis des Erkrankten

Wie zu jeder Familie ein Netz von Beziehungen, bestehend aus Verwandten, Freunden, Bekannten und Nachbarn, gehört, so besitzt auch der einzelne innerhalb der Familie seinen individuell persönlichen Kreis von Bekannten und Freunden, die nicht zwangsläufig und unmittelbar etwas mit der gesamten Familie zu tun haben müssen. Dieser Bekannten- und Freundeskreis und die eingegangenen Partnerbeziehungen des später auffällig gewordenen Familienmitglieds unterscheiden sich, anfänglich betrachtet, nicht von denen anderer Personen. Sie rekrutieren sich aus Schul- und Studienfreunden, Arbeitskollegen, Sport- und Vereinskollegen, aus dem Umfeld der betriebenen Hobbys, der Wohngemeinschaft und aus der Nachbarschaft. Zunehmend verändert sich jedoch das Verhalten des Familienangehörigen. Er zieht sich – für Außenstehende unmotiviert – zurück, verhält sich unerklärlich exaltiert, aggressiv, wirr, seltsam, abweisend, launenhaft und unberechenbar gegenüber seinem Umfeld, so daß der bisher bestehende Kontakt zu den Bekannten und Freunden eine Lockerung erfährt, die schließlich bis zur Trennung führen kann. Diesem schleichend prozessualen Vorgang, der nicht nur von dem Kranken ausgeht, sondern auch unter Mitwirkung seines Freundes- und Bekanntenkreises stattfindet, liegt ein subtiler interaktionaler Mechanismus zugrunde, der es verbietet, den Familienangehörigen allein verantwortlich für die Aufkündigung von Freundschaftsbeziehungen zu machen. Der Beendigung einer Beziehung indes kommt keine außergewöhnliche Bedeutung zu. Hervorzuheben ist allerdings, daß das Ende einer Freundschaft oder auch der Verlust einer vertrauten Person besonders starke Auswirkungen auf die Befindlichkeit der später als manisch-depressiv bezeichneten Familienmitglieder zeigt. Diese Einbußen, einhergehend mit den daraus resultierenden Problemen und Enttäuschungen, bewirken einen negativen katalytischen Effekt dahingehend, daß der sensible Angehörige diese Situation nur allein dadurch zu bewältigen weiß, daß er sich immer mehr von der Außenwelt zurückzieht.

M: „*Dann hatte sie mal eine ganz herbe Enttäuschung in der Krebsklinik. Da hat sie dort in der Küche ein Praktikum gemacht. Und dann hat sie einen Kurgast dort kennengelernt. Ja, das möchte ich hundertprozentig glauben, daß das keine Ausrede war; sie hat nicht gewußt, daß er verheiratet war. Dann kriegte sie ein Kind von ihm. (...) Und das finde ich heute noch empörend, daß man meiner Tochter da gesagt hat, welchen Weg sie gehen soll, daß sie das Kind nicht kriegen soll. Es wäre besser für sie. (...) Sie würde doch ihr Leben versauen, wie man so sagt. Und der Mann würde sie doch auch nicht heiraten, und, ja gut, das hat sie dann auch getan. Und ich hatte immer das Gefühl, schon als sie [es] mir erzählte, daß sie das sehr, sehr mitgenommen hat.*" (View 6)

M: „*Und da hatte sie eine ganz gute Freundin, die war zwei Jahre älter. Mit der hatte sie sich ganz gut angefreundet. Da sagte sie: 'Mutti, das ist so ein Mensch, dem kann ich auch mal meine Probleme anvertrauen.' Liebeskummer und solche Sachen. Die wollte sie ja nicht mit mir besprechen. Und das war diese C. Nach dem ersten Jahr, nach den Sommerferien, kam die nicht mehr. K. sagt: 'Komisch, die kommt gar nicht mehr. Was ist denn da los?' Mit einmal kam ein Brief von ihr. Es würde ihr also sehr leid tun um ihre Freundschaft und sie hätte geheiratet und könnte noch nicht kommen. Und sie lädt K. ein, sie sollte doch einmal kommen und sie hätten auch ein schönes Haus und so. Aber K. ist nie hingefahren, hat sich nie gemeldet. Sie war also unheimlich enttäuscht.*" (View 11)

Solche *Life-events* werden häufig zu kausalen Erklärungshypothesen von Krankheitsausbrüchen formuliert, tragen aber nicht dazu bei, eine beweiskräftige Feststellung dahingehend abzuleiten, daß nur diese *Events* für den Ausbruch einer psychischen Krankheit ursächlich verantwortlich zu machen sind. Herbe Enttäuschungen (View 6, 7), schmerzliche Verluste durch Tod und Wegzug vertrauter und liebgewonnener Personen (View 1, 11) wie auch Krankheiten und Operationen (View 2, 6), Vergewaltigungen oder deren erlebte Versuche (View 2, 11, 13), einhergehend mit weiterführenden Problemen wie Schwangerschaft und deren Abbruch, können mit als Stressoren angesehen werden, die einen darüber hinaus besonders sensiblen Personenkreis dem Kulminationspunkt Krankheit näher bringen. Sie bilden jedoch keine Ursachenkette, aus der zwingend ein manisch-depressiver oder anders gelagerter psychischer Krankheitsausbruch abgeleitet werden könnte.

Der manisch-depressive Angehörige reagiert auf diese *Life-events* unterschiedlich. Seinen Verhaltenskanon kennzeichnen Gefühlsambivalenzen wie Angst (View 8), Aggressivität, Gereiztheit (View 9, 13), Überempfindlichkeit (View 1, 11), aber auch Sprunghaftigkeit (View 5, 6), Hyperaktivität und eine damit einhergehende Umtriebigkeit (View 2, 4, 12, 14A). Diese zum Ausdruck gebrachten Befindlichkeiten haben chaotisch anmutende Aktionen zum Inhalt, die vom Rückzug aus dem bisherigen Beziehungsfeld (View 3, 7, 8, 10) bis hin zum angekündigten oder ausgeführten Suizidversuch führen können (View 1, 2, 4, 5, 6, 7, 9, 13, 16).

Die Verhaltensweisen des Angehörigen lassen sich nicht nur auf einen der oben genannten Punkte allein festlegen, so daß Überlappungen auftreten und jeder manisch-depressive Angehörige mehrere der genannten Verhaltensweisen aufweist.

Auch die mit dem Familienangehörigen in Beziehung stehenden Bekannten, Freunde und Arbeitskollegen sind aufgrund solchen Verhaltens irritiert und verunsichert. Stellenweise beschimpfen und ermahnen sie ihn, ergreifen allerdings auch tröstende und helfende Maßnahmen (View 3, 4, 11, 13, 16). Sie wissen mit ihm nicht anhaltend umzugehen, verstehen ihn nicht einzuordnen, können sich seinen permanenten Verhaltensumschwung nicht erklären, fühlen sich durch seine aggressiven Tendenzen brüskiert und verletzt und ziehen sich ihrerseits von ihm zurück. Jene, die mit dem auffälligen Angehörigen zusammenwohnen, appellieren an die Patienteneltern, Maßnahmen einzuleiten, die Entlastung für beide Seiten versprechen. Denn die Situation stellt sich auch für Freunde und Bekannte des Angehörigen in den meisten Fällen als nicht mehr tragbar dar.

M: „Dann riefen Freundinnen von ihr an. Man wüßte gar nicht, wo sie wäre, sie wäre ganz durcheinander. Das war eine Wohngemeinschaft, die riefen ständig an, was nun werden sollte, und das wäre auch für sie eine große Belastung, wenn sie da ist und so krank ist." (View 7)

V: „Der Freund, ein relativ junger Mann, konnte das überhaupt nicht verkraften. Er hatte sich sehr bemüht. Ich merkte, wie er sich quälte. Hat uns dann in dieser akuten Phase aber geholfen. Er hat das also unterstützt und war dann fair genug, daß er mir sagte: 'Herr H., wissen Sie, ich werde damit nicht fertig; das müssen Sie verstehen.'" (View 8A)

Spätestens mit dem Aufenthalt in einer psychiatrischen Klinik und der Erfahrung – durch weitere Einweisungen – mit einer solchen Institution verändert sich die Klientel der Freundschaften und Beziehungen, die der erkrankte Familienangehörige knüpft. Die nunmehr eingegangenen freundschaftlichen Beziehungen rekrutieren sich überwiegend aus dem Anstaltsmilieu, aus Menschen, die ähnliche Erfahrungen gemacht haben wie er, und ersetzen nahezu vollständig seine bisherigen Bekanntschaften. Nach dem Klinikaufenthalt werden diese neuen Kontakte aufrechterhalten, zum Teil soweit intensiviert, daß man zusammenzieht (View 3, 8), während zu dem ehemaligen Bekanntenkreis kein Verhältnis mehr existiert. Stellvertretend dazu die Feststellung eines Vaters:

V: „Ja, sie war dann zu Hause. Sie merkte, daß eine ganze Menge von den Leuten, die sie kannte, nichts mehr mit ihr zu tun haben wollte. Aber auch andererseits sie sich auch irgendwie geändert hatte durch diese Erlebnisse und auch mit den Leuten nichts mehr zu tun haben wollte." (View 13)

Von den 16 Patienten wohnten 14 zum Zeitpunkt der ersten Auffälligkeiten bei ihren Eltern. Zur Zeit des Interviews und damit nach den ersten Erfahrungen mit der

Psychiatrie lebten nur noch vier von ihnen bei ihren Eltern. Der Grund hierfür ist eher in der natürlichen Ablösung der Kinder von den Eltern zu sehen als darin, eine Abschiebung auszumachen. Einige wohnten allein und isoliert (View 4, 6, 14A) und hatten nur sporadisch Kontakt zu ihren Familien. Andere wiederum lebten zwar allein, aber hatten eine freundschaftliche Beziehung zu einem Partner (View 10, 15). Wieder andere lebten in einer studentischen (View 13, 16) bzw. betreuten (View 8) Wohngemeinschaft. Die restliche Anzahl der ehemaligen Patienten und Patientinnen (View 2, 3, 9, 12) wohnte mit einem Partner zusammen. Einige lebten in konfliktreichen Partnerschaften, in denen des öfteren handgreifliche Auseinandersetzungen stattfanden (View 2, 12).

Sechs der ehemaligen Patienten/Patientinnen hatten freundschaftliche Beziehungen mit Personen, die ebenfalls Erfahrungen mit der Psychiatrie besaßen (View 1, 3, 7, 8, 9, 13). Auffällig ist die Hinwendung der psychisch Erkrankten zu einem ebenfalls labilen, problembeladenen und gehandikapten Personenkreis. Der engere Freundeskreis des erkrankten Familienangehörigen weist entweder Drogenkonsumenten, Drogenhändler, gleichfalls psychisch Erkrankte, Straffällige oder eine aus broken-home stammende Klientel auf (View 1, 2, 3, 7, 8, 9, 12, 13, 15), das heißt, die Verbindung zu sogenannten Außenseitern ist evident. Die Beziehungen und Bekanntschaften von manisch-depressiv Erkrankten besitzen das Charakteristikum von Notgemeinschaften, die sich aufgrund ähnlicher Biographien und Erfahrungen zusammengefunden haben.

Inwieweit der positive Umstand der gegenseitigen Unterstützung der Partner untereinander, der beidseitigen Beobachtung hinsichtlich aufkommender Krankheitsphasen, der Kontrolle regelmäßig einzunehmender Medikamente wie auch daraus resultierender Präventivmaßnahmen eine wesentlich entlastende Rolle für die Eltern spielen könnte, wie hoffnungsvoll von manchen von ihnen formuliert wird (View 3, 7, 9), darüber kann hier keine verbindliche Aussage gemacht werden.

Es mutet jedoch – zumindest anfänglich – unrealistisch an, wenn einige Patienteneltern von dieser Seite unterstützenden Beistand für sich und ihr manisch-depressives Kind erhoffen, da dieser Personenkreis zumeist selbst der Hilfestellung bedarf. Die Konflikte scheinen vorprogrammiert zu sein, da zu den eigenen psychischen Belastungen die des Partners noch hinzukommen. Der manisch-depressiv Erkrankte befindet sich somit in einem labilen Umfeld, in dem gehäuft belastende Stressoren auf ihn einwirken, die nicht förderlich zur Stabilisierung seiner Lage sind.

Die Hälfte der in partnerschaftlichen und wohngemeinschaftlichen Beziehungen lebenden kranken Angehörigen weist permanente finanzielle Nöte auf; zum Teil leben auch ihre Partner von der Sozialhilfe. Die sich aus den ökonomischen Schwierigkeiten – bedingt durch abgebrochene Lehr- und Schulausbildung, Arbeitslosigkeit und krankheitsbedingte Nichtbelastbarkeit – ergebenden pekuniären Defizite wie auch dadurch resultierende Abhängigkeiten von den Eltern erschweren es zusätzlich, selbstbestimmte Entscheidungen zu treffen und ein eigenverantwortliches, unabhängiges Leben zu führen. Die gesamten persönlichen Lebensumstände mehrfach hospitalisierter manisch-depressiver Personen tendieren dazu, vielfältige und zugleich spannungsreiche Konfliktsituationen aufzuweisen.

Indem auch der Freundes- und Bekanntenkreis und damit ein Teil der lebensweltlichen Zusammenhänge der Patienten berücksichtigt worden ist, konnte ein Einblick darüber gewährt werden, welchen weitreichenden Belastungen und Anforderungen sich Manisch-Depressive und ihre Familien nach der Entlassung aus einer psychiatrischen Klinik ausgesetzt sehen. Die Bedeutung dieser außerklinischen Komponenten und deren mitzuberücksichtigende Störpotentiale sind deshalb so aussagekräftig, weil sie Hinweise und Erklärungen dafür bieten, warum eine Rückkehr in die psychiatrische Klinik für viele ehemalige Patienten unter den gegebenen Umständen geradezu unumgänglich zu sein scheint. Offen bleibt dabei nach wie vor, welche Phasen der Bewältigung die Familien bei der Einflußnahme auf eine langanhaltende psychische Krankheit durchlaufen und worin sie sich darin voneinander unterscheiden.

10.5   Unterschiedliche Copingmaßnahmen

Über Jahre sich hinziehende und manchmal periodisch auftauchende Störungsphasen, kombiniert mit Psychiatrieaufenthalten, tragen zu einer immer wiederkehrenden Verunsicherung innerhalb der Familien in der Frage bei, ob sich ihr Angehöriger in einer neuen Krankheitsphase befindet oder sich aufsässig ihnen gegenüber verhält. Diese Ungewißheit wirkt sich bei vielen Patientenfamilien zunehmend lähmend und resignativ auf den Umgang mit ihm aus. Oftmals kommt es zu sprunghaften, wechselhaften Reaktionen, die zu heftigen Mißstimmungen kumulieren und sich vorwiegend darauf beschränken, dem Familienmitglied dringlichst zu empfehlen, die Medikamente weiter einzunehmen oder einen Arzt aufzusuchen. Von diesen höchst kritischen Elternpaaren wird dem Angehörigen eine Eigenverantwortlichkeit zugeschrieben, die therapeutischen Maßnahmen einzuhalten und zu befolgen, um eine Rückwärtsentwicklung seines Zustandes zu verhindern. Hält er sich nicht daran, dann trägt er nach Ansicht dieser Patienteneltern selbst Schuld an der Verschlechterung seiner Befindlichkeit. Statt emotional unterstützender Hilfestellungen werden Appelle an ihn gerichtet, seine weniger auffallenden Anteile zu bewahren. Dabei wird deutlich, daß Ursache und Wirkung einer manisch-depressiven Erkrankung zuweilen verwechselt werden, demzufolge auch die Reizbarkeit und das Unverständnis untereinander zunehmen. Zwei Aussagen hierzu:

V: „*Aber wenn man mal sagt (...), ich meine, das finde ich nicht so schlimm: 'Du mußt doch auch mal sehen, daß du nicht laufend hier [in die Klinik] reinkommst.' Das ist wohl doch kein Vorwurf.*" (View 14A)

M: „*Irgendwie keine Ausdauer, und sie ist eben so larifari, nicht so genau und selbst ihre Prüfung damals bei N.: Der hat beide Augen zugedrückt, sonst hätte sie die Prüfung auch nicht geschafft. Erstmal keine Ausdauer, kein Durchstehvermögen, und wenn ihr irgendwas quer kommt, schmeißt sie alles hin. Warum das so ist, ich weiß es nicht. Wir wissen ja, daß sie nicht gesund ist. Aber sie macht ja auch nichts dafür.*" (View 2)

Beide Aussagen offenbaren die Eigenverantwortung, die diese Patienteneltern ihrem Familienangehörigen bei der Bewältigung seiner Krankheit zuweisen. Diese einseitig kritisch-anklagenden Eltern verstehen nicht, daß ihr Kind keinen Beitrag zur Verbesserung seiner Lage leistet. Aus dem passiven Verhalten des Kindes leiten sie nicht die Vermutung ab, daß ihr Kind aufgrund seiner Krankheit nicht anders kann, sondern daß es absichtsvoll und bewußt nicht anders will.

Dem gegenüber stehen Patientenfamilien, die eine weniger kritisch-anklagende Haltung annehmen und die Tendenz entwickeln, sich nach und nach mit dieser ungewissen Situation zu arrangieren. Dies führt dazu, daß sie nicht sogleich mit Maßnahmen reagieren, die nur von den Überlegungen getragen sind, dem Angehörigen entgegenzukommen bzw. die ungewöhnlichen Verhaltensweisen abzustellen. Es werden zwar gleichfalls Forderungen an ihn gestellt, aber in einer Art und Weise, die ihm weniger suggerieren, daß er sich in einer inferioren Position befindet. Dadurch, daß einige Patientenmütter nicht mehr sofort eingreifen, um den Zustand ihres Kindes unverzüglich zu beeinflussen, verringert sich der Grad der Spannung untereinander. Der Umgang mit Krisen wandelt sich. Zum Teil werden kritische Situationen gerade dadurch entschärft, daß ihnen weniger Aufmerksamkeit entgegengebracht wird. Während bisher die meisten Patientenfamilien den als latent appellativ empfundenen Forderungen nach unterstützender Hilfestellung sogleich ambitioniert nachzukommen pflegten, werden hier zum ersten Mal Unterscheidungen in der Auseinandersetzung innerhalb der Familien erkennbar. Die Lage wird von einigen Patientenfamilien abgeklärter beurteilt und legerer gehandhabt.

M: „Wie ein rohes Ei behandele ich sie längst nicht mehr. Ich stauche sie dann auch mal zusammen. Jetzt nimmt man das nicht mehr so tragisch und regt sich darüber auf, weil man eben weiß, es ist nicht zu ändern. Wir haben eigentlich gelernt, in der Zeit von heute auf morgen zu leben. Also, wir planen nicht mehr weit voraus. Weil wir eben doch oft genug reingefallen sind und dann wieder alles anders umpolen mußten." (View 8)

M: „Und ich habe am Anfang gar nicht verständnisvoll darauf reagiert, was meine Tochter getan hat."
I: „Wie haben Sie denn am Anfang darauf reagiert?"
M: „Ja, ich war außer mir, wenn sie mich von Hamburg von der Reeperbahn angerufen hat und hat gesagt: 'Ich habe einen ganz tollen Typen kennengelernt, der will mich heiraten.' Dann war ich (...), ich konnte mich nicht fassen. Heute weiß ich das, daß das auf ihre Krankheit zurückzuführen war." (View 12)

I: „Was war am Anfang anders?"
M: „Das Beobachten und daß man irgendwie so seinen Wünschen viel zu schnell nachkam. Wo ich zu Anfang nicht den Mut hatte zu sagen: 'Ach K., wir essen alle in einer halben Stunde, und du kannst auch noch warten.' Sondern er dann tatsächlich vorher an den Kühlschrank ging und schon aß. Während man heute eben so normal wieder irgendwie sagt: 'Muß das unbedingt jetzt sein? Warte doch noch.' Es sind

meistens so ganz einfache Anlässe. Es hat sich jetzt im Grunde normalisiert. Während man vorher, na ja, um ihn herum alles arrangiert hat. " (View 4)

Diese zum Ausdruck gebrachten Neigungen zur Normalisierung, zur Integration des Angehörigen in den alltäglichen Familienablauf, unterscheiden sich von den bisher angewandten Vorgehensweisen. Im Gegensatz zu den ersten Bemühungen, die in den meisten Fällen darauf gerichtet waren, Verhaltensänderungen – zum Teil sogar brachial – herbeizuführen, weichen nunmehr diese Methoden zugunsten anderer, flexibler Verhaltensweisen. Ein Teil der Mütter ist durch die Erfahrung mit der Krankheit ihres Kindes dazu übergegangen, nicht mehr sogleich Hilfestellungen anzubieten und sich engagiert protektiv gegenüber dem Kind zu verhalten. Dies wird von ihnen immer mehr als unwirksam zur Beeinflussung von Verhaltensweisen erkannt. Gleichwohl werden die den üblichen Gepflogenheiten zuwiderlaufenden Handlungen oder Verhaltensweisen des Angehörigen registriert und als unpassend empfunden, doch ziehen sie nicht in jedem Fall automatisch eine mahnende oder korrigierende Gegenmaßnahme nach sich. Vielmehr gilt es, die alltäglichen Kleinigkeiten zu regeln und in den Griff zu bekommen.

Zunehmend werden auch wieder die eigenen Bedürfnisse und Interessen artikuliert, die sich die Patientenfamilien bisher aufgrund selbst verschriebener Nachsichtigkeit und selbst auferlegter Rücksichtnahme verboten. Der Erkenntnisgewinn ist darin zu sehen, daß die eigenen Bedürfnisse, Gefühle, Wünsche und spontanen Reaktionen eine Berechtigung erlangen, ausgesprochen, gelebt und anerkannt zu werden, ohne daß sich dadurch die Gesamtsituation der Familie oder des Erkrankten notwendigerweise verschlechtert. Die Schwerpunkte beginnen sich zu verlagern. Nicht ausschließlich die Bemühungen um Veränderung der Verhaltensweisen des auffälligen Angehörigen stehen im Mittelpunkt, sondern die Veränderungen im persönlichen Umgang mit dem Angehörigen. Statt der anfänglichen Ablehnung, dem Widerstand gegenüber der Akzeptanz einer psychischen Krankheit und den eingeleiteten protektiven Maßnahmen treten immer mehr tolerante Verhaltensweisen und Integrationsbemühungen gegenüber dem Kind in den Vordergrund. Dabei handelt es sich auch hier weniger um ein bewußt angelegtes, strategisch ausgerichtetes Vorgehen oder gar Konzept, das bei besonderen Anlässen zur Anwendung gebracht wird; eher sind es die kleinen, alltäglichen Vorkommnisse, die zu einer Veränderung im Umgang mit dem Angehörigen beitragen und immer wieder aufs neue den veränderten Umständen angepaßt werden müssen.

Wie an einem Beispiel ersichtlich wird, verfügen jedoch nicht alle Patienteneltern über die nötige Souveränität eines toleranteren und weniger von aggressiven Tendenzen beeinflußten Umgangsstils. Manchmal wirken die Lebens- und Verhaltensweisen des Kindes derart provokant, daß es zu heftigen Auseinandersetzungen und psychoreaktiven Störungen unter den Familienmitgliedern kommen kann. Und nicht selten werden die psychosomatischen Beschwerden eines Elternteils als Folge der Krankheit und der sich daraus ergebenden Bedingungen interpretiert. Beispielgebend hierzu eine längere Textpassage:

V: „*Aber wenn sie so größer werden, die Problemchen kommen, dann ist Fei-
erabend. Dann gibt es immer nur Druck und Schimpfworte und immer voll druff,
immer druff. Sie [Ehefrau] findet nicht mehr den richtigen Ton dann mehr. Und da
habe ich dann so unwahrscheinlich viel Geduld. Aber das hat mich dann letztendlich
doch irgendwo krank gemacht. Immer wieder einzustecken, nur damit Ruhe
herrscht.*"
I: „*Krank inwiefern?*"
V: „*Ja, psychosomatisch kann man sagen. Ja, ich habe jetzt Herzrhythmusstörungen,
ich habe Bronchialasthma, Magengeschwüre. Dann sagen die Ärzte: 'Das kommt
zum größten Teil durch solche Sachen, durch solche psychischen Belastungen.' Ich
habe das jahrelang nicht glauben wollen. (...) Ich kann mir nicht vorstellen, daß ich
irgendwie anders geworden wäre, so in der Zwischenzeit. Ich bin allerdings vorsich-
tiger geworden in dem, was ich ihm sage. Auch wenn ich ihn kritisiere, bin ich sehr
vorsichtig geworden, weil ich weiß, ich darf nicht zu aggressiv werden. Sonst kann es
sein, daß er mir ausrastet. Aus dem Grunde bin ich sehr vorsichtig geworden mit solchen Äußerungen. Weil ich weiß, wie er darauf reagiert, versuche [ich], das immer
zu unterdrücken. Bloß, dann muß ich das immer alles schlucken. Ich kann es nicht
rauslassen. Dann kriege ich die Probleme. Aus dem Grunde meide ich die ganze Sache lieber und gehe erst gar nicht hin. Das ist praktisch eine Resignation eigentlich,
wenn man es so nimmt. Ich habe da an sich schon resigniert. Ich halte es für das
beste, manchmal zu resignieren, um nicht den C. zu gefährden. Ich kann mir vorstellen, wenn er dann in so einer Phase ist, wo er dann so richtig wieder (...), daß es
vielleicht bei ihm dann ausrastet. Dann kriegt er wieder so einen Schub, und dann
kommt er meinetwegen da ins Krankenhaus. Das will ich auf jeden Fall vermeiden,
daß ich daran schuld bin. Denn ich habe ohnehin schon genug Schuldgefühle. Dann
muß ich die nicht auch noch haben.*" (View 14A)

Kompliziert wird die Sachlage dadurch, daß dieser Vater nicht ehrlich gegenüber sich
selbst zu sein scheint. Offensichtlich steckt er voller Aggressionen, die er nur äußerst
mühsam – seinen eigenen Normenvorstellungen gerecht werdend – unter Kontrolle zu
halten versteht. Er glaubt, all seine Wut, nicht nur seinem Sohn, sondern auch seiner
Ehefrau gegenüber, „unterdrücken" und „schlucken" zu müssen. Die Wahrung und
Aufrechterhaltung von „Ruhe und Ordnung" innerhalb der Familie ist nach seinem
Dafürhalten nur unter der Bedingung der Selbstopferung eigener Bedürfnisse aufrechtzuerhalten. Der Vater erstickt gewissermaßen an der sich selbst auferlegten Geduld gegenüber seinem Sohn und der Familie. Seine Verhaltensweise begründet er
damit, keinen erneuten Krankheitsschub bei seinem Sohn provozieren zu wollen.
Denn ein weiterer Krankheitsausbruch des Sohnes würde die ohnehin vorhandenen
Schuldgefühle noch mehr verstärken. Gleichwohl lassen sich massive Auseinandersetzungen mit seinem Kind nicht vermeiden. Die gesamte Lebensart und -haltung des
Sohnes wird vom Vater beanstandet. Dabei zeigt er, im deutlichen Gegensatz zu eigenen Bekundungen, gerade nicht „unwahrscheinlich viel Geduld". Der Vater erweckt
den Eindruck, als müsse er sein eigenes inneres Chaos, das Zurückhalten aggressiver
Bedürfnisse gegenüber seinen unerwünschten Lebensbedingungen, durch eine äußerliche Ordnung kompensieren. Die krampfhafte Art der Vermeidung von Streit und die
verzweifelte Aufrechterhaltung von Ruhe erhöhen in diesem Fall nur das emotional

kritische Klima zwischen den Beteiligten. Was bleibt, sind Rückzug und Resignation, ein schlechtes Gewissen, Schuldgefühle, (psycho)somatische Beschwerden und die Gewißheit, daß eine Verbesserung der familialen Gesamtsituation unter diesen Bedingungen nicht abzusehen ist.

Rückfälle in atavistische Strukturen und Verhaltensweisen sind gleichfalls nie auszuschließen, insbesondere dann, wenn ein Elternteil aus der Spontaneität der Gesamtsituation heraus vergißt, daß sein Kind neben der Medikation auch der emotional stützenden Nachsorge bedarf. Anhand der folgenden Äußerung eines Vaters wird deutlich, daß der Übergang zur Normalität im Umgang miteinander – ein „business as usual" – nicht uneingeschränkt gewährleistet, sondern immer auch mit Krisen befrachtet ist. Allerdings unterscheidet sich dieser Vater vom zuvor zitierten im wesentlichen darin, daß er seine eigenen Verhaltensweisen selbstkritisch reflektiert.

V: „Ja, ich habe gemerkt, sobald es ihr besser geht, falle ich sehr schnell in meine alten Verhaltensweisen zurück. Beispiel: Wir haben früher sehr hart politisch diskutiert. Und solange es ihr sehr schlecht ging, habe ich es tunlichst vermieden, sowas [Politisches] anzusprechen. Auch weil sie sagte: 'Ich kann im Augenblick nicht diskutieren, ich will davon nichts mehr hören. Ich steh' das nicht durch.' Sobald es ihr besser ging, sind wir auch prompt wieder in so eine Diskussion reingekommen, bis sie dann in Tränen ausbrach und sagte: 'Ich kann sowas noch nicht durchstehen. Bitte laß das jetzt.' Ich sehe also, ich rutsche wieder in alte Verhaltensweisen rein, obwohl ich weiß, daß sie eigentlich sehr viel behutsamer jetzt angefaßt werden muß."
(View 13)

Die Schwierigkeit besteht für diesen Vater darin, rechtzeitig zu realisieren, wann eine Überforderung seiner Tochter stattfindet. Ein zwangloser Umgang miteinander ist aufgrund der bestehenden Krankheit und ihrer Folgewirkung nicht gewährleistet. Trotz der Normalisierungstendenz bleibt die Krankheit weiterhin Bestimmungsmoment im Interaktionsprozeß zwischen Vater und Tochter. Das gilt gleichfalls für alle anderen interviewten Patientenfamilien.

Die Konfrontation mit der Allgegenwärtigkeit der Überforderung und damit der Provokation einer erneuten Zustandsverschlechterung bewirkt bei manchen Eltern eine Reflektion ihres Verhaltens gegenüber dem Angehörigen. Das bedeutet jedoch noch nicht, daß damit automatisch auch eine Neuorientierung im Verhalten zu ihm gewährleistet ist. Vielmehr verwenden einige Familien zum Teil langwierige Bemühungen darauf, neue Arrangements und Aushandlungsprozesse auszuprobieren und festzuschreiben, um eine neue Qualität im Umgang miteinander zu finden. Diese Familien sollen vorläufig als „flexible Patientenfamilien" eingestuft werden, denen die Gruppe der kritisch-anklagenden, im folgenden als „rigide Patientenfamilien" bezeichnet, gegenübersteht. Auf der Grundlage dieser ersten Typisierung gilt es im nachfolgenden Kapitel aufzubauen und exemplarisch, anhand von zwei Patientenfamilien, noch detailliertere Unterscheidungsmerkmale aufzuzeigen.

10.6 Zusammenfassung

Die ersten von den Patienteneltern eingeleiteten Maßnahmen dienten dazu, die auffälligen Merkmale des Angehörigen einzudämmen und zu begrenzen, ohne daß diesen Merkmalen anfänglich von familialer oder medizinischer Seite interpretativ eine Krankheit – sei sie somatischer oder psychischer Art - zugrundegelegt worden wäre. Der sich immer wieder aufs neue verschlechternde, zumindest sich nicht bessernde Zustand des Angehörigen erhöhte die Verunsicherung der Patientenfamilien. Diese erfuhr eine weitere Steigerung, als manche professionellen Fachkräfte mittels ihrer Auskünfte dazu beitrugen, die Patienteneltern in ihrer verpflichtenden Eigenverantwortung gegenüber ihrem Kind zu bestätigen. Die Folge war eine Verschleppung angemessener Hilfsmaßnahmen und eine Zuspitzung der familialen Gesamtsituation.

Erst nach den ersten Erfahrungen mit einer psychiatrischen Klinik nehmen die Familien eine Umdeutung der bestehenden Verhältnisse vor. Von den Patientenfamilien werden nunmehr retrospektiv früheste erinnerliche ungewöhnliche Anzeichen und für ihren Angehörigen sehr belastende Ereignisse (life-events) als Vorboten eines Krankheitsaufkommen gedanklich miterwogen. Über solche interpretativen Zuordnungen herrschen allerdings langanhaltende Unsicherheiten, die aus den Vorurteilen gegenüber psychischen Krankheiten und den ihnen zugrundeliegenden Ängsten resultieren. Hinzu kommen die mangelnden Erfahrungen und die Unkenntnis, die es den Familien nahezu unmöglich machen, krankheitstypische Merkmale oder manisch-depressive Symptome eindeutig zu identifizieren. Die generelle Unsicherheit darüber, ob es sich bei jeder irritierend wirkenden Verhaltensweise ihres Angehörigen um auftauchende Symptome einer erneuten Krankheitsphase handeln könnte, läßt die Patientenfamilien nie zu einer gesicherten Kenntnis über den tatsächlichen Zustand ihres Angehörigen gelangen. Dadurch erhöht sich das Spannungspotential unter den Familienmitgliedern und wirkt sich belastend auf deren Beziehungen aus. Dementsprechend breitgefächert und multilateral sind die von den Patientenfamilien zur Anwendung gebrachten Copingmaßnahmen. Sie werden von ihnen, im nachhinein erklärend und einschränkend, zwar nicht immer als adäquate, aber doch aufgrund der damaligen Umstände und vorherrschenden Bedingungen als plausible Handlungs- und Reaktionsweisen auf die sich ihnen als sinnfremd darstellenden Verhaltensweisen expliziert.

Die Betrachtung des sozialen Umfelds ergab bei den meisten der Erkrankten, daß sich spätestens nach dem ersten Psychiatrieaufenthalt ihre ehemaligen freundschaftlichen Beziehungen entweder lockerten oder ganz auflösten und ein vollständiger Rückzug von jedweder Beziehungsanknüpfung stattfand. An die Stelle ihrer ehemaligen Freundschaften traten bei einigen von ihnen neue Bezugspersonen, die ähnlich gelagerte Problemstellungen wie die Erkrankten aufwiesen.

Potentielle Konfliktherde scheinen durch solche Konstellationen vorprogrammiert zu sein und wirken sich gleichfalls belastend auf die Kernfamilie aus. Dabei zeigte sich, daß unter diesen Bedingungen verschiedene Reaktionsweisen bei den Familien festzustellen waren, so daß erstmals eine vorläufige Unterscheidung zwischen „flexiblen Patientenfamilien" und „rigiden Patientenfamilien" getroffen werden konnte.

11 Die Familien manisch-depressiv erkrankter Kinder

Dokumentiert und analysiert wurden bisher die Erfahrungen der Familien mit ihren manisch-depressiven erwachsenen Kindern sowie die mit dem Krankheitsverlauf entwickelten Maßnahmen zu deren Eingrenzung, die sich darum gruppierenden Prozesse, die Erlebnisse mit involvierten Bezugspersonen und dem klinischem Personal. Auffällig dabei ist, daß in vielen Familien ähnliche Erfahrungsinhalte vorlagen und anfänglich zumeist gleiche Reaktionen auf die als störend empfundenen Verhaltensweisen erfolgten. Erst mit zunehmender Dauer und Auseinandersetzung mit den Krankheitsphasen bilden sich unterscheidende Merkmale bei den einzelnen Familien im weiteren Umgang mit dem auffälligen Angehörigen heraus.

Weitgehend unbeachtet blieb dabei bisher, warum sich die einen Familien in ihrem Verhalten gegenüber ihrem auffälligen Familienmitglied umstellen, während andere dies nicht tun. Woran liegt es und wie läßt es sich begründen, daß manche Familien neue Umgangsformen und mehrdimensionale Bewältigungsstrategien zu entwickeln beginnen, während hingegen andere Familien dazu neigen, wenige Copingmaßnahmen auszubilden und an ihnen trotz ihrer Unzulänglichkeit stereotyp festhalten? Inwieweit sind dafür materielle und immaterielle Ressourcen ausschlaggebend?

Um diese Fragen beantworten zu können, wird stellvertretend je eine Familie aus der Gruppe der „flexiblen" und der „rigiden" Patientenfamilien genauer hinsichtlich ihrer zur Verfügung stehenden Ressourcen analysiert. Dabei wird zu eruieren sein, welche objektiven Handlungsspielräume ihnen tatsächlich gegeben sind. Darüber hinaus soll sichtbar werden, welche Bereitschaft die Eltern erkennen lassen, Alternativen zu verwirklichen und andere zu vermeiden, und inwieweit äußere Bedingungen – Stärke und Dauer der Krankheitserscheinung, Reaktionen des Umfeldes und des (vor)klinischen Fachpersonals – diesen Prozeß stützend oder hemmend beeinflussen.

11.1 Die „rigide" Familie

Familie N. (View 14) besteht aus vier Personen und bewohnt eine Dreizimmerwohnung in einer Neubausiedlung. Herr N. (49) ist über viele Jahre arbeitslos. Seine Frau (44) ist in einem Großbetrieb als Arbeiterin beschäftigt. Die in der Lehre befindliche Tochter (21) lebt bei den Eltern; der erkrankte Sohn (25) hingegen wohnt in einem eigenen Zimmer in derselben Stadt.

Familie N. fällt etwas aus dem Spektrum der übrigen Familien heraus, denn der designierte Patient wuchs bis zur Pubertät bei seinen Großeltern auf. Deshalb ist nach Aussage des Vaters den Eltern keine Störung des Sohnes aufgefallen.

V: *„Uns selber ist eigentlich das nicht aufgefallen. Weil, wir hatten es tatsächlich versäumt, uns um ihn zu kümmern."*

Mit ca. zwölf Jahren kam es zu ersten Auffälligkeitserscheinungen, die zu einer kontinuierlichen therapeutischen Behandlung des Jungen führten. Als ein paar Jahre später der Großvater starb und die Großmutter mit einem neuen Partner zusammenlebte, mußte der nunmehr sechzehnjährige Junge auf Wunsch seiner Großmutter und gegen seinen Willen zu seinen Eltern ziehen. Dort kam es besonders zwischen ihm und seinem arbeitslosen Vater zu großen, teilweise handgreiflichen Auseinandersetzungen. Der Vater beschreibt die damalige Situation als „Hölle", die schließlich nach zwei Jahren dazu führte, daß der Sohn mit Unterstützung seines Therapeuten in ein betreutes Übergangswohnheim zog. Nach weiteren drei Jahren wurde dem Jungen ein eigenes Zimmer in der Stadt zugewiesen, in dem er seit vier Jahren lebt. Der Vater sieht sich seitdem in die Pflicht genommen, ihn dort gelegentlich zu besuchen. Allerdings kommt es dabei jedesmal zu Konflikten zwischen beiden, da die Haushaltsführung und der Lebensstil des Sohnes mit den Vorstellungen des Vaters nicht übereinstimmen und ihn zu verbalen Drohungen und stichelnden Bemerkungen veranlassen.

V: *"Da habe ich wohl mal [zum Sohn] gesagt: 'Ach, da mußt du aber sehr viel wegschmeißen an Lebensmitteln.' Da war alles verschimmelt und vergammelt. (...) Ich habe gesagt: 'Mensch, das geht doch nicht. Du kriegst Sozialhilfe. Ich glaube, ich muß mal da raufgehen auf das Sozialamt und muß mal erzählen, was du machst.' Das war schon zuviel. (...)"*

Stellenweise wirkt es nahezu paradox, mit wieviel Vehemenz der Vater die mangelnde Haushaltsführung seines Sohnes beklagt, wobei er und seine Frau selbst höchst zweifelhafte Verhaltensweisen in der Vergangenheit – bis hin zur mehrjährigen völligen Gleichgültigkeit – ihm gegenüber gezeigt haben. Die scheinbare Widersinnigkeit solchen Benehmens bekommt jedoch wieder Sinn, wenn die Lebensumstände und die Beziehung der Eltern berücksichtigt werden.

Die Dauerarbeitslosigkeit des Ehemannes und die lieblose Ehegemeinschaft mit seiner berufstätigen Frau, mit der man nach Ansicht des Vaters über die bestehenden Probleme nicht reden kann, zerren an seinen Nerven und mindern sein Selbstwertgefühl, ohne das jedoch nach außen transparent werden zu lassen. Nach Darstellung des Ehemannes hatten beide nur geheiratet, weil seine jetzige Frau schwanger geworden war und es die damaligen Gepflogenheiten des Anstands geboten.

V: *„Ich habe mir gesagt: 'Nee, jetzt ist das mit dem Kind passiert, und dann mußt du auch heiraten.' Das war damals so bei uns (...). Wir sind alle so erzogen eigentlich. Man muß dafür geradestehen, was man gemacht hat."*

Für die Öffentlichkeit gehorchten die Eltern damit zwar den Konventionen, jedoch verhielten sie sich inoffiziell äußerst unkonventionell, als sie ihr Kind sogleich nach der Geburt zu den Schwiegereltern abschoben. Später führt diese Maßnahme bei dem Vater zu vermehrten Schuldgefühlen.

Die an kleinbürgerlichen Normen orientierten Werte – Unauffälligkeit, zwanghaftes Harmoniebedürfnis, penible Ordnungsliebe –, die kaum mehr als angepaßte Unterwürfigkeit symbolisieren, bieten dem Vater als einzige Sicherheit und Stabilität. Diese internalisierten Werte erlauben es ihm allerdings nicht, sich gegenüber seiner Frau zu behaupten und seine Interessen, Bedürfnisse und latenten Aggressionen darzulegen. Solange er daran festhält, kann deshalb kaum eine Veränderung im Verhältnis zu seinem Sohn oder seiner Ehefrau eintreten.

Nur gegenüber dem Therapeuten und den Ärzten übt der Vater offen Kritik, da sie weder seine Beurteilung der Lage seines Sohnes teilen, noch seinen aus ihr abgeleiteten Wunsch nach einer betreuten Unterbringung unterstützen. Unverständlich für ihn ist gleichfalls, daß die Ärzte zwar seine (psycho)somatischen Krankheiten (Bronchialasthma, Magengeschwüre, Herzrhythmusstörungen) anerkennen und sie im Zusammenhang mit den familialen Belastungen sehen, ihm allerdings dadurch keine weiteren Hilfestellungen zuteil werden. Von dem Vater werden diese Störungen nach innen (familienintern) wie auch nach außen (öffentlich) dazu benutzt, seine streß- und leidvolle Situation zu dokumentieren und seine Arbeitslosigkeit zu legitimieren. Er sieht sich als Opfer im Zusammenspiel der Kräfte. Zum einen fühlt er sich von seiner Frau finanziell abhängig und emotional vernachlässigt; zum anderen geben ihm weder sein Hausarzt noch der Therapeut seines Sohnes eindeutige Handlungsanweisungen und Auskünfte darüber, wie er die manisch-depressive Krankheit einzuordnen und wie er sich dem Sohn gegenüber zu verhalten habe.

I: „Haben Sie denn auch mal mit Ihrem Hausarzt über C. [den Sohn] gesprochen?"
V: „Habe ich auch schon gemacht. (...) Was soll der mir helfen. Kann ja auch nichts sagen. Da kriege ich dann immer solche Sachen zu hören wie: 'Sie müssen sehen, daß Sie ein dickes Fell kriegen. Sie haben ja zwei Ohren, da rein und da wieder raus.' Ich sage: 'Das sagen Sie so leicht.' (...) Ich habe mal gefragt: 'Ist er als verrückt zu bezeichnen?' Und da kriegte ich die Antwort: 'Wer oder was ist verrückt? Und was ist normal?' Also, wenn Ärzte dir Fragen stellen, dann ist das schon ein bißchen schwierig. Ich wollte an sich fragen, doch wenn die dann mit Gegenfragen kommen, da bin ich als Laie doch ziemlich aufgeschmissen. (...) Da haben sie mir gesagt: 'Er ist halt krank.' Oder die sagen manchmal: 'Er ist irgendwo krank.' Ich kann damit nichts anfangen. (...) Depressiv, okay, ist in Ordnung. Aber manisch? Was heißt manisch?"

Der Wunsch nach Wiederherstellung von Ordnung und damit die Erneuerung des familialen Gleichgewichts ist nach Ansicht des Vaters nur dadurch zu erlangen, indem eine Unterbringung seines Sohnes – der seiner Meinung nach „lebensuntüchtig" ist – in einer dafür personell ausgestatteten Institution herbeigeführt wird.

V: „*Der muß beschützt werden, denn er hat ja schon tolle Sachen gemacht. Ich glaube, dann würde ich ruhiger werden. Wenn ich genau weiß, er ist jetzt in irgendeiner Einrichtung, wo er hingehört eigentlich und wo er geschützt ist auch. (...) Ich meine, vielleicht haben sie [die Ärzte] C. geholfen. Das kann ich schlecht beurteilen. Aber ich selber bin nicht zufrieden, weil ich mir einfach sage, daß man doch erkennen müßte, daß C. nicht fähig ist, für sich selbst zu sorgen. Also, ich finde das, um das mal ganz abschließend zu sagen: 'C. ist nicht lebenstüchtig.' Das müßten die Ärzte eigentlich erkennen. Das besagt ja auch die Tatsache, daß er immer wieder erneut [in die Psychiatrie] reingekommen ist. (...) Das war eben dreimal, innerhalb kurzer Zeit war er stationär.*"

Mit einer erfolgreichen Überstellung des Sohnes an eine therapeutische Einrichtung, die der früheren Abschiebung zu den Schwiegereltern ähnelt, wären für den Vater zwei Probleme gelöst: Zum einen müßte er sich nicht mehr um sein Kind sorgen, da dies dann die Aufgabe der Anstalt wäre, und zum anderen wäre damit gleichzeitig sein schlechtes Gewissen beruhigt, indem er sich selbst und anderen vorweisen könnte, optimal für seinen Sohn gehandelt zu haben. Der Beweggrund seiner Handlung basiert damit nur scheinbar auf altruistischer Fürsorge. Solange diese Zielvorstellungen jedoch nicht erreicht sind, sieht sich der Vater nur vor die Möglichkeit gestellt, bei seinem Sohn die äußere Form des Verhaltens anzumahnen.

V: „*Ich bin immer froh, wenn er sich einigermaßen benimmt. Daß er nicht irgendwo auffällig [wird]. Er redet auch sehr viel kindliche Dinge und so. Da sage ich immer: 'C., sieh zu, daß du dich wie ein Erwachsener benimmst.' Daß er nicht jedem auffällt. Muß nicht jeder wissen. Ob er das versteht, das weiß ich nicht.*"

Die Ordnung der Dinge, die Wahrung des äußerlichen Scheins, soll dazu verhelfen, das eigene gefühlsambivalente Chaos zu camouflieren. Das verzweifelte Festhalten an angeblich hehren Ordnungsgrößen, wie nicht auffallen zu dürfen, Harmonie vorgaukeln zu müssen, die zwanghafte Wahrung des Anstands und die vermeintliche Rücksichtnahme – diese heuchlerische Maskerade des mentalen Überbaus – lassen die tägliche Konfrontation mit der Realität, dem psychisch kranken Sohn und der abgestumpften Partnerbeziehung noch brutaler und hoffnungsloser erscheinen. Der Vater befindet sich in dem Zwiespalt, einerseits Veränderungen seiner Lage herbeizusehnen, andererseits aber zugleich das damit verbundene Risiko zu scheuen, so daß seine wachsende Resignation als letzte sinnfällige Form der Bewältigung zu verstehen ist.

V: „*Aus dem Grunde bin ich sehr vorsichtig geworden mit solchen Äußerungen. Weil ich weiß, wie er darauf reagiert, versuche [ich], das immer zu unterdrücken. Bloß, dann muß ich das immer alles schlucken. Ich kann es nicht rauslassen. Dann kriege ich die Probleme. Aus dem Grunde meide ich die ganze Sache lieber und gehe erst gar nicht hin. Das ist praktisch eine Resignation eigentlich, wenn man es so nimmt.*"

An diesem Beispiel zeigt sich sehr deutlich, welche Probleme entstehen können, wenn multiple Stressoren, wie die manisch-depressive Erkrankung eines Kindes, die langjährige Arbeitslosigkeit eines Patientenvaters, die damit verbundenen Einschränkungen im persönlichen und freizeitlichen Sektor, die Rollendiffusion, nebst den partner-schaftlichen Konflikten, unbearbeitet nebeneinander existieren. Hinzu kommen un-deutliche Vorstellungen über therapeutische und psychiatrische Einrichtungen, die, gespeist von überhöhten Erwartungen, an der Realität scheitern; dadurch führt der Umgang mit den professionellen Fachkräften notgedrungen zu Diskrepanzen. Sowohl die Fachkräfte als auch die Institutionen stellen für den Vater keine Garantien dar, das Verhalten seines Sohnes in irgendeiner Weise zu verändern, zudem liefern sie ihm keine Anregungen, wie er sich seiner Hilflosigkeit und Schuldgefühle entledigen könnte. Damit stehen dem Vater weder interne noch externe Optionen zur Verfügung, um seine bisher mühsam aufrecht erhaltenen festen Prinzipien in Frage zu stellen und modifizieren zu können. Auf der Grundlage dieser mangelnden Ressourcenlage, allein auf sich gestellt, ohne partnerschaftlich-emotionale Unterstützungsleistungen und mit rhetorischen Phrasen abgespeist („Was heißt verrückt?"), können nur sehr schwer neue Copingmechanismen im Umgang mit dem Erkrankten entwickelt und zirkuläre Strukturen aufgebrochen werden.

Diese stellvertretend dargestellte und bisher provisorisch so genannte „rigide Fami-lie" weist gemeinsam mit anderen Patientenfamilien (View 1/1A, 2/2A, 5, 6, 7, 9/9A, 10, 16) ein verhältnismäßig geringes und eindimensionales Bewältigungsrepertoire auf. Für alle dieser Gruppe zugeordneten Familien gilt, daß sie ihre eigenen Zu-kunftserwartungen und besonders die des erkrankten Angehörigen eher resignativ und defätistisch beurteilen, deshalb sollen sie nunmehr abschließend als *„zirkulär-resignative Familien"* typisiert werden.

Dem gegenüber steht ein zweiter Familientyp, der zwar mit gleichen krank-heitsspezifischen Problemen konfrontiert ist, allerdings aufgrund seiner familialen Ko-härenz und sozial-ökonomischen Lage vielfältige Copingmechanismen entfalten und zur Anwendung bringen kann.

11.2   Die „flexible" Familie

Familie C. (View 3) besteht aus vier Personen. Der Vater (65), ein leitender Beamter, und seine Ehefrau (58) wohnen in einem Einfamilienhaus am Rande der Stadt. Der Sohn (37) ist Arzt und lebt mit seiner Familie in einer anderen Großstadt. Die er-krankte Tochter (35) wohnte bis zu ihrem 27. Lebensjahr bei ihren Eltern. Mittlerwei-le lebt sie mit einem Partner zusammen und betreibt eine Anwaltskanzlei.

Die ersten Auffälligkeiten der Tochter wurden von ihren Eltern kurz vor dem 1. Staatsexamen registriert. Sie war damals 25 Jahre alt und zog sich von allen privaten wie auch familiären Bezugspersonen sehr zurück. Die Eltern reagierten mit zahlrei-chen Maßnahmen, die darauf abzielten, das ungewohnt auffällige und seltsam anmu-tende Verhalten der Tochter bessernd zu beeinflussen. Wie bei den anderen Patienten-familien, so findet auch hier vorerst eine innere Emigration und dementsprechend eine Abkehr vom Freundes- und Bekanntenkreis statt. Dabei ist allerdings weniger die

Scham vor den Fragen der Öffentlichkeit ausschlaggebend, die die Eltern zum Rückzug bewegt, als vielmehr das Gefühl, zur Zeit für andere Inhalte nicht offen und damit nicht gesellschaftsfähig zu sein. Die Familie benötigt eine gewisse Zeit der Ruhe, um die neue Situation bearbeiten zu können.

M: *„[Bestehende Kontakte] habe ich also da auch mal eine Zeitlang eben abgebrochen. Aber das habe ich also in letzter Zeit nicht mehr. In letzter Zeit habe ich das ganze Gegenteil davon gemacht. Da habe ich gedacht, also jedes ist gut, wenn ich hier aus den vier Wänden komme und einfach das hinter mir lasse und ganz was anderes jetzt mache. Und so würde ich das auch immer machen in Zukunft (...)."*

Die von den Eheleuten angewandten Copingmaßnahmen zur Unterstützung ihrer Tochter, aber auch zur Erleichterung der eigenen Auseinandersetzung unterscheiden sich mehr in der Form und weniger im Inhalt voneinander. Während der Vater dazu neigt, die Situation der Familie für sich selbst mental und verbal einzukreisen, sie intellektuell zu analysieren und mittels verschiedener Maßnahmen und Tätigkeiten (Lesen, Musik hören, Informationen einholen, Ablenkung und Verdrängung während der Berufstätigkeit) der drohenden Überforderung entgegenzuwirken, ist die Mutter darum bemüht, ihre Tochter immer wieder mit kleinen Hilfestellungen, Lockangeboten und behutsam vorgebrachten Ermahnungen zu Aktivität und eigenverantwortlicher Tätigkeit zu bewegen. Doch alle diese Maßnahmen führen zu keinem anhaltenden Erfolg.

Zur Überraschung der Eltern beginnt sich das Verhalten der Tochter plötzlich in sein Gegenteil zu verändern: Sie wird aggressiv, reizbar und übellaunig. Gemeinsam mit der Tochter nehmen die Eltern therapeutische Hilfe in Anspruch, die später von der Patientin allein fortgeführt wird. Mehrere psychiatrische Klinikaufenthalte schließen sich an. Die Eltern gelangen durch diese Erfahrungen relativ schnell zu der Einsicht, daß ihre bisherigen Hilfestellungen begrenzt und nahezu wirkungslos sind. Dies veranlaßt sie, ihr Verhältnis zu ihrer Tochter neu zu überdenken und umzugestalten. Eine zentrale Frage stellt sich ihnen dabei: Wie kann man helfen, auch wenn die Angebote meist abgelehnt werden? Überdies kommen sie zu dem Ergebnis, daß theoretisches Wissen über die Krankheit allein nur zu einem gewissen Grad hilfreich und nützlich ist und daß nicht langfristige Planungen, sondern kurzschrittige reaktive Maßnahmen, die das alltägliche Miteinander zum Inhalt haben, sich als am wirkungsvollsten im Umgang mit der Tochter erweisen.

Eine besondere Schwierigkeit besteht für die Eltern darin, sich gegenüber der Tochter auch dann passiv verhalten zu müssen, wenn diese sich erkennbar in eine Problemlage hineinmanövriert. Die Eltern sind daher bestrebt, durch Einbindung weiterer Personen diesem Umstand entgegenzuwirken. Aufgrund seiner exponierten beruflichen Stellung, seiner Beharrlichkeit und intellektuellen Kompetenz ist es dem Vater möglich, den für seine Tochter zuständigen psychiatrischen Arzt sukzessive von der Richtigkeit seiner Beobachtungen hinsichtlich des Nahens eines erneuten Krankheitsschubs zu überzeugen. Die dadurch sofort eingeleiteten Gegenmaßnahmen verringern sowohl die Krankheitsdauer als auch -stärke.

V: „Und ich habe dann auch noch ihrem neuen Arzt, den sie dann nach dem zweiten Klinikaufenthalt anstelle von E. hatte, (...) einen Brief geschrieben. Daß ich aufgrund meiner Erfahrung vom Vorjahr die Ereignisse genau auf diesen Punkt hinsteuern sehe, wenn nicht etwas kommt. Und das hat er nicht ernst genommen, offensichtlich. Denn es kam dazu. (...) Na ja, jedenfalls haben wir dann auch den Chefarzt alarmiert, und der hat sie gleich zu sich bestellt. Und sie ist auch gleich hingegangen. Und der hat das auch ganz kurzfristig in den Griff gekriegt.“

Als außerordentlich wichtig und hilfreich für die gesamte Familie erweist sich hierbei, daß alle Beteiligten, die Eltern, die Tochter und der Therapeut, zunehmend lernen, die Signale und damit die Früherkennung einer beginnenden Krankheitsphase auszumachen und gemeinsam entsprechende Handlungsmaßnahmen einzuleiten, um die sich daraus entwickelnden Störungen mit Unterstützung medizinischer Einrichtungen rechtzeitig zu bewältigen.

Die reflektierende Auseinandersetzung mit der Krankheit bringt es mit sich, daß die Beleidigungen und Verletzungen, die durch die Verhaltensweisen der Tochter ausgelöst wurden, als krankheitstypisch interpretiert und überwiegend als entschuldbar eingestuft werden. Um aber weitere Konfrontationen zu entgehen, ist besonders der Vater an einer Einschränkung des Kontaktes zur Tochter interessiert. Von daher wird gemeinsam die räumliche Trennung der Tochter vom Elternhaus als neue Möglichkeit zur Reduzierung der anhaltenden Spannungen zuerst erwogen und schließlich in die Tat umgesetzt. Zeitweilig bricht der Kontakt zwischen der Tochter und ihren Eltern vollständig ab.

V: „Dann kann ich, um selber nicht daran kaputt zu gehen, jetzt einfach auch sagen: 'Dann gibt es sie für mich jetzt nicht, solange sie so ist. Du willst nichts von ihr wissen.' (...) Hat ja keinen Zweck, daß ich mich dauernd von ihr beschimpfen (...) lasse, dann will ich sie jetzt auch nicht sehen. Das mache ich auch zu meinem Selbstschutz.“

Gleichwohl werden von den Eltern über Jahre hinweg große finanzielle Leistungen erbracht, um die ruinösen Aktionen der Tochter aufzufangen und ihre berufliche Selbständigkeit nicht zu gefährden. Darüber hinaus sind die Patienteneltern bemüht, sich durch gemeinsame schöngeistige Aktivitäten abzulenken. Sie sind darauf bedacht, daß sich keiner von beiden zu sehr den eigenen traurigen Stimmungen überläßt. Ihr partnerschaftliches Verhältnis erweist sich als stabil und stützend, so daß von beiden, durch ihre kognitiv reflektierende Art, unentwegt nach Auswegen suchend, immer wieder neue Copingmaßnahmen zum Einsatz gebracht werden können. Die Eltern zeigen nicht ein einseitiges Bemühen, Veränderungen nur bei dem erkrankten Familienmitglied herbeizuführen, sondern aktivieren und entwickeln Fähigkeiten, die eigenen Verhaltensweisen so zu koordinieren, daß die Stabilität der Paarbeziehung trotz der besonderen Vorkommnisse weiterhin gewährleistet bleibt.

V: „Und da sagte auch meine Frau: 'Wir müssen uns jetzt gegenseitig helfen und in Schutz nehmen und aufpassen, daß wir nicht auch in eine depressive Phase fallen.'

Denn sie sagt: 'Ich könnte auch, wenn ich mich jetzt fallen ließe, könnte ich stunden-
lang da sitzen und trübe sein.' Und da haben wir uns dann eben wirklich entweder
selber, wenn ich merkte, ich stehe ja hier schon eine ganze Weile und komme zu kei-
nem vernünftigen Gedanken, daß man sich dann selber einen Ruck gibt, oder daß wir
uns gegenseitig gesagt haben: 'Jetzt hören wir uns eine schöne Oper an. Oder ma-
chen was Lustiges.' Und das haben wir auch voll im Griff gehabt."

Als aufbauend und hilfreich für die Eltern erweisen sich ferner ihr Glaube an Gott, die
Abwechslung durch kulturelle Darbietungen und, speziell für den Vater, die Ablenkung durch seinen Beruf. Das Lesen von fachmedizinischen Büchern, der Zugang zu
weiteren Informationsquellen, die Inanspruchnahme therapeutisch stützender Maßnahmen, die nahezu kollegiale Akzeptanz und unbürokratisch schnelle Unterstützung
der Klinik wie auch nicht zuletzt die finanziellen Möglichkeiten runden das Bild über
die zur Verfügung stehenden Ressourcen und die daraus erwachsende Variationsbreite an Copingmaßnahmen ab.

Drei wesentliche Aspekte kennzeichnen diese Familie im Umgang mit ihrem kranken Angehörigen:

Zum einen wird über einen längeren Zeitraum mit situativ variierenden Maßnahmen
versucht, verändernd Einfluß auf die Tochter zu nehmen, gleichzeitig werden aber
auch ihre Teilnahmslosigkeit wie auch ihre aggressiven Tendenzen weitgehend tole-
riert und akzeptiert.

Der zweite Aspekt besteht darin, daß die Eltern trotz allen Scheiterns und der
damit einhergehenden Frustrationen niemals aufgeben, nach Alternativen Ausschau zu
halten. Unter Ausnutzung aller verfügbarer Ressourcen und immer wieder schöp-
ferisch neu entwickelter Bemühungen wird dabei gleichfalls die Bereitschaft zu einer
Perspektivverschiebung sichtbar. Sie bringt es mit sich, daß nicht mehr nur allein das
erkrankte Familienmitglied fokussiert wird, sondern auch die Qualität und Wirksamkeit der eigenen vermeintlich wohlmeinenden Hilfsangebote und Umgangsformen kritisch reflektiert und den Bedingungen angepaßt werden.

Als dritter wichtiger Punkt in der Auseinandersetzung mit dem erkrankten Angehörigen setzt sich bei den Eltern die Einsicht durch, daß dem familialen „Dauerstreß"
nur dadurch zu entkommen ist, daß eine Trennung der Tochter vom Elternhaus angestrebt wird. Die Anerkennung der eigenen Macht- und Hilflosigkeit wie auch die realistische Einschätzung, der anhaltenden Überforderung nicht auf Dauer gewachsen zu
sein, rufen bei Familie C. keine resignativ anklagende Haltung gegenüber der Erkrankten hervor. Es setzt sich die Erkenntnis durch, daß durch Wahrung der Distanz und
kurzschrittige Planungen daran festgehalten werden kann, den Kontakt zur zyklothymen Tochter aufrechtzuerhalten.

Die Stärke dieser Familie besteht in ihrer Bereitschaft, zukünftig nicht aufgeben zu
wollen und der Tochter möglichst optimale und leistbare Unterstützungsmöglichkeiten zukommen zu lassen. Die Familie scheut sich dabei nicht, ihre eigenen Grenzen
der Belastbarkeit zu artikulieren und Umstellungen vorzunehmen. Die weiteren Eigenschaften der Familie, die Flexibilität und die Toleranz im Umgang miteinander wie
auch die Sicherheit finanzieller Reserven, bieten – wenn auch keine Garantien – so

doch große Vorteile und gute Voraussetzungen für die Bewältigung künftiger Problemstellungen.

Anhand einer Patientenfamilie (View 3/3A) konnte für diese Gruppe von Familien (View 4, 8/8A, 11, 12/12A, 13/13A, 15) exemplarisch dargestellt werden, wie verhältnismäßig optimistisch, zukunftsorientiert und lebensbejahend sie sich präsentieren. Auf die Krankheitsphasen ihres Angehörigen reagieren sie anpassungsfähig und zeigen ein vergleichsweise bewegliches und mehrdimensionales Bewältigungsrepertoire. Diese Familien sollen dementsprechend präziser als *„konstruktiv-perspektivischer"* Familientyp bezeichnet werden.

11.3   Charakteristische Merkmale der Familien des „zirkulär-resignativen Typs"

Von allen befragten (N=16) Patientenfamilien konnten neun dem zirkulär-resignativen Typus zugeordnet werden. Davon waren sechs Patientenfamilien vollständig, zwei verwitwet und eine der Familien geschieden. Insgesamt zeichnen sich diese Familien dadurch aus, daß große unbearbeitete Disharmonien in ihren Partnerschaften vorherrschen und darüber hinaus gar keine oder nur gering belastbare Bezugs- oder Vertrauenspersonen vorhanden waren, die ihnen eine Unterstützung hätten gewähren können. Diese Familien stellen eher ein Konglomerat von Einzelwesen dar, die ohne Absprache untereinander agieren, als daß eine Gemeinsamkeit der Interessen erkennbar wäre. Ein Großteil dieser Familien verfügt über ein vergleichbar geringes Einkommen und ist oftmals nicht nur latent von Arbeitslosigkeit bedroht (vgl. Anhang).

Von allen diesen Patientenfamilien (N=9) wird die familiale Alltagssituation schon vor dem Zeitpunkt der ersten Registrierung von irritierenden Auffälligkeiten als problembeladen beschrieben. Die Familien beurteilen die Krankheit als zusätzlichen Schicksalsschlag, als Krise, mit deren Bewältigung sie von Anfang an völlig überfordert gewesen sind. Ein psychisch instabiles und auffälliges Kind zu haben wird von ihnen schamhaft als individuelles Problem aufgefaßt, das es nach außen hin möglichst zu verbergen gilt. Deshalb verwenden sie große Anstrengungen darauf, die Auffälligkeiten auf den Familienkreis zu begrenzen. Ihre Bemühungen zielen nicht so sehr darauf ab, die als störend empfundenen Verhaltensweisen des Kindes als Folge der Krankheit zu verstehen, sondern es wird von ihnen gewöhnlich als Objekt betrachtet, das es zu verändern gilt und das mit den herrschenden Vorstellungen von Familiengemeinschaft in Übereinstimmung gebracht werden muß. Apodiktisch halten sie an ihrem vermeintlichen Wissen fest, was für ihr Kind und dessen zukünftiges Wohlergehen richtig ist. Dabei orientieren sie sich häufig sehr wechselhaft an den von verschiedenen Fachautoritäten (Psychiatern, Apothekern, Heilpraktikern) vorgegebenen Empfehlungen, ohne darüber hinaus Überlegungen anzustellen, was sie selbst dazu beitragen könnten, um die Situation ihres Angehörigen zu unterstützen. Für diese Eltern ist oftmals nicht einzusehen, daß ihre wohlmeinenden Ermahnungen auf zum Teil brüske Ablehnung bei ihren Kindern stoßen. Die kognitive Schwierigkeit besteht darin, anzuerkennen, daß es sich um eine psychische Krankheit handelt, die sich in ihrer Darstellungs- und Ausdrucksform von herkömmlichen (somatischen) Krankheiten unterscheidet und oftmals keine sofortige Besserung aufweist.

Allgemein kennzeichnend für diese Familien ist, daß sie sich mit zunehmender Krankheitsdauer immer unflexibler gegenüber ihrem Angehörigen verhalten. Ihre Aktivitäten beschränken sich darauf, das Benehmen des kranken Familienmitglieds zu kritisieren oder es immer wieder dahingehend zu beeinflussen, weniger aufzufallen und sich stattdessen dem von ihnen dargebotenen Normensystem anzupassen. Diese Patienteneltern verfügen häufig über festgefügte Vorstellungen, wie sich Krankheiten zu präsentieren haben. Zudem weisen sie erhebliche Unkenntnisse und Vorurteile gegenüber psychischen Krankheiten und den davon betroffenen Personen auf. Deshalb haben sie besonders große Schwierigkeiten zu akzeptieren, daß ihr Angehöriger an einer psychischen Krankheit leidet.

Die Patienteneltern sind weitgehend der Überzeugung, daß das Familienmitglied eher *bad* als *mad* ist und daher – besonders in der manischen Phase – eingrenzender Gegenmaßnahmen bedarf. Ihrer Meinung nach gibt es im wesentlichen nur zwei Erklärungen dafür, warum nach dem Klinikaufenthalt keine anhaltende Veränderung im Verhalten des Angehörigen eintritt:

1. Weil der Angehörige seine Medikamente nicht regelmäßig einnimmt.
2. Weil das Familienmitglied keine erkennbare Eigeninitiative und Eigenverantwortung zur Veränderung seiner bisherigen Lebensgestaltung entwickelt, nicht kooperativ ist und die von seinen Eltern empfohlenen Ratschläge nicht beherzigt.

Indem der Angehörige sich nicht an die oben genannten Voraussetzungen hält, ist er nach Ansicht der Eltern selbst schuld an der Verschlechterung seines Zustandes. Selbst nachdem die Patientenfamilien von den behandelnden Psychiatern ihrer Kinder erfahren haben, daß bei diesen eine manisch-depressive Krankheit vorliegt, halten sie beim Wiederauftreten von Krankheitszeichen eine andere Erklärungsvariante parat. Während vor dem ersten Psychiatrieaufenthalt einschneidende und streßreiche Lifeevents für den Zusammenbruch des Kindes verantwortlich gemacht worden sind, werden danach auftretende Krankheitsphasen ausschließlich auf die von ihm abgesetzten Medikamente oder aber auf seinen Lebenswandel zurückgeführt. Das bedeutet, daß – trotz Ablehnung der Diagnose manisch-depressiv – die medizinische Sichtweise Eingang in das Bewußtsein der Patientenfamilien gefunden hat. Sie halten an ihrem neu erworbenen Glauben fest, daß die strikte Einhaltung der medikamentösen Therapie, gepaart mit einer konsequenten Bereitschaft – einer Art „good-will" des Patienten –, ausreiche, um eine nachhaltige Besserung seines Gesamtzustandes zu garantieren. Diese reduktionistische Sichtweise, der medizinischen nicht unähnlich, fokussiert nur sehr einseitig die Problemlage des Patienten und blendet weitere Möglichkeiten – wie zum Beispiel familial-interaktionelle Problemstellungen –, die für eine Einschränkung der Compliance in Betracht kommen könnten, aus.

212

Charakteristisch für diese Familien ist ihr zirkuläres Denken und ihr eindimensional-stereotypes Handeln gegenüber ihrem Angehörigen. Dies drückt sich besonders darin aus, daß sie allein dem Patienten und der psychiatrischen Klinik mit ihrem Fachpersonal die Verantwortung für die Genesung zuschreiben. Bleibt diese allerdings aus, dann werden vereinzelt Aggressionen erkennbar, die sich gelegentlich in verbaler Verächtlichmachung von professionellen Hilfskräften entladen. Die Familien fühlen sich aufgrund ihrer eigenen Problemlage völlig überfordert, zu den bisherigen Maßnahmen – des Zuredens und des Ermahnens – noch weitere Copingmechanismen zu entwickeln, um die Aberrationen ihres Kindes einzugrenzen.

In einigen Fällen sind die Familien nur damit beschäftigt, erzieherisch-strafend und emotional expressiv auf die Verhaltensweisen des Angehörigen einzuwirken. Ihr Umgangsstil ist daher eher dem „High Expressed-Emotions"-Stil (vgl. Kapitel 4.2) zuzurechnen. Global betrachtet, stellen sich ihre familialen Rahmenbedingungen mehrheitlich aufgrund inhomogener oder fehlender Partnerschaftsbeziehung, ungünstiger materieller und kognitiver Ressourcen und kaum vorhandener Bezugs- und Unterstützungspersonen als äußerst defizitär dar, so daß die Voraussetzungen zur Ausbildung neuer oder alternativer Maßnahmen beschränkt oder gar nicht vorhanden sind.

Stellenweise vermitteln die Familien den Eindruck, als glaubten sie, daß mit der Aufhebung der Krankheit ihres Familienmitglieds auch die übrigen familiären Probleme beseitigt wären. Die Krankheit des Kindes ist für sie ein zentrales, den Alltag bestimmendes Thema, das allerdings gewöhnlicherweise, wie die anderen vorherrschenden Problemlagen auch, nicht untereinander artikuliert oder diskutiert wird. Zudem verweist diese Gruppe oftmals auf eigene psychische und somatische Beschwerden, die sie zum Teil als Folge der Krankheitsentwicklung ihres Kindes und der für sie daraus entstandenen streßvollen Umstände verstanden wissen will.

Insgesamt besitzen diese Patientenfamilien kaum Möglichkeiten zur Gestaltung von Ablenkungs- und Freizeitaktivitäten, und zwar nicht nur, weil die finanziellen Möglichkeiten begrenzt sind, sondern auch deshalb, weil von diesen Personen an gesellschaftlich vorgegebenen und internalisierten Norm- und Wertvorstellungen besonders starr und unreflektiert festgehalten wird. Da die Familien nicht ihren eigenen Vorstellungen von einer nach außen vorzeigbaren Familiengemeinschaft entsprechen, muß der Einblick in das Familiensystem für andere weitgehend unterbunden werden. Dies geschieht, indem sich die Patienteneltern von ihrem Umfeld abwenden und isolieren; sie ziehen es vor, sich nur noch innerhalb ihres geschlossenen familialen Systems zu bewegen. Die Eltern sind bemüht, sich vor den möglichen und auch real vorkommenden Anfeindungen sowie der von der Außenwelt ausgehenden Bedrohung und Verletzbarkeit durch Rückzug zu immunisieren. Dadurch berauben sie sich allerdings zugleich der Möglichkeit, erweiterte Informationen über alternative Handlungsweisen zu erhalten und die beanspruchten eigenen Ressourcen aufzufrischen. Die Familien erweisen sich als kognitiv überfordert, die gehäuften Anteile an wechselhaften Krankheitszeichen mitsamt den auftauchenden konfligierenden Phänomenen in ihre bisherigen Alltagszusammenhänge einzuordnen. Ihr Bedürfnis nach sozialer Ordnung und Orientierung wie auch nach familialer Konsistenz läßt sich mittels bisheriger Maßnahmen nur äußerst mühevoll aufrechterhalten und wird durch die anhaltende Krankheit des Angehörigen immer wieder aufs neue bedroht.

Für diesen „zirkulär-resignativen" Familientyp lassen sich zusammengefaßt sechs maßgebliche Entwicklungsschritte bei dem Versuch der Bewältigung einer manisch-depressiven Erkrankung festhalten:

1. Phase: Der Angehörige wird auffällig, Familie steuert gegen und scheitert.

2. Phase: Vereinzelte Suche nach Hilfe, Information und Unterstützung.

3. Phase: Suche nach dem Schuldigen, nach der Ursache; sie wird zumeist beim Patienten gesehen.

4. Phase: Scham, Rückzug von der Außenwelt und Isolationstendenz.

5. Phase: Frustration und Resignation, weil keine langfristige Besserung eintritt.

6. Phase: Gefühl der permanenten Überforderung. Wunsch nach Entlastung durch eine Institution. Verstärkte Konfrontation unter den Familienmitgliedern, teilweise Abbruch der Beziehung zum Patienten.

11.4   Charakteristische Merkmale der Familien des „konstruktiv-perspektivischen Typs"

Insgesamt konnten diesem Typ sechs vollständige und eine geschiedene (N=7) Patientenfamilie zugeordnet werden. Im Vergleich zur vorhergehenden Gruppe weisen die Familien höhere Einkommen und krisensicherere Arbeitsplätze auf, so daß ihre ökonomischen Voraussetzungen als wesentlich günstiger zu bezeichnen sind.

Diese Patienteneltern reagieren mit Fortbestand der Krankheit ihres Angehörigen zunehmend anpassungsfähig und vergleichsweise undogmatisch. Sie drängen immer weniger darauf, daß sich das Verhalten des Kindes ihnen gegenüber verändert, und interpretieren die sonderbar anmutenden Verhaltensweisen als typische Eigenart des Angehörigen. Für sie ist ihr Kind im Gegensatz zum vorherigen Familientyp eher etwas *mad* als *bad*, und von daher sind sie auch dazu bereit, ihm andere Verhaltensweisen zuzugestehen und ihm variabler entgegenzutreten.

Nachdem die Phasen abgeklungen sind, findet bei weiten Teilen dieser Patienteneltern eine Umdeutung und Relativierung des Verständnisses der psychischen – manisch-depressiven – Erkrankung statt; sie wird zum Beispiel mit einer Zuckerkrankheit (View 3A) verglichen. Diese Gleichstellung des Angehörigen mit einem Diabetiker erfüllt für die Eltern den Zweck der mentalen Orientierung zum Aufbau neuer Handlungsarrangements und Zukunftsperspektiven, zudem dient sie auch der Normalisierung alltäglicher Lebenssituationen.

214

Die Grenzziehungen der Familien gegenüber ihrem Angehörigen sind flexibel und nicht so sehr schematisch vorgegeben. Diese Eltern sind in ihren Reaktionen wenig rigide und resignativ und verhalten sich ihrem instabilen Familienmitglied gegenüber eher minder expressiv („Low Expressed-Emotions") fordernd. Sie sind bestrebt, sich mit ihm zu arrangieren und keine feststehenden Zukunftsplanungen zu entwickeln. Sie passen sich den oftmals veränderten Situationen – je nach Befindlichkeit des Angehörigen – schnell an. Gegenwartsbezogene und momentan kleinschrittige Handlungsarrangements helfen ihnen dabei, keine allzu großen Frustrationsschwankungen aufkommen zu lassen, wenn ihre erwarteten Zielvorstellungen nicht eingehalten werden. Nächstliegendes wird pragmatisch angegangen, während Langzeitplanungen in den Hintergrund treten. „[Wir] versuchen, aus dem Augenblick heraus das Nächstliegende zu tun und nicht irgendwie so große Ziele aufzubauen (...)." (View 4)

Diese Patienteneltern sind überwiegend bemüht, Toleranz und Nachsicht gegenüber dem Kranken aufzubringen und seine Selbständigkeit zu fördern. Darüber hinaus verstehen sie die „Verstöße" ihres Angehörigen weniger als Ausdruck eines eigenverantwortlich und absichtsvoll schuldhaften Vergehens, sondern interpretieren sie als Ausdruck labiler Disposition, mit der sich die gesamte Familie zu arrangieren hat. Nach Ansicht der Familien ist ihr Kind für seine Krankheitsrückfälle nicht allein verantwortlich zu machen.

Der Stil dieser Patienteneltern gegenüber ihrem erkrankten Angehörigen ist als 'Laisser faire' zu umschreiben. Sie nehmen sich zurück, sind sensibel und besitzen weiterhin Vertrauen zu dem Kind, selbst wenn es ihrem Verständnis nach Dinge tut, die sie nicht begrüßen. Sie gewähren ihrem Angehörigen einen größeren Spielraum, unterstützen und belassen ihm so weit wie möglich seine Autonomie. Gleiches reklamieren sie auch für sich selbst. Ihre anfänglich zurückgesetzten privaten Aktivitäten und Hobbys werden von ihnen wieder aufgenommen. Sie stellen fest, daß es wichtig und stabilisierend für ihre eigene Persönlichkeit ist, diesen Schritt zu vollziehen und sich nicht zu sehr von der Krankheit ihres Angehörigen und den damit einhergehenden Störungen vereinnahmen zu lassen. Ihr Bestreben ist im Vergleich zu dem des „zirkulär-resignativen" Familientyps weniger darauf ausgerichtet, daß sich der Angehörige unbedingt den übrigen Familienmitgliedern und den bisherigen Gewohnheiten anzupassen hat, was jedoch nicht zu einer zwanghaften Konfliktvermeidungsstrategie führt. Der alltägliche familiale Ablauf wird unter Wahrung der gegenseitigen Rücksichtnahme soweit wie möglich aufrechterhalten, ohne dabei dem manisch-depressiven Familienmitglied einen außergewöhnlichen Status oder auffällig überdimensionierten Freiraum zukommen zu lassen.

Nachdem die Eltern wissen, daß es sich beim Zustand ihres Angehörigen um eine psychische Krankheit handelt, entwickeln sie sogleich auch eine Idee von der Krankheitsbewältigung. Diese orientiert sich an ihren Grundkenntnissen und Erfahrungen mit somatischen Krankheiten und geht mit der Vorstellung einher, daß eine baldige Überwindung der Auffälligkeitssymptomatik und die vollständige Wiederherstellung des bisher gewohnten Zustandes spätestens am Ende des Klinikaufenthaltes garantiert ist. Unterstützt und vom psychiatrischen Personal latent suggestiv gespeist werden solche Anschauungen durch die Vergabe von Medikamenten und die sich daran anschließenden wöchentlichen bzw. monatlichen Blutbilduntersuchungen.

Auch diese Patientenfamilien erhoffen sowohl für sich als auch für ihren entlassenen Patienten Hilfe und Unterstützung von dem klinischen Personal. Sie monieren, daß es keine Institutionen in ausreichendem Maße gibt, in vielen Fällen außerklinisch stützende Einrichtungen vollständig fehlen, an die sich sowohl der ehemalige Patient als auch die Patienteneltern mit der Bitte um Hilfe wenden könnten. Die psychische Krankheit ihres Kindes wird nicht individualisiert, sondern immer auch im Kontext gesellschaftlicher Zustände bewertet. Die Eltern orientieren sich allerdings um, wenn sie feststellen, daß von klinischer Seite weder für sie noch für ihren Patienten nach dessen Psychiatrieaufenthalt Unterstützungsmaßnahmen angeboten werden. Ihr Bemühen konzentriert sich darauf, weitere Informationen über Restabilisierungsmöglichkeiten einzuholen. Dabei spielt der kommunikative Informationsaustausch mit Freunden, Bekannten und Verwandten über die Krankheit und ihren Verlauf eine bedeutende Rolle. Die Hoffnung auf Besserung des Gesamtzustandes ihres Kindes stützt sich von ihrer Seite vergleichsweise wenig auf nur außenorientierte, psychologisch-medizinische Hilfestellungen, sondern erwächst aus einem Konglomerat selbst entwickelter individueller Maßnahmen, deren Schwerpunkte in einem flexiblen mehrdimensionalen Ansatz liegen. Sie zielen darauf ab, eigenständig und improvisierend Copingmaßnahmen zu entwickeln, die ihnen wenn auch nicht unbedingt einen Ausweg aus der Krise, so doch zumindest einen verbesserten Umgang miteinander ermöglichen. Der familiale Schwerpunkt liegt darauf, sich mit der gegebenen Situation zu arrangieren, nicht sie zu eliminieren. Die Krankheit ihres Kindes sehen sie als Herausforderung und als Aufgabe, die es gemeinschaftlich zu regeln gilt. Dabei schieben sich die Eltern keine Schuldzuweisungen zu, sondern sind bestrebt, sich gegenseitig zu stützen und zu bestärken. Gleichfalls sind sie bemüht, ihre eigene Selbständigkeit wiederzuerlangen und zur Normalität des Alltags zurückzukehren. Kennzeichnend neben ihrer Individuierungstendenz ist, daß sie die Problemlösung weitgehend durch Mobilisierung eigener Ressourcen herbeiführen und für sich selbst eine Autarkie von Fachkräften zu erlangen trachten. In den akuten Krankheitsphasen allerdings stellen sie möglichst schnell eine Verbindung zur Psychiatrie oder dem ambulant behandelnden Nervenarzt her. Als äußerst relevant erscheint hierbei die Tatsache der Früherkennung der beginnenden Krankheitsphasen. Die sofort eingeleiteten Gegenmaßnahmen verringern sowohl die Krankheitsdauer als auch -stärke. Das Zusammenspiel von Patient, Patienteneltern und Klinikern erweist sich – im Vergleich zur vorhergehenden Elterngruppe – vielfach als konstruktiv und effizient.

Die Grenzen der Belastung sind jedoch dann für die Familien erreicht, wenn sie den Eindruck gewinnen, daß ein erträgliches Miteinander aufgrund der vorkommenden persönlichen Verletzungen nicht mehr tragbar ist und die gesamte Familie unter der Last der Ereignisse zu zerbrechen droht. Als Konsequenz daraus wird die Trennung von dem Angehörigen vollzogen. Sie wird allerdings nicht leichtfertig entschieden, sondern steht am Ende eines Prozesses, bei dem sich abzeichnet, daß trotz aller eingesetzten Ressourcen keine Reduzierung der störenden Anteile festzustellen ist. Mit dem

Eingeständnis der Überforderung setzt sich gleichzeitig die Erkenntnis durch, daß mit der Separation nicht automatisch ein Bruch zwischen dem Erkrankten und den übrigen Familienmitgliedern einhergeht, sondern nur ein anderer Strukturrahmen geschaffen wird. Die Entwicklung der Auseinandersetzung mit dem Familienmitglied ist dadurch nicht zum endgültigen Abschluß gekommen, sondern erfährt eine neue Dimension, so daß innerhalb dieses neuen Rahmens andere Möglichkeiten erprobt und bisher unberücksichtigte Arrangements getroffen werden können.

Auch bei diesem „konstruktiv-perspektivischen" Familientyp lassen sich sechsphasige Entwicklungslinien bei dem Bemühen um Bewältigung einer manisch-depressiven Krankheit aufstellen:

1. Phase: Der Angehörige wird auffällig, Familie steuert gegen und scheitert.

2. Phase: Gemeinsame Suche nach Hilfe, Information und Unterstützung (Freunde, Psychologen, Hausarzt, Klinik).

3. Phase: Aufgabe der Suche nach Schuldigen. Herstellung von Gemeinsamkeit zwischen den interagierenden Personen unter weitgehender Wahrung ihrer individuellen Bedürfnisse.

4. Phase: Freimachen vom Ursache-Wirkungsdenken; nicht gegeneinander opponieren, sondern miteinander konzipieren.

5. Phase: Bemühen der Patienteneltern, Handlungsvielfalt oder Handlungsalternativen zu entwickeln. Ihre Maxime lautet: Handle stets so, daß weitere Perspektiven und neuartige Möglichkeiten entstehen können, um ein größeres Verständnis und einen besseren Umgang miteinander zu gewährleisten. Das Bemühen um Veränderung des manisch-depressiven Angehörigen weicht zugunsten des Interesses um Neugestaltung des Verhältnisses zu ihm.

6. Phase: Lösung vom Patienten als bewußt eingeleitete Copingmaßnahme zur Vermeidung weiterer unproduktiver Konfrontationen; dies stellt keinen Beziehungsendpunkt zu dem manisch-depressiven Angehörigen dar, sondern einen Neuanfang auf einer anderen Ebene. Das Ziel ist der Erhalt der Familie unter anderen Voraussetzungen.

11.5   Schlußbemerkung

Die vorliegende empirische Untersuchung von 16 Patienteneltern mit einem manisch-depressiv erwachsenen Kind hatte sich zum Ziel gesetzt aufzuzeigen, welch tiefgehenden Einschnitt eine vor allem chronisch rezidivierende psychotische Krankheit in die tägliche Lebensroutine für die Patienten und ihre Familien darstellt und mit welchen Copingmaßnahmen die Familien auf die Beeinträchtigungen reagieren.

Wie sich zeigte, erfuhren die zum Teil in der Öffentlichkeit zur Darstellung gebrachten Aktivitäten des designierten Patienten Reaktionen, die sich nicht allein auf den Akteur beschränkten, sondern darüber hinaus auch dessen Angehörige tangierten. Bei dem Bemühen der Eltern um Abschwächung der ungewohnten und als belastend empfundenen Verhaltensänderungen ihres Kindes ergaben sich neuartige Störfaktoren und dadurch bedingte familiale Polarisierungen, die mit den von ihnen bisher eingesetzten Mitteln nicht mehr zu bewältigen waren. Dabei offenbarten die anfänglich zum Einsatz gebrachten Gegenmaßnahmen, daß die interagierenden Personen nicht von dem Gedanken getragen waren, daß es sich hierbei um erste Symptome einer psychischen, speziell einer manisch-depressiven Erkrankung handeln könnte. Dementsprechend inadäquat und folgenlos blieben die Bemühungen um Eingrenzung der als auffällig empfundenen Verhaltensweisen.

Da zunächst auch die ambulant zu Rate gezogenen professionellen Kräfte keine Entlastung für die Familien mit sich brachten, fühlten sich diese zunehmend überfordert, den Anforderungen mit den ihnen zu Gebote stehenden Mitteln nachzukommen. Die anhaltende Steigerung der Verhaltensauffälligkeiten des Familienmitglieds, sowohl im internen, familialen wie auch im externen, öffentlichen Bereich, bedingte die Einmischung und Hinzuziehung weiterer Personenkreise und nötigte die Familien aufgrund der fortwährenden Dauerbelastung, ihre Bemühungen um Abhilfe zu intensivieren und letztendlich ihren Angehörigen von der Notwendigkeit seines Aufenthaltes in einer psychiatrischen Klinik zu überzeugen. Erst mit der Überstellung des Angehörigen in die Psychiatrie erfolgte dann für die Familien eine kurze Phase der Entlastung, die allerdings bald durch neue unerwartete Schwierigkeiten abgelöst wurde.

Anhand der Ausführungen der Patienteneltern konnte nachgewiesen werden, daß die Kliniken zumeist indirekt dazu beitrugen, die aktuelle Situation der Angehörigen zu verschärfen, indem die professionellen Fachkräfte keine Angebote für die Familien bereitstellten, um ihnen bei der Bearbeitung ihrer spezifischen Bedürfnisse, ihrer Ängste, Sorgen und Verunsicherungen – nicht zuletzt hervorgerufen durch die institutionell bedingten strukturellen Mechanismen der psychiatrischen Abteilungen – in irgendeiner Weise behilflich zu sein. Im Gegenteil: Die Mehrzahl der Patientenfamilien fühlte sich durch die vollständige Übernahme der Verantwortlichkeit für den Patienten durch die Klinik von den dortigen Vorgängen – der therapeutischen Konzeption – ausgegrenzt und mit ihren Fragen, Irritationen, Schuldgefühlen und Zukunftsängsten alleingelassen. Als besonders störend stellte sich dabei das ständig fluktuierende Ärztepersonal heraus, da dadurch nicht nur die Kontinuität des Behandlungsganges in Frage gestellt wurde, sondern auch das Vertrauensverhältnis zwischen dem Patienten und den Ärzten wie auch zwischen den Angehörigen und den Klinikern unterminiert wurde.

Vor allem nach der Entlassung des Patienten aus dem Krankenhaus entstanden für die Familien weitere Problemstellungen, auf die sie nicht vorbereitet waren und bei deren Bewältigung sie keinerlei Unterstützung erhielten. Der Übergang von der intramural-stationären Behandlung zu einer extramuralen Betreuung erwies sich als äußerst defizitär und wurde von allen Patienteneltern als therapeutisch-konzeptioneller Bruch empfunden. Da sich gleichzeitig das Vertrauensverhältnis zwischen dem Patienten und seiner Familie infolge der zumeist unerfreulichen Begebenheiten vor der Klinikeinweisung als äußerst labil erwies, obendrein eine gemeinsame Aufarbeitung der Vorkommnisse und eine Annäherung unter den Familienmitgliedern während des Klinikaufenthaltes nicht stattfanden und die Eltern nach wie vor nicht wußten, wie sie sich gegenüber ihrem Familienmitglied nach dessen Entlassung angemessen zu verhalten hatten, entstanden weitreichende Problemfelder und Spannungen in der täglichen Konfrontation miteinander. Dabei erwies sich die Darstellungsform der Störung, neben den vorhandenen materiellen und immateriellen, respektive sozialen Ressourcen – den Partnerschaftsbeziehungen –, als entscheidender katalytischer Effekt für die weitere familiale Auseinandersetzung mit dem Angehörigen. Obgleich die meisten Patienteneltern über ein beträchtliches Repertoire an Copingmaßnahmen verfügten und auch dazu bereit waren, dieselben nahezu unumschränkt einzusetzen, mußten sie vielfach registrieren, daß damit keine Gewähr für die Verhinderung eines erneuten Psychiatrieaufenthalts ihres Angehörigen erzielt werden konnte. Immer wieder standen die Familien vor dem Problem ihres eigenen Versagens und der Überforderung, so daß sie sich angesichts dieser Verhältnisse einer permanenten Belastung ausgesetzt sahen, die sie in ihrer Konsistenz als Familie ständig bedrohte.

Anhand des vorliegenden Datenmaterials ist darüber hinaus der Nachweis erbracht worden, daß nicht in allen Familien gleiche Voraussetzungen in Form von Ressourcen und kognitiven Möglichkeiten entsprechend verteilt waren, um die Probleme im Umgang mit dem erkrankten Familienangehörigen für die daran Beteiligten auf ein für sie erträgliches Maß zu reduzieren. Hierbei zeigte sich, daß weniger die quantitative Einzelbetrachtung der vorhandenen Kompensationsmöglichkeiten (Copingmaßnahmen) der verschiedenen Familien im Umgang mit ihrem manisch-depressiven Familienmitglied bedeutungsrelevant war als vielmehr die qualitativen supportiv-familialen Partnerschaftsbeziehungen. Wenngleich auch einzelne, vor allem materielle Ressourcen keine belanglosen Aspekte markierten, so war weder der Mangel noch die Höhe finanzieller Mittel allein ausschlaggebend dafür, das Spannungsfeld innerhalb der Familien zu erweitern bzw. zu verringern oder gar vollständig aufzuheben.

Aufgrund dieser Kenntnisse konnte eine Gegenüberstellung der Patientenfamilien in Form einer Zweiteilung und einer Typisierung als „zirkulär-resignative" und „konstruktiv-perspektivische" Familientypen erfolgen, die sowohl die jeweiligen spezifischen Merkmale wie auch die Entwicklungsabläufe zur Bewältigung einer manisch-depressiven Erkrankung zum Inhalt haben.

12   Ausblick

Zur Unterstützung Angehöriger psychisch Kranker im allgemeinen wie auch Angehöriger manisch-depressiv Erkrankter im speziellen sind bislang kaum Offerten entwickelt worden, um die strukturellen Rahmenbedingungen ihrer Situation zu erweitern. Vor dem Hintergrund der in dieser Arbeit dargestellten Erkenntnisse erscheint es daher sinnvoll, eine Optimierung des Umgangs für alle Beteiligten voranzutreiben, indem die Einbindung der Patientenfamilien mit ihren jeweils individual-spezifischen Möglichkeiten in die therapeutische Konzeption angestrebt wird.

12.1   Problemfelder – Beratungs- und Unterstützungsbedarf

In den meisten Fällen sind es die Familien, die ihren Kranken nicht in Krisen stürzen, sondern ihn in Krisen stützen, und gleichfalls sind sie es, die ihn nach einer stationären Behandlung immer wieder aufnehmen und sich um ihn kümmern. Die Familie hat somit einen maßgeblichen Anteil daran, daß ihr Angehöriger nicht völlig in die Obdachlosigkeit oder in die Isolation abrutscht. Zumeist ist sie es, die viel eher registriert, was ihrem Familienmitglied fehlt und wann sich wieder eine Psychose aufbaut. Allerdings fühlen sich die Familien vor dem Hintergrund der bestehenden Versorgungslage alleingelassen und überfordert, adäquat auf die Auffälligkeiten ihres Angehörigen zu reagieren.

Familien, die mit einem psychisch Kranken zusammenleben, unterliegen außerordentlichen Belastungen. Häufig mahnen die Angehörigen die Passivität und Trägheit ihres Familienmitglieds an und arbeiten darauf hin, seine Lethargie und Interesselosigkeit zu verändern. Das erkrankte Familienmitglied hingegen wünscht in Ruhe gelassen zu werden, meidet den Kontakt und verschließt sich vor so viel fordernder Einflußnahme. Die verschiedenen Interessenlagen, die Divergenz der Ansprüche und Forderungen der einzelnen Familienmitglieder untereinander wie auch im Umgang mit dem erkrankten Familienmitglied, führen zu Spannungen und Streß. Eigene Wünsche und Bedürfnisse werden oftmals unterdrückt, um dem Anspruch nach Bewältigung der Situation gerecht zu werden. Jede Freizeitgestaltung wird zunehmend vor dem Hintergrund des Zustandes des erkrankten Familienmitglieds betrachtet. Langfristige Planungen müssen aufgegeben werden, weil nicht abzusehen ist, wie sich die Befindlichkeit des Angehörigen entwickeln wird. Die Vorstellung, bis zum eigenen Lebensende für das erkrankte Familienmitglied verantwortlich zu sein oder gemacht zu werden, kann sich hemmend oder gar lähmend für weitere Aktivitäten auswirken. Für alle Beteiligten entstehen dadurch große Belastungen. Einbußen an Lebensqualität, Frustration und Resignation, bis hin zu psychosomatischen Störungen, können die Folgen sein. Das Bedürfnis nach Aussprache und die Suche nach Entlastung werden immer größer.

Solange Aufklärung und Hilfsangebote wie flankierende Begleitmaßnahmen für die Familien fehlen, sind Verbesserungen hinsichtlich psychohygienischer Bedingungen für den Patienten nur gewährleistet, solange er sich in der beschützenden Obhut der klinischen Einrichtung befindet. Nach seiner Entlassung bestehen jedoch nahezu die gleichen Bedingungen in seiner Umgebung wie zuvor, so daß es einem Versäumnis gleichkommt, diese sozialen Verhältnisse unberücksichtigt zu lassen. Vorherrschende Zweiteilungen der Kompetenzen für den Patienten – Klinik und Patient versus Familie und Patient – können deshalb als unproduktiv gelten, weil sie gegenseitige Vorurteile und Polarisierungen begünstigen, statt sie abzubauen, und gleichzeitig die gemeinsame Entwicklung neuer realistischer Perspektiven im Umgang miteinander und bei der Bewältigung der psychischen Krankheit unter allen Beteiligten sabotieren. Es fehlt an gegenseitiger Transparenz in bezug auf die Aufgaben und Funktionen von psychiatrischen Kliniken und die Hoffnungen, Wünsche und Beschwernisse der Familien mit psychisch Kranken, so daß dieser Zustand bei allen Beteiligten immer wieder zu Mißverständnissen und zur gegenseitigen Voreingenommenheit führt. In dieser Diskrepanz der unterschiedlichen Vorstellungen von der jeweilig anderen Fraktion – hier die Patientenfamilie und da die Klinik – ist die Schnittstelle auszumachen, an der sich die Probleme bündeln.

Insgesamt stellt sich das gegenwärtige Versorgungssystem aus der Sicht der Patientenfamilien als unübersichtlich, lückenhaft und ergänzungsbedürftig dar. In der aktuellen Krisenlage erweisen sich die bestehenden Dienste und Informationsstellen mit ihren Fachkräften entweder als überfordert, nicht zuständig oder aber als wenig kooperativ und hilfreich, um den Angehörigen von psychisch auffälligen Personen eine realistische Unterstützung bei der Bewältigung ihrer Probleme zukommen zu lassen.

12.2 Vorschläge zur Konzeption von Unterstützungsangeboten für Angehörige von psychisch Kranken

Die Angehörigen eines psychisch Kranken, die für seine Stabilisierung mitverantwortlich sind und sich vor allem auch verantwortlich fühlen, spielen bisher kaum mehr als eine marginale Rolle innerhalb der Therapiekonzeption, was bei den Familien den Eindruck der latenten wie auch offenen Schuldzuweisungen begünstigt. Die „Experten des Alltags" besitzen oftmals ganz andere Erfahrungshorizonte als die professionellen Hilfskräfte, und ihre Vorstellungen, Wünsche und Hoffnungen sind häufig inkompatibel mit den Erlebnis- und Sichtweisen der Psychiatrieexperten.

Als therapeutisch kontraproduktiv für eine langfristige Stabilisierung des Patienten nebst einer verbesserten Compliance aller Beteiligten erweisen sich immer mehr diejenigen Behandlungskonzepte, die ausschließlich darauf ausgerichtet sind, den Patienten zu stabilisieren, ohne gleichzeitig co-therapeutische Angebote für die Angehörigen bereitzustellen. Dadurch werden die sozialen Bezüge unberücksichtigt gelassen, innerhalb derer sich der Patient aufhält. Um die parzellierte Betrachtung von einzelnen – den Patienten – zugunsten der familialen Gesamtsituation aufzuheben, erscheint es daher von außerordentlicher Bedeutung, sich zukünftig stärker der Erfahrungen und Kenntnisse von Angehörigen psychisch Kranker zu bedienen und sie, gleichwertiger als bisher, denen der Kliniker an die Seite zu stellen.

Trotz der Vielfalt von Erkenntnissen hat sich an der praktischen Versorgung von Familien mit psychisch Kranken in bezug auf Beratung und Unterstützung in ihrer schwierigen Situation nicht viel verändert. Fachkräfte kümmern sich in erster Linie um den Kranken und nicht um die Probleme der Angehörigen. Institutionen und Organisationen im psychosozialen Bereich haben bisher kaum die Idee der Beratung und Hilfestellung für Angehörige von psychisch Kranken aufgegriffen. Aus diesen Nöten heraus und mit dem Ziel, die Isolation zu durchbrechen, haben sich bisher Angehörigen- und Selbsthilfegruppen konstituiert. Ein solches Angehörigen-Forum kann jedoch nicht den individuellen Beratungs- und Hilfsbedarf abdecken, zumal dort intime (partnerschaftliche) Konflikte oder sehr persönliche Sachverhalte nur unzureichend besprochen werden können.

12.3   Der Angehörigenberater – ein neues Berufsbild?

Um der Bedürfnislage von Familien mit psychisch Kranken entgegenzukommen und der diesbezüglich defizitären Versorgungssituation Abhilfe zu verschaffen, könnte es sich als hilfreich erweisen, Beratungsstellen für Angehörige psychisch Kranker zu installieren.

Mitarbeiter einer solchen Beratungsstelle sollten ausschließlich für die Sorgen, Nöte und Bedürfnisse der Angehörigen von psychisch Kranken zur Verfügung stehen und vorwiegend dort beratend tätig werden, wo etablierte Institutionen und Organisationen bisher nur unzureichend präsent waren, nämlich vor Ort in der Familie oder aber in Einzelkonsultationen und Einzelgesprächen mit den Familienmitgliedern.

Diese hier vorgelegte Konzeption versteht sich als eine dynamische, individuell angepaßte Vorgehensweise. Die jeweiligen persönlichen Erwartungen und Zielvorstellungen der ratsuchenden Familienmitglieder sollen – unter Berücksichtigung der ihnen zur Verfügung stehenden Möglichkeiten – herausgearbeitet und realitätsbezogen unterstützt werden. Angehörigenberatung ist nicht als Konkurrenz zu, sondern eher als eine Ergänzung und Erweiterung von bestehenden psychiatrischen Versorgungseinrichtungen zu verstehen, allerdings mit einem völlig neuen, eigenständigen Beratungs- und Betreuungskonzept. Einige Anmerkungen hierzu:

Es empfiehlt sich, den Angehörigen von psychisch Kranken Sprechstunden einzuräumen, damit sie sich über den stationären Ablauf innerhalb der Klinik informieren können; damit soll die Transparenz des psychiatrischen Vorgangs für die Angehörigen gewährleistet werden. Eine ausführliche Aufklärung über die Krankheitssymptome soll dabei in allgemeinverständlicher Weise erfolgen, um den Familien nicht das Gefühl zu geben, von der Behandlung ausgegrenzt zu sein. Erstrebenswert ist, den Übergang von der klinisch-stationären Behandlung zu einer außerklinisch-therapeutischen Behandlung rechtzeitig und unter Berücksichtigung der Bedürfnisse aller Beteiligten vorzubereiten, um die Entlassung des Patienten fließend zu gestalten und die Familien auf die eventuell zu erwartenden Schwierigkeiten vorzubereiten.

Neben dem Auftrag, individuell, bedürfnisorientiert beratend tätig zu sein, kann darüber hinaus der Angehörigenberater gemeinsam mit den Ratsuchenden Vorstellungen entwickeln, wie ein weiteres wünschenswertes eigenes Vorgehen realisiert werden könnte. Bedeutsam hierbei erscheint die Hilfestellung und Unterstützung beim Aufbau neuer Kompetenzen, die sich wiederum an den kognitiven Möglichkeiten der jeweiligen Patientenfamilien orientieren sollen. Die Aufgabe ist darin zu sehen, den Angehörigen eine neue Perspektive anzubieten, um das Problem einmal von einer anderen Warte zu betrachten, nämlich der, daß es sich nicht nur darum handelt, eine psychische Störung mit allen zu Gebote stehenden Mitteln zu beseitigen, sondern auch darum, sie verstehen zu lernen, sie zu akzeptieren und sich mit ihr zu arrangieren, um dann auch neue Copingmechanismen zu entwickeln. Im Vordergrund des Interesses soll weniger die Symptombeseitigung oder -minimierung stehen, sondern das Bemühen um Verständnis und die Erweiterung eigener instrumenteller und habitueller Fähigkeiten. Die Besprechung von Interessen gilt es dabei in das Zentrum der Betrachtung zu rücken und gleichzeitig der Verengung des Blickwinkels auf ein nur von Schuldvorwürfen überschattetes Leben entgegenzuwirken. Dem liegt die Vorstellung zugrunde, daß nur derjenige eine wirklich effektive Hilfsquelle für seinen psychisch erkrankten Angehörigen darstellt, der gleichzeitig auch die Möglichkeit besitzt, Ruhe, Entspannung und Kraft für sich selbst zu finden, denn oftmals legen verborgene Schuldgefühle und die Sorge, nicht alles Menschenmögliche für die Verbesserung des Zustandes des Erkrankten getan zu haben, positive Energien lahm. Bei der Aufdeckung und Zulassung solcher Empfindungen behilflich zu sein stellt eine wesentliche Aufgabe des Angehörigenberaters dar.

Es bieten sich folgende Themenschwerpunkte für eine Beratung an:

* Definition der Interessenlage.
* Auseinandersetzung mit der sich ausbreitenden Scham und den aufkommenden Schuldgefühlen.
* Wahrnehmung eigener realistischer Bedürfnisse.
* Bewußtwerdung individueller Ressourcen.
* Stärkung der eigenen Fähigkeiten.
* Hilfen bei der Bewältigung von beängstigenden Situationen, die durch die Erkrankung eines Familienmitgliedes ausgelöst wurden.
* Allgemeine Informationen über psychiatrische Krankheitsbilder.
* Aufzeigen ungünstiger Bestimmungsfaktoren, die auslösend für erneute Krankheitsschübe sein können.
* Aufdeckung des subtilen Sachverhalts, daß manche Interessen oftmals verinnerlichte Fremdinteressen sind und sich nicht immer mit den uneingestandenen eigenen Empfindungen decken (müssen).

* Ausdruck eigener Identität und nicht die bloße Reproduktion dessen, was von außen (Institutionen, Freunden, Nachbarn, Arbeitskollegen) erwartet wird.

In akuten Notsituationen sollte eine Angehörigenberatung jederzeit möglich sein; sie sollte nicht unbedingt an terminliche Vereinbarungen gebunden sein, sondern auch an Wochenenden, Feiertagen oder Abendstunden stattfinden können. Besonders wenn die Familie zum ersten Mal mit einer psychiatrischen Krankenhauseinweisung ihres Angehörigen konfrontiert wird, sind begleitende Hilfestellungen wichtig, um die vielfältigen Fragen, die in diesem Zusammenhang aufgeworfen werden, zu klären. Die Begleitung der Familien eines psychisch Kranken während seines Klinikaufenthaltes, ihre psychoedukative Einbeziehung in den stationären Alltag wie auch die Möglichkeit der Beratung nach dem klinischen Aufenthalt des erkrankten Angehörigen könnten dazu beitragen, die Compliance und das Verständnis für den Erkrankten bei seiner Familie zu erhöhen und künftige Krisenzeiten besser zu meistern.

Die Beratung, ob persönlich und damit individuell oder aber im Kleingruppenrahmen, kann beliebig variiert und situationsspezifisch gestaltet werden. Der Unterschied zu bestehenden Angehörigengruppen ist darin zu sehen, daß in solchen Kleingruppen unter kompetenter Leitung kurz, intensiv und zielgerichtet an der Lösung eines Problems gearbeitet werden kann. Dahinter steckt die Überlegung, daß die Familien selbst unter Aufdeckung ihrer eigenen Möglichkeiten und unter Stärkung ihrer Fähigkeiten aus ihrer bisherigen passiven, durch Krankheit dominierten Situation heraustreten und damit selbstbestimmend Einfluß auf die Gestaltung ihres Lebens nehmen können.

Die Etablierung der dargestellten Minimalvoraussetzungen, die in ihrer hier noch fragmentarisch formulierten Art sicherlich der Ergänzung und Modifikation bedürfen, könnte daher eine erste notwendige Grundlage für die Bildung und Optimierung ergänzender Strukturen zur Stützung psychisch Kranker und ihrer Familien bieten. Gleichzeitig könnten dadurch ausgrenzende Theorien wie die der „schizophrenogenen Mutter" und die des „Double-Bind" auch faktisch ihrer Bedeutungslosigkeit zugeführt werden und die Sicht freigeben auf die realen Probleme, die mit einer psychischen Krankheit für alle Beteiligten verbunden sind. Denn nicht so sehr der medizinische, soziologische oder psychologische Erkenntnisstand hinkt hinter den aktuellen Bedürfnissen von Angehörigen psychisch Kranker hinterher, sondern die vielfach überholten Muster bürokratisch-administerieller Strukturen tragen dazu bei, die Realisierung der bisher gewonnenen Kenntnisse zur besseren Versorgung von psychisch Kranken und ihren Familien zu verzögern.

Erste Schritte auf diesem Weg sind bislang durch Angehörigen- und Selbsthilfegruppen ehemaliger Patienten gemacht worden. Auf psychiatrischer Ebene offenbaren alternative Projekte, wie Soteria in Bern und die psychoedukativen Gruppenarbeiten mit schizophrenen Patienten und ihren Angehörigen, vielversprechende Ansätze, mit Hilfe eines veränderten strukturellen Rahmens zum Aufbau erweiterter Perspektiven im Umgang mit psychisch instabilen Personen beizutragen. Begleitend dazu bietet sich die Installierung einer individuellen Angehörigenberatung an. Sie könnte mit dazu beitragen, die bestehende Kluft zwischen der bisher existierenden Versorgungslage und den realen Bedürfnissen der Familien von psychisch Kranken wie auch die ständige Gefahr ihrer Überforderung zu verringern.

Literaturverzeichnis

Aebi, E., Ciompi, L. & Hansen, H. (Hrsg.). (1993). *Soteria im Gespräch. Über eine alternative Schizophreniebehandlung.* Bonn: Psychiatrie-Verlag.

Anderson, C. M., Hogarty, G. et al. (1984). Expressed Emotion and Social Networks of Parents of Schizophrenic Patients. *British Journal of Psychiatry, 144,* 247-255.

Angermeyer, M. C. (1978). 20 Jahre double-bind: Versuch einer Bilanz. *Psychiatrische Praxis, 5,* 106-117.

Angermeyer, M. C. & Döhrner, O. (1980). Die Familie in der Auseinandersetzung mit der schizophrenen Erkrankung des Sohnes. *Zeitschrift für Gruppenpschotherapie, Gruppendynamik; 16,* 35-59.

Angermeyer, M. C. & Döhrner, O. (Hrsg.). (1981). *Chronisch kranke Kinder und Jugendliche in der Familie.* Stuttgart: Enke.

Angermeyer, M. C. & Freyberger, H. (Hrsg.). (1982). *Chronisch kranke Erwachsene in der Familie.* Stuttgart: Enke.

Arieti, S. (1985). *Schizophrenie.* München: Piper.

Badura, B. (Hrsg.). (1981). *Soziale Unterstützung und chronische Krankheit. Zum Stand sozialepidemiologischer Forschung.* Frankfurt/M.: Suhrkamp.

Bahrdt, H.-P. (1987). *Schlüsselbegriffe der Soziologie, (3. Aufl.).* München: C.H. Beck.

Barnes, M. (1983). *Meine Reise durch den Wahnsinn.* Frankfurt/M.: Fischer.

Basaglia, F. (Hrs.). (1981). *Was ist Psychiatrie? (2. Aufl.).* Frankfurt/M.: Suhrkamp.

Basaglia, F. (1981). Was ist Psychiatrie? In F. Basaglia (Hrsg): *Was ist Psychiatrie? (2. Aufl.),* S. 7-18. Frankfurt/M.: Suhrkamp.

Basaglia, F. (1981). Die Freiheit in der Gemeinschaft als Alternative zur institutionellen Regression. In F. Basaglia (Hrsg.). *Was ist Psychiatrie? (2. Aufl.),* S. 19-36. Frankfurt/M.: Suhrkamp.

Bastide, R. (1973). *Soziologie der Geisteskrankheiten.* Köln: Kiepenheuer & Witsch.

Bateson, G. et al. (1984). *Schizophrenie und Familie.* Frankfurt/M.: Suhrkamp.

Bateson, G., Jackson, D. D., Haly, J. & Weakland, J. H. (Hrsg.). (1984). Auf dem Weg zu einer Schizophrenie-Theorie. In G. Bateson, D.D. Jackson, J. Haly & J.H. Weakland (Hrsg.). *Schizophrenie und Familie,* S. 11-43. Frankfurt/M.: Suhrkamp.

Bateson, G. (1985). *Ökologie des Geistes.* Frankfurt/M.: Suhrkamp.

Beck, U. & Bonss, W. (Hrsg.). (1989). *Weder Sozialtechnologie noch Aufklärung?* Frankfurt/M.: Suhrkamp.

Becker, H. & Katzmann, K.-J. (1987). Mißachtung durch die Institution. In K. Dörner, A. Egetmayer, & K. Koenning (Hrsg.). *Freispruch der Familie,* S. 33-45. Bonn: Psychiatrie-Verlag.

Becker, H. S. (1967). Whose Side Are We On? *Official Journal of the Society for the Study of Social Problems, Vol. 14, No. 3,* 239-247.

226

Becker, H. S. (1973). *Außenseiter. Zur Soziologie abweichenden Verhaltens.* Frankfurt/M.: Fischer.

Becker, M. H. (1985). Patient Adherence to Prescribed Therapies. *Medical Care, 23,* 539-555.

Berger, H. & Braun, U. (Hrsg.). (1990). *Psychiatrie in der Konkurrenzgesellschaft.* Bonn: Psychiatrie-Verlag.

Berger, B. L. & Luckmann, Th. (1987). *Die gesellschaftliche Konstruktion der Wirklichkeit.* Frankfurt/M.: Fischer.

Berkowitz, R., Kuipers, L. & Leff, J. (1984). Was wissen wir über die Angehörigen und den Verlauf der Schizophrenie? Vorbemerkung von M. Rave-Schwank. In K. Dörner, A. Egetmeyer, & K. Koenning (Hrsg.). *Freispruch der Familie, (2. Aufl.),* 152-166. Psychiatrie-Verlag.

Bertram, W. (1986). *Angehörigenarbeit, (2. Aufl.).* München: Psychologie-Verlag.

Birkenbihl, V. F. (1977). *Streß im Griff.* München: Goldmann.

Blankenburg, W. (1967). Die Manie. *Almanach für Neurologie und Psychiatrie,* 265-283.

Blasius, D. (1980). *Der verwaltete Wahnsinn. Eine Sozialgeschichte des Irrenhauses.* Frankfurt/M.: Fischer.

Bleuler, E. (1975). *Das autistisch-undisziplinierte Denken in der Medizin und seine Überwindung. (Dritter Neudruck der fünften Auflage.)* Berlin: Springer.

Bleuler, E. (1983). *Lehrbuch der Psychiatrie, (15. Aufl.).* Berlin: Springer.

Bleuler, M. (Hrsg.). (1979). *Beiträge zur Schizophrenielehre der Zürcher Psychiatrischen Universitätsklinik Burghölzli (1902-1971).* Darmstadt: Wissenschaftliche Buchgesellschaft.

Bleuler, M. (1985). (Ohne Überschrift) In M. Shepherd (Hrsg.). *Psychiater über Psychiatrie,* S. 13-31. Basel: Beltz.

Bollinger, H., Brockhaus, G., Hohl, J. & Schwaiger, H. (1981). *Medizinerwelten.* München: Zeitzeichen.

Bondestam, S. (1985). *The Manic-Depressive Interaction in Families. A Study of Fifteen Cases of Manic-Depressive Illness.* Turku: Yliopisto.

Bowen, M. (1984). Die Familie als Bezugsrahmen für die Schizophrenieforschung. In G. Bateson et al. (1984). *Schizophrenie und Familie,* S. 181-220. Frankfurt/M.: Suhrkamp.

Brown, G. W. (1974). Meaning, Measurement and Stress of Life Events. In B. S. Dohrenwend & B. P. Dohrenwend (Eds.). *Stressful Life Events: Their Nature and Effects,* pp. 217-244. New York: John Wiley.

Brown, G. W. et al. (1972). Influence of Family Life on the Course of Schizophrenic Disorders: A Replication. *British Journal of Psychiatry, 121,* 241-258.

Bundesminister für Jugend, Familie, Frauen und Gesundheit (Hrsg.). (1988). *Empfehlungen der Expertenkommission der Bundesregierung zur Reform der Versorgung im psychiatrischen und psychotherapeutisch/psychosomatischen Bereich.* Bonn:

Bürger-Prinz, H. (1973). *Ein Psychiater berichtet.* München: Knaur.

Bynum, W. F., Porter, R. & Shepherd, M. (1985). *The Anatomy of Madness.* Vol. I., London: Tavistock.

Cancro, R. (1985). Einige vorläufige Überlegungen zur Psychotherapie der Schizophrenie. In H. Stierlin & L. C. Wynne (Hrsg.). *Psychotherapie und Sozialtherapie der Schizophrenie*, S. 163-169. Berlin: Springer.

Cassel, E. J. (1974a). An Epidemiological Perspective of Psychosocial Factors in Disease Etiology. *American Journal of Public Health, 64,* 1040-1043.

Cassel, E. J. (1974b). Psychosocial Processes and Stress: A Theoretical Formulation. *International Journal of Health Service, 4,* 471-482.

Cassel, E. J. (1976). The Contribution of the Social Environment to Host Resistance. *American Journal of Epidemiology, 104,* 107-123.

Castel, R. (1983). *Die psychiatrische Ordnung.* Frankfurt/M.: Suhrkamp.

Christensen, H. T. (Ed.). (1964). *Handbook of Marriage and the Family.* Chicago: Rand Mc Nally

Ciompi, L. (1981). Wie können wir die Schizophrenen besser behandeln? – Eine Synthese neuer Krankheits- und Therapiekonzepte. *Der Nervenarzt, 52,* 506-515.

Ciompi, L. (1985). Schizophrenie als Störung der Informationsverarbeitung – Eine Hypothese und ihre therapeutischen Konsequenzen. In H. Stierlin & L. C. Wynne (Hrsg.). *Psychotherapie und Sozialtherapie der Schizophrenie,* S. 59-72. Berlin: Springer.

Ciompi, L., Dauwalder, H.-P., Maier, Ch. & Aebi, E. (1991). Das Pilotprojekt „Soteria Bern" zur Behandlung akut Schizophrener. I. Konzeptuelle Grundlagen, praktische Realisierung, klinische Erfahrungen. *Der Nervenarzt, 62,* 428-435.

Ciompi, L., Kupper, Z., Aebi. E., Dauwalder, H.-P., Hubschmid, T.; Trütsch, K. & Rutishauser, C. (1993). Das Pilotprojekt „Soteria-Bern" zur Behandlung akut Schizophrener. II. Ergebnisse einer vergleichenden prospektiven Verlaufsstudie über zwei Jahre. *Der Nervenarzt, 64,* 440-450.

Cobb, S. (1976). Social Support as a Moderator of Life Stress. *Psychosomatic Medicine, 38,* 300-314.

Conrad, K. (1979). *Die beginnende Schizophrenie, (4. Aufl.).* Stuttgart: Thieme.

Cooper, D. (1971a). *Psychiatrie und Antipsychiatrie.* Frankfurt/M.: Suhrkamp.

Cooper, D. (1971b). *The Death of the Family.* London: Penguin Press.

Cooper, D. (1980). *Die Sprache der Verrücktheit, (2. Aufl.).* Berlin: Rotbuch.

Crumpton, E., Weinstein, A. D., Acker, C. W. & Annis, A. P. (1967). How Patients and Normals See the Mental Patients. *Journal of Clinical Psychology, 23,* 46-49.

Cumming, E. & Cumming, J. (1957). *Closed Ranks: An Experiment in Mental Health Education.* Cambridge (Mass.): Harvard University Press.

Der Spiegel (5.7.1993). *Wirres Gestammel.*

Devereux, G. (1982). *Normal und anormal.* Frankfurt/M.: Suhrkamp.

Diagnostische Kriterien und Differentialdiagnosen des Diagnostischen und Statistischen Manuals Psychischer Störungen (1986). DSM III, Weinheim: Beltz.

Dohrenwend, B. S. & Dohrenwend B. P. (Eds.). (1974). *Stressful Life Events: Their Nature and Effects.* New York: Wiley.

Dohrenwend, B. P. & Figueiredo, J. M. (1983). Remote and Recent Life-Events and Psychopathology. In D. F. Ricks & B. S. Dohrenwend (Eds.). *Origins of Psychopathology. Problems in Research and Public Policy,* pp. 91-106. Cambridge: University Press.

Dose, M. & Emrich, H. M. (1993). Medikamentöse Therapie der Manie. In H.-J. Möller (Hrsg.). *Therapie psychiatrischer Erkrankungen*, S. 251-258. Stuttgart: Enke.

Dörner, K. (1969) *Bürger und Irre*. Frankfurt/M.: EVA-Syndikat.

Dörner, K. (1971). Gesellschaftlicher Nutzen und Schaden des Krankheitsbegriffs. In H. Lauter & J.-E. Meyer (Hrsg.). *Der psychisch Kranke und die Gesellschaft*, S. 9-19. Stuttgart: Thieme.

Dörner, K. & Plog, U. (1984). *Irren ist menschlich, (2. Aufl.)*. Bonn: Psychiatrie-Verlag.

Dörner, K., Egetmayer, A. & Koenning, K. (Hrsg.). (1984). *Freispruch der Familie, (2. Aufl.)*. Bonn: Psychiatrie-Verlag.

Dörner, K., Egetmayer, A. & Koenning, K. (Hrsg.). (1987). *Freispruch der Familie*. Bonn: Psychiatrie-Verlag.

Dörner, K. (1987). Handwerksregeln für Angehörigengruppen. In K. Dörner, A. Egetmayer & K. Koenning (Hrsg.). *Freispruch der Familie*, S. 59-98. Bonn: Psychiatrie-Verlag.

Egeland, J. A. & Hostetter, A. M. (1983). Amish Study, I: Affective Disorders Among the Amish, 1976-1980. *American Journal of Psychiatry, 140*, 56-61.

Egeland, J. A., Hostetter, A. M. & Eshelman, S. K. (1983). Amish Study, III: The Impact of Cultural Factors on Diagnosis of Bipolar Illness. *American Journal of Psychiatry, 140*, 67-71.

Elias, N. (1972). Soziologie und Psychiatrie. In H.-U. Wehler (Hrsg.). *Soziologie und Psychoanalyse*, S. 11-41. Stuttgart: Kohlhammer.

Elias, N. (1976). *Über den Prozeß der Zivilisation. Bd. 1 und Bd. 2*. Frankfurt/M.: Suhrkamp.

Endruweit, G. & Trommsdorff, G. (Hrsg.). (1989). *Wörterbuch der Soziologie. Bde. 1-3*. Stuttgart: Enke.

Enzensberger, H. M. & Michel, K. M. (Hrsg.). (1972). *Kursbuch, 28*, Frankfurt/M.: Suhrkamp.

Fabrega, H. & Manning, P. (1979). Kranksein und abweichende Karrieren. In H. Keupp (Hrsg.). *Normalität und Abweichung*. München: Urban & Schwarzenberg.

Falloon, I., Boyd, J. & McGill, C. (1985). Family Management in the Prevention of Morbidity of Schizophrenia: Clinical Outcomes of a Two-Year Longitudinal Study. *Archives of General Psychiatry, 42*, 887-896.

Farge, A. & Foucault, M. (1989). *Familiäre Konflikte: Die „Lettres de cachet"*. Frankfurt: Suhrkamp.

Finzen, A. (1986). Lebensläufe chronisch psychisch Kranker – Anwendungsmöglichkeiten der biographischen Methode der Soziologie in der psychiatrischen Forschung. In H. Heimann & H. Gaertner (Hrsg.). *Das Verhältnis der Psychiatrie zu ihren Nachbardisziplinen*, S. 141-148. Berlin: Springer.

Finzen, A. (22.5.1991). *Ein Mittel gegen Epilepsie hilft Manisch-Depressiven*. Frankfurter Allgemeine Zeitung.

Foucault, M. (1975). *Psychologie und Geisteskrankheit, (5. Aufl.)*. Frankfurt/M.: Suhrkamp.

Foucault, M. (1981). *Wahnsinn und Gesellschaft, (4. Aufl.)*. Frankfurt/M.: Suhrkamp.

Freidson, E. (1979). *Der Ärztestand*. Stuttgart: Enke.

Freud, S. (1975). Psychologie des Unbewußten. *Studienausgabe Bd. 3*, Frankfurt/M.: Fischer.

Freud, S. (1975). Trauer und Melancholie. In S. Freud: Psychologie des Unbewußten. *Studienausgabe Bd. 3*, S. 197-212. Frankfurt/M.: Fischer.

Freud, S. (1975). Zur Einführung des Narzißmus. In S. Freud: Psychologie des Unbewußten. *Studienausgabe Bd. 3*, S. 39-68. Frankfurt/M.: Fischer.

Friedrich, H. (1981). Familiensoziologische Aspektc von Coping Strategien bei chronischen Krankheiten. In M. C. Angermeyer & O. Döhrner (Hrsg.). *Chronisch kranke Kinder und Jugendliche in der Familie*. Stuttgart: Enke

Gerhardt, U. & Friedrich, H. (1982). Familie und chronische Krankheit – Versuch einer soziologischen Standortbestimmung. In M. C. Angermeyer & H. Freyberger (Hrsg.). *Chronisch kranke Erwachsene in der Familie*, S. 1-25. Stuttgart: Enke.

Gerhardt, U. (1989). Medizinsoziologie. In G. Endruweit & G. Trommsdorff (Hrsg.). *Wörterbuch der Soziologie, Bd. 2*, S. 425-431. Stuttgart: Enke.

Glatzel, J. (1980). Über die sogenannte Antipsychiatrie. In U. H. Peters (Hrsg.). *Die Psychologie des 20. Jahrhunderts; Bd. X, (2. Aufl.)*. S.1103-1111. Ergebnisse für die Medizin. Psychiatrie. Zürich: Kindler.

Gleiss, I., Seidel, R. & Abholz, H. (1973). *Soziale Psychiatrie. Zur Ungleichheit in der psychiatrischen Versorgung*. Frankfurt/M.: Fischer.

Giovannoni, J. M. & Ullman, L. P. (1963). Conceptions of Mental Health Held by Psychiatric Patients. *Journal of Clinical Psychology, 19*, 398-400.

Goldstein, M. J., Rodnick, E. H., Evans, J. R., May, P. R. A. & Steinberg, M. R. (1978). Drug and Family Therapy in the Aftercare of Acute Schizophrenics. *Archives of General Psychiatry, 35*, 1169-1177.

Goffman, E. (1973). *Asyle. Über die soziale Situation psychiatrischer Patienten und anderer Insassen*. Frankfurt/M.: Suhrkamp.

Grawe, K., Donati, R. & Bernauer, F. (1994). *Psychotherapie im Wandel, (2. Aufl.)*. Göttingen: Hogrefe.

Green, H. (1983). *Ich habe dir nie einen Rosengarten versprochen*. Hamburg: Rowohlt.

Griesinger, W. (1845). *Die Pathologie und Therapie der psychischen Krankheiten für Aerzte und Studirende*. Stuttgart: Adolph Krabbe.

Grinker, R. R. (1985). (Ohne Überschrift) In M. Shepherd (Hrsg.). *Psychiater über Psychiatrie*, S. 51-67. Basel: Beltz.

Grunt, M. (1973). Psychische Erkrankungen – eine soziologische Perspektive. *Kölner Zeitschrift für Soziologie und Sozialpsychologie, 2*, 257-273.

Häfner, H. (1971). Der Einfluß von Umweltfaktoren auf das Erkrankungsrisiko für Schizophrenie. *Der Nervenarzt, 42*, Heft 11, 557-568.

Häfner, H. (1983). Forschung für die seelische Gesundheit in der Bundesrepublik. Voraussetzungen einer Bestandsaufnahme. In H. Häfner (Hrsg.). *Forschung für die seelische Gesundheit*. S. 1-12. Berlin: Springer.

Hansen, D. A. & Hill, R. (1964). Families under Stress. In H. T. Christensen (Ed). *Handbook of Marriage and the Family*, pp. 782-819. Chicago: Rand Mc Nally.

Heimann, H. & Gaertner, H. (Hrsg.). (1986). *Das Verhältnis der Psychiatrie zu ihren Nachbardisziplinen.* Berlin: Springer.

Heinrich, K. & Müller, U. (Hrsg.). (1980). *Psychiatrische Soziologie.* Weinheim: Beltz.

Helmchen, H., Linden, M. & Rüger, U. (Hrsg.). (1982). *Psychotherapie in der Psychiatrie.* Berlin: Springer.

Helmchen, H., Linden, M. & Rüger, U. (1982). Psychotherapie – Bedürfnis, Angebot und Bedarf. In H. Helmchen, M. Linden & U. Rüger (Hrsg.). *Psychotherapie in der Psychiatrie,* S. 1-10. Berlin: Springer.

Helmchen, H. & Linden, M. (1980). Prophylaxe der Manisch-Depressiven Erkrankung. In U. H. Peters (Hrsg). *Die Psychologie des 20. Jahrhunderts, Bd. X, (2. Aufl.).* S. 500-509. Ergebnisse für die Medizin. Psychiatrie. Zürich: Kindler.

Henderson, S. (1977). The Social Network, Support and Neurosis. The Function of Attachment in Adult Life. *British Journal of Psychiatry; 131,* 185-191.

Henderson, S. (1980). A Development in Social Psychiatry. The Systematic Study of Social Bonds. *Journal of Nervous and Mental Health,* Vol. 168, No. 2, 63-69.

Henry, J. (1965). *Pathways to Madness.* New York: Random.

Heszen-Klemens, I. (1987). Patients' Noncompliance and How Doctors Manage This. *Social Science of Medicine, 24,* 409-416.

Hippius, H. (Hrsg.). (1984). *Ausblicke auf die Psychiatrie.* Berlin: Springer.

Hogarty, G. E., Anderson, C. & Reiss, D. (1986). Family Psychoeducation, Social Skills Training, and Maintenance Chemotherapy in the Aftercare of Schizophrenia: 1. One-year Effects of a Controlled Study on Relapse and Expressed Emotion. *Archives of General Psychiatry; 43,* 7, 633-642.

Hohl, J. (1981). Erfahrungen in der Psychiatrie – Über die sozialisatorische Kraft von Institutionen. In H. Bollinger, G. Brockhaus, J. Hohl & H. Schwaiger. *Medizinerwelten,* S. 50-87. München: Zeitzeichen.

Hohl, J. (1983). *Gespräche mit Angehörigen psychiatrischer Patienten.* Rehburg-Loccum: Psychiatrie-Verlag.

Hollingshead, A. B. & Redlich, F. (1975). Der Sozialcharakter psychischer Störungen. Frankfurt/M.: Fischer. Original: Hollingshead, A. B. & Redlich, F. (1958). *Social Class and Mental Illness.* New York: John Wiley & Sons.

Holmes, Th. H. & Rahe, R. H. (1967). The Social Readjustment Rating Scale. *Journal of Psychosomatic Research, 11,* 213-218.

Hornung, W. P., Buchkremer, G., Redbrake, M. & Klingberg, S. (1993). Patientenmodifizierte Medikation: Wie gehen schizophrene Patienten mit ihren Neuroleptika um? *Der Nervenarzt, 64,* 434-439.

Horwitz, A. (1977). Social Network and Pathways to Psychiatric Treatment. *Social Forces, 56,* 86-105.

Hostetter, A. M., Egeland, J. A. & Endicott, J. (1983). Amish Study, II: Concensus Diagnosis and Reliability Results. *American Journal of Psychiatry, 140,* 62-66.

Huber, G. (Hrsg.). (1969). *Schizophrenie und Zyklothymie.* Stuttgart: Thieme.

231

Huber, G. (1980). Hauptströme der gegenwärtigen ätiologischen Diskussion der Schizophrenie. In U. H. Peters (Hrsg.). *Die Psychologie des 20. Jahrhunderts, Bd. X, (2. Aufl.).* S. 397-420. Ergebnisse für die Medizin. Psychiatrie. Zürich: Kindler.

Huber, G. (1981). *Psychiatrie, (3. Aufl.).* Stuttgart: Schattauer.

Huber, G. (1983). Praktische Durchführung der Langzeittherapie der Schizophrenien. Medizinische Klinik. *Zeitschrift für die ärztliche Praxis, 78,* Nr. 21, 648-652.

Jablensky, A. (1985). (Ohne Überschrift) In M. Shepherd (Hrsg.). *Psychiater über Psychiatrie,* S. 115-137. Basel: Beltz.

Jaccard, R. (1983). *Der Wahnsinn.* Berlin: Ullstein.

Jervis, G. & Schittar, L. (1981). Geschichte und Politik in der Psychiatrie. Einige Vorschläge. In F. Basaglia (Hrsg.). *Was ist Psychiatrie?(2. Aufl.).* S. 158-188. Frankfurt/M.: Suhrkamp.

Jetter, D. (1971). *Zur Typologie des Irrenhauses in Frankreich und Deutschland (1780-1840).* Wiesbaden: Steiner.

Johnstone, L. (1989). *Users and Abusers of Psychiatry.* London: Routledge.

Kaplan, B. H., Cassel, J. & Gore, S. (1977). Social Support and Health. *Medical Care, 15,* 47-58.

Katschnig, H. (Hrsg.). (1980a). *Sozialer Stress und psychische Erkrankung.* München: Urban & Schwarzenberg.

Katschnig, H. (1980b). Methodische Probleme der Life-Event-Forschung. *Der Nervenarzt, 51,* 332-343.

Katschnig, H. (Hrsg.). (1984). *Die andere Seite der Schizophrenie, (2. Aufl.).* München: Urban & Schwarzenberg.

Kempker, K. & Lehmann, P. (Hrsg.). (1993). *Statt Psychiatrie.* Berlin: Antipsychiatrie-Verlag.

Keupp, H. (Hrsg.). (1979). *Normalität und Abweichung.* München: Urban & Schwarzenberg.

Keupp, H. (1979). Psychische Krankheit als hergestellte Wirklichkeit – eine Grenzbestimmung des Etikettierungsparadigmas. In H. Keupp (Hrsg.). *Normalität und Abweichung,* S. 199-212. München: Urban & Schwarzenberg.

Keupp, H., Straus, F. & Gmür, W. (1989). Verwissenschaftlichung und Professionalisierung – Zum Verhältnis von technokratischer und reflexiver Verwendung am Beispiel psychosozialer Praxis. In U. Beck & W. Bonss (Hrsg.). *Weder Sozialtechnologie noch Aufklärung?* S. 149-195. Frankfurt/M.: Suhrkamp.

Keupp, H. (1990a). Quo vadis bundesrepublikanische Psychiatriereform. In H.Berger & U. Braun (Hrsg.). *Psychiatrie in der Konkurrenzgesellschaft,* S. 73-84. Bonn: Psychiatrie-Verlag.

Keupp, H. (1990b). Psychosoziale Probleme aus sozialwissenschaftlicher Perspektive. In A. Thom & E. Wulff (Hrsg.). *Psychiatrie im Wandel,* S. 76-95. Bonn: Psychiatrie-Verlag.

Kickbusch, I. (1981). Die Bewältigung chronischer Krankheit in der Familie: Einige forschungskritisch-programmatische Bemerkungen. In B. Badura (Hrsg.). *Soziale Unterstützung und chronische Krankheit. Zum Stand sozialepidemiologischer Forschung,* S. 317-342. Frankfurt/M.: Suhrkamp.

Kieserg, A. & Hornung, W. P. (1994). *Psychoedukatives Training für schizophrene Patienten. Ein verhaltenstherapeutisches Behandlungsprogramm zur Rezidivprophylaxe. Materialienband der Deutschen Gesellschaft für Verhaltenstherapie (DGVT).*

Klerman, G. L. (1977). Mental Illness, the Medical Model, and Psychiatry. *The Journal of Medicine and Philosophy, 2,* 220-243.

König, R. (Hrsg.). (1973). *Kölner Zeitschrift für Soziologie und Sozialpsychologie, 25.*

Kornhuber, H. (1955). Über Auslösung cyclothymer Depression durch seelische Erschütterungen. *Archiv für Psychiatrie und Nervenkrankheiten, 193,* 391-405.

Kraus, A. (1977). *Sozialverhalten und Psychose Manisch-Depressiver.* Stuttgart: Enke.

Kraus, A. (1980). Psychopathologie und Klinik der Manisch-Depressiven Psychosen. In U. H. Peters (Hrsg.): *Die Psychologie des 20. Jahrhunderts, Bd. X, (2. Aufl.).* S. 437-464. Ergebnisse für die Medizin. Psychiatrie. Zürich: Kindler.

Kuipers, L, Berkowitz, R., Fries, E. & Leff, J. (1983). Familienerfahrungen mit der Schizophrenie: Möglichkeiten der Modifikation. *Der Nervenarzt, 54,* 139-143.

Laing, R. D. (1973). *Phänomenologie der Erfahrung, (6. Aufl.).* Frankfurt/M.: Suhrkamp.

Laing, R. D. & Esterson, A. (1975). *Wahnsinn und Familie.* Köln: Kiepenheuer & Witsch.

Lambo, T. (1985). (Ohne Überschrift) In M. Shepherd (Hrsg.). *Psychiater über Psychiatrie,* S. 157-190. Basel: Beltz.

Lamnek, S. (1989). Norm. In G. Endruweit & G. Trommsdorff (Hrsg.). *Wörterbuch der Soziologie, Bd. 2,* S. 468-472. Stuttgart: Enke.

Lauter, H. & Meyer, J.-E. (Hrsg.). (1971). *Der psychisch Kranke und die Gesellschaft.* Stuttgart: Thieme.

Lazarus, R. S. (1966). *Psychological Stress and the Coping Process.* New York: Mc Graw-Hill.

Leff, J. P., Kuipers, L., Berkowitz, R., Eberlein-Fries, R. & Sturgeon, D. A. (1982). A Controlled Trial of Social Intervention in the Families of Schizophrenic Patients. *British Journal of Psychiatry, 141,* 121-134.

Leff, J. (1984). Die Angehörigen und die Verhütung des Rückfalls. In H. Katschnig (Hrsg.). *Die andere Seite der Schizophrenie, (2. Aufl.).* S. 167-180. München:

Lehmann, P. (1990). *Der chemische Knebel.* Berlin: Antipsychiatrie-Verlag.

Lidz, Th. (Aug./Sept. 1959). Die Familienumwelt der Schizophrenen. *Psyche, Zeitschrift für psychologische und medizinische Menschenkunde, 13. Jhrg.,* Heft 5 u. 6, 243-256.

Lidz, Th. (Aug./Sept. 1959). Schizophrenie und Familie. *Psyche, Zeitschrift für psychologische und medizinische Menschenkunde, 13. Jhg.,* Doppelheft 5 u. 6, 257-267.

Lidz, Th., Cornelison, A., Fleck, S. & Terry, D. (Aug./Sept. 1959). Die intrafamiliäre Umwelt des Schizophrenen: Der Vater. *Psyche, Zeitschrift für psychologische und medizinische Menschenkunde, 13. Jhrg.,* Heft 5 u. 6, 268-286.

Lidz, Th., Cornelison, A., Fleck, S. & Terry, D. (1984). Spaltung und Strukturverschiebung in der Ehe. In G. Bateson et al. (1984). *Schizophrenie und Familie*, S. 108-127. Frankfurt/M.: Suhrkamp.

Linden, M. (1982). Die Veränderung von Krankheitsmodell und Compliance bei schizophrenen Patienten. In H. Helmchen, M. Linden, & U. Rüger (Hrsg.). *Psychotherapie in der Psychiatrie*, S. 93-99. Berlin: Springer.

Lipowski, Z. J. (1970). Physical Illness, the Individual and the Coping-Process. *Psychiatric Medicine, 1*, 91-102.

Lipowski, Z. J. et al. (Eds.). (1972). *Advances in Psychosomatic Medicine*, Vol. 8, Basel.

Litwak, E. & Szeleny, I. (1969). Primary Group Structures and Their Functions: Kin, Neighbours and Friends. *American Social Review*, 436-481.

Livsey, C. G. (1972). Physical Illness and Family Dynamics. In Z. J. Lipowski et al. (Eds.). *Advances in Psychosomatic Medicine*, Vol. 8, 237-251.

Loch, W. (1961). Anmerkungen zur Pathogenese und Metapsychologie einer schizophrenen Psychose. *Psyche, Zeitschrift für psychologische und medizinische Menschenkunde, 15*, 684-720.

Lorenzer, A. (1977). *Sprachspiel und Interaktionsformen*. Frankfurt/M.: Suhrkamp.

Lorenzer, A. (1977). Antagonistische Interaktionsformen beim Double-bind. In A. Lorenzer: *Sprachspiel und Interaktionsformen*. Frankfurt/M.: Suhrkamp.

Mannoni, M. (1983). *Der Psychiater, sein Patient und die Psychoanalyse*. Frankfurt/M.: EVA-Syndikat.

Matussek, P. (1985). Herstellung von Übertragung in der Psychoanalyse von Schizophrenen. In H. Stierlin & L. C. Wynne (Hrsg.). *Psychotherapie und Sozialtherapie der Schizophrenie*, S. 185-193. Berlin: Springer.

Mechanic, D. (1963). Some Implications of Illness Behavior for Medical Sampling. *New England Journal of Medicine*, CCLXIX, 244-247.

Meyer, A. E., Richter, R., Grawe, K., Schulenburg, J.-M. von der & Schulte, D. (1991). *Forschungsgutachten zu Fragen eines Psychotherapeutengesetzes*. Gesundheitsministerium. Hamburg (Eppendorff): Universitätskrankenhaus.

Meyer, J.-E. (1984). Die moderne Therapie der Schizophrenie in Klinik und Praxis. In H. Hippius (Hrsg.). *Ausblicke auf die Psychiatrie*, S. 115-132. Berlin: Springer.

Miklowitz, D. J., Goldstein, M. J., Falloon, I. R. H. & Doane, J. A. (1984). International Correlates of Expressed Emotion in the Families of Schizophrenics. *British Journal of Psychiatry, 144*, 482-487.

Millett, K. (1990). *The Loony Bin Trip*. (dt. Der Klapsmühlentrip 1993. Köln: Kiepenheuer & Witsch).

Mitscherlich, A. et al. (Hrsg.). (1969). *Der Kranke in der modernen Gesellschaft, (2.Aufl.)*. Köln: Kiepenheuer & Witsch.

Möller, H.-J., Kissling, W., Stoll, K. D. & Wendt, G. (1989). *Psychopharmakotherapie. Ein Leitfaden für Klinik und Praxis*. Stuttgart: Kohlhammer.

Möller, H.-J. (Hrsg.). (1993). *Therapie psychiatrischer Erkrankungen*. Stuttgart: Enke.

Moos, R. H. (1988). Coping: Konzepte und Meßverfahren. *Zeitschrift für psychosomatische Medizin, 34*, 207-225.

Mosher, L. R. & Menn, A. Z. (1985). Wissenschaftliche Erkenntnisse und Systemverände-rungen. Erfahrungen im Soteria-Projekt. In H. Stierlin & L. C. Wynne (Hrsg.). *Psychotherapie und Sozialtherapie der Schizophrenie.* S. 105-122. Berlin: Springer.

Müller, C. (1980). Der Psychiater und die Schizophrenie – Gedanken zu einer Umfrage unter Schweizer Psychiatern. *Zeitschrift für Psychotherapie und medizinische Psychologie, 30,* 10-14.

Müller, C. (1985). Der Schizophrene und seine Familie. In H. Stierlin & L. C. Wynne (Hrsg.). *Psychotherapie und Sozialtherapie der Schizophrenie,* S. 209-222. Berlin:

Müller, C. (1986a). Die Behandlung chronischer Schizophrener. In H. Heimann & H. Gaertner (Hrsg.). *Das Verhältnis der Psychiatrie zu ihren Nachbardisziplinen.* S. 133-140. Berlin: Springer.

Müller, C. (Hrsg.). (1986b). *Lexikon der Psychiatrie, (2. Aufl.).* Berlin: Springer.

Müller, P. (1982). Das Gespräch mit dem Schizophrenen: Angstreduktion – Information – Arbeitsbündnis. In H. Helmchen, M. Linden & U. Rüger (Hrsg.). *Psychotherapie in der Psychiatrie,* S. 107-109. Berlin: Springer.

Müller, P. (1983). Was sollen wir Schizophrenen raten: Medikamentöse Langzeitprophylaxe oder Intervallbehandlung? *Der Nervenarzt, 54,* 477-485.

Neidhardt, F. (1975). *Die Familie in Deutschland, (4. Aufl.).* Opladen: Leske.

Nichols, K. A. (1987). Chronic Physical Disorder in Adults. In J. Orford, (Ed.). *Coping with Disorder in the Family,* pp. 62-85. London: Croom Helm.

Niedersächsisches Gesetz über Hilfen für psychisch Kranke und Schutzmaßnahmen (Nds. PsychKG) vom 30. Mai 1978.

Nunnally, J. C. (1961). *Popular Conceptions of Mental Health.* New York: Holt, Rinhart and Winston

Parsons, T. & Fox, R. (1952). Illness, Therapy and the Modern American Family. *The Journal of Social Issues, 8,* 31-44.

Parsons, T. (1969). Definition von Gesundheit und Krankheit im Lichte der Wertbegriffe und der sozialen Struktur Amerikas. In A. Mitscherlich et al. (Hrsg.). *Der Kranke in der modernen Gesellschaft, (2. Aufl.).* S. 57-87. Köln: Kiepenheuer & Witsch.

Peters, U. H. (1980). Semiologie der Schizophrenie. In U. H. Peters (Hrsg.): *Die Psychologie des 20. Jahrhunderts, Bd. X, (2. Aufl.).* S. 381-396. Ergebnisse für die Medizin. Psychiatrie. Zürich: Kindler.

Pratt, L. (1976). *Family Structure and Effective Health Behavior. The Energized Family.* Boston: Houghton Mifflin.

Redlich, F. C. (1969). Der Gesundheitsbegriff in der Psychiatrie. In A. Mitscherlich et al. (Hrsg.). *Der Kranke in der modernen Gesellschaft, (2. Aufl.),* S. 88-110. Köln: Kiepenheuer & Witsch.

Redlich, F. C. & Freedman, D. X. (1976). *Theorie und Praxis der Psychiatrie, Bd. I und Bd. II.* Frankfurt/M.: Suhrkamp.

Reimer, C., Hempfing, L. & Dahme, B. (1979). Iatrogene Chronifizierung in der Vorbehandlung psychogener Erkrankungen. *Praxis Psychotherapie und Psychosomamatik, 24,* 123-133.

Reinhardt-Schnadt, H. (1973). Einstellung der Bevölkerung zu psychisch Kranken. In R. König (Hrsg.). *Kölner Zeitschrift für Soziologie und Sozialpsychologie, 25,* 336-349.

Rohde, J. (1962). *Soziologie des Krankenhauses.* Stuttgart: Enke.

Rohlfs, G. (1986). *Die gesellschaftliche Definition von Geisteskrankheit.* Bonn: Psychiatrie-Verlag.

Romano, J. (1985). (Ohne Überschrift) In M. Shepherd (Hrsg.). *Psychiater über Psychiatrie,* S. 210-225. Basel: Beltz.

Rosenbaum, H. (Hrsg.). (1978). *Seminar: Familie und Gesellschaftsstruktur.* Frankfurt/M.: Suhrkamp.

Rosenbaum, H. (1982). *Formen der Familie.* Frankfurt/M.: Suhrkamp.

Rosenhan, D. L. (1979). Die Kontextabhängigkeit psychiatrischer Diagnosen. In H. Keupp (Hrsg.). *Normalität und Abweichung.* München: Urban & Schwarzenberg.

Rosenhan, D. L. (1988). Gesund in kranker Umgebung. In P. Watzlawick (Hrsg.). *Die erfundene Wirklichkeit, (5. Aufl.).* S. 111-137. München: Piper.

Sarbin, Th. R. (1979). Der wissenschaftliche Status der Krankheitsmetapher für psychische Störungen. In H. Keupp (Hrsg.): *Normalität und Abweichung,* S. 23-46. München: Urban & Schwarzenberg.

Scharfetter, Chr. (1986a). *Schizophrene Menschen, (2. Aufl.).* München: Psychologie-Verlag.

Scharfetter, Chr. (1986b). Norm. In C. Müller, (Hrsg.). *Lexikon der Psychiatrie, (2. Aufl.).* S. 472-474. Berlin: Springer.

Scheff, T. S. (1980). *Das Etikett „Geisteskrankheit".* Frankfurt/M.: Fischer.

Schloß, G. (Juli 1985). Die verrückte Beziehung. Arzt und schizophrener Patient. *Praxis der Psychotherapie und Psychosomatik. Zeitschrift für Fort- und Weiterbildung, Bd. 30,* Heft 4, 180-190.

Schnabel, P.-E. (1988). *Krankheit und Sozialisation.* Opladen: Westdeutscher-Verlag.

Schulze, G. (1992). *Die Erlebnisgesellschaft. Kultursoziologie der Gegenwart, (2. Aufl.).* Frankfurt/M.: Campus.

Schulze-Mönking, H. (1994). Self-help Groups for Families of Schizophrenic Patients: Formation, Development and Therapeutic Impact. *Social Psychiatry Epidemiology, 29,* 149-154.

Scull, A. (1985). A Victorian Alienist: John Conolly, FRCP, DCL (1794-1866). In W. F. Bynum, R. Porter & M. Shepherd. *The Anatomy of Madness.* Vol. I, pp. 103-150. London: Tavistock.

Sechehaye, M. (1972). *Tagebuch einer Schizophrenen.* Frankfurt/M.: Suhrkamp.

Segonzac, J. (1988). *Trauer und Wahn.* Frankfurt/M.: Athenäum.

Selvini Palazzoli, M., Boscolo, L., Cecchin, G. & Prata, G. (1981). *Paradoxon und Gegenparadoxon, (3. Aufl.).* Stuttgart: Klett-Cotta.

Shepherd, M. (Hrsg.). (1985). *Psychiater über Psychiatrie.* Basel: Beltz.

Schou, M. (1980). *Lithium-Behandlung der manisch-depressiven Krankheit.* Stuttgart: Thieme.

Skolnick, A. & Skolnick, J. H. (Eds.). (1974). *Intimacy, Family and Society.* Boston: Little, Brown.

236

Sokolovsky, J., Cohen, J., Berger, D. & Geiger, J. (1978). *Personal Networks of Ex mental Patients in a Manhattan SRO Hotel. Human Organization: A Scientific Quarterly for the Study of Development Change, 37,* 5 pp.

Spazier, D. & Bopp, J. (1973). *Grenzübergänge. Psychotherapie als kollektive Praxis.* Frankfurt/M.: Suhrkamp.

Spazier, D. (1982). *Der Tod des Psychiaters.* Frankfurt/M.: EVA-Syndikat.

Spielberger, C. (1980). *Streß und Angst.* Weinheim: Beltz.

Spitzer, R. L. (1979). Ein Plädoyer für psychiatrische Diagnosen. In Keupp, H. (Hrsg.): *Normalität und Abweichung,* S. 97-114. München: Urban & Schwarzenberg.

Stierlin, H. (1959/1960). Bericht über die Versammlung der American Psychiatric Association in Hawaii, Mai 1958. *Psyche, Zeitschrift für psychologische und medizinische Menschenkunde, 13,* 843-850.

Stierlin, H. & Wynne, L. C. (Hrsg.). (1985). *Psychotherapie und Sozialtherapie der Schizophrenie.* Berlin: Springer.

Störring, G. E. (1969). Zyklothymie, Emotionspsychosen, Schizophrenie. Eine differentialdiagnostische Studie. In G. Huber (Hrsg.). *Schizophrenie und Zyklothymie,* S. 68-77. Stuttgart: Thieme.

Straus, F., Höfer, R. & Gmür, W. (1988). *Familie und Beratung.* München: Profil.

Strömgren, E. (1986). Möglichkeiten und Grenzen der genetischen Forschung innerhalb der Psychiatrie. In H. Heimann & H. Gaertner (Hrsg.). *Das Verhältnis der Psychiatrie zu ihren Nachbardisziplinen,* S. 85-91. Berlin: Springer.

Strotzka, H. (1985). (Ohne Überschrift) In M. Shepherd (Hrsg.). *Psychiater über Psychiatrie,* S. 248-265. Basel: Beltz.

Stumme, W. (1971). Das Verhältnis der Öffentlichkeit zum Geisteskranken – Vorurteil oder Urteil? In H. Lauter & J.-E. Meyer (Hrsg.). *Der psychisch Kranke und die Gesellschaft,* S. 43-50. Stuttgart: Thieme.

Stumme, W. (1975). *Psychische Erkrankungen – im Urteil der Bevölkerung.* München: Urban & Schwarzenberg.

Süddeutsche Zeitung (26.4.1994). *Beste Medizin. Angehörige als Co-Therapeuten.*

Sulloway, F. J. (1982). *Freud. Biologe der Seele. Jenseits der psychoanalytischen Legende.* Köln: Edition Maschke.

Sussman, M. B. & Burchinal, L. (1962). Parental Aid to Married Children: Implications for Family Functioning. *Marriage and Family Living, 24,* 320-332.

Sussman, M. B. (1974). Family Systems in the 1970's. In A. Skolnick & J. Skolnick (Eds.). *Intimacy, Family and Society,* pp. 579-598. Boston: Little, Brown.

Swanson, R. M. & Spitzer, S. P. (1970). Stigma and the Psychiatric Patient Career. *Journal of Health and Social Behavior, 11,* 44-51.

Szasz, Th. S. (1982). *Schizophrenie.* Frankfurt/M.: Fischer.

Tanner, O. (1978). *Streß.* Reinbek: Rowohlt.

Tellenbach, H. (1980). Normalität. In U. H. Peters (Hrsg.). *Die Psychologie des 20. Jahrhunderts, Bd. X, (2. Aufl.).* S. 78-89. Ergebnisse für die Medizin. Psychiatrie. Zürich: Kindler.

Terzioglu, A. (1968). *Mittelalterliche islamische Krankenhäuser unter Berücksichtigung der Frage nach den ältesten psychiatrischen Anstalten.* Diss. Berlin.

Thom, A. & Weise, K. (1979). Ist der Begriff der „psychischen Krankheit" ein Mythos? In H. Keupp (Hrsg.). *Normalität und Abweichung,* S. 47-61. München: Urban & Schwarzenberg.

Thom, A. & Wulff, E. (1990). *Psychiatrie im Wandel.* Bonn: Psychiatrie-Verlag.

Tolsdorf, C. C. (1976). Social Networks, Support and Coping: An Exploratory Study; Family Process: A Multidisciplinary Journal of Family Study, *Research and Treatment, 15,* 407-414.

Tölle, R. (1980). Ursachen der Melancholien und Manien. In U. H. Peters (Hrsg.). *Die Psychologie des 20. Jahrhunderts, Bd. X, (2. Aufl.).* S. 484-499. Ergebnisse für die Medizin. Psychiatrie. Zürich: Kindler.

Totman, R. (1982). *Was uns krank macht. Die sozialen Ursachen der Krankheit.* München: Beck.

Tranchina, P. & Serra, P. (1985). Die Arbeit auf kommunaler Ebene unter der neuen italienischen Psychiatriegesetzgebung. In H. Stierlin & L. C. Wynne (Hrsg.). *Psychotherapie und Sozialtherapie der Schizophrenie,* S. 123-135. Berlin: Springer.

Tucholsky, K. (1975). Gesammelte Werke. In F. J. Raddatz (Hrsg.): *Kurt Tucholsky. Gesammelte Werke in 10 Bänden, Bd. 7,* S. 258-266. Hamburg: Rowohlt.

Twaddle, A. C. (1972). The Concepts of the Sick Role and Illness Behavior. In Z. J. Lipowski et al. (Eds.). *Advances in Psychosomatic Medicine,* Vol. 8, 162-179.

Vaughn, Chr. & Leff, J. P. (1976). The Influence of Family on Social Factors on the Course of Psychiatric Illness. *British Journal of Psychiatry, 129,* 125-137.

Vaughn, Chr. & Leff, J. P. (1984). Umgangsstile in Familien mit schizophrenen Patienten. In H. Katschnig (Hrsg.). *Die andere Seite der Schizophrenie, (2. Aufl.).* S. 181-194. München: Urban & Schwarzenberg.

Vincent, C. E. (1967). Mental Health and the Family. *Journal of Marriage and the Family, 29,* No. 1, 18-39.

Warner, R. (1985). *Recovery from Schizophrenia.* London: Routledge.

Watzlawick, P., Beavin, J. H. & Jackson, D. D. (1980). *Menschliche Kommunikation. Formen, Störungen, Paradoxien,* (5. Aufl.). Bern: Huber.

Watzlawick, P. (1985). Kurzbehandlungen schizophrener Störungen. In H. Stierlin & L. C. Wynne (Hrsg.). *Psychotherapie und Sozialtherapie der Schizophrenie,* S. 247-261. Berlin: Springer.

Watzlawick, P. (Hrsg.). (1988). *Die erfundene Wirklichkeit, (5. Aufl.).* München: Piper.

Watzlawick, P. (1988). Wirkung oder Ursache? In P. Watzlawick (Hrsg.). *Die erfundene Wirklichkeit,* S. 61-66. München: Piper.

Weakland, J. H. (1984). Double-Bind-Hypothese und Dreier-Beziehung. In G. Bateson et al. (1984). *Schizophrenie und Familie,* S. 221-244. Frankfurt/M.: Suhrkamp.

Wehler, H.-U. (Hrsg.). (1972). *Soziologie und Psychoanalyse.* Stuttgart: Kohlhammer.

Widlöcher, D. (1986). *Die Depression. Logik eines Leidens – psychoanalytisch, biologisch, historisch, sozial.* München: Piper.

Wilken, M. (1973). Macht und psychiatrische Etikettierung. In R. König (Hrsg.). *Kölner Zeitschrift für Soziologie und Sozialpsychologie, 25,* 274-285.

Wolff, R. & Hartung, K. (1972). Psychische Verelendung und die Politik der Psychiatrie. In H. M. Enzensberger & K. M. Michel (Hrsg.). *Kursbuch, 28,* S. 1-104. Frankfurt/M.: Suhrkamp.

Wöller, W., Müller, U.; & Lehmann, E. (1980). Soziale Bewertungsdimensionen in der psychiatrischen Fachsprache. In K. Heinrich & U. Müller (Hrsg.). *Psychiatrische Soziologie,* S. 146-169. Weinheim: Beltz.

Wulff, E. (1990). Was trägt die Ethnopsychiatrie zum Verständnis psychischer Erkrankungen bei? In A. Thom & E. Wulff (Hrsg.). *Psychiatrie im Wandel,* S. 96-114. Bonn: Psychiatrie-Verlag.

Wynne, L. C. (1976). Neuformulierung des „double-bind". *Familiendynamik* 1, 24-35.

Wynne, L. C., Ryckoff, I. M., Day, J. & Hirsch, S. J. (1984). Pseudo-Gemeinschaft in den Familienbeziehungen von Schizophrenen. In G. Bateson et al. (1984). *Schizophrenie und Familie,* S. 44-80. Frankfurt/M.: Suhrkamp.

Zehentbauer, J. (1990). Psychopharmaka – hilfreiche Arzneien oder medikamentöse Gewalt? In H. Berger & U. Braun (Hrsg.). *Psychiatrie in der Konkurrenzgesellschaft,* S. 107-124. Bonn: Psychiatrie-Verlag.

Zerssen, D. von (1986). Diagnose. In Chr. Müller (Hrsg.). *Lexikon der Psychiatrie, (2. Aufl.).* S. 194-198. Berlin: Springer.

Zielke, M. (1989). Kosten-Nutzen-Analysen im Gesundheitswesen: Ein sozialwissenschaftlicher Trend oder ein Weg zur Sicherstellung rationaler Entscheidungsgrundlagen. *Praxis der Klinischen Verhaltensmedizin und Rehabilitation, 2,* 129-131.

Anhang

Übersicht über die Familien

Interviews (View) der Eltern A - P	Beruf (Alter) der Eltern Mutter/Vater	Familienstand	Zahl der Kinder	Wohnort	Einkommen in DM
A View 1 =M View 1A=Sw	Arbeiterin (53) Arbeiter (59)	verh.	5 Töchter	Dorf	bis 3000,-
B View 2 =M View 2A=V	Arbeiterin (45) Angestellter (44)	gesch.	2 Töchter	Stadt Kleinstadt	bis 3000.- bis 3000,-
C View 3 =M View 3A= V	Hausfrau (58) Beamter (65)	verh.	1 Tochter 1 Sohn	Stadt	über 6000,-
D View 4 =M	Hausfrau (54) Beamter (60)	verh.	1 Tochter 2 Söhne	Dorf	bis 6000,-
E View 5 =M und V zsm. (i)	Selbständig (58) Selbständig (59)	verh.	2 Töchter 1 Sohn	Dorf	bis 6000,-
F View 6 =M	Rentnerin (64)	verw.	2 Töchter 3 Söhne	Stadt	bis 3000,-
G View 7 =M	Hausfrau (51) Arbeiter (52)	verh.	2 Töchter 3 Söhne	Dorf	bis 3000,-
H View 8 =M View 8A=V	Angestellte (45) Beamter (50)	verh.	2 Töchter	Stadt	über 6000,-
I View 9 =M View 9A=V	Hausfrau (52) Angestellter (50)	verh.	2 Töchter	Stadt	bis 6000,-
J View 10=M	Angestellte (45)	verw.	3 Töchter	Kleinstadt	bis 3000,-
K View 11=M	Angestellte (44) Angestellter (49)	verh.	1 Tochter 1 Sohn	Stadt	bis 6000,-
L View 12 =M View 12A=V	Hausfrau (56) Beamter 62)	verh.	1 Tochter 1 Sohn	Kleinstadt	bis 6000,-
M View 13 =M View 13A=V	Selbständig (53) Angestellter (53)	gesch.	3 Töchter	Kleinstadt Kleinstadt	bis 6000,-
N View 14A=V	Arbeiterin (44) Hausmann (49)	verh.	1 Tochter 1 Sohn	Stadt	bis 3000,-
O View 15=M	Renterin (65) Rentner (70)	verh.	1 Tochter 1 Sohn	Dorf	bis 3000,-
P View 16=M	Hausfrau (58) Beamter (59)	verh.	1 Tochter 1 Sohn	Kleinstadt	über 6000,-

Übersicht über die Patienten/Patientinnen

View	Geschlecht Alter	Diagnose ICD-9 Schlüssel	Klinikauf-enthalte	Suizid-drohungen -versuche	Beruf gelernt/ z. Zt. ausgeübt	Familien-stand	Finanzielle Situation
1	23 w	296.3	mehrere	-versuch	Arzthelferin /arbeitslos	ledig	Unterst. d. Eltern
2	23 w	296.4	mehrere	-drohung	Hauswirt-schaftlerin/ arbeitslos	ledig	Sozialhilfe
3	35 w	296.4	mehrere	/	Juristin	ledig	Eigenfinan-zierung. u. Unterst. d. Eltern
4	27 m	296.4	mehrere	-versuch	Student	ledig	Unterst. d. Eltern
5	31 w	296.4	mehrere	-versuch	Kaufmann	ledig	Eigenfinan-zierung
6	31 w	296.4	mehrere	-versuch	Hauswirt-schaftlerin/ arbeitslos	ledig	Eigenfinan-zierung
7	28 w	296.3	mehrere	-versuch	Studentin	ledig	Unterst. d. Eltern
8	23 w	296.4	mehrere	/	Kindergärt-nerin/ arbeitslos	ledig	Unterst. d. Eltern
9	28 w	296.4	mehrere	-versuch	Hausfrau	verh.	Sozialhilfe
10	21 w	296.3	einmal	/	Ausbld. zur Arzthelferin	ledig	Eigenfinan-zierung
11	20 w	296.5	mehrere	/	kein Beruf	ledig	Unterst. d. Eltern
12	34 w	296.4	mehrere	/	Buchhänd-lerin	verh.	Eigenfinan-zierung. u. Unterst. d. Eltern
13	18 w	296.6	einmal	-versuch	Schülerin	ledig	Unterst. d. Eltern
14	25 m	296.5	mehrere	/	kein Beruf	ledig	Sozialhilfe
15	39 w	296.5	mehrere	/	Verkäuferin / Früh-rentnerin	ledig	Eigenfinan-zierung u. Unterst. d. Eltern
16	27 m	296.5	mehrere	-versuch	Student	ledig	Unterst. d. Eltern

Klinische Psychologie

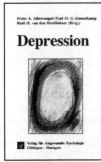